Kenneth Grant

Die Nachtseite

von Eden

Die 22 Tunnel Seth's

Der Autor

Kenneth Grant ist der Kopf verschiedener Organisationen, die als Kanäle der typhonischen Tradition dienen, über die der Autor ausführlich in einer Reihe von Trilogien geschrieben hat. *Die Nachtseite von Eden* ist der erste Band der zweiten Trilogie, deren zweiter Band *Outside the Circles of Time* und deren dritter Band *Hecate's Fountain* ist.

Die erste Trilogie – *The Magical Revival, Aleister Crowley & the Hidden God* und *Cults of the Shadow* – ist auf Englisch verfügbar.

Die dritte Trilogie besteht aus den Büchern *Outer Gateways, Beyond the Mauve Zone* und *The Ninth Arch*.

Kenneth Grant ist auch der Autor von *Hidden Lore* (zusammen mit Steffi Grant; ursprünglich herausgegeben als *The Carfax Monographs)*; *Remembering Aleister Crowley* und *Images and Oracles of Austin Osman Spare*.

Grant, der Magick unter Aleister Crowley studierte bis kurz vor Crowleys Tod im Jahre 1947, hat dessen magischen Hauptschriften co-editiert und mit Anmerkungen versehen.

Copyright © 2008 by Edition Roter Drache für die deutsche Ausgabe.

Edition Roter Drache - Holger Kliemannel, Postfach 10 01 47, D-07391 Rudolstadt.

edition@roterdrache.org; www.roterdrache.org

Buch & Umschlaggestaltung: Roter Drache Gestaltungskunst

Titelbild: Steffi Grant.

Übersetzung aus dem Englischen: Wolf Kaminski.

Lektorat: Helge Lange.

Der Baum des Lebens (S. 25) & *Der Baum des Todes* (S. 198 + Poster): T. Ketola

Gesamtherstellung: Drogowiec, Kielce.

ISBN 978-3-939459-07-1

Inhaltsverzeichnis

Einführung

von Jan Fries

Jedes brauchbare magische System basiert auf einem mehr oder weniger chaotischen Initiationsprozess. Ein gutes System beinhaltet serienweise Initiationen, die darauf angelegt sind, möglichst viel von der ‚wahren, ursprünglichen Selbstnatur' zu manifestieren.

Richtig? Falsch. Stimm' mir bloß nicht zu.

Wir sind bei unserer ersten Lüge, Verzeihung, sagen wir Metapher, angekommen. ‚Selbstnatur' klingt überzeugend bedeutungsschwer. Alles Einbildung. Was für Dich die wahre Selbstnatur ist, weiß kein Mensch, ich weiß es nicht, Deine Freunde wissen es nicht und Du, in allem involviert, schon gar nicht.

Kommen wir zur nächsten Metapher. In allen tiefer gehenden magischen Systemen finden wir einen Prozess den man die ‚Entwicklung der magischen Persönlichkeit' nennen kann. Das bedeutet, etwas vereinfacht, dass die oder der Anwender/in sich in eine Person verwandelt, die kompetent und hoffentlich weise mit Magie umgeht. Klingt auch ganz in Ordnung.

Nur, was genau ist weise? Schon wieder so ein Wort. Ich bin sicher, Du hast ein paar gute Antworten auf diese Frage. Ich hoffe, es kommen noch wesentlich bessere dazu.

In den nordindischen Tantrasystemen Kaula und Krama ist eine der beliebtesten Göttinnen Chinnamastâ, die Göttin der Weisheit.

Eines schönen Tages waren Shiva und Chinnamastâ im Bett und hatten viel Spaß miteinander. Danach stand Chinna auf um ein Bad im Fluss zu nehmen. Ihre beiden Freundinnen Yoginî und Dakinî kamen beide mit. Sie planschten ein Weilchen in der Strömung herum, erschreckten die Enten und die Angler am Ufer.

Dann sagte Yoginî: „Ich bin sooo hungrig!"

Dakinî stimmte zu: „Gibt es denn gar nichts zu essen?"

Als Chinna zu Shiva zurückkehrte, war der Herr der Asketen überrascht. „Warum bist du plötzlich so blass?" fragte er.

Da lächelte Chinnamastâ. „Die beiden waren hungrig, und ich auch. Da habe ich mir den Kopf abgeschnitten. Aus meinem Hals kamen drei Fontänen Blut, und von denen haben wir getrunken".

So ist das mit der Weisheit.

Zurück und voran zu den Initiationssystemen.

Jedes gute Initiationssystem erreicht irgendwann den Punkt an dem es überflüssig wird.

Jede Persönlichkeit, egal wie schön, klug und weise, wird irgendwann ein Hindernis.

Jede Identität die sich beschreiben lässt stößt irgendwann an ihre Grenzen.

Und was genau wirklich weise ist merkt nur, wer über das bisherige Weltbild hinausgegangen ist.

Schauen wir uns den kabbalistischen Lebensbaum an. Ein wunderschönes Modell mit vielen Extras. Eine inspirierte Karte des Körper-Geist-Ganzheitssystems. Ein Fahrplan in den Himmel.

Sie haben eine Reise in die Erleuchtung gebucht? Bitte einsteigen.

Wir beginnen mit Malkuth. Körperschulung, Körperbewusstsein, Disziplin, tägliche Übung und das Leben in geregelte Bahnen bringen.

Dann geht es bei Yesod weiter, willkommen in der Innenwelt. Träume, Visionen, Imagination, Visualisierung.

Bei Hod wird die Welt systematisiert, werden Modelle gebaut, Denksysteme ergründet und mit lauter wilden Ideen herumgespielt. Dafür sind sie da.

In Netzach haben wir dann Hingabe, Glauben und Kontakt mit möglichst vielen verschiedenen Göttern und Geistern im Programm. Das kann recht gefühlsbetont sein, bitte Sekt, Sturzhelm und Taschentücher mitbringen.

Bei Tiphareth kommen wir in der Mitte des magischen Selbstheitsuniversums an, hier erscheint das Zukunftsselbst in der Gestalt des ‚Holy Guardian Angels'. Wobei der ‚Engel' keineswegs als Engel erscheinen muss, sie/er/es was-auch-immer nimmt nur eine Form an, die Dir in Deinem derzeitigen Zustand genau entspricht. Diese Form ist zum Glück veränderlich, genau wie Du.

Wenn die Fusion geglückt ist wird das Leben zum Kunstwerk. Das erste Kunstwerk jedes guten Künstlers ist die eigene Persönlichkeit. Wir haben eine recht überzeugende magische Persönlichkeit hergestellt und unser Ego tip top in Form gebracht. Das Ergebnis ist überzeugend, ein Grund warum so viele Magier hier stecken bleiben.

Weiter geht's. Als nächstes kommen wir zu Geburah, hier ist der Bereich der Selbst-Kraft. Es reicht nicht mehr der ‚Engel' zu sein, wir haben auch was zu tun, und uns in diese Welt einzubringen. So etwas nennt man Verantwortung.

In Gedulah / Chesed stabilisiert sich das ganze dann und wir könnten uns zurücklehnen und voller Zufriedenheit auf unser erfolgreich geschaffenes magisches Universum blicken.

Wenn wir sehr dumm sind, tun wir das auch.

Aber vielleicht haben wir Glück. Vielleicht geben uns die Alten Wesen einen belebenden Tritt in den Hintern.

Der nächste Schritt ist Binah, das ist die Welt des echten Verstehens. Ein kleiner Schritt nur, aber er kostet den Verstand. Denn zwischen Chesed und Binah liegt der Abgrund, wie auch überall anders, schau Dich nur um.

Hinter Chesed hört das Modell auf. Klar, auf der Karte gibt es da oben noch Binah, echtes Verstehen; Chokmah, echte Weisheit und Kether, die pure Selbstnatur.

Plus drei Schichten transzendenter Nichtsheit.

Doch der Weg ist zu Ende. Hinter dem Abgrund ist alles Weg und nichts ist Weg. Im Abgrund gibt es keine Modelle mehr, und auch niemanden der sie ins Leben umsetzen könnte. Niemand geht durch den Abgrund, denn im Abgrund liegen Anfang und Ende und Neugeburt aller Illusion.

Und dazu gehören natürlich auch magische Modelle, Reiserouten und Selbstdefinitionen. Vielleicht bekommt Dein Ego jetzt die Panik. Es weiß schon warum.

Schauen wir uns die Erde von draußen an. Ein winziges Kügelchen von Materie und Leben in einer Unendlichkeit von Dunkelheit. Kleine Sonnen hier und da, ein paar Planeten um Bewegung in die Sache zu bringen, und dazwischen haufenweise NICHTS.

Oder Atome. Ein bisschen Energie und Wirbel, Spannungszustände, Schwerkraft gibt's umsonst und dazwischen haufenweise NICHTS.

Nichts hält die Welt zusammen, Nichts umgibt uns, Nichts begleitet uns von Leben zu Leben, von Bewusstsein zu Bewusstsein. Nichts ist der Klebstoff der die Formen verbindet und erhält.

Nichts ist absolut bewusst.

Hier offenbart sich die Nachtseite. Sie ist viel älter als die Tagseite. Bevor das Licht zu leuchten begann, war die Nacht schon da.

Manche denken, wir haben eine einfache Polarität vor und in uns. Auf der einen Seite die leuchtende Welt der Farben und Formen, mehr oder weniger denkbar und sinnvoll.

Auf der anderen eine chaotische Welt von Unsicherheiten und unbegreiflichen Mysterien.

Klingt auch ganz hübsch.

Doch im Großen Ganzen ist die Tagseite ein kleines Inselchen des Erlebens in einem gigantischen Ozean voller Strömungen, Inselketten und Kontinente des Möglichen und Unmöglichen. Unser Inselchen ist nicht das Gegenteil des Weltenmeeres, es ist einfach nur ein kleiner und überschaubarer Teil davon.

Die Tagseite ist eine Selektion. Es ist die Selektion des Erlebbaren die wir erschaffen und erhalten, um sicher in unserer selbstgeschaffenen Welt zu überleben.

Die Nachtseite ist Alles, Alles und Alles, und noch wesentlich mehr. Von der Nachtseite aus gesehen ist jede Form eine Metapher und jedes Wort eine Lüge welche Wahrheit reflektiert. Reden wir von der Nachtseite lügen wir.

Ich belüge Dich. Genau jetzt. Ich lüge weil ich Worte nutzen muss.

Jedes von ihnen ist falsch.

Es tut mir leid. Bitte entschuldige.

Musik wäre mir lieber und Bilder sind auch nicht schlecht, aber solange wir in Form kommunizieren, verwenden wir Lügen. Denn keine Form ist so intensiv und lebendig, wie dass, was sie ausdrücken soll.

Vielleicht ist das Leben ein Wust von Metaphern, Realität eine Vernetzung von Glaubenssätzen.

Oder auch nicht. Wie soll ich das wissen?

Falsche Adresse, hier ist niemand daheim.

Wir lügen auch wenn wir von der Tagseite reden, von unserem Alltag, von unseren Hoffnungen, Sorgen und Bedürfnissen. Im Abgrund entstehen alle Worte, alle Konzepte, im Abgrund lösen sie sich auf. Und werden immer wieder neu erschaffen.

Wie beschreibt man diese Wunder?

Wer kann darüber sinnvoll schreiben?

Ich zum Glück nicht, aber Kenneth Grant hat es geschafft.

Als Grant in den Vierzigern des letzten Jahrhunderts von Aleister Crowley die Sigillen und Namen der Qliphoth erhielt, öffneten sich Türen zu anderen Seinszuständen.

Woher Crowley diese Zeichen und Zugänge hatte ist bis heute ungeklärt. Ob er mit ihnen irgendetwas anfangen konnte, ist genauso ungewiss. Auf seine Art war Crowley, bei allem Pioniergeist, ein viel zu ,diesseitiger' Magier. Ein System das sich von selbst auflöst, eine Realitätsquelle die nicht-rational und nicht zeitlich geordnet aus sich selbst heraus funktioniert, und eine Identität die auf Egotrips verzichten kann, waren für ihn zwar logisch denkbar, aber praktisch nicht zu leben.

Kenneth Grant wagte den Sprung in die lebende Realität des Abgrundes.

Seine Erfahrungen, und die einer Handvoll von Adepten welche ähnliches gelebt haben, finden sich in diesem Buch. Soweit sich der Abgrund und die Nachtseite kommunizieren lassen. Soweit die Worte für Dich Sinn machen.

Dies ist ein Buch voller Worte, Bilder und Metaphern. Hier wird nicht definiert sondern suggeriert, angedeutet statt beschrieben. Hier vernetzt sich ein Gewebe von monströser Schönheit in dem die Offenbarungen des Schreckens die Fesseln des Egos zerreißen. Jenseits des rationalen Verstehens berühren sich die Welten in nicht-euklidischen Relationen und etwas, Namenlos und Uralt, erwacht.

Dieses Buch ist nicht einfach. Es will nicht nur gelesen sondern erlebt werden, denn ohne die direkte Erfahrung bleiben die Formen leere Hüllen und die Worte führen in die Irre.

Wenn Du glaubst, Du weißt was hier gesagt wird, gehst Du schon in Deinen eigenen Halluzinationen spazieren.

Und damit kommen wir zur Praxis. Was Du in Händen hältst ist kein einfaches Zauberbuch. Ich habe Leute getroffen, die es ,das bedeutendste Grimoire der Neuzeit' nannten, und es dann schön sicher hinten im Bücherschrank versteckten. Was bei ihnen auch eine ganz gute Idee war. Ich kannte auch Amateure und begeisterte Anfänger die das eine oder andere Sigill herausgepickt haben und damit herumspielten.

Was heftige, manchmal katastrophale Folgen hatte.

Die Wenigen, die systematisch selbst die Tunnel und Sphären der Nachtseite erkunden, haben oft monate- bis jahrelang mit extremen Krisen und Umwälzungen zu tun.

Immer wieder. Es hält einen jung und wach.

Dieses Material ist nicht für Hobbyzauberer und Wochenendmagier gedacht.

Die Qliphoth, die Alten Wesen und die ganze Nachtseite können nur auf die Tagseite gebracht werden nachdem beide in der Anderswelt verschmolzen sind.

Die Tunnel sollten nur mit äußerster Vorsicht geöffnet werden. In jedem Tunnel finden sich die geballten Besessenheiten einer Allheit, die das normale menschliche Ego, die Persönlichkeit, mühelos zerreißen kann. Das ist der Sinn der Übung.

Bannungen und Exorzismen? Vergiss es. Hier nützen nur Wahrheit, Hingabe und Auflösung.

Wer die Tunnel erforschen und die Nachtseite integrieren will, muss die Persönlichkeit loslassen und in die Tunnel eintauchen.

Soweit zum einfachen Teil. Viel schwerer ist, aus den Tunneln und ihren Geistern wieder zurück zu kommen.

Menschen sind gut darin, sich Besessenheiten einzuprogrammieren.

Besessenheiten wieder abzustellen ist viel schwerer.

Wer sich an einen Namen, eine Persönlichkeit oder auch nur einen Glaubenssatz klammert, bleibt unweigerlich hängen.

Der Schlüssel zur Nachtseite ist die eigene Selbstnatur.

Sie ist, wenn ich mal eben lügen darf, Nichts, Nichts und noch mal Nichts.

Glaub' mir bloß nicht.

Nichts existiert jenseits von Raum und Zeit.

Nichts kann in die Tunnel reisen.

Niemand kommt wieder heraus.

Niemand kann darüber sprechen.

Wer dies in seiner vollen Reichweite begreift, geht durch einen Abgrund, den es nicht gibt, in einer Persönlichkeit, die nicht existiert, und kommt auf der anderen Seite, die nirgends ist und doch schon immer überall war, immer und nie heraus.

Wer das versteht, kann nur noch lachen.

Jan Fries

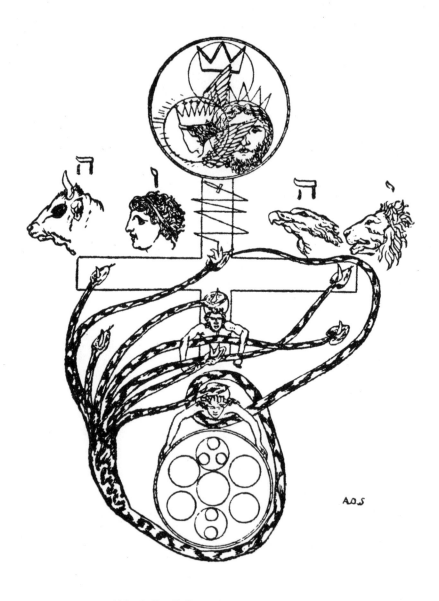

Abb. 1: *Der Fall* von Austin Osman Spare.

Vorwort des Autors

Es scheint sich in bestimmten Kreisen die Meinung zu halten, dass ich in meinen früheren Büchern ein wenig zu viel von den Mysterien enthüllt habe und dass der Schleier der Isis in fast ungebührliche Höhe gehoben wurde. Daher wiederhole ich hier die Tatsache, dass die Mysterien, die wahre Gnosis, in erster Linie psychosexueller Natur sind. Ich habe lediglich Wissen – vielleicht das erste Mal in einer so klaren Form – verfügbar gemacht, das bis dahin okkult, d. h. verborgen gewesen war. In Übereinstimmung mit dieser Tatsache bringe ich keine Entschuldigungen dafür vor, dass ich diese Mysterien für jene klar gemacht habe, die die notwendige Einsicht besitzen.

Dass es hier dunkle Mysterien gibt, ist unbestreitbar; aber es gibt auch die Schlüssel zu ihrem Verständnis. Vielleicht kann das für das vorliegende Buch sogar noch mehr beansprucht werden als für die Trilogie, die diesem vorausging, und in der bestimmte operative Formeln zurückgehalten wurden.

Die Schlüssel des praktischen Okkultismus, egal ob des Mystizismus oder der Magick, können intellektuell durch das Studium von Büchern verstanden werden, aber es ist allein auf den inneren Ebenen, wo ihr effektives Wirken enthüllt wird. Bevor nicht die erforderlichen Kontakte auf den inneren Ebenen auf passende Weise hergestellt wurden, wird kein Maß an Lektüre die „Geheimnisse" enthüllen, die im wahrsten Sinne des Wortes nicht entzifferbar und daher wirklich okkult sind. Die Sicherheitsvorkehrungen wirken automatisch und sie sind narrensicher.

Mit Blick auf das voran gegangene kann die Frage gestellt werden, warum man sich die Mühe machen soll, die Mysterien auf einer Ebene zu erklären, wenn ihr vollständiges Verständnis nur auf einer anderen möglich ist, die nicht generell verfügbar ist. Die Antwort lautet, dass es eine große Anzahl von Individuen gibt – einen Körper –, der schneller wächst als zu irgendeiner anderen Zeit in der menschlichen Geschichte – der einen Wegweiser braucht, einen bloßen Hinweis, um seine Sensitivität gegenüber den Einflüssen der inneren Ebene zu verstärken.

Es ist die Aufgabe eines Initiierten, der einen bestimmten magischen Orden repräsentiert, die Arbeit seiner Vorgänger weiterzuentwickeln. Im vorliegenden Fall ist dieser Orden der O.T.O. (*Ordo Templi Orientis*) und die Aufgabe erfordert die Darstellung des magischen Kraftstroms, der als 93 oder Thelema bekannt ist, welchen Aleister Crowley von einer außerirdischen Quelle empfangen hat und der im *Buch des Gesetzes* und anderer Schriften[1] verkörpert ist.

Daher führt das vorliegende Werk, das sich auf das besonders unheimliche Grimoire, das Liber 231[2] stützt, damit fort, den 93-Kraftstrom zu übermitteln, wie er von Crowley im 20. Jahrhundert wiederbelebt wurde.

Es ist unvermeidlich, dass im Verlauf der Evolution eines Kraftstroms, wenn bestimmte Aspekte als veraltet, unpraktisch oder fehlerhaft befunden werden, diese zu Gunsten von wirksameren Mitteln aufgegeben werden müssen. Dies gilt mit besonderer Stichhaltigkeit in der Sphäre magischer Initiation, wie sie in Orden wie dem O.T.O. entwickelt wurden, über den es notwendig ist, an dieser Stelle einige Worte zu verlieren.

Das vom O.T.O. verwendete System der Initiation, dessen Kopf zu seinen Tagen Crowley war, basierte auf einer freimaurerischen Struktur. Crowley änderte diese Struktur nicht, obgleich er die Rituale der niedrigeren Grade des Ordens überarbeitete, nachdem er eine Anklage aufgrund von Rechtsverletzungen gegenüber der orthodoxen Freimaurerei erhalten hatte.

Seit jenen Tagen (ca. 1915) ist das gesamte System der Loge und der Ritualarbeit aufgegeben worden. Es wurde zunehmend schwerer in den Griff zu bekommen und – dank der immer größer werdenden internationalen Bandbreite – wurde es für die Mitglieder unpraktikabel, sich zum Zwecke der magi-

---

[1] Siehe Bibliographie unter Crowley, Aleister

[2] Zuerst publiziert in *The Equinox, Vol. I, Nr.: vii*, London, 1912. Die Zahl 231 ist die Summe der Zahlen der Tarotkarten 0 – 21 und ist somit die Erweiterung der Zahl 22. Das *Liber 231* (oder CCXXXI wie es normalerweise bezeichnet wird) behandelt die 22 Atu des Thoth, wie sie auf die 22 Pfade des Lebensbaumes angewandt werden und die 22 Zellen der Qliphoth. Crowley hat offen die Atus (siehe *Das Buch Thoth*) behandelt, über die 22 Zellen der Qliphoth und die Tunnel des Seth unter den Pfaden hat er nichts geschrieben. Von daher vervollständigt das vorliegende Werk die unvollendet gelassene Arbeit.

schen Arbeit zu einer Zeit an einem Ort zu treffen. Vor allem aber befand sich die freimaurerische Struktur nicht länger in Einklang mit dem Bewusstsein und den Einstellungen des neuen Äons. Mit anderen Worten, die freimaurerische Formel befindet sich „außerhalb der Wahrheit" und repräsentiert nicht länger das universelle Design mystischer und magischer Errungenschaften.

Das Freimaurersystem des alten Äons basierte auf dem Quadrat und war auf das Konzept männlicher Überlegenheit gegründet, symbolisiert durch Osiris, Salomon und anderer patriarchaler Gestalten. Der neue O.T.O. ist auf dem Kreis, der Göttin, der Mutter gegründet, *deren Kind ihr Symbol ist*. Es ist von daher die augenscheinliche Wiederbelebung eines früheren (tatsächlich sogar des frühesten) Ethos, dahingehend dass es die Verehrung einer ursprünglichen Göttin beinhaltet, die, weil sie von keinem Gott wusste, später als „gottlos" ausgestoßen wurde und daher – anhand einer merkwürdigen Logik – „teuflisch"[3] wurde. Die psychische Evolution entfaltet sich wie andere Formen der Evolution in spiralförmiger Weise und die auftretende Wiederbelebung des Kultes der Mutter und ihres Sohnes ist bei näherer Betrachtung scheinbar weiter fortgeschritten, denn das „Kind" ist nicht länger der Sohn, sondern die Tochter. Dieser Fortschritt des Typus ist für die Diskussion an dieser Stelle zu schwer verständlich; sie wurde in meiner Trilogie erklärt, wird im vorliegenden Buch entwickelt und an dieser Stelle erwähnt, um bestimmte Kritiken von Seiten des neuen O.T.O. zurückzuweisen, die von jenen dagegen gerichtet werden, die darin versagt haben, die spiralförmig vorwärts schreitende Evolution und Reinkarnation der magischen Formeln zu verstehen.

Der O.T.O. hat seine elf Grade beibehalten, die aber nun als geringere Kreise am Rand eines größeren Kreises oder Rades gesehen werden, das sich im Prozess ständiger Drehung befindet. All die Grade – gleich weit entfernt vom bewegungslosen Mittelpunkt – sind daher gleichwertig. Sie steigen rhythmisch auf und ab und dabei nähern und entfernen sie sich stets einem von zwei Horizonten, dem Ort des Aufgangs und dem Ort des Untergangs, dem Ort der Geburt (Manifestation) und dem Ort des Todes (Nicht-Manifestation).

---

[3] Es gab damals in diesem frühen Stadium der Gesellschaft kein Wissen über einen Vater auf Erden und daher kein Vater- oder „Gott"-Bild im Himmel, denn die „Götter" sind bloß psychische Projektionen.

Der Tod war die große Illusion des vorherigen Äons – des Äons des Osiris. Nun jedoch in diesem Äon des Horus, das dass Äon des ewigen Kindes ist, werden Leben und Tod als kontinuierlich aufeinanderfolgende Phänomene betrachtet oder wie Tag und Nacht im Prozess der Selbst-Erleuchtung.

Die Doktrin ist *en detail* in meiner Typhonischen Trilogie erklärt worden. Die Samen davon existieren in Crowleys inspirierten Schriften, aber er persönlich scheint unfähig gewesen zu sein, sich ein System von Initiation außerhalb eines von den Freimaurern postulierten Rahmenwerkes vorstellen zu können. Das ist der Grund, warum er das alte, rigide System, das in *The Equinox vol. III, No. I* beschrieben wird, weiterführt, das nach seinem Tod von seinem nicht hinterfragenden Schüler Karl J. Germer aufrecht erhalten wurde. Es bleibt deshalb dem gegenwärtigen Autoren vorbehalten, das neue Modell voranzubringen und er hat das die letzten 25 Jahre[4] lang getan.

Die vorangegangenen Bemerkungen wurden verursacht durch die vielen Briefe, die ich nach der Veröffentlichung meines früheren Buches erhalten habe und die die 93-Strömung und den O.T.O. betreffen. Es besteht die Hoffnung, dass die Funktion des neu organisierten Ordens nun schließlich klar gestellt ist.

Besonderer Dank und Anerkennung gebühren Mr. Michael Bertiaux, dem Kopf des *Kultes des Schwarzen Schlange*, für Material, auf das ich mich in der Einführung zum Teil 1 und andernorts beziehe, und des Weiteren Mr. Gary Straw und Ms. Margaret Cook, und den Herausgebern des *Cincinnati Journal of Ceremonial Magick* für ihre Erlaubnis, aus dem *Liber Pennae Praenumbra* zu zitieren sowie Material, das den *Kult der Maat* betrifft, Mr. Michael Magee für seine Unterstützung der Arbeit des O.T.O. in seinem Magazin *Sothis*, und Mr. John Symonds für seine Erlaubnis des Gebrauchs der Crowley-Schriften.

Schließlich möchte ich noch den folgenden Künstlerinnen und Künstlern danken, die mir großzügig die Einbeziehung ihrer Zeichnungen oder Gemälde erlaubt haben: Steffi Grant, Margaret Cook, Janice R. Ayers, Jan Bailey, Michael Bertiaux, Allen Holub, David Smith und Fredrick Seaton.

---

[4] Die englische Originalausgabe erschien erstmals 1977. (Anm. d. Verlags)

Teil 1

Die Bäume der Ewigkeit

Abb. 2: *Das Dämonenfest* von Margaret Cook.

Einführung

Der *Baum des Lebens* ist ein Schlüssel zu okkulter Macht sowohl im mystischen als auch im magischen Sinne. Zahlreiche Bücher wurden über die zehn Sephiroth und zweiundzwanzig Pfade geschrieben, die vom menschlichen Bewusstsein in seinem Versuch entwickelt wurden, die makrokosmischen Kräfte in Begriffen mikrokosmischer Werte zu verstehen. Der westliche Okkultismus wurde jedoch von Interpretationen dominiert, die nur die positiven Aspekte dieses großartigen Symbols berücksichtigen. Die andere Seite, die negative oder abgewandte Seite des Baumes wurde aus dem Blickfeld herausgehalten und eifrig ignoriert. Aber es gibt keinen Tag ohne Nacht und das Sein an sich könnte nicht *sein* ohne Referenz auf das Nicht-Sein, dessen unvermeidliche Manifestation es ist.

Alle Hinweise zu diesem Aspekt des Baums und seiner Zweige wurden unter schmähende Überschriften gesetzt oder mit dem infernalischen Reich der Qliphoth in Verbindung gebracht, der Welt der Schalen oder Schatten, bei der es sich um nichts anderes handelt, als um unsere Welt, wie wir sie kennen, ohne das transformierende Licht des magischen Bewusstseins.

Eine vollständige magische Initiation ist ohne ein Verständnis dieser so genannten Qliphothischen Pfade gar nicht möglich, die in der Praxis ebenso real sind wie die Schatten eines jeden Objektes, das von der Sonne beschienen wird. Mit anderen Worten: Die gut ausgeleuchteten Autobahnen des Horus, die Pfade, die der Mensch projiziert hat, um die kosmischen Kraftzonen (Sephiroth) mit seinem eigenen Bewusstsein zu verbinden, haben ihr Gegenstück in den Tunneln des Seth, einem dunklen Netz oder einem nächtlichen Netzwerk aus Pfaden, deren eigentliche Existenz von jenen verleugnet oder ignoriert wird, die nicht in der Lage sind, die komplette Wahrheit des Baumes zu erkennen und dessen Wert für jene, die sogar dessen tiefere Äste besteigen.

Der Verstand wird mit Versprechungen von „kosmischem Bewusstsein" betört und die Sinne werden in den Schlaf gewiegt und verhext durch die ständige Wiederholung, wenn wir unsere Schwingen ausbreiten und fliegen, könnten wir im Zeitraum einer einzigen Lebenszeit die höchsten Äste erreichen. Aber jene, die so schlagfertig von Erleuchtung sprechen und mit offensichtlicher Leichtigkeit die abgeneigten Seiten der Kraftzonen, mit deren Vertrautheit sie sich brüsten, zur Seite wischen, stellen sie sich wirklich vor, dass die eine Seite ohne die andere existiert? Es ist sinnlos und falsch, sich eine Münze mit nur einer Seite vorzustellen.

Erst nachdem die innere Welt der Schatten in Form der Erzdämonen Zorn, Lust und Stolz gemeistert wurde, kann der Mensch wahrhaftig von sich behaupten, ein Meister der glänzenden Räder oder Scheiben zu sein.[1]

Es ist zum Teil dem Werk von Frater Achad[2] über den Baum zu verdanken, dass ich das erste Mal die multi-dimensionale Natur seiner vielen Aspekte erkannte. An diesem Punkt nahm er für mich eine völlig andere Form an; er war nicht länger nur ein Diagramm, das ein präzises, doch zugleich komplexes System spiritueller Errungenschaften darstellte, sondern es wurde lebendig, vervollständigt, und erschien als Form, die sich von einem Diagramm etwa so unterscheidet, wie eine Landkarte vom tatsächlichen Land. Mir wurde bewusst, dass der Baum nicht nur ein Oben und Unten hat, sondern auch eine Vorder- und Rückseite, und obgleich Frater Achad seine These nicht auf die gleiche Weise entwickelte, in der ich die Angelegenheit zu betrachten begann, war er sich nichtsdestotrotz über deren rückwärts gerichteten Implikationen bewusst. Diese Tatsache kann erst dann wertgeschätzt werden, wenn man seine Formel der Umkehrung in Verbindung mit magischen Kraftworten studiert und seine Interpretation bestimmter Absätze im *Buch des Gesetzes*[3]. Zu dieser Zeit[4] traf mich die Erkenntnis, dass, wenn die Sephiroth als Kugeln gesehen werden und nicht als Räder oder Scheiben, sich dadurch die Pfade entspre-

---

[1] D. h. der zehn Sephirothh (siehe Diagramm des Baumes).

[2] *The Anatomy of the Body of God Being the Supreme Revelation of cosmic Consciousness* von Frater Achad (Charles Stansfeld Jones) Chigago, 1925. Kürzlich nachgedruck von Samuel Weiser, New York.

[3] Ein Buch, das Aleister Crowley 1904 durch direkte Übermittlung empfangen hat. Siehe *Aleister Crowley & the Hidden God*, Muller, 1973.

[4] Im Jahre 1952 als ich den O.T.O. reformierte und Rituale schuf, die später in der *New Isis Lodge* verwendet wurden. Siehe *Wiederbelebung der Magick*, Verlag Rita Ruther, 1997.

chend vertiefen und nicht als dürre Verbindungen zwischen den Kraftzonen erscheinen, sondern als Tunnel, die sich tief in den Raum bohren, denn der Baum als Ganzes wurzelt in den inneren und mystischen leeren Räumen multi-dimensionalen Bewusstseins, das durch ein zwei-dimensionales Diagramm nicht adäquat repräsentiert werden kann.

Ich bin mir vollkommen bewusst, dass die abgewandten Regionen der Kraftzonen gefährliches Territorium darstellen, aber zu Beginn möchte ich all jene, die das Gefühl haben, dass eine solche Erforschung besser gar nicht unternommen wird, daran erinnern, dass man diese Initiation oder Reise ins Innere nicht beginnen kann, wenn man seinen Aufstieg von Malkuth aus beginnt[5], denn nur indem man das Bewusstsein durch Daath[6], das Tor des Abyss, projiziert, kann man das Königreich der infernalischen Räume betreten, das unter der Herrschaft von Choronzon[7] steht. Daher muss man mit diesen Pfaden vertraut sein, bevor man den Ort in der Tiefe betreten kann, wo sie weiterführen, nicht als die hell-erleuchteten Wege des Horus klar ausgeschildert im Licht des Tages, sondern als die Tunnel des Seth, die sich schlängeln und winden, wie eine Schlange, oder wie die Eingeweide des namenlosen Gottes des Abgrundes, dessen Dunkelheit durch Gegensatz ihre lichten Gegenstücke möglich macht. Wenn man das in Gedanken behält, dann wird es nicht notwendig sein, mich der Unverantwortlichkeit zu bezichtigen gegenüber jenen, die dazu verlockt werden, vielleicht sogar gegen ihren Willen, eine Reise anzutreten, für die sie falsch ausgerüstet sind und die sich daher als unheilvoll erweisen könnte.

Eine weitere Beobachtung scheint hier relevant. Während ich die drei Bände schrieb, die meine Typhonische Trilogie[8] ergeben, schrieb mir ein Adept mit Namen Michael Bertiaux aus Chicago. Sein Brief stellte den Beginn einer fruchtbaren Korrespondenz dar, in deren Verlauf er mir die Ausbildungsun-

---

[5] Die normale Vorgehensweise ist das Besteigen des Baumes von Malkuth aus nach Kether via der Mittleren Säule. Siehe Diagramm.

[6] Die elfte Kraftzone

[7] Siehe im Glossar nach einer Definition dieses Begriffes, der hier in einem anderen Sinne benutzt wird, als es Crowley und andere getan haben.

[8] Siehe Bibliographie.

terlagen zu den Graden seiner Geheimgesellschaft[9] schickte. Zu meiner Überraschung entdeckte ich, dass er, völlig unabhängig von meinen eigenen Forschungen, ein Konzept des Baums des Lebens formuliert hatte, das in vielen
Aspekten in Bezug auf die rückwärtigen Pfade übereinstimmte, die ich hier
die Tunnel Seths nenne. Und auch wenn es keine präzise Übereinstimmung
unserer jeweiligen Theorien gibt, so ist es dennoch vielleicht interessant festzustellen, wie zwei Konzeptionen sich gegenseitig bestätigen und ergänzen. Ich
möchte deshalb die Gelegenheit ergreifen und die Aufmerksamkeit des Lesers
auf die Behandlung des Themas durch Mr. Bertiaux lenken.

Dies bringt mich zum letzten Punkt: Solange Okkultismus nicht kreativ
wird, in dem Sinne, dass er neue Ansätze eröffnet, traditionelle Konzepte mo-
difiziert und entwickelt und generell ein wenig mehr von der obersten Göttin
enthüllt, deren Identität hinter dem Schleier der Isis, Kali, Nuit oder Sothis
verborgen liegt, herrscht Stagnation in einem Glaubenssumpf, der durch die
gegenwärtige Beschleunigung des menschlichen Bewusstseins, die geradezu
ans Wundersame grenzt, träge gemacht wird. Wenn die Wissenschaft des Unmanifesten nicht in einem vorpubertären Zustand stecken bleiben will, während die Wissenschaft des Manifesten sich zu Höhenflügen ins All aufmacht,
muss der reife Okkultist die Spielzeuge des Aberglaubens zur Seite legen und
furchtlos den Bäumen der Ewigkeit gegenübertreten, deren Stämme und
Zweige im solaren Feuer leuchten, deren Wurzeln jedoch in der Dunkelheit
genährt werden.

---

[9] *The Monastery of the Seven Rays* (MSR) (Das Kloster der Sieben Strahlen), das den ‚Kult
der Schwarzen Schlange' (*La Couleuvre Noir*) beinhaltet. Siehe insbesondere die Ausbil-
dungsunterlagen zum 4. Jahreskurs.

Der Ort des Übergangs

Die Sephiroth wurden von den alten Kabbalisten als göttliche Emanationen des Absoluten beschrieben. Das Wort *Sephiroth* ist die Pluralform des hebräischen Wortes *Sephira*, das „Zahl" oder „Emanation" bedeutet. Die zehn Sephiroth repräsentieren das Hervorgehen aus *Ain* (dem Nichts, das jenseits der Einheit besteht) *via* der Skala der Zahlen von eins bis neun, der göttlichen Vibration, und deren erneuter Rückkehr in die Leere *via* Malkuth, wo Einheit (1) wieder zu Nichts (0) wird.

Im Entwicklungsverlauf der okkulten Wissenschaft kam es dazu, dass die Zahlen Eins bis Zehn Zentren oder Zonen kosmischer Kraft bezeichnen, und um deren Natur in den Bereich menschlicher Verständnisfähigkeit zu bringen, ihnen verschiedene planetarische Repräsentanten zugeschrieben wurden.

Pluto repräsentiert die äußerste Kraftzone, den Pfeiler, der an den äußeren Rand unseres planetaren Systems gesetzt ist, hinter dem sich der unermessliche äußere Weltraum erstreckt. Auf den Mikrokosmos angewendet (die Welt des menschlichen Bewusstseins) repräsentiert Pluto den Pfeiler an den Pforten des Heiligtums des inneren Raumes. Kether, die Krone des Systems im Äußeren wie im Inneren, ist daher äquivalent mit der Weite (und Tiefe) des physischen und psychologischen Raums. Ein Verständnis dieser Tatsache ist von äußerster Wichtigkeit, um verstehen zu können, warum Malkuth, die zehnte und letzte *Sephira*, äquivalent ist zu etwas, das in Ermangelung eines besseren Begriffes mit dem Begriff Anti-Materie angezeigt werden kann. Ich sage „angezeigt", weil weder Kether noch Malkuth in Begriffen weltlicher Logik beschrieben werden können. Die Kabbalisten spielten auf Kether mit Titeln wie „Der Alte der Tage", der „Weiße Kopf" oder der „Höchste Punkt"[1] an. Auf gleiche Weise werden in den tantrischen Lehren (bei den Buddhisten gleichermaßen wie bei den Hindus) Nirvana und Samsara[2] als identisch betrachtet. Allerdings ist

---

[1] Der *Bindu* oder unteilbare Punkt der Tantras.

[2] Wortwörtlich das sich bewegende Ding, d. h. die Welt-Erscheinung, das Universum.

das Konzept des Samsara streng genommen nicht auf Malkuth beschränkt, denn alle anderen Sephiroth bis hin und einschließlich Kethers haben daran ihren Anteil; mit anderen Worten, sie alle stellen Konzepte dar und sind von daher Objektivierungen von Subjektivitäten. Als Objekte sind sie illusorisch, denn einzig und allein das *Ain* (Subjektivität) IST, und die Natur von dessen Sein ist NICHT. Aber als annähernde Analogie ist das nützlich, denn es bringt die orientalische Doktrin in Übereinstimmung mit der okkulten Tradition des Westens.

Es gibt unzählige Abhandlungen über den kabbalistischen Lebensbaum und es wird vorausgesetzt, dass der Leser zumindest mit einigen von ihnen vertraut ist. Hier geht es nicht darum, Grundlagen darzustellen, die bereits an anderer Stelle viele Male abgehandelt wurden, sondern darum, den kabbalistischen Entwurf als Karte kosmischer Kraftzonen zu analysieren, die miteinander in Interaktion stehen und sich auf den Menschen an jedem Punkt seines Seins auswirken, denn es gibt kein einziges Element im Menschen, das nicht im Gleichklang mit den Rhythmen der Zahlen eins bis neun vibriert und mit deren Modifikationen (siehe Diagramm des Baumes). Es ist offensichtlich, dass kein menschliches Wesen, wie fortgeschritten es hinsichtlich der Erlangung kosmischen Bewusstseins auch sein mag, Kether transzendieren und die transplutonischen Leeren erforschen kann, entweder in den äußeren Räumen des physikalischen Universums oder in den inneren Räumen der eigenen unergründlichen Individualität. Dies zu tun würde beinhalten, dass man das Reich des menschlichen Bewusstseins vollständig und für immer aufgegeben hat, vielleicht um eins zu werden mit Gott, oder was immer dieser Begriff auch bedeuten mag, der Zustand, den er impliziert, kann innerhalb des Rahmenwerkes dualistischer Erfahrung keine mögliche Bedeutung haben und ist daher außerhalb der Reichweite gegenwärtiger Untersuchungen. Als sollte es jedoch für diese verbotene Reise eine Kompensation geben, liefert der Baum eine einzige Öffnung, durch die der menschliche Wille sich projizieren kann, und es ist dieses „Loch im Raum", das den äußeren Pfeiler bildet, der versteckt in dem Abyss des Bewusstseins (dem Unbewussten) liegt, der die obere sephirothische Triade (Kether – Chockmah – Binah) vom Rest des Baumes trennt. In dieser *Wüste des Seth* verloren zu gehen, bedeutet das zu werden, was als *Schwarzer Bruder* bekannt ist. Dessen Schicksal ist vielleicht einzigartig.[3]

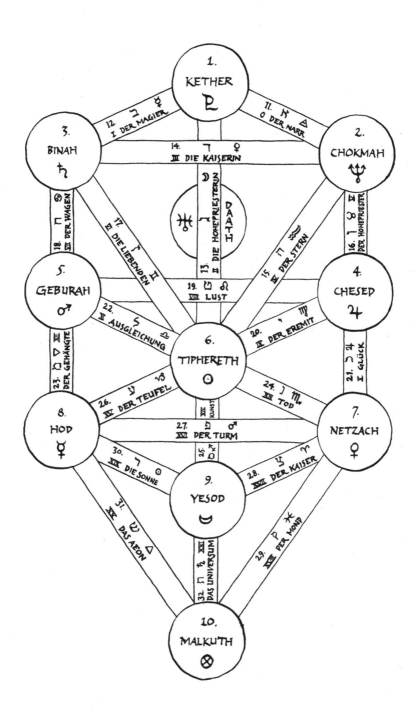

Den Namen, den die Kabbalisten diesem Tor in den Abgrund gegeben haben, lautet *Daath*, und in der okkulten Tradition ist es der Ort, an dem der achtköpfige Drache der Tiefe hinter dem Baum verschwindet, nachdem er ihn geschält hat, in dem erfolglosen Versuch, einen Angriff auf das Herz der Gottheit (d. h. Kether) zu landen. Das Wort Daath deutet sofort auf den Namen einer anderen Pforte hin, die sich auf die Leere der persönlichen Auslöschung hin öffnet, d. h. den Tod. Diese beiden Begriffe Daath und Tod (engl. *Death*) haben in der Tat eine mystische Affinität zueinander und dabei ist die Tatsache kein Widerspruch, dass die beiden Worte aus verschiedenen Sprachen stammen, denn die hervorstechendsten Elemente der beiden Worte D A Th sind kabbalistisch äquivalent mit der Zahl 474[4]. Eine der Bedeutungen von Daath ist „Wissen". Sie wird als „die *Sephira*, die keine *Sephira* ist" bezeichnet. In einem anderen Aspekt ist sie das Kind von Chokmah und Binah; in einem anderen ist sie der achte Kopf des herabstoßenden Drachens, der erhoben wurde, als der Baum des Lebens zerbrach und Makroprosopus ein flammendes Schwert gegen Mikroprosopus setzte.[5]

Durch Umstellung ist Doth (Daath) gleichgesetzt mit OThD, einem anderen hebräischen Wort, das Schafs- oder Ziegenbock bedeutet; es ist auch die Zahl des griechischen Wortes *duo*, was „zwei"[6] bedeutet. Das Doppel ist das *Eidolon*, die Puppe oder der Schatten, dem die alten Ägypter das Schriftzeichen *Tat* zuordneten, das ein Äquivalent zu Doth darstellt. Daath ist also die Heimstatt Choronzons, des Torhüters zum Abyss. Nimmt man diese verschiedenen Bedeutungen zusammen, dann sehen wir, dass das Wissen von Daath, oder Tod (engl. *Death*), die Natur des Geheimnisses der Dualität ist, repräsentiert durch den Schatten oder das magische Doppel, wodurch der Mensch den Tod überwindet und durch das Tor Daaths eintritt, um die Heimstätte Choronzons zu erforschen, die Wüste des Seth.

---

[3] Siehe Teil 2.

[4] Der Buchstabe „A" wird als *Ayin*, 70, gewertet.

[5] Dies wird im weiteren Verlauf erklärt.

[6] Für eine Erklärung der Dualitäten in Begriffen des Doppels oder des Teufels symbolisiert durch den ithyophallischen Ziegenbock siehe *Wiederbelebung der Magick*, 1997.

Daath, als das Kind von Chokmah und Binah[7] wird Uranus zugeschrieben, was auf die hochexplosive Natur dieses „Wissens" hindeutet. Neptun, als Chokmah, ist eine Form von Hadit, und Saturn, als Binah, ist eine Form von Nuit[8]. Daher handelt es sich bei diesem Wissen, um das Wissen des Lebens, das auch das Wissen des Todes darstellt, und als solches deutet es auf die sexuelle Natur dieser Formel hin. Im *Buch des Gesetzes*[9] erklärt Hadit:

> Ich bin die Flamme, die im Herzen jedes Menschen brennt und im Kern jeden Sterns. Ich bin Leben, und Spender des Lebens, und daher ist das Wissen von mir das Wissen des Todes.

Wenn wir für Tod Daath lesen, nehmen die Zeilen eine tiefgründigere Bedeutung an, denn dann können sie als der geheime Schlüssel zu der Funktion Hadits gesehen werden. Hadit ist Shaitan oder Seth, der Herr der Wüste und des großen Tores der Kluft, dessen Hüter Choronzon ist. Das Wort oder der Name Choronzon ist aller Wahrscheinlichkeit nach eine Korruption von Chozzar[10], dessen Symbol, der Dreizack, ihn gleichsetzt mit Neptun-Nodens, den Gott der Tiefe. Daher verbinden sich Hadit (Neptun) und Nuit (Saturn), die dualen Lebensprinzipien, um das abgewandte oder choronzonisches Prinzip von Daath oder Tod zu formen, denn dieses Wissen (Daath) entstammt der abgewandten, umgekehrten oder rückwärtigen Seite des Baums.

Daath wurde von den Kabbalisten als falsche *Sephira* bezeichnet, weil sie keinen Platz im Entwurf der Zahlen von eins bis zehn hatte, also keinen Ort hatte, der auf der Vorder- oder Rückseite des Baums repräsentiert war. Als Konsequenz wurde sie als die elfte *Sephira* betrachtet. Elf ist die Zahl der Magick, der „Energie, die Wandel bewirkt", was die präzise Formel der Operation von Daath ist, und der Grund für deren Assoziation mit dem Tod als höchste Art von Veränderung.

---

[7] Chokmah = Weisheit; Binah = Verständnis. Siehe Diagramm des Baumes.

[8] Siehe *Das Buch des Gesetzes* und seine Kommentare für eine Erklärung dieser Begriffe.

[9] Kapitel 2, Absatz 6.

[10] Der Gott der Atlantischen Magie. Siehe *Cults of the Shadow* für eine umfassendere Definition.

Im tantrischen Entwurf der *Chakren* oder mikrokosmischer Kraftzonen wird Daath der Zone des Wortes zugeschrieben, dem Visuddha- oder Hals-Zentrum.[11] Dieses Zentrum repräsentiert das Sprechen, aber das Wort in seinem okkulten Sinne als die wahre Stimme (*Ma Kheru*) darf nur von einem Magus ausgesprochen werden, dessen natürliche Herkunft die zweite *Sephira* Chockma ist, die Hadit zugeordnet ist. Die II (zwei) und die 11 (elf) begegnen sich von daher in Daath, der Sphäre des Wissens, denn Wissen ist nur möglich, wo Dualitäten (zwei; *duo*, II) vorherrschen. Diese beiden – Subjekt und Objekt – vereinigen sich, und ihre Vereinigung verursacht Veränderungen, was die Formel der Magick darstellt. Die Vereinigung geschieht im *Bewusstsein*, wo der Akt reflektiert wird wie in einem Spiegel, and der Akt öffnet das Tor, durch das der Wille (Hadit) projiziert wird. Sein Abbild erscheint in der Spiegelwelt[12] auf der Rückseite des Baumes und *umgekehrt*, denn in dieser Dimension fließt die Zeit rückwärts und der Mensch wird wieder zum Affen. Der Cynocephalus[13] wurde daher von den alten Ägyptern als ein magisches Symbol des Wortes gewählt, die es dem Mondgott Thoth zuschrieben. Der Name dieses Gottes ist äquivalent zu Doth[14] (Daath) und es ist von Bedeutung, dass der Mond den Kalas zugeschrieben wird, die von Kether durch den Abyss zum solaren oder Herzzentrum des Kosmos strahlen.[15] Die Reflektion der Sonne (des menschlichen Bewusstseins) in den Wassern des Abyss wird so durch Thoth und seinen Cynocephalus symbolisiert wie der Mann und sein Hund im Mond reflektiert wird. Der Cynocephalus oder der hundeköpfige Affe sprechen das Wort des Magus (Hadit-Chokmah) umgekehrt aus. Frater Achad hatte eine Ahnung von

---

[11] Siehe *Cults of the Shadow*, Kapitel 1, für einen detaillierteren Bericht über diese Zonen und ihre Beziehung zum achtfältigen Kreuz der *Kalas*.

[12] In einigen Mysterienschulen als *mirroir fantastique* bekannt. Siehe Michael Bertiaux: Ausbildungpapiere der MSR.

[13] Kynokephale = Hundsköpfige. Da Kenneth Grant im Original die lateinische Form benutzt haben wir diese Form hier beibehalten. (Anm. d. Verlags)

[14] Der Buchstabe „d" ist der spätere und eine elidierte Form des „t".

[15] Auf dem Baum dargestellt durch die *Sephira* Tiphareth, die erleuchtetes, menschliches Bewusstsein verkörpert.

diesen Mysterien und sie führten ihn dazu, seine Formel der Umkehrung[16] zu formulieren. In der gleichen Zeitperiode erkannte der Künstler Austin Spare, der entlang ähnlicher Linien arbeitete, dass der Mensch, um Gott zu werden, erst einmal zu ursprünglichen und vorzeitlichen Bewusstseinszuständen sich zurückentwickeln müsse.[17] Dies ist das letztendliche logische *Grundprinzip* hinter den Versuchen von Okkultisten aller Zeitalter, rückwärts und nach innen in die inneren Tiefen des Baumes zu springen, wodurch sie zu einem vorevolutionären Zustand des Bewusstseins zurückkehren wollten, bevor Kether die Strömung der Manifestation vom Auge der Leere (Ain) aussendete.[18] Viele Magier geraten bei ihrer Rückwärtsreise auf Abwege, ihr Bewusstsein nimmt Formen larvenartigen Lebens an, das dem menschlichen vorausging. Dann macht sich der Affe des Thoth über sie lustig, wie sie darum kämpfen, sich von einer schnell zunehmenden Rückartung ihres Bewusstseins freizumachen, die sie schließlich ins Vergessen stürzen würde. Dies ist das auffällige Schicksal von Adepten, die, während sie sich in der Abyss befinden, ihre animalischen Neigungen nähren, indem sie Tiergestalt[19] annehmen, ohne jedoch zuvor die Tendenzen des Egos aufgegeben zu haben, die Kräfte, die diese Kreaturen symbolisieren, für persönliche Zwecke benutzen zu wollen.

Daher können wir Anti-Welten postulieren, die auf den Anwendungen jeder einzelnen *Sephira* in ihrem Gegenteil basieren, wobei wir einen flüchtigen Eindruck nicht nur von der Rückseite des Baumes erhalten können, sondern auch von der völligen Umkehrung des Baumes im Hinblick auf seine Rückseite, was die Welt der Erscheinung konstituiert.[20] Auf diese Weise können wir nicht nur Anti-Welten oder Zonen von Anti-Materie formulieren, sondern auch eine Zone des Anti-Geistigen, repräsentiert durch Kether invertiert hinter Malkuth. Aber lasst uns nicht in Achards Fehler verfallen, diese Spekulationen

---

[16] Siehe Liber XXXI von Frater Achad, *Sothis* Magazine, Vol I, No. III.

[17] Siehe *Das Buch der ekstatischen Freude* von Austin Osman Spare.

[18] *Ain* bedeutet „nichts", „leer", das Nicht-Manifestierte. Es bedeutet auch Auge (engl. *Eye*), *Ayin*, das den numerischen Wert 70 hat. Die Bedeutung dieser wichtigen Zahl wird sich später zeigen.

[19] Dies ist der Ursprung magischer Lykanthropie und ähnlicher okkulter Phänomene.

[20] D. h. der phänomenologischen Welt; unser Universum.

als tatsächliche Fakten spirituellen Bewusstseins zu betrachten. Lasst uns lieber die Ideen davon als Sprungbrett benutzen, das uns in innere Bewusstseinsräume befördern kann, die, jede auf ihre eigene Weise, die Hölle[21] oder das Loch jeder Kraftzone darstellt.

---

[21] Die alten Finnen verwendeten ein passenderes Wort, um „Hölle" zu beschreiben, nämlich „tuonela", einen Tunnel. In einem physikalischen Sinne impliziert dieses Wort eine unterirdische Passage; in einem psychologischen Sinne das Unterbewusstsein; im mikrokosmischen Sinn impliziert es die sub-nukleare Welt der Anti-Materie des Schwarzen Loches im Weltraum, für das die mythologische Hölle mit ihren vernichtenden Feuern das Symbol ist.

Kabbala der Ur-Gnosis

Die früheste Interpretation von Phänomenen war physikalischer Natur, und wir können daher die Gnosis oder die metaphysische Anwendung ursprünglicher Symbole nur durch die spezielle magische Bedeutung verstehen, die die Vorfahren den Zahlen Null bis Zehn zugeschrieben haben, wobei Null das *Ain* bezeichnet, das die nicht manifestierte und noumenale Quelle der Manifestation darstellt. In der chaldäischen Kabbala fassen die Buchstaben Aleph bis Yod (1 – 10) den Ursprung und die Entwicklung der ursprünglichen Emanation aus dem *Ain* zusammen, und nur durch das Verstehen der Bedeutung dieser Zahlen in Bezug auf physikalische Phänomene können wir die Geheimnisse des metaphysischen Symbolismus durchdringen, der schließlich zur Sprache *der Mysterien* wurde.

Diese ursprüngliche Betrachtung ist in den chaldäischen und hebräischen Buchstaben erhalten geblieben; jeder Buchstabe ist auch eine Zahl, und diese Zahlen mit ihren ursprünglichen Bedeutungen sind in der Kabbala fast unverdorben bei deren Weitergabe von afrikanischen Originalen via Ägypten erhalten geblieben. Die Tradition ist auch bei den frühen britischen Barden erhalten geblieben, die behaupten, dass sie „mit zehn Urzeichen begannen, die Beli auf den Wert von Buchstaben reduzierte und dann sechs weitere hinzufügte, um sie zu insgesamt sechzehn zu machen." Und auch wenn es an dieser Stelle nicht notwendig ist, die sechzehn *Kalas*[1] vorzustellen, so soll der Leser doch dieses Konzept in Gedanken präsent halten, während er das gegenwärtige Kapitel liest. Die *Kalas* werden hier erwähnt, um die Einheit der frühesten *Arcana* und deren Existenz zu einer Zeitperiode aufzuzeigen, von der normalerwei-

---

[1] Im wörtlichen Sinne *Essenzen, Prinzipien, Elemente* usw. Die *Kalas* waren Unterteilungen der Zeit und sie haben in den Tantras eine ganz besondere Konnotation, indem sie verbunden sind mit bestimmten physikalischen Sekretionen, die in der Kabbala und dem Tarot durch magische Glyphen repräsentiert werden, deren Erklärung der Zweck dieses Buches ist. Siehe *The Typhonian Triology.*

se angenommen wird, dass sie diesen späteren und abgeleiteten oder „metaphysischen Mysterien" um riesige Zeitzyklen vorausging. Hier wie andernorts waren die Mysterien zunächst physikalisch und nahmen die metaphysischen Schleier der Arcanen Traditionen erst an, als die physikalischen Wahrheiten von allen außer einigen wenigen verdunkelt und vergessen wurden. Es sollte auch verstanden werden, dass die Bandbreite an Phänomenen, die als physikalisch verstanden wurde, unendlich weit reichender war, als das heute der Fall ist. So war in diesen frühen Zeiten beispielsweise der Geistkörper oder das Doppel (der Astralkörper) ein beobachtetes Phänomen, das der Notwendigkeit einer Demonstration nicht bedurfte. Erst in späteren Zeitaltern, als die Menschheit den Kontakt mit ihrer natürlichen Verwurzelung verloren hatte, kam es dazu, dass der Geistkörper als ein ungewöhnliches und abnormales Phänomen betrachtet wurde. In alten Zeiten war die Welt der Geister überall anerkannt, weil sie eine Sache der direkten Erfahrung darstellte und allen offen stand mit Ausnahme vielleicht der aller Unsensibelsten. Die Geisterwelt war dem urzeitlichen Menschen ebenso vertraut wie die Traumwelt dem modernen Menschen. Die Geisterwelt wurde später die „spirituelle" Welt, nachdem die übertriebene Betonung der mentalen Entwicklung des Menschen fast die gesamte Astralwelt ausgelöscht hatte, in der er sich ursprünglich mit genau der gleichen Leichtigkeit bewegte, wie in der alltäglichen Welt. Tatsächlich wurde zwischen den beiden wenig Unterschied gemacht. Diese Besonderheit, die den Menschen des Westens merkwürdig erscheint, charakterisiert immer noch die Asiaten, die bis heute keine präzise Unterscheidung treffen zwischen *Svapna* (dem Traumzustand) und *Jagrat* (dem Wachzustand).

Die alphabetischen Ideogramme von Aleph bis Yod fassen daher den gesamten Prozess der Emanation und der Entwicklung der phänomenologischen Existenz zusammen, auch wenn wir nicht erwarten dürfen, eine völlige Übereinstimmung zwischen den ursprünglichen Ideen, die von diesen Buchstaben repräsentiert werden, und späteren Interpretationen, die verschiedenen Traditionen über sie abgegeben haben, vorzufinden.

Das *Ain*, oder das Auge der Leere, repräsentiert das absolute Nichts (engl. *No Thing*). Es ist die Nicht-Manifestation rein und einfach. Allein daraus kann Manifestation hervorgehen. Die erste Formulierung von Nichts (engl. *No Thing*), seine Reflektion oder sein verkehrtes Bild, war Etwas (engl. *Some Thing*), und dies wurde durch die Zahl Eins, *Aleph*. repräsentiert. Das Symbol, das dieser Zahl beigefügt wurde, die auch den Buchstaben „A" darstellt, ist das eines Kalbes, eines Jungtieres; es war das Kind der Mutter, welches diese gespalten hatte, um aus dem Mutterleib hervorzubrechen oder indem es den Abyss (Ain) öffnete. Das Kalb ist deshalb das Symbol des Kalifen als erstem Hacker oder Erzeuger der Spalte. Es war der Notenschlüssel oder der Schlüssel zu den Mysterien der Initiation; das Kalb oder „Kind" aller späteren Mythologien.

Nach dem Tarot der Ägypter war das Kind der Narr oder das unschuldige Baby, das durch ein wirbelndes Kreuz[2] repräsentiert wurde, der Donnerschlag, der das Firmament aufbrach; es war auch der Wahnsinnige, der am Rande des Abyss Luftsprünge macht. Aber die erste Gottheit war eine Göttin, die Mutter, und *ihr Kind war ihr Symbol*[3]. Das Kind, das von keinerlei Geschlecht war, wurde zu einem Symbol für das Weder-Noch, ein geschlechtsloses Wesen, das der Gottheit des alten Ägyptens seinen Namen als *Nuter* oder *Neter* – die Götter –, gab; das neutrale Potential positiver und negativer Schöpfung, männlich und weiblich. Der Ochse, der später mit Aleph im Symbolismus der Juden gleichgesetzt wurde, führt diese Form der Charakteristik der Geschlechtslosigkeit des Kalbes oder Kindes weiter.

Im zweiten Buchstaben, B oder Beth, erkennen wir deshalb die Glyphe des zwei-einigen Gottes, der *beides* (Beth) ist, männlich und weiblich und dennoch, indem er so ist, weder das eine noch das andere ist, sondern androgyn oder hermaphroditisch. Beth wurde dem Magier oder dem Gaukler[4] zugeschrieben, dem zweifachen Einen, der bei Erreichung der Pubertät mit kreativem Potential erfüllt wird, das durch das Kamel und den Buchstaben *Gimel*, der die Zahl drei darstellt, symbolisiert wird. Und so wird die Dreifaltigkeit der Kräfte in einer Person von Aleph, dem Narren oder unschuldigen Baby, über Beth, der androgynen, bi-sexuellen Gottheit, bis zum vollständig ausgestatte-

---

[2] Die Swastika, die ihrer Gestalt nach der Buchstabe Aleph ist.

[3] Das phänomologische Kind typisch für das „Kind des Abyss", das ein Zwilling ist als Seth-Horus oder Hoor-paar-Kraat unmanifestiert, und Ra-Hoor-Khuit manifestiert. Ihre astronomischen Analogien sind Sirius „A" (Horus) und Sirius „B" (Seth). Siehe *Magick* von Aleister Crowley für eine vollständige Erklärung dieser Begriffe.

[4] Im Tarot.

ten sexuellen Fortpflanzer, dem Kind in seinem dreizehnten Jahr, zusammengefasst.[5] Auf dem Baum des Lebens ist der dreizehnte Pfad der des Kamels, des Wüstenbewohners, dem Sitz oder der Machtzone des Gottes Seth. Im späteren Symbolismus wurde die *Kala* dieses Pfades der jungfräulichen Priesterin des Silbernen Sterns (d. h. des Mondes),[6] zugeschrieben und die Nummer Dreizehn bringt die lunare Natur dieses Symbolismus zum Ausdruck.[7] In der frühesten Tradition − d. h. der Sothiatischen − ist dies der Pfad der Jungfrau, der schlafenden oder bezauberten Priesterin auf ihrem Weg ein Orakel für die Stimme der Kraft zu werden. Sie ist die Fürsprecherin von Daath und ihr Totem ist der Cynocephalus, dessen Worte nicht menschlich sind, sondern Teil einer „bizarren und monströsen Sprache"[8] die auf der Erde (d. h. phänomenologisch) verständlich wird, wenn sie durch das Tor des Abyss übermittelt wird. Die Tür oder *Daleth* wird durch die Frau, die Gemahlin, die Mutter repräsentiert − Isis, die Schwester oder manifestierte Reflektion von Nephthys, dem ursprünglichen und unsichtbaren Auge (*Ain*).[9]

Die obere Triade, die die kosmischen Kraftzonen Kether-Chockmah-Binah verbindet, wird durch die *Kalas* geformt, die von Aleph, der elften *Kala*, Beth, der zwölften *Kala*, und Gimel, der dreizehnten *Kala*, emanieren. Die drei-

---

[5] Auf dem Baum des Lebens wird der 13. Pfad *Gimel* zugeschrieben, und er markiert den Ort der Kreuzung, die am exakten *Locus* von Daath hinter dem Schleier des Abyss stattfindet, denn Daath ist die Reflektion der Leere (*Ain*) in der Domäne mystischer Phänomene.

[6] Im lunaren Jahr gibt es 13 Monde: 28 x 13 = 364.

[7] Der Mond fällt unter die Ägide von Hekate, die mit Sothis identisch ist, und dadurch diesen Symbolismus mit der Geheimtradition des *Argenetum Astrum* (dem A.∴. A.∴.) dem Orden des Silbernen Sterns verbindet. Dabei handelt es sich um einen magischen Orden, den Aleister Crowley aus den Trümmern des Golden Dawn konstruierte, nachdem er erneut Kontakt mit außerirdischen Intelligenzen (den *Secret Chiefs*) hergestellt hatte, was MacGregor Mathers nicht gelungen war. Für einen vollständigen Bericht über diese Angelegenheit siehe *Wiederbelebung der Magick* (Verlag Rita Ruther, 1997).

[8] *Liber Liberi vel Lapidis Lazuli* (Crowley), Absatz 10.

[9] Nu-Isis ist die Glyphe dieser dual negativen oder doppelten Abwesenheit, magisch symbolisiert durch die feminine Quelle der Schöpfung.

zehnte *Kala* kreuzt Daleth, die vierzehnte *Kala*, die die komplette Formulierung des sexuellen Aktes im kosmischen Sinne repräsentiert. Aleph, der wirbelnde Blitzstrahl ist die Glyphe der Luft und des Raumes; Beth ist der mit dem Doppel-Stab, der Magier (männlich *und* weiblich) und Gimel ist die lunare Reflektion von *Ain* über der Wüste des Seth. Und Daleth, die Nummer Vier, fasst die Formel der Einheit dieses Konzeptes zusammen.[10] Der Knotenpunkt bildet den präzisen Punkt des Eintritts der ophidianischen Kräfte, die hinter dem Schleier in den Wassern des Abyss schwärmen. Dieses Übersetzen wird durch den Menschen via der Mechaniken der Sexualmagick durchgeführt, die darauf abzielt, die Menschheit in bewussten sexuellen Verkehr mit *Wesenheiten* hinter dem Schleier zu bringen. Der Kreuzungspunkt und das Überwechseln sind von herausragender Wichtigkeit in der Initiationsformel, denn sie reflektieren den kosmischen Prozess der Manifestation aus der Nicht-Manifestation. *Das Buch des Gesetzes* eröffnet mit diesen Akt mit den Worten: „Had! Die Manifestation der Nuit" was sich nach den Schlüsseln des frühesten Symbolismus lesen lässt als „Seth! Das Kind Typhons." Seth ist das Kind, das den Mutterleib der Göttin öffnet, er ist der ewige Säugling (des Abyss), der sich, wenn er älter wird,[11] selbst als die erste männliche Gottheit enthüllt – den Sohn der Mutter, Nuit, die die frühere Typhon war. „Das Entschleiern der Gesellschaft des Himmels", der zweite Absatz im *Buches des Gesetzes*, bezieht sich auf den Schleier des Abyss, der von Seth geteilt wird, um Aleph zu etablieren, das Eine: *„Etwas,* wo zuvor allein Nichts existierte. Der Begriff „Gesellschaft des Himmels" bezeichnet die Sterne und diese Gesellschaft ist auch Seth oder Sept[12], die sich aus den sieben Sternen der Göttin zusammensetzt, von denen er der Gipfel oder der Achte war, so wie ausführlich in der *Trilogie* erklärt wird.

Und so wie Seth seine Mutter öffnete, indem er ihren Mutterleib mit dem Blitzstrahl seines Notenschlüssels oder Aleph spaltete, so war Sothis der Öffner des Jahres im frühen Symbolismus von Khem (Ägypten). „Jeder Mann und jede Frau ist ein Stern." (3. Absatz des AL[13]) erklärt, dass die Menschheit das

---

[10] Der Buchstabe Daleth wird der Venus zugeschrieben, der Göttin der Liebe und der sexuellen Vereinigung.

[11] D. h. die Erlangung magischer Kräfte oder der Geschlechtsreife.

[12] Sept ist der Stern Sothis oder Sirius.

Potential für dieses „Öffnen" besitzt, die Öffnung von Toren in den Abyss durch die geheime Formel der Sexualmagick, die verborgen liegt im AL und in den antiken Büchern der Macht und zwar nicht nur in einem mystischen oder spirituellen Sinne sondern auch im magischen und esoterischen Sinne. Daraus folgt, wie der nächste Absatz besagt: „Jede Zahl ist unendlich, da gibt es keinen Unterschied." Jede Zahl und damit auch jeder Buchstabe ist nichts anderes als ein Strahl oder eine *Kala*, die aus dem Abyss heraustritt und als Stern am Himmel erstrahlt und als Seele auf der Erde, während die Kräfte aus dem *Ain* hereinströmen und sich am Ort der Kreuzung manifestieren. Dieser *Locus* ist der „doppelte Horizont", an dem die Sonne sich im Westen nach Amento hinabneigt[14] und im Osten aufsteigt[15]. Das Aufsteigen der Sonne ist der Beginn der Manifestation; deren Abstieg die Rückkehr in den Abyss der Nicht-Manifestation. Die Zahl Vier, *Daleth*, verkörpert dieses vierfache Überwechseln.

Hê, die Zahl Fünf repräsentiert die vollständige Manifestation; sie ist die Glyphe der Frau *par excellance*. Ihre vollständige Formel ist 15 (3 x 5). Der Symbolismus der Göttin Fünfzehn ist ausführlich in der *Trilogie* behandelt worden. Hier ist es ausreichend, die Aufmerksamkeit auf die Identität der Hand (als eine Figur der fünf) und des Auges, als Illuminator der Leere, zu lenken. Diese beiden magischen Instrumente sind grundlegend in Austin O. Spares *Zos-Kia-Kult*, in dem sie zum atmosphärischen „Ich" oder kosmischen Bewusstsein verschmelzen.[16] Fünf ist die Zahl des weiblichen Prinzips in seiner lunaren Phase. In der ursprünglichen Wiedergabe des AL, I 60, beginnt die Göttin Nuit einen Satz, von dem Crowley nur die ersten sechs Worte gehört hat.[17] Danach fand im Manuskript eine Art Pause statt, die später durch die Hand der Scharlach-Frau ergänzt wurde,[18] die den Satz folgendermaßen vervollständigte: „Der

---

[13] Das *Buch des Gesetzes* oder *Liber Al vel Legis* wird ab dieser Stelle der Einfachheit halber mit AL bezeichnet.

[14] Der frühere Norden gleichgesetzt mit Tod, Daath.

[15] Der frühere Süden, gleichgesetzt mit Leben, Tiphareth.

[16] Siehe *Images and Oracles of Austin Osman Spare* von Kenneth Grant, Muller, 1975.

[17] „The shape of my star is ..." („Die Gestalt meines Sterns ist ...").

[18] Rose Crowley, geborene Kelly. Die Scharlach-Frau ist ein Begriff, der eine Priesterin bezeichnet, die den Mysterien Ophidianischer Magick geweiht ist. Siehe *Aleister Crowley*

fünfzackige Stern, mit einem Kreuz in der Mitte und der Kreis ist rot …".[19] Das will besagen, dass der Stern (*Khabs*) aus fünf Strahlen (*Kalas*) besteht, die den Kreis in der Mitte wie fünf Blütenblätter einer Blüte umschließen. Der Kreis ist rot, weil er den Blut-Zyklus symbolisiert, charakteristisch für die Frau in ihrer lunaren Phase. Die fünf *Kalas* konzentrieren und vergegenständlichen die sechste oder kreative Energie, die im Herzen der Blume als Kind in der Frau besteht. Sechs ist der Name und die Zahl der Sexualität und sie wird durch den Buchstaben *Vau* repräsentiert, was ein „Nagel" bedeutet, der *Unguis* oder das phallische Symbol der Virilität. Das Kind ist ein Zwilling und führt das Schwert (*Zain*), das seine Mutter spaltet.

Zain ist die Zahl Sieben, die Zahl der sexuellen Liebe. Diese Zahl bezeichnet ursprünglich den Mutterleib durch den Symbolismus der Göttin der Sieben Sterne, *Ursa Major*, der Konstellation des Oberschenkels, die den Geburtsort des Lichtes im Dunkel des Abyss versinnbildlicht.[20] Sieben wurde später die Zahl der Venus, der planetarischen Repräsentantin der Göttin, als das Konzept romantisiert und auf sexuelle Liebe zwischen Menschen angewendet wurde als Unterscheidung vom ursprünglichen und stellaren Symbolismus, der Verkehr mit Tieren[21] bezeichnete. So wurde die Sieben ein Synonym für die Mechanismen sexueller Polarität, symbolisiert durch das Tierkreiszeichen Zwilling (dessen zugeordneter Buchstabe *Zain* ist) unter dem Einfluss des Merkurs, des maskulinen Aspektes der Venus, oder richtiger, des positiven Aspek-

---

& the Hidden God (1973).

[19] Siehe das Fotofaksimile des ursprünglichen Manuskriptes des AL dargestellt in *The Magickal and Philosophical Commentaries on the Book of the Law*, 93 Publishing, Montreal, 1974.

[20] D. h. der Abyss als Nachthimmel oder als der Abgrund des Raumes.

[21] Beachte, dass die Zahl *Zain*, 7, von der Gestalt her äquivalent ist mit dem Nuter-Zeichen der Gottheit – der Grund dafür ist, dass das Kind, das Geschlechtslose, von den Menschen in der Antike dazu verwendet wurde, um einen Zustand *weder* männlich noch weiblich zu bezeichnen sondern beides und dass als das Symbol der sexuellen Schöpfung Sieben als ein Axtsymbol (ᒣ) angenommen wurde, das dass Aufspalten des Mutterleibs durch das Kind versinnbildlicht, während es zur Geburt heraustritt als Resultat der Liebe.

tes der hermaphroditischen Polarität verkörpert durch die Sephirot Hod und
Netzach (siehe das Diagramm des Baumes). *Zain* ist mystisch assoziiert mit der
Yoni, dem geheimen oder verborgenen Auge (*ayin*) das zusammen mit dem
Buchstaben „z" – dem Buchstaben der Schlange – zu *Z-aynin* oder *Zain* wird.
Ich habe an früherer Stelle auf die besondere Affinität hingewiesen[22], die zwi-
schen *Zain* und dem Zeitalter des Wassermanns existiert, das verkettet ist mit
dem Äon des Horus.[23] In diesem gegenwärtigen Luft- oder Raumzeitalter, ist
Zain von besonders großer Wichtigkeit, da es das Schwert/Wort (engl. *S[word]*)
der Schlange darstellt, welches die *Stille* ist. Deshalb wird in den meisten geheimen Mysterienkulten vom Äon des *Zain* gesagt, dass es frei ist vom Wort.
Es ist die stille Übertragung sexueller Energie in Polarität, die das Wort in der
Stille vibriert, und das Wort ist wie ein Schwert, das den Abyss aufspaltet und
es wird von niemandem gehört. Es wird gesagt, dass im Äon des Zain „die
Menschheit die Vorab-Buchung für eine Rundreise um die Rückseite des Bau-
mes hat", was erklärt, warum kein Wort gehört werden wird, denn dort wird
es niemanden (engl. *No-One*) geben (*Nun* = der Abyss), der es hören kann. Die
Subjekt-Objekt-Beziehung wird zu existieren aufhören. Die Schlange und das
Schwert sind die dualen Glyphen dieses *Arcanums* und als solches ein spezielles
Emblem des Seth.

Im *Liber 333*[24] (Kapitel 87) erscheinen die Sigille des Schwertes und der
Schlange in Verbindung mit einem bestimmten exkrementalen Symbolismus,
der fehlerhaft von ignoranten Verleumdern Aleister Crowleys interpretiert
wurde. Okkultisten sind sich jedoch bewusst, dass sowohl die Schlange als auch
das Schwert als Symbole der Frau in ihrer lunaren Phase interpretiert werden
können. In seinem kurzen Kommentar zu Kapitel 87 merkt Crowley an, dass
die Sigille von einem gnostischen Talisman abstammt, der „sich auf das Sakrament" bezieht. Die Natur des Sakramentes ist lunar und es ist deshalb keine

---

[22] *Cults of the Shadow*, Seite 16.

[23] ibid, Kapitel 8.

[24] Dem *Buch der Lügen* (fälschlich so genannt) von Aleister Crowley. 1913 das erste Mal
veröffentlicht. Der Kommentar wurde posthum von Samuel Weiser, New York, 1970
veröffentlicht.

Überraschung zu entdecken, dass 87[25] die Zahl des *Lebanah* (Räucherwerks) ist, das zur Sphäre des Mondes gehört. Es ist auch die Zahl des *Asvk* (eine Form von Aossic[26]) was „Kelch", „Blütenkelch" oder „Teil einer Blume" bedeutet. Die Blume ist die Fließerin (engl. *flow-er*) oder das Fließende (engl. *flowing*) d. h. die Frau während ihrer Periode. Der Kelch der Fließenden ist die Vagina der Jungfrau. Der Kelch in den Mysterien ist verborgen hinter dem Schleier, der in einem ursprünglichen und biologischen Sinne das Hymen (Jungfernhäutchen) ist. *Cheth*, die Zahl Acht, bedeutet ein „Zaun", „Vallum" oder „Mauer". Es handelt sich um den Schleier, der den Gral umschließt, den Vorhang, der der Heiligste des Heiligsten verbirgt. Dies ist auch der mystische Schleier Paroketh (*Paro-cheth*), der in dem Moment in zwei riss, als die Gottheit aktiv wurde und das Wort in Orakeln des Donners aussprach. *Cheth*, vollständig ausgeschrieben, ist 418, die Zahl des Abrahadabra, das die Vereinigung der positiven und negativen Kraftströme bezeichnet, die Vollendung des Großen Werkes. Das zoomorphische Totem seiner astrologischen Analogie, das Tierkreiszeichen Krebs, enthüllt den Mechanismus des *Viparita Karani*[27] unter der Figur der Krabbe, deren seitwärts gerichtete Art der Fortbewegung ein passendes Symbol ist für den schrägen oder gekrümmten Pfad. In den frühesten ägyptischen Planisphären ist der Käfer der Vorgänger der Krabbe als Zeichen der Mitternachtssonne (Khepra); das solare Licht wird vor der Überschwemmung durch den Abyss (des Nils) geschützt, indem es in einem Ball aus Exkrementen versteckt wird, den der Käfer mit seinen Mandibeln in Sicherheit bringt. Dieses Symbol fasst den aktiven und dynamischen Aspekt der Sigille des Seth zusammen, der in der Verbindung mit dem Buchstaben *Zain* erklärt wird, denn die Nilflut symbolisiert die Flut aus dem Mutterleib, die hervorströmt und das Leben des solar-phallischen Samens bedroht. Aber der Symbolismus hat auch eine tiefgründigere Bedeutung.

---

[25] Die Kapitelnummerierungen des *Liber 333*, wie übrigens alle Zahlen, die in Crowleys ausdrücklich thelemitischen Schriften (d. h. Heiligen Büchern) erscheinen, sind nicht willkürlich gewählt, sondern haben eine kabbalistische Bedeutung.

[26] Siehe Teil II, Kapitel 3, *infra*.

[27] Ein Ausdruck aus dem Sanskrit, der in den Tantras verwendet wird, um die Umkehrung der Sinne zu bezeichnen. Für eine vollständige Erklärung siehe die Trilogie.

Der rote Kreis im Zentrum der fünf oder fünfzehn Kalas (3 x 5) ist die
Blume oder das Fließende, worin der *Bindu*[28] seinen Wohnsitz hat. In diesem
Zusammenhang sind die Beobachtungen von Alvin Kuhn relevant:

> Das männliche kreative Fluid … ist die konzentrierte Essenz des Blutes,
> das im Gegenzug auf höchste Weise mit der elektrischen Seele spiritu-
> eller Energie aufgeladen ist. Es ist der Same von Gottes kreativer Es-
> senz. Deshalb wurde es als Kondensation solarer Energie betrachtet.[29]

Teth, mit der Bedeutung „eine Schlange", ist die Zahl Neun. In den späteren
Osiris-Kulten wurde die Schlange mit solar-phallischer Energie in Form der
Löwen-Schlange gleichgesetzt, die die Spermien[30] erzeugte. In der Drakonischen Tradition ist *Teth* jedoch die Schlange symbolisch für die Frau, die periodisch ihren alten Körper abstreift, wie es eine Schlange mit ihrer Haut tut.
Daher ist die 9 eine Zahl der Verjüngung und der Erneuerung. In Crowleys
Interpretation des Atus von Thoth kombiniert *Teth* den Löwen, die Frau und
die Schlange in einer Glyphe, die den elften Schlüssel des Tarot bildet. Durch
den Wechsel in der Reihenfolge der Schlüssel der Großen Arcana[31], wurden
die Atus VIII und XI miteinander vertauscht. Dies verursachte einen entsprechenden Austausch der Buchstaben *Lamed* und *Teth*.[32] Die Formel der Frau
(dem Tierkreiszeichen Waage zugeschrieben) wird dann der Atu VIII, und
die der Löwen-Schlange (dem Tierkreiszeichen Löwe zugeschrieben) wird der
Atu XI. Die Kombination von *Lamed* und *Teth* (oder 30 und 9) verschleiert ein
großes Mysterium, denn die Zahl 39 ist drei Mal die Dreizehn und ist auch die
umgekehrte Zahl 93. Weiterhin ist die Zahl VIII, die Zahl von *Cheth*, die Zahl

---

[28] Ein Ausdruck aus dem Sanskrit, der in den Tantras verwendet wird, um den kreativen
Samen zu bezeichnen.

[29] Alvin Boyd Kuhn, *The Lost Light*, S. 503.

[30] Das *Yod* oder der „geheime Samen", die Zahl 10. Vide infra.

[31] Es bedurfte Crowleys, um die Änderung in Übereinstimmung mit Anweisungen im
AL durchzuführen. Siehe *Commentaries on AL*.

[32] Lamed = 30; Teth = 9.

des Großen Werkes. Die Tatsache, dass der Atu XI[33] nun das Gleichgewicht der VIII herstellt, zeigt an, dass das Große Werk von seiner Grundlage her psychosomatischer Natur ist und den magischen Gebrauch sexueller Energie beinhaltet.

Yod, die Zahl Zehn, 10, ist die Gesamtsumme oder das Ende der ganzen Angelegenheit, da es die Rückkehr der Einheit (1) zum ursprünglichen Zustand der Nicht-Dualität, dargestellt durch das *Ayin* (0), das Auge der Nuit, symbolisiert. Dies demonstriert die eigentliche Identität des Auges und der Hand[34]. Letztere als Instrument des Halters, des Behältnisses oder des Mutterleibs ist ein Ideogramm der Zahl 5 und von daher des weiblichen. Aber der Symbolismus der Hand (*Yod*) wurde in den späteren oder post-typhonischen Kulten dem solar-phallischen Samen zugeschrieben, repräsentiert durch den Tropfen, den Punkt, *Bindu* oder das Spermium. Dieser Unterschied entstammt allein der Doktrin, denn die ursprüngliche Quelle der Schöpfung war und wird immer die Frau sein, deren Symbole Hand (I) und Auge (0) das Mutterblut bezeichnet, den Uterus, in dem und aus dem die Welt hervor tritt und Fleisch annimmt.

Das Vorangegangene erklärt die Doktrin der Zahlen nach der Typhonischen Tradition, die, wenn sie in Verbindung mit magischen Formeln von Priestern *späterer* Kulte verwendet wird, von der unverdorbenen Bedeutung losgerissen wurde, um männlich dominierten Gesellschaften zu dienen.

Der elfte Buchstabe – *Kaph* (K) – beginnt eine neue Zahlenreihe und ist, im okkultesten Sinne, nicht nur eine Zahl der Magick, sondern auch die Zahl Daaths, der elften Kraftzone, von der angenommen wird, dass sie in einer Dimension existiert, die sich von den zehn manifestierten Kraftzonen oder Sephiroth unterscheidet. In dieser versteckten Dimension sollen die sechs Buchstaben *Kaph* bis *Pè* existieren, die zusammen mit den ersten zehn, die 16 geheimen Kalas des ophidianischen Kraftstroms bilden. *Kaph* bedeutet „Handfläche" und *Pè* bedeutet ein „Mund". Die magische Formel, die mit der inneren Hand (*Kaph*) oder dem Mutterleib und dem geheimen Auge oder „Mund" von Pè assoziiert wird, wird in den folgenden Kapiteln zu Tage treten. An

---

[33] Die Formel des Tieres vereinigt mit der Frau.

[34] Das Wort *Yod* bedeutet eine „Hand".

dieser Stelle soll jedoch festgehalten werden, dass Pè einer martialen Strömung zugeschrieben wird, die, wie gezeigt wurde, mit dem Blut der Schwarzen Isis und der Kali[35] in Verbindung steht.

---

[35] Siehe *Aleister Crowley & the Hidden God*.

Das Licht, das nicht ist

Nach der okkulten Lehre manifestiert sich kosmisches Bewusstsein in der Menschheit als Empfindungsfähigkeit, die sich in einem individualisierten Bewusstseinszentrum konzentriert und sich in Subjekt und Objekt aufspaltet. Das Subjekt identifiziert sich mit dem bewussten Prinzip als Ego und das Objekt ist sein Bewusstheitsmechanismus. Diese Identifikation des Bewusstseins mit dem Ego ist illusionär und dadurch ist das Prinzip des Bewusstseins verschleiert.[1] Das Ego imaginiert sich selbst, als sei es eine Entität, die eigenständig ist gegenüber den Objekten, die es wahrnimmt, und anstelle des reinen Fühlens, Hörens, Sehens, Schmeckens und Wissens gibt es die falsche Annahme, dass „ich fühle", „ich höre", „ich sehe", „ich schmecke", „ich weiß". Daher kommt es, dass die Welt der Phänomene (die Welt der Erscheinungen) uns als Malkuth repräsentiert wird. Der gesamte Prozess von Kether nach Malkuth ist einer der sukzessiven Verschleierung, begleitetet von einem zunehmenden Erkenntnisverlust gegenüber dem Prinzip des Bewusstseins; die gesamte Absicht einer Inkarnation besteht in der „Erlösung" und der Reintegration des verlorenen Prinzips.

Buddhisten und Advaitiner betrachteten diese Schleier als gänzlich illusorisch, während andere sie als Modifikationen des ursprünglichen Prinzips betrachteten. In welchem Licht sie auch betrachtet werden, das Problem bleibt jeweils unverändert: Wie lässt sich dieses fortwährende Versteckspiel[2] beenden, das Kether durch die anfänglichen Schleier von Subjekt und Objekt (Chok-

---

[1] Dies wird im *Liber LXV* (Absatz 56, Kapitel IX) als „Der Fehler des Anfangs" beschrieben. Es ist der essentielle Makel, der von den Arabern als der Sündenfall bezeichnet wird.

[2] Im Hinduismus wird diese Spiel mit „Lila" bezeichnet, was als „göttlicher Sport", „Maskenspiel" oder „der ewige Tanz zwischen Shiva und Shakti" übersetzt wurde. Diese Basisillusion führte später zum Aufkommen des Konzeptes der „Erbsünde", die dann durch die Christen zu einer Doktrin von moralischer Bedeutung pervertiert wurde.

mah und Binah) spielt, dessen Nexus sich in Daath befindet. Die Ursache für das Mysterium, die Verblendung oder die Ignoranz – wie die Buddhisten es nennen – ist die anfängliche und fehlgeleitete Identifikation des Selbst mit seinen Objekten. Dies wird hauptsächlich durch die Tatsache verursacht, dass, wie die Kabbalisten behaupten, „Kether in Malkuth ist, und Malkuth in Kether ist, aber auf ganz unterschiedliche Weise." Die Gegenwart von Kether in Malkuth[3] erzeugt die Illusion einer Realität in allen Objekten. Diese Verblendung erzeugt Empfindungsvermögen, welches das Selbst verwirrt und in den Täuschungen ertränkt. Sri Ramakrishna komponierte und sang viele Loblieder von unübertrefflicher Schönheit auf diese „welt-behexende Maya" oder dem magischen Spiel von Verblendung und Illusion, das in den Sinnen der Menschheit erzeugt wird, die das Unreale für real verkennen.

Kether ist der Fokus des kosmischen Bewusstseins und seine erste Manifestation ist Licht[4]. Das *Ain*, das dessen Quelle ist, ist nicht Dunkelheit sondern vielmehr die Abwesenheit von Licht, und daher die wahre Essenz des Lichtes. Kether ist der unendlich kleine Punkt in der Raum-Zeit, an dem die Abwesenheit von Licht zu seiner Gegenwart wird, indem die Leere (*Ain*) von innen nach außen gestülpt wird. Kether und der resultierende Baum des Lebens können daher als das Inwendige der Leere betrachtet werden, das sich im Raum manifestiert, der das Lösemittel des Lichtes ist.

Im Mikrokosmos manifestiert sich dieses Licht als das Licht des Bewusstseins, das Form illuminiert. Es ist das Licht, durch welches und in welchem ein Gedanke in der Dunkelheit des Geistes visualisiert werden kann; so wie Träume in der Dunkelheit des Schlafes erscheinen. In der himmlischen Sphäre manifestiert sich Bewusstsein als physikalisches Licht, die Sonne. Im Reich der Mineralien manifestiert es sich als Gold. Biologisch betrachtet ist es der Phallus, der den Samen des Lichtes (Bewusstsein) im Tierreich bewahrt. Diese Lichter sind ein Licht (Kether) und sie gehen aus einer unendlichen Abwesenheit von Licht (*Ain*) hervor. Während es durch Kether strömt, wird es in drei Strahlen aufgespalten, die die drei oberen Zweige des Baumes formen. Diese haben drei Pfeiler: Chokmah, Daath und Binah und konzentrieren dadurch

---

[3] D.h. Bewusstheit oder Subjekt in allen Objekten.
[4] Das LVX oder Licht der Gnosis.

16 Kalas[5], welche zusammen mit ihren Reflektionen in der Welt der Anti-Materie (dem *Ain*), die 32 Pfade der Kalas auf dem Lebensbaum konstituieren.

Dunkelheit ist die Abwesenheit von Licht, aber eine Abwesenheit, die die Gegenwart von alle dem möglich macht, *das zu sein scheint*. Nicht-Sein, dessen Symbol die Dunkelheit ist, ist die Quelle des Seins, und zwischen diesen beiden Endpunkten gibt es eine *solution de continuité*, die durch den Abyss repräsentiert wird, der die noumenale Welt Kethers mit ihren beiden Zwillingsendpunkten[6] von der Welt der Phänomene Malkuths trennt. Der präzise Punkt der *discontinuité* wird vom Pfeiler Daaths in der Mitte des Abyss markiert. Daath ist das Wissen von der Welt der Phänomene nach unten durch die Tunnel des Seth auf der Rückseite des Baumes reflektiert. Dieses Wissen oder Daath ist der Tod des Selbstes. Es stellt den ursprünglichen Zustand dar, an dem die Begräbnisbandagen über die Mumie gewebt werden, die Amenta in der Wüste des Seths betritt. Auf der Vorderseite des Baumes erscheint es als die *offensichtliche* lebendige Ähnlichkeit des Egos mit dem, mit dem es sich bei seinem allmählichen Abstieg in die Materie (Malkuth) identifiziert. Sein Erwachen zum weltlichen Bewusstsein ist in Wirklichkeit ein Schlaf und ein Tod, aus dem das ursprüngliche Prinzip des Bewusstseins nur gerettet werden kann, indem es auf den Pfaden von Amenta *in umgekehrter Richtung* reist. Diese rückwärts gerichtete Reise durch die Tunnel des Seth nimmt ihren Anfang in der Tuat, der einleitenden Passage oder dem 32. Pfad, der zurückführt von Malkuth (dem weltlichen Bewusstsein) zu den astralen Sphären Yesods.

Orientalische Traditionen haben diesen Abstieg des Bewusstseins in den Begriffen der drei Zustände des *Sushupti* (schlafenden), *Svapna* (träumenden) und *Jagrat* (wachen) Bewusstseins versinnbildlicht und ihre Reintegration in einen vierten Zustand: *Turiya*, bei dem es sich nicht um einen wirklichen Zustand handelt, sondern um die Tragschicht der anderen drei und *dem einzig realen Element in jenen dreien*. *Turiya* entspricht Kether (undifferenziertes Bewusstsein), *Sushupti* entspricht Daath, *Svapna* Yesod und *Jagrat* Malkuth. Dieser Entwurf entspricht der kabbalistischen Doktrin: Der Zustand des tiefen und traum-

---

[5] Die Zahl von Chokmah ist 2; die von Daath 11; und Binah ist 3, alles in allem 16 *Kalas*.

[6] Chokmah (Subjekt) und Binah (Objekt).

losen Schlafes *(Sushupti)* ist ein Zustand, in dem der Verstand sich nicht des objektiven oder phänomenologischen Universums bewusst ist. Er ist leer, in dem Sinne, dass er frei ist von Gedanken (Bildern) und dunkel in dem Sinne, dass darin Licht abwesend ist. *Sushupti* verschmilzt mit *Svapna*, dem Zustand subjektiver Objektivität oder Träumen, weil Kether in der Leere *Sushuptis* eine Spannung erzeugt, die sich als Vibration manifestiert. Diese Spannung wird in der Traumwelt (Yesod) als Empfindungsvermögen latent in den mikroskopischen Kraftzonen (Chakras) widergespiegelt, in denen es die elementalen Formen von Äther, Feuer, Luft, Wasser und Erde annimmt. Mit anderen Worten: Diese Vibration manifestiert sich als die sechs Sinne, die im Gegenzug als objektive Phänomene im Wachzustand (*Jagrat*; Malkuth) projiziert werden. Auf diese Weise verschmilzt ein Zustand oder eine Welt des Bewusstseins mit einer anderen. Auf ähnliche Weise entwickelt und entfaltet sich ein Zustand oder eine Ebene kosmischen Bewusstseins in eine andere, bis das ursprüngliche Prinzip des Bewusstseins mit zunehmender Dichte objektifiziert ist. Auf diese Weise erscheint die Welt der „Namen und der Formen" dem Ego (dem Pseudo-Subjekt) als „Realität", während tatsächlich die Realität sich zurückzieht, sobald das Prinzip des Bewusstseins schwindet und an den Punkt seiner ursprünglichen Abwesenheit zurückkehrt.

Daath als das Ego ist die Schatten-Shakti oder die verschleiernde Kraft von Kether als der blitzschnelle Moment von dessen Verzweigung in Chokmah (Subjekt) und Binah (Objekt). Das Ego ist ein Schatten, aber es ist der Schatten der Realität. Es ist unmöglich, dieses Konzept in der Sprache der Dualität zum Ausdruck zu bringen. Die Realität ist das Nicht-Sein und das Ego ist die Reflektion oder das Gegenteil der Realität in den Wassern des Abyss, aber das Bild ist nicht nur gegenteilig, es ist auch invertiert.[7] In den Begriffen der Drakonischen Tradition ist das Ego die Fata Morgana, die in der Wüste des Seth erscheint.

Die Erhöhung des Egos in Daath und seine Behauptung, die Krone[8] zu sein, ist *die* Blasphemie gegen die Gottheit schlechthin und jene, die dieses

---

[7] Siehe *Das Große Symbol Salomons*, Abbildung 1 in *Transzendentale Magie* von Eliphas Levi.

[8] Ein Titel von Kether.

falsche Idol errichtet haben, werden die Schwarzen Brüder genannt. Durch diesen Akt verbannen sie sich selbst für die Dauer von einem Äon in die Wüste des Seth oder, falls sie sich der rückwärtigen Hierarchie auf tiefgründige Weise verpflichtet haben, können sie diese Schattensouveränität für „ein Äon und ein Äon und ein Äon" aufrechterhalten, einen gesamten *Kalpa* oder Großen Zeitkreislauf lang. Der falsche König hat so lange Bestand bis die *Kalpa* durch ein *Mahapralaya*[9] beendet wird. Solche Schwarze Brüder sollten jedoch nicht mit jenen Schwarzen Brüdern verwechselt werden, deren Idol nicht das Ego ist, sondern ein bestimmter geheimer Kopf einer wirklich rückwärtigen Hierarchie, die alle 777 Pfade[10] auf der Rückseite des Baumes zusammenfasst. Eliphas Levi spielte auf diese Hierarchie in Begriffen der „schwarzen Magie" und des baphometischen Hauptes an, das erleuchtet wird vom Schwefel der Hölle und angebetet wird von den Templern. Ein anderer Adept, der einen Schimmer von dieser Negativen Hierarchie hatte, war H. P. Blavatsky, jedoch endete ihr gigantischer Kampf darum, einige Andeutungen dieser dunklen Mysterien durch den Schleier zu ziehen allein in einer massiven Verwirrung in ihren beiden monumentalen Arbeiten.[11] Vielleicht war die Isis, die sie entschleiern wollte, nicht die Isis der Natur, die sich in der Materie manifestiert, sondern die Neue Isis des Unnatürlichen, der Anti-Materie, mit ihren Seinsleeren und den schwarzen Löchern im Raum. Bevor wir die Tunnel des Seth erforschen, müssen wir die Tatsache klarstellen, dass die Mysterien des Nicht-Seins, obgleich sie in alten Zeiten nicht so interpretiert wurden wie wir sie heute interpretieren, nichtsdestotrotz so betrachtet wurden, als besäßen sie eine große Bedeutung, die sowohl lebensnotwendig als auch bedrohlich war. Dies ist noch überraschender, da erst innerhalb der letzten fünfzig Jahre diese obskuren Angelegenheiten durch erstaunliche Entdeckungen auf den Gebieten

---

[9] Wörtlich „Große Auflösung". Der Rückzug des Universums in die Leere nach seiner Manifestation in die Materie. Ein *Mahapralaya* tritt nach jeden sieben Phasen manifestierter Existenz auf. Siehe *Aleister Crowley & the Hidden God*, Kapitel 4.

[10] Die Gesamtsumme der Pfade und Sephiroth des Lebensbaumes.

[11] *Isis Entschleiert* und *Die Geheimlehre*. Diese Arbeiten beinhalten viele Anspielungen auf Mysterien, die durch die Drakonische Tradition illuminiert und in dem gegenwärtigen Band erklärt werden.

der nuklearen und sub-nuklearen Physik und Psychologie entdeckt wurden, und nichts davon wissenschaftlich zu der Zeit demonstriert werden konnte, als sich die kabbalistische Doktrin entwickelte.

Es hat jedoch ein anderer Adept der jüngsten Zeit, Salvador Dali, durch dunkle Abwesenheiten, die in einigen seiner Bilder abrupt auftreten, auf die Doktrin des Nicht-Seins, des Negativen, des Noumenalen hingewiesen, das die Realität ist, die der phänomenologischen Welt zugrunde liegt.[12]

Obgleich es eine Auflösung der Kontinuität zwischen den beiden Welten – repräsentiert durch die Vorderseite und die Rückseite des Baumes – gibt, so existiert nur ein *Bindeglied* und es residiert in einer besonderen Funktion der Sexualität. Es ist keine Brücke im positiven Sinne und sollte daher nicht beschrieben werden, aber es kann durch die Analogie eines Blitzes zwischen unsichtbaren Elektroden positiver und negativer Elektrizität angedeutet werden. Die inneren Dimensionen des Nicht-Seins können durch eine blenden-de Strahlung illuminiert werden, die durch sexuelle Energie freigesetzt wird, die sich in Verbindung mit bestimmten Techniken der Typhonischen Magick entlädt, in der vor-konzeptionelle Energie durch die dünnsten Tentakel des Bewusstseins erfasst wird, während sie durch den Schleier der Leere aus dem transplutonischen Auge (*Ain*) jenseits von Kether durchsickert.

Das Buch Dzyan, Das Buch des Gesetzes und die *Heiligen Bücher von Thelema*, die alle im Laufe der letzten hundert Jahre verfügbar gemacht wurden, enthalten magische Formeln, die seit undenklichen Zeiten verwendet wurden, aber bis heute gibt es keinen adäquaten Kommentar zu irgendeinem davon, denn so-wohl Blavatsky als auch Crowley – fortgeschritten, wie sie unzweifelhaft waren – waren eingeschränkt durch eine grundsätzliche alt-äonische Gesinnung ge-genüber der Leere. Crowley, vielleicht aufgrund einer bewussten Identifikation mit dem Drakonischen Kraftstrom (durch die Mysterien der Zahl 666) hat intuitiv die Möglichkeit eines Anti-Christus und eines Anti-Geistes verstan-den, obgleich es scheint, dass er der Idee eine Anti-Logos nicht entgegentreten konnte! Dies wird durch den Horror bewiesen, mit dem er sich auf das Äon bezieht, das kein Wort hat, ein Äon, das noch kommen wird und dem er den

---

[12] Siehe insbesondere das Gemälde mit dem Titel „Accomodation of Desires", repro-duziert in *The Secret Life of Salvador Dali* und andernorts.

Buchstaben *Zain*[13] zuordnete. Meines Wissens hat nur ein Adept die Tatsache bemerkt, dass Crowley kein einziges Wort ausgesprochen hatte, weil er mit dem Tier identifiziert wurde, und folglich *nicht in der Lage war, es zu formulieren.*[14] Aber die Rückartung zur Inartikulanz und die tierhafte Unfähigkeit, ein Wort auszusprechen, erklärt nicht Crowleys Versagen, das in seiner Unfähigkeit wurzelte, die zeitlose Dimension auszuloten, in der das wahrhaftige Anti-Wort (Anti-Christ) wirklich enthalten war.[15]

Eine Untersuchung von Dion Fortunes Version der kosmischen Doktrin enthüllt eine ähnliche Unwilligkeit, oder vielleicht eine echte Unfähigkeit der Einsicht in diese Angelegenheit, bei der es sich darum handelt, dass die Magick des Lichts (LVX) weder schwarze noch weiße Magie betrifft, sondern ein okkulter Kraftstrom ist, der, wie Austin Spare korrekt annahm, in den Räumen *dazwischen* vibriert; in den Zwischenräumen, sozusagen der spirituellen Raumlosigkeit, die in einer notwendiger Weise zeitlosen Leere hinter oder irgendwo außerhalb des Baumes existiert.

Wenn Daath, dessen Zahl die Elf[16] ist, bei den verbleibenden vier Sephiroth der Mittleren Säule[17] mitgezählt wird, dann erhält man die Zahl 37. Dies ist eine Primzahl, die die volle Manifestation des magischen Kraftstroms durch Seth oder Shaitan[18] symbolisiert.

Das, was bei den Kabbalisten als der *Baum des Todes* bekannt war, war tatsächlich die andere Seite des Baums des Lebens, und die *Qliphoth* waren „dä-

---

[13] Siehe das vorangegangene Kapitel.

[14] Der entsprechende Adept war Charles Stansfeld Jones (1886 – 1950), bekannt als Frater Achad. Siehe *Cults of the Shadow*, Kapitel 8.

[15] Frater Achad mit seiner Formel der Verkehrung und der Negation scheint der wahren Bedeutung des AL näher gekommen zu sein als Crowley selbst, denn Crowleys Kommentare enthüllen einen beständig positiven und folglich phänomenologischen Ansatz gegenüber dessen Bedeutung.

[16] Daath ist 11 und 20 und daher 31, AL, der Wortschlüssel des Horus-Äons.

[17] $10 + 9 + 6 + 11 + 1 = 37$.

[18] Drei, die Zahl des Seth oder Saturn, mit 37 multipliziert ergibt 111, welches die Zahl von Samael (Satan), Pan und Baphomet ist.

monische" Kräfte, die Anti-Kräfte verborgen in den Tunneln des Seth, die die inneren Netzwerke und die umgekehrten Reflexionen der Pfade formten.

Der gefeierte Kabbalist Isaac Luria (1534 – 1572) komponierte die folgenden Zeilen, die Gershom Scholem[19] als einen „Exorzismus der ‚anmaßenden' Hunde" beschreibt, den Kräften der anderen Seite:

> Die anmaßenden Hunde müssen draußen bleiben und dürfen nicht hereinkommen,
>
> Ich beschwöre den „Alten der Tage" am Abend bis sie auseinander getrieben sind,
>
> Bis sein Wille die „Schalen" zerstört.
>
> Er schleudert sie zurück in ihre Abyssen, sie müssen sich tief in ihren Höhlen verstecken.[20]

Die anmaßenden Hunde sind, in einem sehr speziellen Sinne, „die Hunde der Vernunft" (d. h. von Daath), die im AL, Kapitel 2, Absatz 27 genannt werden. Die Zuschreibung des Hundes zu den infernalen Reichen stammt aus Ägypten. Dort sind der Schakal oder Wüstenfuchs typische Bewohner des Abyss; beide Tiere sind Totems von Seth. Der Symbolismus illuminiert Kapitel 2, Absatz 19: „Soll ein Gott in einem Hund leben? Nein! Nur die Höchsten sind von uns …" Der Hund (engl. *dog*), dessen Buchstaben umgekehrt gelesen Gott (engl. *god*) ergeben, deutet auf den Pfeiler Daaths hin, durch den der Hund der Vernunft den Abyss betritt und „verendet". Ein Gott soll nicht „in einem Hund leben" sondern „die Höchsten sind von uns". Der Höchste ist die Höhe, repräsentiert durch den achten Kopf der Schlange, die im Abyss wohnt. Die „Höchsten sind von uns" impliziert, dass es drei andere gibt: die obere oder höchste Triade des Baumes, die aus Kether, Chokmah und Binah besteht. Zusammen mit der achten (engl. *eighth*) oder höchsten (engl. *height*) formen diese drei die elf. Die Göttin Nuit (die Nicht ist) proklamiert in Kapitel 1, Absatz 60: „Meine Zahl ist 11, wie die Zahl all jener, die zu uns gehören." Diese Worte

---

[19] *Zur Kabbala und ihrer Symbolik* (Suhrkamp, 1995).

[20] „Der Alte der Tage" normalerweise als der „Uralte der Tage" übersetzt ist ein Titel Kethers. Die „Schalen" sind die *Qliphoth*.

liefern den Schlüssel zu den Mysterien der Acht und der Drei, oder dem Einen und den Drei[21], denn die Schlange ist die Eine obgleich sie acht Köpfe hat.[22] Elf ist die Zahl der Magick oder der „Energie, um Wandel zu bewirken" und es ist am Pfeiler Daaths, wo dieser Tod oder magische Wandel stattfindet. Daath ist der einzige Punkt im Baum, der den Zugang zur Welt der Nuit (Nicht) liefert. Das Wort „uns" in beiden Versen ist kabbalistisch gleich der 66, die die „Mystische Zahl der *Qliphoth* und des Großen Werkes" ist.[23] Hier ist also ein Schlüssel zu der wahren Bedeutung der *Qliphoth*, der Kabbalisten und Okkultisten gleichermaßen entgangen ist, denn nur wenige haben die Funktion der *Qliphoth* in Beziehung zum Großen Werk ergründet. Wenn aber erkannt wird, dass die „Welt der Schalen" die Rückseite des Baumes umfasst, ist es möglich zu verstehen, warum er als gänzlich böse betrachtet wurde.

Die *Qliphoth* sind nicht nur Schalen bzw. die Gerippe der „Toten" sondern noch wichtiger, sie sind die Anti-Kräfte hinter dem Baum und das negative Substrat, das allem positiven Leben zu Grunde liegt. Wie im Falle des *Ägyptischen Totenbuches*, dessen Titel das genaue Gegenteil bezeichnet[24], so ist auch der jüdische Baum des Todes die noumenale Quelle aller phänomenologischen Existenz. Letztere ist falsch, denn die phänomenologische Welt ist die Welt der Erscheinungen, wie schon der Name impliziert. Die noumenale Quelle allein IST, weil sie NICHT ist. Sobald diese Wahrheit verstanden wurde, wird es offensichtlich, dass die alten Mythen über das Böse, mit ihren dämonischen und erschreckenden Paraphernalien des Todes, der Hölle und des Teufels, verzerrte Schatten der Großen Leere (des *Ain*) sind, die beständig den menschlichen

---

[21] Hier gibt es noch ein weiteres Mysterium, das den Buchstaben des Feuers – *Shin* – betrifft. Nach dem *Sefer ha-Temunah* hat dieser Buchstabe in seiner vollständigen Form *vier* und nicht drei Zungen. Scholem bemerkt (ibid, Seite 81) *„In unserem Äon ist dieser Buchstabe nicht manifest und deshalb erscheint er in unserer Torah nicht."* Des Weiteren *„Jeder negative Aspekt ist mit diesem fehlenden Buchstaben verbunden."* *Shin* ist die dreifache Feuerzunge und der Buchstabe Seths oder Shaitans, auch der Chozzars, des Gottes Atlantischer Magick, und der Choronzons, des Tieres des Abyss.

[22] Hadit sagt im Kapitel 2, Absatz 30: „Ich bin acht und eins in acht."

[23] Liber D. (Siehe *The Equinox*, Volume I, Nr. 8).

[24] d. h. Das Buch der immer Todlosen.

Verstand heimsuchen. Diese Mysterien werden in kabbalistischen Begriffen durch die Zahl 66 erklärt, die die Summe der Zahlenreihe von eins bis elf darstellt. 66 ist die Zahl der Wortes LVL, was „verdrehen" oder „herumgehen" (auf die andere Seite des Baumes) bedeutet. Wie schon angemerkt, hat die Menschheit während des Äons von *Zain* eine Vorbuchung „auf eine Umrundung der Rückseite des Baumes". Dies ist das Äon, das kein Wort haben wird, denn es ist das Äon des Anti-Logos, das im Reich des Hundes gelebt werden wird, was eine symbolische Weise darstellt, die Rückseite des Baums zu benennen. Weiterhin ist *Zain* verbunden mit dem Zwillings-Symbolismus des astrologischen Zeichens Zwilling und ein Schwert bezeichnet die Frau oder das entzweihauende Hackmesser, wie im achten Schlüssel des Tarot gezeigt wird. Dieser Schlüssel enthält auch die Formel der Liebe durch Polarisation, denn im Äon von *Zain* wird die Menschheit die Illusion von Zeit und Raum transzendiert und die noumenale Basis des phänomenologischen Bewusstseins verstanden haben.

    Nach der okkulten Tradition wird die Menschheit die letzte Prüfung durch das Feuer vor dem endgültigen Beschließen oder dem Rückzug des gegenwärtigen Mahakalpa erlangt haben.[25] 66 ist auch die Zahl von DNHBH, dem Namen der Stadt Edom, die der Schatten der Stadt der Pyramiden (Binah ♄) in der Wüste des Seth (ש) ist. Ihr Pfeiler, Daath, ist der Schrein des Heiligen Hauptes (des Achten), das die Templer im Abbild des Baphomet, des Gottes des achtfachen Namen, *Octinomos*, verehrten. Crowley nahm die Gott-Form des Baphomet als „Kopf" des O.T.O.[26] an. Acht plus drei (die obere Triade) konstituiert die heilige Elf; die Zahl derer „die von uns sind". „Uns" (66) ist auch die Zahl von ALHIK, die im Deuteronomium, IV, 24 interpretiert wird als „Denn der Herr, dein Gott, ist ein verzehrendes Feuer …". Es kann aufgezeigt werden, dass dieses Feuer die Feuerschlange oder der Ophidianische Kraftstrom ist. 66 ist die Zahl von Gilgal (GLGL) „einem Rad" oder „Wirbel" und es ist

---

[25] Feuer = die drei-züngige Flamme repräsentiert durch den Buchstaben Shin. Nach Crowley (*Magical Record*, S. 144) ist „Shin das Feuer von Pralaya", das „Jüngste Gericht".

[26] *Ordo Templi Orientis*, „Der Orden des Tempels des Ostens", von dem Crowley einmal der Großmeister war.

instruktiv anzumerken, dass die Hindu-Tradition der *Chakras* oder Krafträder die ägypto-chaldäische Interpretation der Mysterien Daaths bestätigt.

Wird ein Diagramm des Lebensbaumes über eine umgekehrte Version gelegt, so treten verschiedene wichtige Fakten zu Tage. Tiphareth bleibt zentral, der Drehpunkt, um den der Baum gedreht wurde, um ihn umzukehren, aber anstelle des weißen Sonnenfeuers haben wir jetzt die schwarze Flamme seiner Anti-Bilder, und Kether ist zu Malkuth geworden wie um buchstäblich den Text zu illustrieren „Kether ist in Malkuth und Malkuth ist in Kether, aber auf unterschiedliche Weise". Diese „unterschiedliche Weise" bezieht sich auf einen magischen Modus, der mit der Formel des Hundes assoziiert wird, die meines Wissens nur in einem Fall dargestellt wurde – nämlich im *Liber Tetragrammaton*.[27] Dieses Buch wird von Crowley als „eine Beschreibung des kosmischen Prozesses" bezeichnet „der mit den Absätzen Dzyans in einem anderen System korrespondiert.[28] Zum Schluss und am bedeutungsvollsten: Yesod bedeckt jetzt Daath. Yesod ist der Sitz der sexuellen Kräfte und der dichteste Aspekt der elektromagnetischen Energien der Feuerschlange. Es ist die Wohnstätte *Shaktis* und der besondere Ort oder das Zentrum der Verehrung von Anhängern des Shaitan (Seth) unter den Yeziden.[29] Das durch Yesod mit Energie versorgte Daath wird das energetisierte Wort, die *linga* anstelle der *lingua*, denn Daath entspricht dem *Visuddha*-Chakra, so wie Yesod dem *Muladhara* entspricht.[30] Die Verbindung zwischen Sprache[31] repräsentiert durch das Wort (*Visuddha-Chakra*) und *der linga*, repräsentiert durch das *Muladhara*, ist offensichtlich, denn der *Logos* ist die Form, die von der *linga* angenommen wird, wenn sie das höchste Wort ausspricht.[32]

---

[27] Siehe *The Magickal and Philosophical Commentaries on The Book of the Law* (Hrsg.: Symonds and Grant, 93 Publishing, Montreal, 1974).

[28] Die Referenz bezieht sich auf das von H. P. Blavatsky vorgelegte System.

[29] Siehe die *Typhonian Triology* (Frant/Muller, 1972 – 75) für einen vollständigen Bericht über diese Kraftzone.

[30] Das Visuddha-Chakra entspricht der Halsregion; Yesod der Genitalregion.

[31] Richtiger Sprache hier im Sinne von heiliger Zunge.

[32] D. h. im Moment des Orgasmus.

Die charakteristische Besonderheit von Daath alleine ist, dass die Initiationszustände, die in ihrer Sphäre erlangt werden, die völlige Desintegration des Wortes verlangen. Mit anderen Worten: Das *Muladhara* trifft seinen Anti-Zustand in Daath, das Wort bleibt unausgesprochen. Das an sich initiiert das Äon des *Zayin*, das ein subjektives Äon ist, das anfängt, wenn und sobald der Adept in die Leeren hinter dem Baum springt. Dies ist das Große Werk, impliziert durch die Formel von *Viparita*, versinnbildlicht durch die Umkehrung des Baumes.

Die Pforte des Todes

In verschiedenen Schriften von Crowley (hauptsächlich in jenen, die er als nicht von ihm selbst geschrieben betrachtete, sondern als von außerirdischen[1] Intelligenzen, die ihn als Kanal benutzten) gibt es verstreut Hinweise, die die wahre Natur der *Qliphoth* oder rückseitigen Welten betreffen. Das *Liber 474* beispielsweise wird als „die Pforte zu den Geheimnissen des Universums" bezeichnet und wie die Zahl des Buches nahe legt, ist es Daath zugeschrieben.[2] Nach dem *Liber 474* muss das Universum zerstört werden. Aber es gibt eine wichtige Qualifizierung, denn es besagt:

> mit Universum meinen wir nicht das engstirnige Universum, das der Verstand des Menschen begreifen kann, sondern jenes, das seiner Seele im Samadhi des Atmadarshan enthüllt wird. Und erneut: Durch die Pforte zum Geheimen Universum kann der Mensch in wirkliche Kommunikation *mit jenen treten, die sich jenseits befinden* und er wird sich als befähigt erweisen, Kommunikation und Instruktionen direkt von uns zu empfangen. So werden wir ihn vorbereiten auf die Konfrontation mit Choronzon und die Prüfung des Abyss, wenn wir ihn in der Stadt der Pyramiden empfangen haben.

Die sieben Worte, die ich in kursive Schrift gesetzt habe, sind ganz besonders bedeutungsvoll, denn wenn man „das Universum" zerstört hat, was bleibt dann noch übrig? Mit was oder mit wem mag dann der Initiant noch kommunizieren? Man ist an den Vers aus dem AL erinnert, der da lautet: „Ich bin der Herr des Doppelstabes der Macht; der Stab der Macht von *Coph Nia* – doch leer ist meine linke Hand, denn ich habe ein Universum zermalmt und

---

[1] Mit ‚außerirdisch' umschreibt Grant nicht ‚Aliens' nach dem heutigen Verständnis, sondern Wesen, die nicht von dieser (materiellen) Welt stammen = außer-irdisch. (Anm. d. Verlags).

[2] DOTH = 4 + 70 + 400 = 474 (Daath).

es bleibt nichts." So lautet der 72. Absatz des letzten Kapitels des AL und der 217. Absatz des Buches als ganzes. Die beiden Zahlen 72 und 217 zeigen die Natur der genannten Kraft an. 72 ist die Zahl von OB, der Schlange (*Aub*), der negative oder feminine Aspekt von Od (*Aud*), der das Licht der Magick an sich ist; sie ist auch die Zahl des chaldäischen Wortes DBIVN, das „Kraftfluss" oder „Blutstropfen" bedeutet. Die Worte leiten sich vom ägyptischen Typhon oder *Tefn*, der Mutter des Seth ab. In den ägyptischen Mysterien wurden diese beiden Zwillingskräfte das Ob und das Od durch Shu und Tefnut repräsentiert. Shu bedeutet Feuer, Tefnut Feuchtigkeit oder Blut.[3] Die Zahl 217 ist die von ($\Sigma H \oplus$) Seth, was nicht nur der Name des Gottes Seth ist, sondern auch der des siebenzackigen Sterns der Babalon, der Scharlach-Frau, dessen Abbild dem Sirius entspricht. 217 ist 31 x 7 und bringt damit seine Verbindung mit AL (31) zum Ausdruck, der Schlüsselzahl des *Buch des Gesetzes*. 217 ist auch die Zahl von DBVRH, was „Biene" bedeutet, welche ihrerseits ein spezifisches Symbol der Sekhet ist, deren Name „eine Biene" bedeutet. Sie ist die Göttin der Berauschung und der sexuellen Leidenschaft, daher ihre Verbindung mit Honig und mit *Sakh* oder *Saktim* „entflammen" oder „inspirieren" und mit „fermentiertem Getränk". Die Biene, die das Bindeglied zwischen den männlichen und den weiblichen Elementen von Blumen darstellt, war ein Seelentypus, der in den ägyptischen Ideogrammen als das *Ba* oder *Aba-it* repräsentiert wurde, der die Seelen der Toten *en route* nach Sekhet-Aahru, den Feldern des Himmlischen Mets oder Honigs führte. Ba, der Astralkörper oder das Doppel ist auch ein Wort, das „Honig" bedeutet und von Shu und Tefnut wird gesagt, dass sie Honig verteilen.[4] Die Göttin Sekhet als *Sakti* ist eine lunare Kraft und zusammen mit ihren Attributen der Liebe und der Süße, ein passendes Symbol für die Flitterwochen (engl. *honeymoon* = wörtlich ‚Honigmond'), was die sexuelle Natur der fraglichen Kraft anzeigt.

Die Kombination der Zahlen 72 und 217 ergibt 289, die Zahl des PTR, eine „Öffnung", ein „Loch" oder „Lücke". Die Ideen, auf die durch die Zahlen der Absätze hingedeutet wird, können deshalb durch das Symbol des Mutterleibes und seiner ophidianischen Emanationen zusammengefasst werden.

---

[3] Shu, der Buchstabe *Shin* (Feuer) passt auf Seth; Tefnut, Blut auf Typhon.

[4] Siehe *Luniolatry, Ancient and Modern* von Gerald Massey.

Dies wird durch das merkwürdige Wort oder den Namen *Coph Nia* bestätigt. Coph oder Koph bedeutet „Tochter"[5]. Es ist der Name der Proserpina oder der Persephone, der Göttin der Zerstörung. Sie wird Koph genannt, weil sie, wie Payne Knight es ausdrückt, folgendes repräsentiert:

> Die universelle Tochter, oder das generelle sekundäre Prinzip; denn obgleich genau genommen die Göttin der Zerstörung, wird sie regelmäßig durch die Titel *Soteira*, Erhalterin, bezeichnet, repräsentiert durch Kornähren auf ihrem Kopf, als Göttin der Fruchtbarkeit. Sie war in Wirklichkeit die Personifikation der Hitze oder des Feuers, von dem angenommen wurde, dass es die Erde durchdringt, und das dabei gleichzeitig als Ursache und Wirkung von Fruchtbarkeit und Zerstörung gesehen wurde, als gleichzeitig *Ursache und Wirkung der Fermentation*; aus dem beides hervorging.[6]

Der zweite Teil des Wortes oder des Namens Nia ist das umgekehrte *Ain* (Leere), was das Auge oder die Gebärmutter der Tochter mit dem *Ob* oder dem ophidianischen Kraftstrom gleichsetzt, einem „doppelten Stab", denn *Ob* ist die Ergänzung zu *Od*. „Die linke Hand ist leer" denn ich (das Ego) habe ein Universum zermalmt und nichts (das *Ain*) bleibt übrig. *Ain* ist 61; Nia ist ebenfalls 61, aber wenn die Nummern herumgedreht werden, dann erhält man die 16 und 16 ist Hia (Sie), d. h. die Tochter.[7] 16 ist das Quadrat von 4 und im *Liber CCXXXI* erklärt der vierte Absatz, der mit 3 nummeriert ist[8]:

---

[5] Siehe *Ancient Art & Modern Mythology* von Sir Richard Payne Knight, Abschnitt 117, *koph*.

[6] Kursivschrift vom aktuellen Autor. Cf. Bemerkung über Sekhet und den Bienensymbolismus, supra.

[7] Siehe *Cults of the Shadow*, Kapitel 8, bezüglich der Bedeutung der Tochter in der Tetragrammaton-Formel des gegenwärtigen Äons.

[8] Die Absätze des *Liber CCXXXI* – wie verschiedene andere Heilige Bücher von Thelema – sind von 0 (dem *Ain*) ab nummeriert statt dass sie mit 1 anfangen, so dass der Absatz mit der Nummer 3 tatsächlich der vierte ist.

Die Jungfrau Gottes thront auf einer Austern-Schale; sie ist wie eine Perle und
suchet Siebzig zu ihren Vier. In ihrem Herz ist Hadit, die unsichtbare Pracht.

Drei ist *Gimel*, der Buchstabe, der der Jungfräulichen Priesterin des Silbernen
Sterns zugeschrieben wird. Vier ist die Zahl der Ehefrau, sie, deren Tür[9] offen
ist. Das Suchen von Siebzig[10] zu ihren Vier bedeutet, dass die Jungfrau danach
strebt, ihr Auge zu öffnen oder erweckt zu werden. Weiteres Licht auf die Bedeutung dieses Verses wird durch den vorletzten Absatz des AL geworfen:

Eine Pracht ist da in meinem Namen verborgen und strahlend, wie die Mitternachtssonne ewiglich der Sohn ist.

Der Sonnensohn ist Hadit, die unsichtbare Herrlichkeit im Herzen der Jungfrau. Die Identität des Sonnensohns wird durch die Referenz auf Khephra
– die Mitternachtssonne – betont, die Sonne von Amenta, die schwarze Sonne
des Seth.

„Ich bin" (das Ego) ist identisch mit Daath, denn das Ego ist die Schatten-
Shakti oder verbergende Kraft von Kether als der blitzschnelle Moment seiner
Gabelung in Chokmah und Binah (Horus und Seth[11]). Daath ist der Geist,
der Schatten der Realität, ein illusionäres Konzept, das im menschlichen Bewusstsein aufsteigt, aber unabhängig davon keine Existenz hat. Den hinduistischen Metaphysikern ist das als *Chit-Jada-Granthi* bekannt – der subtile und
illusionäre Sinn für Identität, der dafür sorgt, dass das Bewusstsein *(Chit)* sich
vorstellt, einen individuellen Geist und Körper zu besitzen, das in Wirklichkeit
aber inexistent, leblos und träge *(Jada)* ist. *Granthi* ist der Knoten, der sie in
scheinbarer Identität zusammenbindet. Im ägyptischen Symbolismus repräsentiert die Mumie das *Eidolon*, eine bloße Puppe oder Marionette bar jedes
Selbst-Bewusstseins außer wenn es durch das *Khu* oder die magische Kraft des
Adepten belebt wurde. Aus diesem Grund wurde der menschliche Körper, der
von den Ägyptern als eine Art Mumie betrachtet wurde, als leblos oder illusi-

---

[9] *Daleth* = 4 = eine „Tür".

[10] *Ayin* = 70 = ein „Auge".

[11] Repräsentiert durch die Planeten Neptun und Saturn.

onär angesehen. Es ist dieser tote oder inaktive Körper, der in Amenta durch das belebende *Khu* des Adepten wiedererweckt wird. Die Identität mit diesem Phantom des Ego-Bewusstseins als der Mumie wird als Fata Morgana in die Wüste des Seth projiziert. Sie muss im Bewusstsein zerstört (d. h. vergessen) werden, bevor der wahre Tod am Pfeiler von Daath durchlaufen werden kann. Nur auf diese Weise wird das Universum „zerstört" und das Bewusstsein von der Knechtschaft der imaginierten Existenz befreit. Nur dann kann er (der Adept) in wirkliche Kommunikation *mit jenen treten, die jenseits sind*.

Die Situation wird verständlich, wenn die wahre Bedeutung des unterbewussten Geistes (Amenta) begriffen wurde. Die drei Zustände des Bewusstseins – *Jagrat*, *Svapna* und *Sushupti* – haben ihre Parallelen im ägyptischen Symbolismus in den drei Zuständen des Lebens auf der Erde, des Lebens in Amenta und dem Zustand der Befreiung von der Knechtschaft der Materie, der erlangt wird, indem man ein *Khu* in der himmlischen Sphäre der niemals untergehenden[12] Sterne[13] wird. Sobald diese Parallele verstanden wurde, ist es einfach zu begreifen, welche Rolle Daath dabei spielt. Daath repräsentiert das Ego, das fälschlicherweise Bewusstsein (das es reflektiert, das es aber nicht erzeugt) mit dem Körper-Geist-Komplex identifiziert, und dadurch dem Bewusstsein zuschreibt, das aber weder zur Erde[14] noch zu Amenta[15] gehört, sondern zum formlosen und bedingungslosen (d. h. kosmischen) Bewusstsein. Die Mumie war der Typ des Körpers, der in Amenta funktioniert, das will sagen, dass der irdische Körper schlafend oder „tot" ist und auf astralen Ebenen des Bewusstseins funktioniert. Der Tod des Körpers impliziert daher die Geburt des Geistes in Amenta. Aber das ist nicht der wahre Tod, der den Geist für immer frei setzt. Um das zu erreichen, muss ein wirklicher Tod erlangt werden und dies ist der totale Tod des Egos sowohl in seinem persönlichen (bewussten) als auch seinem unpersönlichen (träumenden) Zustand. Die Mechanismen dieses

---

[12] Die niemals untergehenden Sterne verkörpern Unsterblichkeit, weil es den alten Ägyptern schien als würden sie niemals sterben (d. h. untergehen).

[13] Sterne verkörpern Seelen. Die physikalische Tatsache des niemals Untergehens wurde später auf die Seelen angewendet, die niemals sterben (d. h. sie waren unsterblich).

[14] Wachbewusstsein (*Jagrat*).

[15] Traumbewusstsein (*Svapna*).

Prozesses werden im so genannten *Buch der Toten* zusammengefasst, das ein magisches Handbuch der Metamorphosen des Körpers in *Khu* (verherrlichten Geist) darstellt.

Jenseits des Grubenpfeilers

Der Schlüssel zum Mysterium der Erlösung oder Wiederbelebung der Mumie in Amenta liegt im magischen Gebrauch der Feuerschlange, wie in den arkanen Schulen gelehrt wird, besonders in denen Asiens.[1] Der Schlüssel ist in dem Mythos von Isis und Osiris verborgen, und der Suche von Isis nach dem verlorenen Phallus des Osiris.[2] Diese Angelegenheit wird von Apuleius in seinem symbolischen Bericht über die Mysterien der Isis behandelt. Psyche, die Seele, gefangen gehalten in der Unterwelt des Pluto, wird von Eros gerettet. Diese Symbole können auch in Verbindung mit dem Baum des Lebens erklärt werden, interpretiert im Lichte der Formel des Neuen Äons von Daath. Die überirdische Weisheit (Daath) wird vom Ego oder der Seele (Psyche) repräsentiert, die in Amenta dahinsiecht. Kether, als Pluto, der Herr des Abyss, ist der am weitesten entfernt gelegene und durch Analogieschluss der aller innerst gelegene Pfeiler von Amenta und das endgültige Tor in den äußeren (inneren) Raum, wo die Seele durch die achtköpfige Schlange freigesetzt wird. Acht repräsentiert die Oktave, den *Octinomos* oder Meistermagier, den obersten oder *allerhöchsten*. Der Symbolismus bezieht die ursprüngliche kreative Kraft ein, repräsentiert durch die sieben „Tochter"-Sterne der Typhon im Abyss des Raumes (Malkuth) und den achten, versinnbildlicht durch Seth oder Sothis im Himmelsgipfel (Kether). Die Tiefe von Malkuth und die Höhe von Kether werden durch die Schlange Daaths ausbalanciert, in der die Formel der Feu-

---

[1] Ich habe die tantrischen Aspekte des Mysteriums in meiner Typhonischen Trilogie erklärt (q.v.) Crowley war einer der ersten Adepten, der den magischen Gebrauch von Sexualenergie in den westlichen Okkultismus einbrachte, auch wenn der afrikanische Initiierte P. B. Randolph, der in den Vereinigten Staaten zur letzten Jahrhundertwende wirkte, wahrscheinlich der erste war, der offen den magischen Gebrauch von Sexualität befürwortete (Siehe *Eulis*, P. C. Randolph, Toledo, Ohio, 1896).

[2] Für die Interpretation dieser Mythe aus Initiantensicht siehe *Aleister Crowley & the Hidden God*, Kapitel 10.

erschlange (Eros) impliziert ist. Und so ist Kether in Malkuth und Malkuth ist in Kether, aber auf andere Weise. In einer anderen Version dieses Mythos ist Pluto oder Seth Kether und Eros oder die Schlange ist Daath, denn Daath ist der Garten von ODN (Eden), das Feld elektro-magnetischer Kraft, das das Lager der Feuerschlange ist, und die Psyche ist Malkuth.

Der Symbolismus beinhaltet die ursprüngliche kreative Kraft, repräsentiert durch die sieben Sterne der Typhon im Abyss des Raumes und das achte Kind – Seth – am Himmelsgipfel, versinnbildlicht durch den Stern Sirius oder Sothis, in welchen die Formel der Feuerschlange impliziert ist. Dieser Symbolismus, obgleich offensichtlich komplex, ist einfach, wie man sehen kann, indem man ihn mit der wohlbekannten buddhistischen Formel gleichsetzt: Als erstes IST (d. h. Malkuth) – Form (d. h. die Gegenwart des Objektes). Dann ist NICHT (d. h. Kether) – die Leere (d. h. die Gegenwart des Subjektes). Danach IST (d. h. Ain) – weder Form noch Leere, sondern die Abwesenheit der Präsenz von sowohl Objekt als auch Subjekt (d. h. die absolute Abwesenheit oder Leere). Die ersten beiden Zustände der Formel schließen den gesamten Baum und seine zehn kosmischen Kraftzonen ein. Aber es gibt eine Kraftzone jenseits der zehn (d. h. elf: Daath), die die Pforte zum *Ain* bildet, welche das Überwechseln vom Universum, repräsentiert durch die Vorderseite des Baumes, zum Anti-Universum, repräsentiert durch die Rückseite des Baums, möglich macht. Die Pseudo-Sephira Daath ist der magische Spiegel, in dem sich das wahre Sein als „Materie" in Form von Existenz reflektiert.[3]

Dieses Konzept wurde in alter Zeit durch die Identität von Satan repräsentiert, dem Widersacher (und daher der Opposition oder der Umkehrung) von Malkuth, dem weltlichen Universum, wie es im Wachzustand des Bewusstseins erscheint. Jedoch sogar dieses Überwechseln von dem unrealen Universum (repräsentiert durch den Baum) zum realen Universum, das NICHT ist (repräsentiert durch die Rückseite des Baumes) ist illusorisch, denn es gibt keine wirkliche Brücke zwischen diesen beiden Universen. Es gibt eine *Auflösung der*

---

[3] Sein allein ist real. Es ist das Innerste der Dinge, das Noumenon. Die Existenz ist nicht real, weil sie, wie das Wort impliziert, die Objektivität des Seins in einem externen Zustand sieht und da gibt es keinen. Das phänomenologische Universum oder die Existenz als zum Subjekt außenstehend erscheint nur so.

Kontinuität und um diese zu realisieren, muss die Höhe des Abyss (der achte Stern Sothis) umgekehrt erreicht werden, so dass, was als die Höhe erscheint, von der Vorderseite des Baumes aus betrachtet tatsächlich die Tiefe ist, wenn das ganze von der „anderen Seite" aus betrachtet wird. Satan-Seth ist daher der Schlüssel zu und der Name des Grubenpfeilers, dessen Hüter der „uralte Teufel Choronzon" ist; dessen Zahl, die 333, ist auch die von Shugal, dem Heuler, dem Wüstenfuchs, dem zoomorphischen Bild von Sirius, dem Schwarzen oder Dunklen, dem äußersten Negativen.[4]

In der Terminologie des Typhonischen Kultes ist Nuit oder Nichts (engl. *not*) das Absolute Negative, symbolisiert durch die Sieben Sterne von *Ursa Major*, die Funken-Bewahrerin oder Feuerschlange, deren achtes Kind Sothis, Seth oder Hoor-paar-Kraat ist. In Übereinstimmung mit dem alten Symbolismus, in dem das Kind und die Mutter identisch sind, repräsentieren Nuit und Seth das unendliche Feld von Möglichkeiten, denn Seth ist in seinem Zwilling verborgen – Horus – die Manifestation der Nicht-Manifestation, die allein das Ego (Daath) möglich macht.[5]

Austin Osman Spare hat gezeigt, dass die Todesstellung[6] der Schlüssel zum Tor des Abyss darstellt, und seine Doktrin des Weder-Weder (Neither-Neither) ist eng verwoben mit dem Ego-Anti-Ego-Komplex von Daath. In dieser Doktrin symbolisiert die Hand Zos oder „den Körper als ein Ganzes betrachtet", und die Hand, wie gezeigt wurde, ist ein magisches Ideogramm des Affen. Tatsächlich war sie der Name des Kaf-Affen im alten Ägypten.[7] Der Affe oder Cynocephalus war das Medium von Thoth oder Daath. Die andere Schlüssel-Glyphe von Spares Zauberei, das Kia oder das Atmosphärische „Ich" ist das

---

[4] Das Wort Shugal ist das kabbalistische Äquivalent zum Wort SaGaLa, von dem Initiierte sagen, dass es der Name des Metalls ist, aus dem der dunkle oder unsichtbare Zwillingsstern des Sirius geformt ist. Siehe Robert Temple, *Das Siriusrätsel*. Der Fuchssymbolismus ist ebenfalls impliziert. Siehe Temple, Seite 24 und Seite 48.

[5] Das Universum ist konzeptionell und kein Konzept ist ohne ein Ego, ohne jemand, der es wahrnimmt, möglich.

[6] Siehe *Images and Oracles of Austin Osman Spare*, II. Teil (1975).

[7] *Kaf* bedeutet im Hebräischen Handfläche.

de-personalisierte oder Anti-Ego, symbolisiert durch das Auge.[8] Ein bestimmter magischer Gebrauch dieser beiden Instrumente – der Hand und des Auges – im Wachzustand produziert Zustände des Weder-Weder, was Spares Bezeichnung für den konzeptlosen oder vor-konzeptionellen Zustand war. Daher ist Kia die Anti-These zu Ra-Hoor-Kuith[9] und als solche identisch mit Seth. Die satanische Implikation ist in der paranomastischen Identität des Auge des Seth und dem „Ich" von Kia enthalten.

Die Zahl von Kia, 31, ist auch die des AL, der Schlüssel des *Buches des Gesetzes*, und in diesem Sinne kann man von Kia sagen, dass es das Auge der Nuit ist, das *Ain*, das das „andere" oder geheime Auge darstellt[10], versinnbildlicht durch den Anus des Seth. Der mittelalterliche Kabbalist Pico della Mirandola formulierte diese Gleichsetzung in den folgenden Begriffen:

> Die Namensbuchstaben des bösen Dämons, der der Prinz dieser Welt ist (d. h. Seth, Satan), sind die gleichen wie jene des Gottesnamens[11] – Tetragramm – und wer weiß, wie man ihre Umgruppierung bewerkstelligen kann, kann den einen aus dem anderen extrahieren.[12]

Eliphas Levi glossiert diese Passage mit der Proklamation *Daemon est Deus inversus*. In *The Secret Wisdom of the Qabalah* merkt J. F. C. Fuller an, dass „Satan … tatsächlich der Baum des Lebens unserer Welt ist", dass der freie Wille, um überhaupt existieren zu können, von einem Zusammenprall von positiven und negativen Kräften abhängt, die wir in der moralischen Sphäre gut und böse nennen. Satan ist daher die Shekinah[13] von Assiah (der materiellen Welt).

---

[8] Auge (engl. *Eye*) = Ayin = Ain = Nichts.

[9] D. h. der individuelle Sichtwinkel.

[10] D. h. die Vulva.

[11] Gott = AL = 31; die Affinität entsteht, wie gesagt, via Kia, das Auge, AL, der Schlüssel zum 93-Kraftstrom (93 ist dreimal 31) und *Ain*, das geheime Auge der Nuit, die als Typhon, die Mutter oder Quelle von Seth ist.

[12] Wie demonstriert. Siehe vorhergegangene Fußnote. Der Auszug ist aus *Kabbalistic Conclusions*, XIX, zitiert nach A. E. Waite: *The Holy Kabbalah*, Buch X.

[13] Shekinah ist das jüdische Äquivalent zu *shaki*, göttlicher Kraft.

Zuvor hatte Fuller hinsichtlich Satans festgestellt:

Der Gott von Assiah[14] ist der umgekehrte Sammael von Yetzirah[15], der der umgekehrte Metatron von Briah[16], der wiederum der umgekehrte Adam Qadmon
von Atziluth[17] ist. Kurz: Sammael in Assiah ist der umgekehrte Adam Qadmon
drei mal entrückt; er ist der ‚Dunkle Schatten der Manifestation des Großen
Androgynen des Guten'.
(*Qabbalah*, Issac Myer, Seite 331).

Die Zahl von Sammael, 131, ist von großer Bedeutung für unser gegenwärtiges Äon. Sie enthält die Zahl 13 und deren Umkehrung, die 31, beide sind
von vitaler Bedeutung für den Ophidianischen Kraftstrom. Bemerke, dass der
Aufstieg durch die Ebenen durch die drei Kraftzonen Malkuth – Yesod – Tiphareth den Fokus der Kraft nach Daath bringt, dem Wirbel, der die negativen kosmischen Energien einsaugt, die den Baum ernähren. Dies ist typisch
für das Ego, das alles wie ein Schwamm aufsaugt und dann selbst in der Leere
des Abyss aufgelöst wird.

Der Drache, dessen achter Kopf in Daath regiert, ist identisch mit dem
Tier 666. Die männliche Hälfte ist Shugal (333), der Heuler in der Wüste des
Seth; die weibliche Hälfte ist Choronzon (333) oder Typhon, der Prototyp Ba-
balons, der Scharlach-Frau. Einer der Bedeutungen von *Goetia* ist „Heulen"[18],
was darauf hindeutet, dass die alten *Grimoires* primitive Aufzeichnungen von
den Versuchen seitens des Menschen darstellen, den Schleier des Abyss zu

---

[14] D. h. Satan

[15] Sammael (SMAL = 131 = Pan usw.) ist der Hüter der Schwelle (zum Abyss). Yetzirah
ist die formative oder Astralwelt. SMAL, 131, ist auch die Zahl von Mako (Seth), dem
Sohn der Typhon.

[16] Metatron ist der Engel von Briah, der kreativen Welt.

[17] Atziluth ist die Welt des Geistes, manchmal auch die archetypische Welt genannt. Die
vier Welten Assiah, Yetzirah, Briah und Atziluth korrespondieren mit den vier Bewusstseinszuständen, die von den Hindus als *Jagrat, Svapna, Sushupti* und *Turiya* beschrieben
wurden (siehe vorheriges Kapitel.

[18] Siehe *The Confessions of Aleister Crowley*, Kapitel 20.

teilen und die andere Seite des Baumes zu erforschen. Die ausgefeilten Ko-
difizierungen von Dämonen und ihren Sigillen und die Riten, die mit deren
Verwendung einhergehen, haben Parallelen zu den orthodoxen magischen Arbeiten, die in Verbindung mit der Vorderseite des Baumes verwendet wurden.
Dies würde die Notwendigkeit der Geheimhaltung erklären und den häufigen
Gebrauch von heiligen Namen, die die wahren Absichten des Zauberers verschleierten.

A. E. Waite spricht in der Einführung zu seinem Buch *The Book of Ceremonial Magic* von der orthodoxeren Phase der Magie als „Aspekte der geheimen
Tradition insofern als sie sich selbst auf der Seite Gottes erklärt." Danach erklärt er, dass es eine Tradition „á rebours"[19] gibt. Er stellt weiterhin fest: „So
wie es den Gipfel Kethers im Kabbalismus gibt, so gibt es einen Abyss, der sich
unter Malkuth befindet …" Er sagt jedoch nicht, dass der Abyss unter Malkuth
den Menschen nur durch das Tor von Daath zugänglich ist. Aber auf Seite
XLI schreibt er:

> So wie es eine Tür in der Seele gibt, die sich zu Gott öffnet, gibt es eine andere
> Tür, die sich zu den schlackebergenden Tiefen öffnet und es besteht kein Zwei-
> fel, dass die Tiefen hereinströmen, wenn sie effektiv geöffnet wird. Es gibt auch
> die Kräfte des Abyss.

Es soll festgehalten werden, dass Waite zwischen „den Tiefen" und den „Kräften des Abyss" unterscheidet:

> Es gibt eine Schwarze und eine Weiße Kunst … eine Wissenschaft der Höhe
> und eine Wissenschaft des Abyss, des Metatron und des Belial.[20]

Meine Absicht ist es, zu zeigen, dass die Höhe und die Tiefe, d. h. das Achte
und Tepht[21] identisch sind unter dem Abbild des Tieres, dessen *achter* Kopf die

---

[19] Seite XXXVIII „A rebours" bedeutet „gegen den Strich" d. h. *umgekehrt.*
[20] *The Book of Ceremonial Magic*, Seite 5.
[21] Tophet, die Tiefe.

Tür zum Abyss ist. Waite beobachtet richtigerweise, dass Typhon, Juggernaut[22] und Hekate[23] nicht weniger göttlich sind als die Götter der Überwelt.[24] Er kontrastiert diese Überwelt mit der Unterwelt oder, wie wir sagen könnten, die Vorderseite des Baumes mit seiner Rückseite.

Es ist bedeutungsvoll, dass die Verkörperung des menschlichen Bewusstseins, d. h. der Mensch, im Hebräischen „Adam", „rote Erde" oder „Ton" bedeutet, das Symbol von Blut, das zu Fleisch geronnen ist. Das Wort *Adam* leitet sich vom ägyptischen *Atum* oder *Tum* ab, der untergehenden Sonne, der blutroten, sterbenden Sonne, die in Amenta versinkt, dem verborgenen Land (der Hölle). Vor der Einführung der Äquinoktioalzeit war in den frühesten Traditionen (d. h. der Drakonischen) der Norden und nicht der Westen der Ort der Dunkelheit, des Linken, der Unterseite so wie der Süden der frühere Osten war, als die Vorderseite oder der Platz des Aufsteigens.[25] Daath, ursprünglich der Norden, wurde später mit dem westlichen Pfeiler identifiziert und dem Ziel der menschlichen Reise. Vom Moment seiner Inkarnation an beginnt das menschliche Bewusstsein seine Reise nach Amenta. Daher ist der Beginn in Malkuth (der Erde) und das Ende ist in Daath (Luft oder Raum).

Das Tier vereinigt mit der Frau ist die Formel des androgynen Baphomet, der durch den Kopf eines Esels repräsentiert wird. Diese Kreatur war ein typhonisches Symbol des rückwärts gewandten Weges, einer Passage oder eines Tunnels, eine passende Glyphe für den Abyss, zu dem die Pforte Daath (Tod) war. Das Symbol der *Qliphoth* von Yesod ist bekannt als der „obszöne Esel", der im Gegenzug symbolisch für das astrale Bewusstsein steht, versinnbildlicht durch Wasser (Blut), das Element, das der Scharlach-Frau zugeschrieben wird. Daath, die überirdische Weisheit, korrespondiert mit dem Feuerelement, denn es ist der kreative Aspekt des Egos, das die Bilder im Blut von Yesod erzeugt, vor der Vergegenständlichung im Fleische von Malkuth.

---

[22] Yog-Nuit cf. Yog-Sothoth.

[23] Ur-Hekau, das Schenkelemblem der großen magischen Kraft (Shakti), den Ägyptern bekannt als die Mächtige der Verzauberungen, siehe *„Das Buch der Toten"*.

[24] *The Book of Ceremonial Magic*, Seite 14.

[25] D. h. der Sonne im Makrokosmos und der Phallus im Mikrokosmos.

Die fünf kosmischen Machtzonen der Mittleren Säule korrespondieren mit den fünf Elementen: Erde (Malkuth), Wasser (Yesod), Feuer (Tiphareth), Luft (Daath) und Geist (Kether). Die Auflösung des Egos in Amenta muss vor der „Wiederauferstehung" oder der Erhebung in den Himmel des Geistes, repräsentiert durch Kether, erreicht werden. Die fünf Elemente korrespondieren mit den von den Hindus beschriebenen fünf Bewusstseinszuständen: *Jagrat* (Wachbewusstsein) Malkuth, Erde; *Svapna* (Astral- oder Traumbewusstsein) Yesod, Wasser; *Sushupti* (Leerbewusstsein), Tiphareth, Luft; *Turiya* (Transzendentes Bewusstsein), Daath, Tod, Feuer und *Turiyatita* (Weder-Weder-Zustand des Kias), Kether, Geist.[26]

Malkuth (Erde) ist das Lösemittel der Verdinglichung; Yesod (Wasser) ist das Lösemittel der Reflektion oder der Dopplung[27] der Bilder via des Mondblutes; Tiphareth (Luft) das Lösemittel der Aspiration durch das Licht des solaren Bewusstseins; Daath (Feuer) das Lösemittel der Vibration, der Ort der Zwillings-Logoi oder das Wort, das zugleich wahr als auch falsch ist, das ausgesprochen wird und dabei unausgesprochen bleibt; und Kether (Geist) ist das Lösemittel des Nicht-Seins, das die reine Negativität von *Ain* übermittelt.

Die Addition der nummerierten Sephiroth der Mittleren Säule einschließlich Daaths ergibt 37, was Einheit repräsentiert in ihrer ausgeglichenen trinitären Manifestation.[28] 37 ist auch das Wort LHB, das „Flamme", „Kopf" oder „Punkt" bedeutet, was die Doktrin des Kopfes (in Daath) als Zugriffspunkt auf das Universum reiner Negation zusammenfasst. 37 ist auch die Zahl LVA, die „Non", „Neque", „Nondum", „Absque", „Nemo" und „Nihil" bedeutet: nichts, noch nicht, ohne.

Wie schon zuvor festgestellt, erscheint die Zahl 333, die Hälfte des Tieres auf der Vorderseite (Shugal-Seth), addiert mit der Zahl 333, der hinteren Hälfte (Choronzon) als das Tier 666. Zieht man 333 von der Zahl 365 ab[29], so

---

[26] Es wird aufgefallen sein, dass bei früheren Korrespondenzbeschreibungen Daath der Luft und nicht dem Feuer zugeordnet wurde. Der Grund dafür ist, dass Daath als das Tor in die Leere = Raum (Luft) ist, während Daath als Tod = Auflösung (Feuer) ist.

[27] D. h. Reproduktion auf Astralebenen.

[28] 111 geteilt durch 3.

[29] Der gesamte Manifestationszyklus wie er durch den 360-Grad-Kreis verkörpert wird plus 5 „verbotene" Tage. Siehe *Cults of the Shadow*, Kapitel 4.

bleibt 32 übrig. Dies ist die Zahl völliger Manifestation; Dinge, wie sie in ihrer Totalität und ihrer Finalität sind, und wie sie durch den vollständigen Baum repräsentiert werden: die zehn *Sephiroth* und die zweiundzwanzig Pfade. Am allerwichtigsten jedoch: die 32 ist die Zahl von IChID, dem Ego, dem Selbst oder der Seele. Das Wort *Ichid* leitet sich vom ägyptischen *Akhet*, dem Geist, den *Manes*, den Toten, ab, die die präzise Natur des Egos als ein *upadhi* herausstellen – einer illusorischen Entität, die sich als Sein maskiert. Und dieses *Upadhi* ist der einzige Zugang in das Reich reinen Nicht-Seins, aus dem alle Phänomene hervorgehen. Das Tier 666 repräsentiert dann den Bewohner des Tores zum Abyss, und seine beiden Aspekte – Shugal (333) und Choronzon (333), die zusammen die 32 Kalas[30] ergeben – die die Schlüssel zu den Mysterien der Ganzheitlichkeit, der Heiligkeit, der Totalität repräsentiert durch den Baum des Lebens und den Baum des Todes[31] darstellen.

In seinem *The Natural Genesis* (Vol I, S. 137) erklärt Massey:

> Ganz generell kann bestätigt werden, dass alle wahrhaftigen Anfänge in der Typologie, der Mythologie, bei den Zahlen und Sprachen zurückverfolgt werden können zu einer Öffnung der Einheit, die sich teilt und in ihrer Manifestation dual wird.

Dies bezieht sich auch auf die Metaphysik der „Schöpfung". Im Ägyptischen ist der Ort der Öffnung das *Teph* oder *Tepht*. Das hebräische *Tophet* leitet sich vom ägyptischen *Tepht* als die „Grube", „Hölle" oder „Abyss" ab. Der Buchstabe „T" war eine frühere Form des Buchstabens „D", und wenn letzterer als Anfangsbuchstaben des Wortes *Tepht* gesetzt wird, erhalten wir Depth (= die Tiefe). Als Daath ist dies die ursprüngliche Öffnung zum Abyss hinter dem Baum. Massey erklärt weiter, dass „die frühestens ermittelbaren menschlichen Gedanken verbunden waren mit einer Öffnung" in dem Sinne, dass die Mutter öffnete, und dass *eins* dadurch zu *zwei* wurde. Die metaphysische Parallele dazu ist ebenfalls wahr, denn menschliches Denken war eine Konzeptionalisierung

---

[30] jeweils 16 = 32.

[31] 333 + 32 = 365. Die Zahl 365 und die 16 Kalas werden *en detail* in *Cults of the Shadow*, in Kapitel 4 erklärt.

der Energie, die von der Öffnung Daaths, sozusagen als Riss im Raum, durch die Kräfte des Nicht-Seins durchsickerte und in diesem Prozess zu konzeptualen Gedanken wurde. Auf diese Weise blühte das Ego auf und hatte seine Wurzeln im Abyss. Das Wort *Ego*[32] ergibt 78, was auch die Zahl von *Mezla* ist, dem Einfluss von Kether. Dieser Einfluss floss nicht direkt zu Tiphareth (dem Sitz des menschlichen Bewusstseins), sondern er strömte durch die Tunnel des Seth hinter Daath. Als er diese passierte, wurde er in konzeptuelle Gedanken aufgespalten – wie bei Licht, das durch ein Prisma fällt –; daher seine illusionäre Natur. „Im Akt der Öffnung wurden die Dinge dual" – Massey bringt diesen Vorgang in Verbindung mit physikalischen Phänomenen zum Ausdruck; das gleiche gilt auch für metaphysische Phänomene. Ein Abschnitt aus dem *Bundahish* erklärt die Situation in folgenden Begriffen:

> Die Region des Lichtes ist der Ort von Ahura-Mazda; den sie das endlose Licht
> nennen und seine Allwissenheit liegt in der Vision oder der Offenbarung.

Auf der anderen Seite: Aharman „in Dunkelheit, mit rückwärtsgerichtetem Verständnis und der Lust an Zerstörung befindet sich im Abyss und er ist es, der nicht sein wird, und der Ort dieser Zerstörung und auch von dieser Dunkelheit, ist, was sie als die endlose Dunkelheit bezeichnen.[33]

Die Zahl des Egos, 78, ist auch die Zahl von AIVAS, dem Übermittler des AL aus einer außerirdischen Dimension. Diese Dimension liegt allerdings in unserem Innern, nicht im Außen, und die Botschaft von Aiwass stammt aus dem Abyss des Nicht-Seins. Diese negative Strömung nimmt, während sie durch das Prisma des Egos fließt[34], jene Aspekte an, die den Studenten des

---

[32] Nach *Cabala Simplex* ist Ego = 25, was die Zahl des Tieres ChIVA ist, als 5 x 5, die Quelle des Lebens oder der Mutterleib. Ich stehe in der Schuld von Soror Tanith, die mir gezeigt hat, dass ShIVA eine Metathese von AIVASh ist und daher das Tier mit dem egoidalen Prisma gleichgesetzt werden kann, durch das die außerirdischen Kräfte aus der Leere des Raumes (d. h. dem Nicht-Seins) ins Sein fließen.

[33] Zitiert nach Massey in seiner *The Natural Genesis*, Vol. I, Seite 147 aus *The Bundahish*, Kapitel I, Absatz 2 und 3 (westl. Übers.)

[34] In diesem Fall Aleister Crowley.

Fachgebiets vertraut sind: „Aiwass wird als der Minister von Hoor-paar-Kraat, dem Gott der Stille, bezeichnet, denn sein Wort ist die Sprache der Stille."[35] Mit anderen Worten: 78 (Ego) ist der Logos, die manifestierte Aussprache des Unmanifestierten. Diese Vibration (Wort) im Prozess des Manifest-Werdens ist unvermeidlich verfälscht, denn damit es formuliert werden kann, muss Nichts (Nuit) als Etwas (Hadit) erscheinen. Das Reich der Worte – im Mikrokosmos – ist das *Visuddha-Chakra*, das Daath zugeschrieben wird. Sein Element, die Luft, ist das Lösemittel der Vibration, das Mittel, durch das sich die Stille als Geräusch manifestiert. In magischen Begriffen ist Daath als Luft das Mittel durch das sich Hoor-paar-Kraat als Ra-Hoor-Khuit manifestiert. Das Noumenale wird phänomenologisch am *Chit-Jada-Granthi*[36] oder Daath-Zentrum, das das Ego versinnbildlicht, die augenscheinliche Quelle aller Phänomene.

78 ist auch die Zahl von Henoch (ChNK), was „zu initiieren" bedeutet. Henoch war die Quelle der Rufe oder Schlüssel, die von Dee und Kelly bei ihrem Verkehr mit außerirdischen Entitäten verwendet wurden. In der Tat war es Dee, dem wir den ersten Bericht von Choronzon, dem Hüter des Abyss verdanken.[37] Weiterhin ist 78 die Zahl von MBVL, einer „Flut" und daher der Sintflut. Das Wort leitet sich vom ägyptischen *mehber*[38] ab, das den tatsächlichen Namen des Abyss enthält. Schließlich ist 78 die Zahl aller Karten, die ein Tarotspiel ausmachen und als solches fasst sie alle möglichen okkulten Formeln zusammen.

Um es zusammenzufassen: Daath ist die ursprüngliche Öffnung, die Quelle des konzeptionellen Universums, d. h. des Egos; daher dessen angebliche

---

[35] *Magickal & Philosophical Commentaries on the Book of the Law*, Seite 94.

[36] Ein Sanskrit-Begriff, der einen subtilen Knoten oder ein Zentrum bezeichnet, an dem sich Empfindungsfähigkeit mit Nicht-Empfindungsfähigkeit identifiziert und dadurch ein autonomes Wesen oder ein bewusstes Subjekt, das die „Welt" als seine Objekt hat, erschafft.

[37] Dr. John Dee, 1527 – 1608: „Da gibt es einen mächtigen Dämon, den mächtigen Choronzon, der als Hüter der großen Tore ins unbekannte Universum dient; kenn ihn gut und sei wachsam."

[38] *Meh*, „der Abyss der Wasser", *ber* später *bel*, hervorsprudeln, aus dem Bauch kommend, überschäumend sein.

satanische und trügerische Natur. Die Formel ihrer Auflösung ist die Formel der Initiation in das Reale, d.h. das Anti-Universum oder die Welt des Nicht-Seins, des Negativen, des *Ain*.

Es wurde bereits vermerkt, dass das *Ain*, die phänomenologische Leere, die Umkehrung von *Nia* ist. Dieses Wort, das viele afrikanische Dialekte gemeinsam haben, bezeichnet das Negative, *nein* und *nicht*. Es wird im Ägyptischen durch die Göttin Nuit repräsentiert. Seine hieroglyphische Determinative ist die menstruierende Frau. Das *Ain* (Auge) als *nia* ist das umgekehrte Auge; nicht das Auge des Lichtes, sondern das Auge der Dunkelheit, das okkulte Auge, die Vulva in ihrer negativen Phase, der Hexen-Mond des Blutes, die Mondfinsternis.

Von den beiden Gewässern oder Fluten, die im *Bundahish* beschrieben werden, wird gesagt, dass sie vom Norden aus fließen. Dies ist der Ort Daaths, die Quelle der zweiten Sintflut; die erste floss aus dem *Ain*, noch weiter im Norden. Dion Fortune zeigt auf, dass in den frühesten Traditionen der Norden als der Platz der größten Dunkelheit angesehen wurde. So wie die Frau die erste war, die sich öffnete und entzwei teilte, so ging die Dunkelheit dem Licht in dem Sinne voraus, dass sie der noumenale, der negative Zustand des Seins war, aus dem die Existenz, der positive Zustand, hervorging. Daath ist das Tor zu der ursprünglichen Dunkelheit im Norden. Umgekehrt ist es auch der Manifestor der Existenz repräsentiert durch den Süden. Seth ist Materie; Nuit ist Geist. Der Norden oder die Rückseite des Baumes mit seinem Netzwerk aus Tunneln erscheint im Süden als die Vorderseite des Baums in Form von Kraftzonen und Pfaden. So wie die Mutter-Dunkelheit ursprünglich war und die Rückseite des Baums repräsentierte, so war die Linke Hand als die weibliche oder infernalische Hand ebenfalls die erste. Es gibt eine rabbinische Überlieferung, die bewahrt, dass „alle Dinge aus dem Hé kamen". Hé ist die Zahl 5, was die Glyphe der Frau ist, versinnbildlicht in ihrer negativen Phase; es ist auch das Äquivalent zu einer Hand (fünf Finger); die Hand selbst ist typisch für das Gestalten, Formen und Erschaffen. Ihr Ideograph war der Kaf-Affe oder Cynocephalus, das besondere Medium des Gottes Thoth (der Mond), was auf die lunare Natur dieses Gestaltens hinweist. Frauen produzieren das Blut, aus dem das Fleisch gestaltet wird. Daher ist die Linke Hand gleichzusetzen mit dem Symbolismus des Affen. Im alten Ägypten waren die Mysterien des Affen von der Art eines transformierenden Todes, das heißt einer Geburt in die geistige Welt. Die esoterische Bedeutung ist, dass in der Nacht des Todes (Daath) das Ego aufgelöst wird, seine illusionäre Existenz abstreift und das wahre Sein erlangt wird, das Nicht-Ego, Nicht-Sein ist.

Abb. 3: *Der Grubenpfeiler* von Steffi Grant (Soror Ilyarun).

Typhonische Teratome

Die früheste Mysterientradition (d. h. die afrikanische) wurde von drei Schlüsselsymbolen dominiert, dem Baum, dem Wasser und der Schlange. Dies sind die drei obersten Typen von Gottheiten mit verschiedenen ursprünglichen Rassen und sie sind in der Metaphysik der Kabbala zusammengefasst als der Baum des Lebens, das Wasser des Abyss und die Schlange, die ihre Apotheose oder Erhöhung *in den Tiefen* erlangt, in die das Tor Daath führt.

In verschiedenen Schriften Crowleys erscheint der Ausdruck „das Unrecht am Anfang".[1] Der Anfang lag im Abyss, der seine Wasser in zwei Strömen ausschüttete, den des Lebens und den des Todes, oder richtigerweise, den der Existenz (Illusion) und den des Seins (Realität). Der positive Strom wird als real betrachtet, der negative Strom als unreal; während, wie im weiteren Verlauf gezeigt wird, das genaue Gegenteil wahr ist.

In der Sphäre physikalischer Phänomene wird der positive Strom der Lebenswelle im Fleisch verkörpert, und die „Söhne Gottes" wurden verführt. Diese Angelegenheit wird in biblischen Begriffen durch den Satz ausgedrückt „als die Söhne Gottes zu den Töchtern der Menschen eingegangen und sie ihnen (Kinder) gebaren ..".[2] Aus diesen Kopulationen entstanden die typhonischen Teratome so wie jene, die von Berosus in seinem Schöpfungsbericht[3] beschrieben werden. Von diesen Teratomen waren der Drache und der Affe die Archetypen. Drachen[4] starben aus; der Affe jedoch überlebte als das Symbol

---

[1] Siehe beispielsweise *Liber LXV*, Kapitel IV, Absatz 56. Das Buch wurde mit einem Kommentar im Magazin *Sothis*, Vol. I, Nr. 5 nachgedruckt.

[2] Genesis, VI, 4.

[3] Siehe *Magical Creation* von Kenneth Grant *Carfax Monograph*, Nr. IX.

[4] Das Symbol des Drachens der Tiefe, von dem Dagon (777) einen Typus darstellt, dürfte in die Mythologie über tatsächliche Begegnungen auf der Erde zwischen amphibischen Außerirdischen und der primitiven Menschheit hinterlegt sein. Siehe Temple, *Das Siriusrätsel*, Ullstein, 1998.

der Entartung der Götter in ihrem Verkehr mit der verkörperten Lebenskraft. Dieser Vorgang wird ganz besonders in alten Schriften wie dem *Buch Henoch*, dem sumerischen *Gilgamesh-Epos*, dem *Zend Avesta*, dem *Bundahish*, den *Veden* und dem noch älteren *Buch Dzyan* behandelt.

Nach der geheimen Doktrin waren diese Tiere das Ergebnis vor-menschlicher magischer Experimente durch Außerirdische, die mit primitiven Frauen kopulierten. Die Tatsache, dass ein solcher Verkehr auch zwischen den höheren *Simia* und den niederen Menschen stattfand, wird von P. B. Randolphs als Beweis der Möglichkeit einer solchen Kreuzung zwischen unterschiedlichen Spezies erwähnt, zu deren Unterstützung er die „schwänze-tragenden Menschen" des Namaqua-Landes zitiert, die Zwergenvölker des Gorilla-Landes und deren Nachwuchs durch die Hottentotten-Frauen, die durch die Riesenaffen von Nigritia gefangen genommen und geschwängert wurden.[5]

Mit zum „Unrecht am Anfang" gehörten Paarbildungen, die schon sehr viel früher stattfanden als die von Randolph erwähnten. Einer der Gründe für den Abscheu, mit dem der Linkshändige Pfad seit Jahrtausenden bis in unsere heutige Zeit betrachtet wird, ist der Tatsache dieser Art von kosmischen Rassendurchmischung zu verdanken, die ein Eindringen von Kräften aus der hinteren, linken oder infernalischen Seite des Baumes beinhaltete, mit ihrer darauf folgenden Perichoresis des Nicht-Seins in das Reich der manifesten Existenz. Ein Missverständnis der Funktion von Daath und der Natur von Choronzon (der Pforte des Abyss) war der Grund dieser Fehlinterpretation. Der Linkshändige Pfad geht dem Rechtshändigen voraus, in dem Sinne und nur in dem Sinne, dass das Linke das erste ist (das *Ain*) was symbolisch ist für das wahre Sein (d. h. Nicht-Sein) als unterschiedlich von der offensichtlichen oder phänomenologischen Existenz, die, wie das Wort impliziert, „*außerhalb* existiert". Das, was noumenal ist (d. h. im Inneren), geht dem voraus, was draußen ist (d. h. phänomenologisch). Es gibt keine objektive Realität, aber es gibt die Manifestation der Nicht-Manifestation, der Schatten des Seins, der von Nicht-Sein geworfen wird. Dieser Kraftstrom, wenn er auf die Physiologie der Inkarnation angewendet wird, erzeugt die typhonischen Teratome, die zu Typen der *Qliphoth* wurden als symbolisch für den Einfluss, der aus der „ande-

---

[5] *Eulis* von P. B. Randolph (Toledo, Ohio, 1896), S. 173.

ren Welt" hervorströmt; in der Terminologie der kabbalistischen Metaphysik die andere Seite des Baumes.

Choronzon manifestiert sich als die Scharlach-Frau, eine Form der Babalon[6] als die erste Öffnung oder die Pforte, der Beginn repräsentiert durch Blut, das scharlachrote Fluid der Inkarnation. *Babal* oder *Bab-el* bedeutet „Tor Gottes" und als solches ist es gleichgesetzt mit dem nördlichen Tor von Eden (Himmel), kabbalistisch interpretiert als Daath. AL oder EL ist 31, die Schlüsselzahl des neuen Äons und vollständig erklärt in der vorherigen Trilogie.

Berosus und andere antike Autoritäten haben Berichte über monströse Kreaturen bewahrt, die in die Schöpfung ausschwärmten und die in der Mythologie als die „Riesen"[7] reflektiert wurden. Ihr generischer Name ist *Oza*, 78, die Zahl von Aiwass und dem Einfluss aus Kether (*Mezla*). Das *Oz* ist die Entität, die ihren monströsen und affenartigen Schatten über den *Magier* im von Crowley gestalteten Tarotspiel wirft.[8] Das Ego, 78, als der „Affe" des Selbst erfüllt eine ähnliche Funktion zu der des Cynocephalus in Beziehung zum Mondgott Thoth. Der Affe, *kaf*, war die Hand des Toth, der Ausführer der Dekrete des Gottes, so wie das Ego der Ausführer des Selbstes (des wahren Seins) in der Welt der Illusion (d. h. dem lunaren Universum) ist. Die Hand und das Auge sind im Symbolismus von Daath als der Affe des Thoth, der Phallus des Seth und das Auge der Typhon (Babalon), das *Ain* des Abyss kombiniert.

Der Schleier des Abyss, der die obere Triade Kether-Chockma-Binah vom solaren Zentrum Tiphareth trennt, wird ausgeglichen durch den Schleier Paroketh, der das Zentrum von den lunaren und sublunaren[9] Welten trennt. Die Welt der Emanationen des Ains umfasst die oberen Kraftzonen. Die solare oder kreative Welt wird durch die mittleren Segmente des Baumes charakteri-

---

[6] Die Schreibweise *Babalon* im Unterschied zu Babylon stammt aus dem *Liber 418*. Siehe *Comments on AL* für eine vollständige Erklärung.

[7] Erwähnt in der *Genesis*.

[8] Atu II, dem Merkur zugeschrieben und damit dem Affen des Thoth. Siehe *Das Buch Thoth* von Aleister Crowley.

[9] Die sublunaren Welten sind die astralen, die ätherischen und die qliphothischen. Sie stehen besonders zu der yesodischen und der malkuthischen Kraftzone in Beziehung.

siert und die Welt der Formation[10] wird durch das yesodische Zentrum unterhalb des Schleiers von Paroketh repräsentiert. Der doppelte Schleier verbirgt
ein Mysterium der Kabbala, nicht weniger wichtig als das des doppelten Horizontes und das Mysterium des Herrn des Stabes der doppelten Kraft in der
ägyptischen Tradition. Im jüdischen Mystizismus war Paroketh oder Parakah
der Schleier, der den Tempel unterteilte. Seine Zahl 305 ist die von Yetzirah,
der Welt der Formation, und so wie der Schleier des Abyss die Welt der Emanation von der Welt der Kreation trennt, so trennt der Schleier Parokeths die
Welt der Kreation von der Welt der Formation. Der Schleier des Abyss verbirgt Daath; der Schleier Paroketh verdunkelt Yesod, und diese beiden Kraftzonen erzeugen den Zauber und die Illusion, die die Welt der Erscheinungen
konstituiert.

Der Schleier teilt. Im Makrokosmos teilt der Horizont das Jahr und das
Zeichen der Teilung wurde in dem astrologischen Zeichen der Waage (♎)
hinterlegt, das darstellt, wie die Sonne über einem doppelten Horizont entweder auf- oder untergeht und den Kreis des Jahres in Sommer und Winter teilt,
so wie Sonnenauf- und -untergang den Tageslauf in lichten und dunklen Teil
scheiden. Im Mikrokosmos teilt der Schleier die Jungfrau von der Frau. Es ist
im physiologischen Sinne, dass die Schlange als Schleier der Teilung des einen
Ganzen[11] identifiziert wird. Das Loch oder *Tepht* der Schlange[12] ist aus zwei
Hälften zusammengesetzt, dem negativen oder latenten Potential der Jungfrau
und der positiven oder offenkundigen Macht der Frau. Und so sind die Schlange, der Baum[13] und der Abyss[14] in der elften *Sephira* Daath zusammengefasst.
Ihre nördliche Position auf dem Baum gleicht die neunte Sephira[15] aus, die die
südliche Manifestation von *Ain* ist, via des Doppelstabtragenden (11) Daath.
Diese kabbalistische Gleichung bringt den Zusammenhang zwischen Nuit (Ty-

---

[10] D. h. die astrale Welt.

[11] Der komplette Zyklus repräsentiert die 10 *Sephiroth*.

[12] D. h. der Abyss.

[13] Die 10 Sephiroth oder der vollständige Zyklus des Manifesten und des Unmanifesten;
einer auf jeder Seite des Schleiers.

[14] Die Ausgangsquelle von beiden.

[15] Die Kraftzone Yesod, Teth, d. h. Seth zugeschrieben.

phon) und Hadit (Seth) in Begriffen der dualen Polarität der Manifestation zum Ausdruck.

Die Formel von IHVH[16] ist in diesem Symbolismus enthalten, denn nach der rabbinischen Lehre bezeichnet Jehova eine *geteilte* Entität, halb Schlange, halb Frau. Ihuh ist Chavvah oder Eva. Eine jüdische Überlieferung besagt, dass Eva an einem Dienstag zu menstruieren begann und zu diesem Zeitpunkt in eine Schlange verwandelt wurde. In der indischen Tradition ist der Dienstag der Kali heilig, der Göttin der Zeit[17] und des Blutes. Eine ihrer Glyphen ist der Drache der Tiefe. In den westlichen Geheimtraditionen ist der Dienstag dem Mars zugeschrieben, der in erster Linie eine Gottheit des Blutvergießens ist, nicht – in erste Linie – in der Schlacht, sondern im Rahmen der Sexualität[18]. Mars repräsentiert das Hackbeil; das aus der Mutter-Spalte fließende Blut war der erste Typ des Mars als die mystische Energie der Göttin. Dies ermöglicht uns eine Interpretation des Schwertsymbols und des folgenden Absatzes im AL:

> Die Frau soll mit einem Schwert gegürtet vor mich treten: Blut soll in meinem Namen fließen.[19]

Ra-Hoor-Khuit, das *Kind*, spricht; seine Manifestation hängt von der Zerteilung in zwei[20] ab, charakteristisch für die Formel der Schöpfung. Es gibt auch noch tiefgründigere Implikationen. Im Hebräischen wird das Wort für Schwert *Zain* den Zwillingen Seth-Horus zugeschrieben. *Zain* ist die Zahl Sieben, die Zahl von Sevekh, der früheren Form von Seth als dem Sohn der Mutter (Typhon), deren Symbole das Krokodil, die Wasserschlange oder der Drachen der

---

[16] Tetragrammaton. Siehe *Wiederbelebung der Magick* für eine Interpretation dieser Formel aus Initiiertensicht.

[17] Kali unterteilt ebenfalls; sie zerschneidet die Zeit in *Kalas*, Perioden.

[18] Siehe *Aleister Crowley & The Hidden God*, Kapitel 4, Anmerkung 20.

[19] AL, III 11. Beachte, dass die Zahl des Absatzes Elf ist; die Zahl von Daath und der Magick, d. h. der „Energie, die Veränderungen bewirkt".

[20] Dienstag engl. *Tuesday* = *Two's-day* d. h. Zwei-Tag; daher verkörpert Evas Manifestation an diesem Tag die Formel der Schöpfung.

Tiefe waren. Wie der Nachkomme Tiamats[21] nahm Sevekh nahm das Totem seiner Mutter, das Krokodil, an. Nach einer Tradition war er der siebte Sohn und zusammen mit seiner Mutter die achte Kraft, die Kraft, die das Höchste oder den Gipfel repräsentierte. Tatsächlich war er die Erfüllung seiner Mutter. In dieser Rolle wurde der Mutter und ihrem männlichen Kind (Seth) ein permanenter Ort in der Planisphere gegeben, sie besetzen die zentrale Position am Gipfel oder an der Spitze.[22]

Die Mutter und das Kind konstituieren den Drachen mit den acht Köpfen, der das Fachgebiet der Golden Dawn-Rituale bildete.[23] Sieben der Köpfe können mit den sieben Planeten gleichgesetzt werden sowie mit den sieben unteren Sephiroth auf dem Lebensbaum, jenen sieben, die ihren Gipfel oder ihre Erhöhung in Daath haben.

Der Schleier, der den Drachen des Abyss verbirgt, teilt die obere Triade, das Medium von *Ain*[24], von den unteren sieben Kraftzonen, die das Medium von *Zain* sind, der dualen Kraft der Zwillinge – Seth-Horus – negativ und positiv, Hoor-paar-Kraat und Ra-Hoor-Khuit. Weiterhin ist das Schwert das Symbol der Taube, deren Glyphe die Yoni ist und, wie Massey beobachtet, sie „beide in einem Bild unter einem Namen vereinigt"[25] aufgrund ihres Ursprungs in der Großen Magischen Macht[26] oder dem Geheimen Auge. Eines der Symbole dieser Kraft kombiniert in einem Bild beides: das Schwert und den Schweif der Taube. Die Taube war lange Zeiten ein Bild für Typhon, bevor sie mit der Jungfrau oder „der Verschleierten" der späteren Traditionen assoziiert wurde. Auf dem großen Siegel des *Ordo Templi Orientis* ist es die typhonische Taube, die gezeigt wird, wie sie in die Schale eintaucht. Die Schale trägt das Zeichen des Kreuzes, das auch vorchristlich ist als Zeichen des X,

---

[21] Die „Mutter der Zeit" im berosianischen Schöpfungsbericht.

[22] Siehe den Tierkreis von Denderath.

[23] Siehe Buchcover dieses Werkes.

[24] Kether – Chockma – Binah. Diese Triade dominiert alles und korrespondiert mit den Buchstaben *Aleph*, *Beth* und *Gimel*, die durch Analogie die ganze Welt enthalten.

[25] *Z-ain*

[26] Die Große Magische Macht (Ur-Hekau) verkörpert die Fakultät hellsichtiger Vision, die die Vorfahren durch die Glyphe des Auges repräsentierten.

der Zehn oder des Gesamten. Eine Form für das Gesamte ist das zehnfache Kreuz auf dem Lebensbaum. Aber es ist das *elf*fache Kreuz, das Crowley, als ein Gnostiker, mit dem *Octinomos* oder dem *acht*fältigen Namen, BAPHOMET, dem alten von den Templern verehren Haupt identifizierte. Daath ist die elfte Kraftzone und das elffache Kreuz bezeichnet das Überqueren des Abyss, doch nicht – wie Crowley vermutete – in dem Sinne, in dem das Ereignis in *One Star in Sight*[27] beschrieben wird, sondern mehr in dem Sinne eines *Überwechselns* von einer Seite des Baumes auf die „andere Seite" – via des Baumes des Todes. Dies wird durch den Namen selbst bestätigt, denn die Wurzel von Baphomet ist *Mete*[28], „eins und sieben", d. h. das Achte (Seth), mit all dem Symbolreichtum impliziert in der Formel von Hoor-paar-Kraat, dem verborgenen Gott.

Eine weitere Bestätigung dieser Lesart kann in der Anspielung auf die „Hunde der Vernunft", assoziiert mit Daath, der Sphäre von *Ruach*, gefunden werden, welche spätere Traditionen metaphysikalisierten und der adäquaten Fakultät der Vernunft zubilligten. Später, d. h. in dem Sinne, dass die „Taube Marias" die metaphysikalisierte Version eines Symboles ist, das zur Großen Magischen Macht zurück verfolgt werden kann, das unter der Glyphe des *Ain* und des *Zain* zusammengefasst wird: die Sieben und die Eins.[29] Das *Ru* (später *Lu*) war der Ausströmer wie das *Ain* oder geheime Auge. Aufgrund einer Fusion der beiden Sprachebenen wurden das *Ru* und das *Lu* identisch. Sie hinterlegten das Wort *hriliu*, einen gnostischen Begriff, den Crowley wieder herstellte und in seiner Gnostischen Messe[30] aufnahm. Er definierte *hriliu* als die „metaphysische Ekstase", d. h. die Ekstase jenseits des Physikalischen und daher jenseits des Manifesten. Das hebräische Wort *Ruach* wird von *Ru* abgeleitet und bedeutet „Yoni" oder „Rad", dessen drehende, spiralförmige oder wirbelnde Bewegung mit dem Geist identifiziert wurde. Im *Buch der Toten* erscheint *ruach* als *Ru-hak*, was nach der ursprünglichen Gnosis den Mund oder die Vulva

---

[27] Siehe *Magick*, S. 327, *et seq.*

[28] *The Natural Genesis*, II, 14.

[29] *Zain* = 7, *ain* ist unser Wort „eins" ursprünglich abgeleitet von „kein", das zuerst war und daher eins als das primäre Konzept.

[30] Siehe *Magick*, S. 423, *et seq.*

Haks[31] bezeichnet. Massey merkt an, dass Ru-Hak „eine irreführende Schlange war ... das Reptil, das Gebrauch von seiner magischen Kraft (*hak*) macht, um die Opfer zu ihrem Mund hinzuziehen."[32] Der wichtige Punkt dabei ist, dass das Wort „*Mund*", wenn es nach der ursprünglichen oder physiologischen Gnosis interpretiert wird, Daath bezeichnet, als Auslaß oder *Uterus*, der das Wort oder den Logos ausspricht. Das mystische Gegenstück dieser Aktivität ist das *Visuddha-Chakra*[33], das mit der Kraftzone an der Basis des Kleinhirns, dem Sitz der reproduktiven Energien assoziiert wird. Dieser Zone haben die Kabbalisten den Buchstaben Q*oph*[34] zugeschrieben.

Das Wort *Hak* ist eine frühere Form von Hag (= Hexe). Hekau bedeutet im Ägyptischen „Magie" oder „bezaubern"; es bedeutete auch „Bier", was das Resultat einer Fermentation beinhaltet, d. h. alkoholische Geister. Massey zitiert auch das chinesische Wort Hak, ein Name für „destillierte Geister", die, wie er beobachtete, „auch ein Magiemodus waren", denn der Rausch, der aus *Hak* resultiert, öffnet das Tor zur Geisterwelt und erleichtert astrale Visionen. Und so erscheint im *Buch der Toten* die Ermahnung: „Geh zurück Ruhak! Faszinierende oder eindringliche Kälte mit den *Augen*". Der Symbolismus des Auges ist bereits erklärt worden, aber das Beiwort „kalt" neben seiner offensichtlichen Verbindung mit dem Blut des Reptils und der Lähmung, die durch seinen Blick ausgelöst wird, deutet auch auf die eisigen Bereiche des Nichts[35] hin, die das „andere" Universum charakterisieren, Universum B und die „kalte Wüste von Kadath", die H. P. Lovecraft mit den Einflüssen von „außerhalb" assoziiert hat, d. h. der anderen Seite des Baumes.

Der *Qoph*-Symbolismus[36] ist auch bedeutsam. *Qoph* ist eine Entwicklung, man könnte sagen eine Veredelung der Idee von *Kaph*, *d*em elften Buchstaben

---

[31] Die magische Kraft; cf. Ur-Hekau, Hekt, Hekate, Hexe, Hag, als die Hexe oder die Ausüberin von Verblendung und Illusion.

[32] Kursivschrift durch den Autor.

[33] Das Hals-Chakra. Beachte dass die Hindus diesem einen Lotus mit 16 Blütenblättern zuschrieben.

[34] Siehe *Cults of the Shadow*, Kapitel 1.

[35] MSR, Schulungspapiere, Studenten des 1. Grades, von Michael Bertiaux.

[36] *Qoph* kann als metaphysikalisiertes *Kaph* betrachtet werden.

der alten Alphabete, der Buchstabe, der mit dem Kaf-Affen (Cynocephalus) identifiziert wird, die das Wort durch den Mechanismus sexueller Reproduktion nachäffen oder reflektieren. Der Affe war das Symbol eines früheren magischen Experimentes, das den Gebrauch eines ophidianischen Kraftstroms in Verbindung mit den Energien, die durch *Qoph* symbolisiert werden, beinhaltete, d. h. die „Rückseite des Kopfes". Der Kopf ist *Resh*, der hebräische Buchstabe „R" (später „L"). Wir sind wieder zurück bei *hriliu* oder metaphysischer Ekstase, eingeleitet durch das Passieren des Tores in den Abyss in die Bereiche, die nicht nur jenseits der Materie liegen, sondern die definitiv Anti-Materie darstellen. Der Kopf als das *Resh* ist die Sonne (Tipharethh) und die Rückseite des Kopfes als *Qoph* ist der Mond auf dem Baum durch Yesod repräsentiert. Sonne und Mond, *Resh* und *Qoph*; wenn diese Konzepte vermischt werden, sind sie ein Ausdruck des Geistes: *Resh* (200) + *Qoph* (100) = *Shin* (300). *Shin* ist die triadische Form des Einen, *Ain* oder Yoni, das nichts ist. Der Buchstabe *Shin* leitet sich von der ideographischen Form des Tieres als dem Oberschenkel von Pasht, der Löwin, der großen Katze Bâst, einem Schnitt oder einer Kluft ab. Die sexuelle Natur des Schnittes oder der Trennung wurde im *Buch des Gesetzes* [37] weitergeführt. Massey behauptet, dass der Oberschenkel, symbolisch für Große Magische Macht *hekau*, „der Buchstabe Sin (*Shin*) wurde. [38] Nach dem AL: „Das Wort von Sin ist Restriktion." [39] Aufgrund seiner Identität mit dem femininen Entzwei-Teiler wurde *Shin* ein Symbol des Geistes in seiner negativen oder nicht-manifestierten Phase. Pesh, Peh oder Pasht lieferten den Typ des weiblichen Oberschenkels oder magischer Macht des *hekt*, der Hekate-Anhängerin, Hexe oder Weisen Frau, assoziiert mit dem Orakel periodischer Zeit und zu einem späteren Zeitpunkt das *Peh* oder Oberschenkel-Symbol des Äon oder *des Endes einer Zeitperiode*. [40] Sin (engl. *Sünde*) als Restriktion in der Sphäre

---

[37] AL, I 29: „Denn ich bin geteilt um der Liebe willen, für die Möglichkeit der Vereinigung."
Und AL, III 2: „Eine Teilung ist hier nach heimwärts …".

[38] Das ägyptische Ideogramm der Lende oder des Oberschenkels, das später dem hebräische Buchstabe ש (*Shin*), dem Geist zugeschrieben wurde.

[39] AL, II 41.

[40] Der Buchstabe *Shin* wird in alten Tarotspielen dem Trumpf „Der Engel des Jüngsten

der Moral steht in Verbindung mit den „fünf schwarzen oder negativen Tagen der zwischen-kalendarischen Periode der Epagomenae". Massey zitiert einen australischen Mythos, in dem „von der Schlange erzählt wird, sie habe den Baum des Lebens zerbrochen, so dass sie auf menschliche Art als Mann und Frau weggehen konnte." Dabei ist die Schlange die *Teilerin*, denn es war eine Art von Menstruation. Dies ist die „Teilung nach Heimwärts", da sie den Pfad der Rückkehr in die Nicht-Manifestation impliziert. Diese Art, ein Äon zu beenden und daher die Restriktion im Sinne einer Terminierung, wird manchmal durch die Eidechse repräsentiert, die eine andere Form der Schlange ist. Ihr Name *Tzab* hat den Wert 93, der kabbalistisch gleichgesetzt ist mit der spezifisch thelemitischen Manifestation des ophidianischen Kraftstroms. Ihre verwandte Glyphe ist *Nakaka* (ebenfalls 93), der Name der Schlange der Dunkelheit, der Nacht der Nuit, die sich nur durch die Tugend des Har (Horus) manifestieren kann, des *Kindes*, das das Resultat von Liebe (*agapé*, 93) unter Willen (*thelema*, 93) ist. Das Kind ist der Teiler der Mutter-Dunkelheit (Nuit); es ist sein Feuer[41], das sie enthüllt, so wie ein Lichtblitz den Nachthimmel erleuchtet. Deshalb wird gesagt: „Had! Die Manifestation der Nuit"[42].

Auf Seite 80 werden die sieben Köpfe des Drachens mit den sieben Planeten und den sieben niederen Kraftzonen des Baums des Lebens identifiziert. Bevor wir versuchen, diese Identifikation zurückzuverfolgen, ist es notwendig zu verstehen, dass in den frühesten magischen Mythologien, wie etwa bei den Ägyptern, die ursprünglichen Machtzonen in 8 Göttern konzentriert waren, die in Am-Smen herrschten, dem Ort des Chaos.[43] Diese acht ursprünglichen Kräfte wurden später degradiert und mit den niedrigeren Kraftzonen identifiziert:

Gerichts" zugeschrieben; er verkörpert die Zerstörung durch das Feuer und wird jetzt im Symbolismus des Neuen Äons dem Trumpf mit dem Titel „Das Äon" zugeordnet. Siehe *Das Buch Thoth*.

[41] *Har* bedeutet nicht nur *Kind*, sondern auch *Feuer;* es ist die Wurzel von Hal oder Höllenfeuer.

[42] Beachte, dass eine Bedeutung des Wortes Nuit *Nicht* ist.

[43] Crowley setzt das Chaos mit Therion (das Tier) gleich. Siehe *Magick*, Liber XXV und vergleiche ebenfalls mit Kapitel 25 aus dem *Buch der Lügen*.

Sonne, Jupiter, Erde, Mond, Mars, Merkur und Venus. Diese Kräfte wurden mit der grundlegenden Pyramide des Lebensbaums identifiziert, die in einem Gipfel oder einem Höchsten kulminierten, der in der achten Kraftzone Daath versinnbildlicht wurde, dem Ort von Choronzon oder dem Chaos im Abyss.[44] Am-Smen war auch bekannt als der Ort der Reinigung und der Vorbereitung, was er aufgrund seiner Assoziationen mit dem babalonischen Aspekt von Choronzon ist, wie zuvor erklärt wurde. Das Smen, Sperma oder Samen war ursprünglich das fruchtbar machende Blut, das als weiblich betrachtet wurde, bevor dem kreativen Geist Männlichkeit zugeschrieben wurde.

In der sumerischen Phase der Mythologie wurden die sieben Köpfe des verschlingenden Drachens[45] folgendermaßen repräsentiert:

Der erste durch einen Skorpion

Der zweite durch ein wirbelndes Kreuz oder einen Blitzschlag[46]

Der Dritte durch einen Leoparden oder der Hyäne

Der Vierte durch eine Schlange

Der Fünfte durch einen rasenden Löwen

Der Sechste durch einen rebellischen Riesen

Und der Siebte durch Typhon, den Engel des tödlichen Windes.

Und auch wenn wir keine perfekte Übereinstimmung erwarten können, so stimmen diese sieben Typen doch fast genau mit dem Planetenkräften überein, die zuvor aufgelistet wurden. Denn in der frühesten mythologischen Phase wurde die Sonne nicht mit dem Himmel identifiziert, sondern mit der Hölle und mit dem feurigen Stachel des Skorpions, weshalb in den urzeitlichen Mythen die Sonne nicht gefeiert und für ihre lebensspendenden Strahlen verehrt wird, sondern man verfluchte sie und schreckte aufgrund ihrer sengenden Hitze vor ihr zurück. Nachdem die Mythenmacher ihre früheste Heimat[47]

---

[44] Die vierfache Basis und die trianguläre oder dreifache Erhebung.

[45] D. h. Apophis. Siehe das Ideogramm, das die acht – nicht sieben – Schlaufen darstellt und dadurch die 8 primären Kraftzonen und die 16 Kalas, Seite 169, zusammenfasst.

[46] Die Swastika.

verlassen hatten, begann die Sonne nach und nach eine wohlmeinende Rolle anzunehmen, die sie dann in späteren Mythologien spielte.

Das Feuer des Hölle basierte auf der direkten Erfahrung von *Har* als dem Sonnensohn des Himmels, das *Har* oder die Hölle verursacht durch das elementare Phänomen vertrocknender Hitze. In späteren Zeiten wurde Har oder Horus dann der strahlende kreative Gott, versinnbildlicht durch den solaren Falken. Dennoch blieb diese urzeitliche Konzeption in späteren Phasen der ägyptischen Gedankenwelt bestehen, als die elementare Dunkelheit (die Schwärze verkohlender Hitze) in moralisches Böses metaphysikalisiert wurde, denn die Ägypter behaupteten, dass alles Böse vom Ort des Sonnenaufganges hervorging, während alles Gute und alle heilenden Kräfte aus dem Land des Westens[48] strahlen würden. Massey hat durch eine vergleichende Namensliste gezeigt, dass in 36 afrikanischen Sprachen das Wort für Hölle das gleiche ist wie für Feuer, was wiederum häufig synonym ist für die Sonne. Albert Churchward stellt das ebenfalls fest.[49]

Der Blitzschlag oder die wirbelnde Swastika werden Jupiter zugeschrieben. Der Leopard und die Hyäne sind Sinnbilder der Transformation. Letztere ist insbesondere bekannt als „Tier des Blutes" und deshalb wird eine lunare Form dieses Elementes in seiner formativen Phase diesem Element und dem Planeten Erde zugeschrieben. In der ägyptischen Version der sieben Köpfe des Drachens wird die Hyäne durch einen Stier ersetzt, der als Typus mit dem Element Erde korrespondiert.

Die Schlange wird dem Mond zugeschrieben aus Gründen, für die bereits der Beweis geführt wurde. In der ägyptischen Liste der Sieben wird die Schlange als „ihre Stunde essend" beschrieben. Die Stunde ist eine Unterteilung der Zeit und der Akt des Verzehrens ist eine Anspielung auf den verschlingenden Drachen der Eklipse und der fünf schwarzen Tage, in denen das Licht verdunkelt ist. Es ist bedeutungsvoll, dass in einem ägyptischen Text „Sie (die Schlange) als die Sichtbarmacherin der unsichtbaren Existenz" bezeichnet wird, eine Anspielung auf den Akt der Inkarnation und der Annahme einer Entität, und

---

[47] D. h. Äquatorialafrika.

[48] Dem Ort des Sonnenuntergangs.

[49] siehe *Wiederbelebung der Magick*, S. 72.

daraus folgend der *Identifizierung* durch Fleischwerdung, was die besondere Funktion der lunaren Strömung in ihrer ophidianischen Phase ist.

Der rasende Löwe kann als der Planet Mars identifiziert werden und dies wird in der ägyptischen Liste durch das Beiwort „rote Augen" untermauert.

Der rebellische Riese oder Affe, das Medium des Thoth, identifiziert das nächste Mitglied der Sieben mit dem Planeten Merkur. Der Symbolismus des Affen und des Riesen wurden bereits erklärt.[50]

Der letzte Kopf wird als der „Botschafter des tödlichen Windes" beschrieben und wird identifiziert mit dem Feueratem, mit Serk, dem Tierkreiszeichen Skorpion, dem Schirokko und dem Taifun, der Typhon. In der ägyptischen Liste wird dieser Kopf beschrieben als „zischelnd, um nach vorne zu kommen und sich wieder zurückzudrehen; bei Nacht sehend und bei Tage bringend", eine perfekte Beschreibung des Bennu- oder Phoenix-Typs des Wiederkehrers.

Die sieben Köpfe, die in einem achten (der Höhe) kulminieren, sind die kosmischen Machtzonen[51] plus Daath, dem Ort der Reinigung oder Vorbereitung für die endgültige Erfahrung, versinnbildlicht durch die obere Triade, wodurch sich insgesamt elf Zentren ergeben.

In der symbolischen Repräsentation des (Sünden)falls[52] tragen die Köpfe des Drachens die Namen der acht Könige von Edom[53] und ihre Hörner die Namen der elf Herzöge: „Und weil in Daath der äußerste Aufstieg der großen Schlange des Bösen war, deshalb ist es dort, als gebe es eine weitere Sephira mit acht Köpfen nach Zahl der acht Könige[54], und *für die infernalen und rück-*

---

[50] Siehe Seite 53.

[51] Repräsentiert durch die sieben niederen Sephiroth von Malkuth bis Chesed.

[52] Siehe das Titelbild des Buches.

[53] Edom ist ein anderer Name für Esau, was „rot" bedeutet. Kuhn schreibt (in *Lost Light*, S. 257, & S. 276): „Esau wurde ‚rot' genannt, weil er das Blut seiner Mutter vor seiner Geburt einsaugte. Er verkaufte sein Geburtsrecht für eine Schweinerei aus rot." Die Traditionen zeigen Esau als den solaren Falken, der Blut symbolisiert (Har-Apollo, Bk. I 6). Die Könige von Edom waren daher die Könige des roten Landes oder des *Blutortes*.

[54] Kraftzentren oder –zonen.

wärtigen Sephiroth elf anstelle von zehn[55], nach der Zahl der elf Herzöge von Edom."[56]

Im menschlichen Körper formen die acht Kraftzonen das magnetische Kreuz, wie es im Diagramm 1 von *Cults of the Shadow* gezeigt wird und in einem System, das so weit entfernt liegt wie das der Taoisten, finden wir Han Shan (1546-1623), der grundlegend über diese 8 Basiszentren berichtet, indem er sich auf sie als „Acht Bewusstheiten" bezieht:

> Wenn man nicht durch das Nest der acht Bewusstheiten hindurchbricht und mit einem großen Sprung direkt durch sie hindurchkommt, dann gibt es nichts mehr für jemanden zu erreichen … Warum? Weil, wenn die acht Bewusstheiten nicht durchbrochen werden, alles was man sieht und tut, bloßes Werk des *samsarischen*[57] Bewusstseins und der Sinne bleibt.[58]

Nur wenn wir den Sprung über den Abyss gemacht haben – und nur dann – wissen wir, dass wir nicht sind … In diesem Moment erkennen wir, dass wir Leere sind, dass die Leere Subjektivität ist, und dass wir diese Subjektivität sind – nicht wir als individuelles Selbst sondern wir als alle empfindungsfähigen Wesen, nicht als irgendeine Art von empfindungsfähigem Sein, sondern als empfindungsfähiges *Sein* als solches. Das ist der negative Weg … deshalb müssen wir wissen, dass wir nicht in Ordnung sind, damit wir verstehen können, auf welche Weise wir sein können.[59]

Die Belebung dieser 8 Zentren durch die Aktion der Feuerschlange oder Kundalini ist das Ziel aller esoterischer Systeme mit magischen und mystischen Zielen. Bevor nicht die Feuerschlange in die Höhe gebracht wurde, das achte Kraftzentrum, kann der Sprung nicht erfolgreich unternommen werden. Auf die besondere Natur dieses Sprunges wird in den Schriften der Alten hingedeutet, dennoch wurde der Hinweis von fast allen modernen Exponen-

---

[55] Elf statt zehn Sephiroth.

[56] Die Zahl der Qliphoth ist elf.

[57] D. h. der phänomenologischen Welt.

[58] Zitiert nach *Ask the Awakened*, S. 182 (Wei Wu Wei).

[59] Wu Wei Wus *Kommentierung* der Worte Han Shas, *Ibid*, S. 182 - 183.

ten der Mysterien übersehen. Ausnahmen sind H. P. Blavatsky, die die Wahrheit aber mehr verschleierte als enthüllte, und Aleister Crowley, der in seinem *Das Buch der Lügen (Liber 333)*[60] die Angelegenheit zurückhaltend behandelt hat und Michael Bertiaux, dessen großzügige Verbreitung von Andeutungen zu diesem Objekt heute nur den wenigen zur Verfügung stehen, die in die okkulte Organisation zugelassen wurden, die als „Der Kult der Schwarzen Schlange" bekannt ist.[61] Diese Adepten spielen auf die ausdrücklich sexuelle Natur des Schlüssels zu diesem endgültigen Mysterium an, aber ob sie es als Mystizismus oder als Magie oder – wie in Blavatzkys Fall – als Werk des Teufels selbst präsentieren; sie lassen dem Leser wenig Zweifel an seiner Wirksamkeit als Mittel zum Ziel. Um zu verstehen, wie dieser Schlüssel operiert, ist es notwendig, ein Verständnis dieses Mythos der Vertreibung des Menschen aus dem Garten Eden zu haben und der magischen Bedeutung des so genannten Sündenfalls.

---

[60] wie man erwarten darf, da 333 die Zahl Choronzons ist.

[61] *La Couleuvre Noir. Der innere Orden der Monastery of the Seven Rays* unter Führung von Michael Bertiaux. Siehe *Cults of the Shadow*, Kapitel 9 und 10.

Abb. 4: *Die schwarze Göttin des Raumes* von Michael Bertiaux.

Die Idole von Merodach

Nach einer alten rabbinischen Überlieferung vom Sturz des Menschen in die Materie war es nur der Mann, der aus dem Garten Eden verstoßen wurde, während die Frau hinter ihm zurück blieb. Das einzige Mittel des Mannes zur Rückkehr ins „Paradies" war daher durch die Frau. Diese Allegorie ist der Ursprung eines Symbolismus der Frau als die *Erste*, die *Innerste*, die *Geringste*, die *Rückwärtsgerichtete*, die *Nachtseite*, während der Mann zum Repräsentant des *Zweiten*, des *Äußeren*, des *Höheren*, der *Vorderseite*, der *Tagzeit* und des *Rechts* wurde. Diese Gleichsetzung bildete die Wurzel der späteren Überlegenheit des Mannes in der soziologischen Sphäre.

Die beiden Ursprungsprinzipien als Adam und Eva[1] liefern auch den Schlüssel für den magischen Komplex, der um die Polarität der Geschlechter aufgebaut wurde. Adam, 45, und Eva, 16, erzeugen in Kombination *Ain*, 61, die Quelle der Manifestation als das Auge der Leere. Die Zahl der Eva ist die der *Kalas*. Kabbalistisch interpretiert bedeutet diese Allegorie die Rückkehr des Menschen ins Paradies via der 16 *Kalas* an.

Das umgekehrte Ain (d. h. Nia) ist die Tochter, Koph oder Qoph, deren Glyphe, der Kaf-Affe, das Medium des Thoth und des Mondes ist. *Ain*, 61, als *Nia*, ergibt 16, die Zahl der Kalas, die dem *Mahakala* (d. h. dem Mond) zugeschrieben wird. Der lunare Pfad verläuft von Westen nach Osten, umgekehrt wie der solare Pfad. *Qoph* wird im Makrokosmos dem Mond zugeschrieben und der Rückseite des Kopfes im Mikrokosmos. Wie zuvor schon erklärt, ist Resh, der Buchstabe der Sonne, der Kopf, dessen Rückseite symbolisiert wird durch den Mond. Dieser Symbolismus wird in Mann (Adam) und Frau (Eva) reflektiert; er als Repräsentant des Tages, der Sonne, und sie als die Repräsentantin des Mondes; Adam, der Kopf, Eva, die Rückseite des Kopfes, an der in erster Linie der Sitz der sexuellen Kräfte liegt.

---

[1] AIM = 45; HVH = 16.

Der Symbolismus des Sündenfalls enthält die ursprüngliche Trennung
oder die Aufspaltung in zwei Hälften der ursprünglichen Einheit (*Ain*) die zu
Nia oder der „Tochter" wird, die die 16 *Kalas* enthält, indem sie zu zwei wird,
oder indem sie sich reproduziert. J. F. C. Fuller merkt dazu an: „allegorisch
geht die Schöpfung Evas der Adams voraus, denn allegorisch strömen die positiven Kräfte des Lebens (das Maskuline) aus den negativen Kräften (dem
Femininen). Indem das Yod vom Tetragrammaton[2] getrennt wird – (Y)HVH
– und dadurch Eva geschaffen wird, wird eine gewaltige aktive und folglich
dämonische Kraft freigesetzt; denn Eva ist die „Mutter aller lebendigen Dinge" (einschließlich der „Mutter Gottes") die weibliche oder negative Kraft des
Jah (YH) – das Hé, das auf immer danach strebt, sich mit dem Yod[3] wieder
zu vereinigen.

IHVH, 26,[4] ist die Summe der Zahl der Sephiroth auf dem Hauptstamm
des Baumes ausschließlich Daaths.[5] Nach Crowley ist die magische Formel des
gegenwärtigen Äons ein Wort aus elf Buchstaben; Abrahadabra. DBR, die
Wurzel der Formel, ist 206. Diese Zahl ist das Orakel oder Wort der Macht,
das aus *Ru*, dem weiblichen Tor des Wortes des Lichtes, hervorgeht. DBR ist
das genaue Äquivalent des ägyptischen *Khepsh*, der Rückseite des Oberschenkels typisch für die Große Magische Macht.[6] Abrahadabra ist folglich der dynamische oder magische Ausdruck von IHVH (versinnbildlicht durch den zentralen Stamm des Baumes), das elf-buchstabige Wort, das in Daath hinter dem
Schleier oder der Wolke des Abyss vibriert.[7] Es ist der magische Zauber, der
das Yod (den verlorenen Phallus des Osiris) und die Eva Edens, repräsentiert
durch die Tochter oder das abschließende Hé von IHVH, wieder verbindet.
Sie ist die „blau-lidrige Tochter des Sonnenunterganges" gefeiert im AL (I 64
und anderswo). Sie hat blaue Augenlider, weil blau die Farbe der Gewässer des

---

[2] d.h. durch Trennung des I vom IHVH.

[3] *The Secret Wisdom of the Qabalah*, S. 130, (J. F. C. Fuller).

[4] $1 + 6 + 9 + 10 = 26$.

[5] Dessen Zahl ist 11.

[6] Für Betrachtungen anderer Elemente des Wortes Abrahadabra siehe Crowleys *Commentaries on AL*, *Liber 418* und *Magick*.

[7] DBR bedeutet auch „eine Wolke".

Raumes ist, repräsentiert durch den Abyss und den Sonnenuntergang, weil das solare Feuer in den Abyss sinkt und am Ort der Vernichtung ausgelöscht wird, auf dem Scheiterhaufen, der im tantrischen Symbolismus das Areal der Leicheneinäscherung oder die blumen-bestreute Yoni[8] der Kali (Eva) ist. Eva ist die Manifestation und daher die Reflexion von *Ain* (eins oder *Yoni*) als *Nia* oder die Tochter des Sonnenuntergangs.

Die Zahl von Eden, ODNH, 129, ist auch die von OITM, was „ein Ort gefräßiger Kreaturen" bedeutet, identisch mit dem Ägyptischen *atem* „einschließen", „abschließen", „vernichten", alle gleichermaßen anwendbar auf die Höhlen des Choronzon. ODN oder ODNH (Eden) bedeutet „Vergnügen"[9]. Der Ort der Freude und der Ort der Vernichtung waren der abgeschottete Ort oder der versteckte Schrein versinnbildlicht durch den Mutterleib oder der Garten. Und wie der im Mutterleib eingeschlossene solaren Samen zu Fleisch inkarniert, so war der Ort der Vernichtung oder der Schrein Chornozons gleichermaßen ein Ort der Transformation in ein zukünftiges Leben.

Der Affe war der Typ der Transformation und Wiedererweckung des Geistes, und der Name des Affen war Ion, was „ein heulendes Tier der Wüste" bedeutet; es ist auch der ursprüngliche *Logos*, das Word oder der Sprecher, dessen Ion oder Äon durch Taht oder Daath repräsentiert wird, den Ort des überwechselnden oder transformierenden Geistes, d. h. der Ort, an dem der Geist den Abyss überquert, um in einem geheimen Schrein zu logieren und um dort von den Dämonen des Choronzon verschlungen zu werden.

Der Ort der Freuden (Eden) und die Höhlen Choronzons (die Tunnel des Abyss) sind die dualen Polaritäten Daaths; Eden stellt das *Tep* oder den oberen Teil des Gartens dar[10,] die Höhlen des Seth sind der Teph oder die Tiefe: Himmel und Hölle.[11] Daher wird das Paradies in einigen der frühesten Legenden als der „Hades des Abyss" beschrieben.

---

[8] Siehe *Karpuradistotra*, Übers. Arthur Avalon. Die Yoni wird mit einem Einäscherungsareal verglichen, weil sie alles in sich aufnimmt – sogar die Begierde. „Blumenbestreut" bedeutet die *Kalas* oder die Ausflüsse der Yoni.

[9] Genesis XVIII 12.

[10] d. h. Süden, im späteren Symbolismus Osten.

[11] Die Hölle war der niedere Himmel, der Westen, der frühere Norden.

Die erste Athene oder Aaden (Eden) wurde unterhalb der Wasser des Abyss begraben und dort war es auch, dass die ersten *Eleusinis* (Tempel) im Namen der immer wiederkehrenden Sohn-Sonne errichtet wurden, dem Kind aus der Mutterflut des Blutes, Hoor-paar-Kraat. Er war die Sonne, die wuchs, und sich zur Sonne am Horizont der Wiederauferstehung transformierte. D. h. er kam aus der Hölle (Amenta) und stieg auf in den Himmel. Er begann als ein Sterblicher im Bauch seiner Mutter (dem Abyss) und wurde transformiert in einen Unsterblichen durch die Feuer des Vaters (d. h. der Sonne).

Der Kraftstrom, der durch Kether-Daath-Tiphareth fließt, fasst diese Doktrin des Kindes der Dunkelheit, das sich als Kind des Lichtes manifestiert, zusammen. Die Dunkelheit (*Nox*) von *Ain*, Hoor-paar-Kraat wird das Licht (*Lux*) von Tiphareth, Ra-Hoor-Khuit. Die Eleusinischen Riten enthalten dieses Mysterium, das als Festzug der sieben planetaren Kraftzonen repräsentiert wird (einschließlich der Sonne und des Mondes), der sich um ein Achtes oder Höchstes dreht, das versteckt hinter dem Schleier der Abyss liegt.

Im *Koran* wird Eden der Garten Irems genannt und nach den Arabern steht die Stadt Irem immer noch in der Wüste Aden, allerdings für Sterbliche nicht sichtbar.[12] Die Menschen von Irem sind als *Ad*[13] bekannt. Dieses Wort ist die Wurzel von *Had* (Hadit) und Irem, Eden oder Aden in der Wüste des Abyss, ist die Wohnstätte des Seth, des Zwillings von Horus, und der negative Aspekt von LUX (Licht).[14] Aus dieser negativen, nicht-manifesten oder potentiellen Kraftzone hinter dem Schleier des Abyss steigt das positive, phänomenologische Universum empor.

Es ist interessant festzustellen, dass H. P. Lovecraft in seiner gefeierten Fiktionalisierung kosmischer Mythen-Zyklen – *Dem Necronomicon* – über die Großen Alten folgendermaßen schreibt:

---

[12] CF. AL III 34 „steht da doch ein unsichtbares Haus".

[13] Koran, Sure 89.

[14] *Nox (Notz)* = 210; Nox, 210, Nacht oder Dunkelheit ist daher das umgekehrte Licht. Diese Zahl ist von überragender Wichtigkeit im Symbolismus des Neuen Äons, beispielsweise ist es die Zahl der Riesen oder der gefallenen Engel, von Adam Primus, von DVR, ein Kreis oder Kreislauf, von ChRB, ein Schwert, und von Nebt-en-Pet, die Königin der Himmel.

> Die Tore zu ihnen gibt es überall, aber das erste war ... in Irem, der Stadt der
> Säulen, der Stadt unter der Wüste ...[15.]

Die Säule ist ein Emblem des Seth und eine der Namensbedeutungen dieses
Gottes ist „ein aufgerichteter Stein oder eine Säule" und die Wüste ist die
Wohnstätte Seths (d. h. Daaths). Deshalb war Irem das erste Tor, das von den
Großen Alten errichtet worden war, und dieses Tor war am Ort von Daath
oder Eden.

In Mesopotamien gab es ein Arem oder Irem. Im *Huzvaresh* wird es *Rum*
genannt, und es ist von großer Bedeutung, dass das erste Kapitel des AL – das
vorgibt, die Äußerungen des Ad von Hadit zu sein – von einer Intelligenz
übermittelt wurde, die den Namen Oivaz oder Aiwaz trägt. Dieser Name ist
identisch mit Zivo, einer Gottheit, die im alten Sumerien verehrt wurde. Im
dritten Kapitel des AL informiert Aiwaz in der Gestalt des Horus das Tier
666[16]:

> Aber dein heiliger Platz wird unberührt sein über die Jahrhunderte hinweg:
> auch wenn er mit Feuer und Schwert niedergebrannt und zerstört wird, steht
> da doch ein unsichtbares Haus und es wird stehen bis zum Ausbruch jenes Gro-
> ßen Äquinox; wenn Hrumachis sich erheben wird und der mit dem Doppelstab
> meinen Thron und Platz einnimmt. Ein anderer Prophet wird sich erheben
> und neue Erregung von den Himmeln bringen, eine andere Frau wird die Lust
> und Verehrung der Schlange erwecken; eine andere Seele von Gott und Tier
> wird sich mit der des Priesters des Erdballs vermischen; ein anderes Opfer wird
> das Grab beflecken; ein anderer König wird herrschen und der Segen wird
> nicht länger fließen dem falkenköpfigen mystischen Herren.

Und als solle der duale Aspekt des Tieres (333 + 333) noch qualifiziert werden,
behauptet der nächste Absatz:

---

[15] Zitiert nach *Das Grauen vor der Tür* (Lovecraft & Derleth).

[16] Das Tier besteht aus Shugal 333 und Choronzon 333.

Die Hälfte des Wortes von Heru-ra-ha; genannt Hoor-pa-kraat und Ra-Hoor-Khut.[17]

Die Zwillingsaspekte des Tieres fassen die beiden Hälften des Kreises von Eden zusammen. In den ägyptischen Hieroglyphen ist der Kreis eins mit Khepsh, der Göttin des Nordens.[18] Ihr Emblem ist das gekrümmte Schwert[19], die Sichel oder der Krummsäbel, der sich in den Himmeln dreht, um den Kreis der Zeit in Perioden zu zerschneiden. Das Schwert hält den „Weg des Lebensbaumes[20]" aufrecht und errichtet so Zeit im Chaos. Das Paradies wurde geschaffen, indem das Chaos von seiner Zeitlosigkeit abgeschnitten wurde und die Ordnung des Kosmos etabliert wurde: „und die Säule ist in der Leere errichtet."[21] Dabei handelt es sich um die Tet-Säule des Gottes Tath (Thoth), der den Juden als Doth (Daath) bekannt war, das „Kind" oder der Fokus der Weisheit[22] und des Verständnisses[23], versinnbildlicht durch Saturn, den planetaren Repräsentanten von Typhon und Seth.[24]

Deren Einheit in Daath erschafft die Dualität, die durch Toth und seinen Affen symbolisiert wird, die ihrerseits emblematisch sind für die duale Lunation und die Zwillingsströmungen der Energie – magisch und mystisch – konzentriert in Ra-Hoor-Khuit und Hoor-paar-Kraat.[25] In kabbalistischen Begriffen sind die Zwillingsströmungen 93 und 39, 93 ist drei mal 31, und 39 ist drei

---

[17] AL III 34, 35. Bei dieser Schreibform von Horus handelt es sich um keine Rechtschreibfehler sondern um eine beabsichtigte kabbalistische Schreibweise. Siehe Crowleys *Commentaries on AL*.

[18] Nuit-Typhon, die Nachtseite Edens.

[19] Das Schwert war ein Name für die Oberschenkel- oder die Hüft-Konstellation der Sieben Sterne von Ursa Major, dem stellaren Symbol der Göttin.

[20] Genesis, 3, 24.

[21] *Liber LXV*, V.

[22] Chockmah, das Tier verkörpernd.

[23] Binah, die Scharlach-Frau, Babalon, verkörpernd.

[24] „Hier ist Weisheit. Wer Verständnis hat, berechne die Zahl des Tieres." Offenbarung 13, 18.

[25] D. h. Horus und Seth.

mal 13; und sie vereinigen sich zur höchsten Zahl der Göttin 393: Sie, die die geheime Herrlichkeit hinter der Maske des Tieres ist, der Schleier des Abyss. 39 ist die Zahl von IHVH AChD mit der Bedeutung „Das Ewige ist Eins", was im *Sepher Sephirot*[26] als die „Affirmation der aufstrebenden Seele" beschrieben wird. Dies ist der mystische Aspekt des Prozesses, der den Aspiranten an die Schwelle des Abyss führt. 39 ist auch der mystische Schlüssel zu Daath, jenes Fenster in den Raum durch den das Ego für immer verschwindet, dabei erkennend, dass seine *Abwesenheit* eins ist (*achad*) mit dem Ewigen (IHVH). 93 auf der anderen Seite ist die Formel, durch die der Prozess angereichert wird, d. h. durch Liebe (*Agape*, 93) und Willen (*Thelema*, 93). Und 393, das die Zwillingskräfte des Seth und des Horus – die Tag- und die Nachtseite des Baumes – vermischt, ist die Zahl der Sefekh, der Gefährtin Thoths, sie ist die Hure, Babalon, die Scharlach-Frau des Kultes des Tieres. Im Ägyptischen bedeutet ihr Namen die Zahl sieben. Sie war die urzeitliche Göttin der sieben Sterne, die einst das „Lebendige Wort" im Ombos war. Sie wurde von den Verehrern späterer Kulte degradiert, die den Kontakt mit der wahren Gnosis verloren hatten. Ihr magisches Instrument – der *Uterus* – war der ursprüngliche Typ der Typhon. Ihr Name, Sieben, ist auch der ihres Sohnes Sevekh, der, als der *Achte*, die Höhe der frühesten Schöpfung ist. Das große Siegel des *Ordo Templi Orientis* (O.T.O.) fasst diesen gesamten Symbolismus wie folgt zusammen:

> Die Vesica (der Uterus) ist die venusische Tür (Daleth, eine Tür = 4). Das Auge (Ayin = 70) im Dreieck des Geistes (Shin, Geist = 300) ist die typhonische Taube, der Heilige Geist, dessen Buchstabe Aleph (1) ist. Der Kelch, Streitwagen oder Gral (Cheth = 8), und das Yod im Inneren (10) ergeben zusammen 393.

393 ist die Zahl der höchsten geheimen ophidianischen Formel, die im Namen der alten außerirdischen Wesenheit, bekannt als Aossic[27], verborgen liegt. In der Glyphe Aossics ist eine versteckte Tür enthalten, deren Zahl (4) addiert zur 389, der Zahl Aossics, 393 ergibt. Es ist die Tür der Venus im Herzen der

---

[26] Siehe *The Equinox*, Vol. I, Nr. VIII.

[27] AOShICh = 385, Eine Schreibweise Aossiacs. Siehe Sigillen auf den Seiten 211 und 212.

Sigille. Die Göttin ist verborgen, weil sie über dem Abyss ist und über den Pfad gebietet, der Chokmah und Binah verbindet, der Pfad, der Daleth zugeschrieben wird, die Tür der Göttin.

Die Quersumme von 393 (3 + 9 + 3) = 15; 1 + 5 = 6, die Zahl der Sonne oder solar-phallischer Energie. Durch Multiplikation (3 x 9 x 3) ergeben die Teile der Quersumme 81; 8 + 1 = 9, die Zahl des Mondes und von Yesod, dem Fundament. Bei weiterer Analyse entdecken wir, dass 15 + 81 = 96; und 9 (Mond) + 6 (Sonne) = 15 ist. Beachte das beharrliche Auftauchen der Zahl 15. Im Tarot wird der Atu XV dem *Teufel* zugeschrieben, Baphomet und dem Gott Seth und es ist interessant festzustellen, dass 393 aus dreimal 131 zusammengesetzt ist, was die Zahl von Pan und Samael[28] ist und auch von Mako[29], dem Sohn der Typhon. 131 addiert zur Zahl der *Kteis* (der Vulva)[30] ist 666! Schließlich ist 131 die Zahl von Olla (Al-la), dem *Nichts*, der Leere, dem *Ain*.

Als eine nummerische Astro-Glyphe ist die Zahl 393 Saturn-Mond-Saturn; die lunare Strömung (9) von beiden Seiten unter die Vormundschaft des Gottes Seth (3) gestellt, die Formel der Vergegenständlichung in der drei-dimensionalen Welt.

Die Zahl 393 reduziert die Einheit durch die sukzessive Teilung ihrer ganzen Zahl: die Drei geht in die Neun dreimal; Drei in die Drei ergibt eins, was A*chad* ist 13, Einheit. Fügt man die ganze Formel des Pentagramms[31] zu der Zahl 393 hinzu, so erhält man die Schlüsselzahl des Großen Werkes, d. h. 418.

Die Scharlach-Frau – 393 – von 666, „das Tier, auf dem sie reitet" abgezogen, ergibt 273, was die Zahl von AVR GNVZ, dem „Verborgenen Licht" ist und ABN MASU HBVNIM", „dem Stein, den die Erbauer zurückwiesen". 273 ist auch die Zahl von ARBO, das „vier" bedeutet, das Zeichen des Kreuzes oder der Kreuzung, und der vier Himmelsrichtungen.

---

[28] Der Hüter der Schwelle des Abyss.

[29] Ein Name des Seth.

[30] Ein Instrument Magischer Macht, das Ur-Hekau.

[31] 5 zum Quadrat, oder 5 x 5 = 25.

Zieht man 393 von der heiligen Zahl 718[32] ab, so ergibt sich 325, welches die mystische Zahl Bartzabels, des Geistes des Mars ist, und von Graphiel, der Intelligenz des Mars. Diese Zahl ist die Summe der Addition der Zahlenreihe von 1 bis 25; somit fasst sie die Formel des Pentagramms zusammen, die auch die der Göttin ist, deren Grundzahl die 5 ist.

393 multipliziert mit 3[33] ergibt 45; und 4 + 5 = 9. Beachte die Beharrlichkeit der 9, der Zahl des Mondes und der *Sephira* Yesod, der Heimstatt der Feuerschlange und der sexuellen Funktion im Menschen. Der Mann (ADM) ist 45; er ist zusammengesetzt aus einem A, „Atem" oder „Geist" und DM „Blut". 45 ist die mystische Zahl von Yesod, der Kraftzone der Yeziden, die in ihren geheimsten Traditionen den magischen Kraftstrom des Aiwass übermittelten, der vom Stern des Fundamentes floss.[34] 45 ist auch die Zahl von MAD, einem henochischen Wort, das „Gott" bedeutet. Und schließlich ist 45 die Summe der Zahlenreihe von 1 bis 9 und als solche fasst sie die gesamte lunare Strömung zusammen. Es ist die Zahl von AGIAL, der Intelligenz des Saturns, die ein planetarischer Repräsentant von Seth ist, und von MAD (engl. *verrückt*), „dem Narren".[35]

Das hebräische Wort *Adam* leitet sich vom ägyptischen *Atem*, der Muttergöttin der Zeit und der Periodizität ab; daher bezeichnet Adam den „Menschen" (d. h. die Menschheit) als die Kontinuität inkarnierter Existenz.

Die oben angestellten Überlegungen konzentrieren die Hauptideen, verbunden mit der Zahl 393, dem Großen Siegel des O.T.O. und der Sigille von Aossiac, das die höchste Formel ophidianischer Magick enthält. Sie etablieren

---

[32] Diese Zahl, die in Thelema mit vielen Konnotationen beladen wurde, ist das Grauen vor der Einsamkeit und die Stélé der Offenbarung, das Pantakel des Äon des Horus. Siehe AL und *The Confessions of Aleister Crowley*. Die Zahl 718 ist die verdoppelte Formel von 359 ShTN (Satan) und als solche die Basis des Großen Werkes. Siehe die Typhonian Trilogy.

[33] Die Zahl der Ziffern, aus denen sie zusammengesetzt ist.

[34] Siehe Robert Temple, *Das Siriusrätsel*, Seite 52.

[35] Atu 0, der erste Tarot-Trumpf der *Ain* zugeschrieben ist, der Leere. Die Formel des Narren, Knappen oder Clowns verkörpert in jüngster Zeit durch Adepten wie Blavatsky, Crowley und Gurdjieff.

die Identität nicht nur dieser drei Hauptformeln, sondern, noch wichtiger, die Interpretation der Schlüsselzahlen des AL und der drakonischen Tradition generell, d. h. 13, 31, 39, 93, 393, 666.

Weiterhin ist 393 + 666 = 1059, was eins weniger ist als MShKN (Meshken), das „Tabernakel" und zwei weniger als 1061, „Sonnenuntergang"[36] liegt. Das Meshken ist der Mutterleib oder der Geburtsort der durch den Oberschenkel der Typhon repräsentiert wird, deren Symbol der Krummsäbel, die Sichel oder das gekrümmte Schwert ist. Das Schwert, wie zuvor gezeigt, ist identisch mit dem Hackbeil, der Kluft (Yoni), symbolisiert durch die Taube. Die gesamte drakonische Doktrin ist in dem Symbol des Schwertes enthalten, das in einem Vogelschwanz endet.

Die Auflösung der Kontinuität in zwei wurde durch das Hackbeil bewerkstelligt verkörperlicht durch die Feindin Gêh, deren Zahl 13 die Menstruation bezeichnet als das Markieren oder das Teilen der Zeit (Kontinuität) in Perioden. Die ursprüngliche Einheit wurde dadurch zerbrochen, so wie das Licht am Himmel von der Eklipse oder der dunklen Periode verdunkelt wird. Das bösartige Element, das mit der Zahl 13 in späteren solaren Kulten in Verbindung gebracht wurde, hatte seinen Ursprung im physiologischen Phänomen der Menstruation.

Nach einer rabbinischen Legende nahm die erste Frau Adams, Lilith, die Form einer Schlange an, um Adam zu verführen. Diese Legende ist nur im Licht der ursprünglichen okkulten Lehre zu erklären, die Blut mit der Manifestation oder Inkarnation des Geistes verbindet. In der apokryphen Schrift *Esdras* erscheint die Aussage: „und menstruierende Frauen sollen Monster hervorbringen", die Massey mit einer fehlerhaften Zeit-Führung in Verbindung bringt, sowohl in einem biologischen Sinne als später auch in einem himmlischen oder astronomischen Sinne.[37] Aber Massey war sich bestimmter Aspekte der okkulten Phänomene nicht bewusst, denn zum Zeitpunkt seiner Untersuchungen[38] überlebten Fragmente der wahren Gnosis nur in tantrischen Texten

---

[36] Cf. AL, 64.

[37] Es wurde bei bestimmten Konstellationen beobachtet, dass sie bei der Zeiteinhaltung versagten. So wurde beispielsweise festgestellt, dass der Sirius im Laufe eines kompletten Kreislaufes von 1460 Jahren ein ganzes Jahr verlor. Siehe *The Natural Genesis* II 103.

des Fernen Ostens, von denen wenige zu diesem Zeitpunkt in eine europäische Sprache übertragen worden waren. Allein im Licht dieser Texte kann der okkulte Symbolismus in Verbindung zu Gêh, und der ophidianische Kraftstrom generell, korrekt interpretiert werden.

Der lunare Kraftstrom versinnbildlicht durch die Zahl 13, und Gêh oder Gô[39] ist mit den vaginalen oder ophidianischen Vibrationen verbunden, die die *Kalas* manifestieren, von denen die Göttin Kali die höchste Verkörperung darstellt. Kali, nach der Gematria, ist 61, das *Ain* oder Auge der Leere; die kreative, weibliche Formel. Umgekehrt (d. h. als *Nia*) ist dies das Auge der Nacht und der Dunkelheit der Eklipse, versinnbildlicht durch Gêh. Die Zahl 61 umgekehrt bezeichnet die 16 *Kalas*, deren Symbol das gesamte Auge (d. h. beide Augen) ist. Die beiden Augen sind AINNIA und NIAAIN, und ihre Zahl ist 122, die Zahl von *Gilgalim*, „Revolutionen" oder „Zyklen" (der Zeit), von HSIUM, „dem Ende" und von „IQBI" „Weinpressen", welche alle die Idee von Kali und von Perioden in einem Konzept zum Ausdruck bringen. 122 ist eins mehr als SATAN[40]. Die satanische Strömung ist die Quelle vieler alter Konzepte, die von der modernen Vernunft als dämonisch in einem moralischen Sinne falsch interpretiert wurden. Aber der ursprüngliche Sinn war anders, wenn nicht sogar völlig umgekehrt. Das Neue Äon hat jedoch mit sich gebracht, was die Vorfahren nur intuitiv wahrnehmen, aber nicht wissenschaftlich nachweisen konnten, denn die Qualität von Anti-Materie, des Anti-Seins, allem, was durch den Symbolismus des Abyss impliziert wurde, war Messungen gegenüber nicht zugänglich. Daher die massive Anhäufung von Mythen und Legenden, die den „bösen" Aspekt der Kräfte des Lebens und des Todes behandelten. Aber so wie sich die Vorfahren allmählich darüber bewusst wurden, dass es die gleiche und nicht jeden Tag eine andere Sonne ist, die am Horizont aufgeht, so wird sich der Mensch im Neuen Äon zunehmend der Möglichkeit bewusster, nicht nur die andere Seite des Baumes erforschen zu können, sondern dass es eine Tatsache ist, dass es sich bei der anderen Seite um eine einzige Entität handelt, die identisch ist mit unserem

---

[38] Das späte 19. Jahrhundert.

[39] Dieses Sanskrit-Wort bedeutet „Kuh" und ist ein Euphemismus für die Frau.

[40] Nach der italienischen (oder „einfachen") Kabbala; *Qabalah Simplex*.

Selbst: die eine Seite magisch, die andere mystisch; in gewissem Sinne ganz anders als bisher angenommen.

Zu diesen Mysterien gibt es einen Hinweis im Wort *Gilgalim*. Ein Wort nämlich sehr ähnlich wie *Gillulim*, das die Idole der Göttin Merodach[41] bezeichnete. Sowohl die Idole als auch Merodach sind „exkrementierend" oder „menstruierend" und die Septuaginta bezieht sich auf die Göttin als „die schwächliche Merodach"[42]. Jesaja beschreibt gebärende Gottheiten als solche, die im Vorgang des Gebärens sind, aber keine Kinder hervorbringen können, während Jehova der wahre Gott ist, dessen Kinder „aus dem Bauch geboren werden, der von einer Gebärmutter getragen wird." Diese Unterscheidung ist physiologisch, die okkulte Bedeutung ist, dass während Jehova die kreativen Kräfte auf dieser Seite des Baumes repräsentiert, Merodach und die *Gillulim* die dunklen Kräfte, die Kräfte der Vernichtung, des Anti-Seins, auf der Nachtseite des Baumes sind. Es gib zahllose ähnliche Hinweise in den alten Schriften der Ägypter und der Juden, aber sie können nur in Verbindung mit dem Wissen interpretiert werden, das moderne wissenschaftliche Entdeckungen enthüllt haben. Untersuchungen zu UFOs und außerirdischen Wesen, die bis heute aufgrund des Mangels an wissenschaftlichem Verständnis ausgeschlossen wurden, eröffnen ebenfalls neue Ansätze und daher neue Dimensionen in den alten Schriften und magischen Texten. Die Monster, die Berosian im Schöpfungsbericht beschreibt und die unzähligen späteren Mythen wurden falsch interpretiert als a) fehlgeschlagener Versuch auf Seiten Gottes, die Menschheit zu erschaffen (wie bei den Juden) oder b) als eine mythische, Methode astronomische Phänomene auszudrücken (wie durch die Evolutionisten des 19. Jahrhunderts). Initiierte Interpretationen, wenngleich impliziert in geheimen Schriften wie etwa in den Kommentaren zum *Buch Dzyan*, sind bisher noch nicht erklärt worden, wieder aufgrund des Mangels an wissenschaftlichem Wissen.

All diese Teratome sind verzerrte Realitätsschatten, die durch den Schleier von der Nachtseite Edens aus geworfen werden.

---

[41] Jeremia, 1,2.

[42] L2, XIVI 1,2.

Der göttliche Affe

Die Göttin Kali verkörpert in einem Bild die Idee der Zeit und des Chaos[1]. Sie ist die erste Entzweiteilerin, im physikalischen Sinne von Zeit und die Unterbrechung der Zeit durch die Eklipse des periodischen Chaos.[2] Kali, deren Zahl die 61 ist, *Ain*, ist zugleich die Schwarze und die Weiße in einem Bild vereint, ein Symbol der dualen Lunation ebenso wie für das menstruierende und austragende Weibliche; die Jungfrau und die Mutter. Der erste magische Kreis war daher, streng genommen, ein mystischer Kreis, der in sich einen Bruch hatte, durch den er die Geister des Chaos aus dem wässrigen Abyss einströmen ließ, versinnbildlicht durch die Flut von Deukalion und die Sintflut Noahs.

Aber es kam dazu, dass Kali noch spezieller das Chaos, die Nacht oder Dunkelheit als Typus des Todes und der Negation in einem mystischen Sinne repräsentierte: Der mystische Kreis mit der Bruchstelle, der den von Berosus beschriebenen typhonischen Teratomas den Zutritt erlaubte, war das urzeitliche Symbol der Göttin, und nicht der Sonnenkreis, bei dem es sich um den Typ von magischen Kreis handelt, der in späterer Zeit benutzt wurde. Im Jahreskreis der Tierkreiszeichen ist er in dessen neun trockenen und drei wässrigen Zeichen impliziert. Letztere versinnbildlichen das Eindringen des Chaos. Die neun trockenen Monate versinnbildlichen die schwangere Mutter symbolisiert durch das Halsband mit den neun Perlen, das Isis trug. Das Kreuz mit den drei gleichlangen Armen und einem vierten, das länger ist und nach unten in die Tiefe deutet[3], war eine andere Glyphe des vollständigen Kreis-

---

[1] Zeitlosigkeit, keine Grenzen usw.

[2] D. h. durch den menstruellen Fluss.

[3] Das sogenannte Kalvarienkreuz; der längste Arm, der südliche, wurde Seth zugeschrieben. In der Perversion des christlichen Symbolismus bekannt als die „schwarze Messe" wurde das Kreuz invertiert, so dass der südliche Arm, der Seth oder Satan zugeordnet ist, auch dem Oben zugeschrieben wurde; d. h. exaltiert über die Trinität, repräsentiert durch die verbleibenden drei darunter.

laufs, oder der Überkreuzung von drei Vierteln mit einem vierten, das die Flut hineinließ. Der Symbolismus ist auch im Konzept des ursprünglichen Fluches impliziert, der der Hexe zugeschrieben wird, der Dunklen, deren Auge rot war oder „böse", weil es Emanationen aus dem Abyss des Blutes ausstrahlte. Der Fluch implizierte das Eindringen der *Qliphoth*, welches die Hexe mit einem Blick ihres verderblichen Auges *(Ain)* dirigierte. Die „Kraft des Coph Nia" ist deshalb die Kraft des Bösen Blickes der Tochter oder Hexe, denn die Tochter war die typische Jungfrau in Unterscheidung zur schwangeren Mutter. Die Hexe, Gêh oder Gek war auch die *linkische*, die seltsame oder *linkshändige*, die linke Hand, die „leer ist, denn sie hat das Universum zermalmt und nichts bleibt".[4] Die Bedeutung davon ist, dass der Fluch der Hexen-Tochter den Einbruch von Kräften der anderen Seite versinnbildlicht.

Es sollte nicht notwendig sein zu erwähnen, dass das Phänomen der Menstruation allein nicht ausgereicht hätte, um den massiven Abscheu und den Gräuel zu verursachen, von dem die alten Schriften, Mythen und Legenden übersättigt sind. Die Eklipse, ob himmlisch oder physiologisch, war eine Versinnbildlichung, ein Symbol der dunklen Kräfte, unendlich erschreckender als bloße sexuelle Promiskuität und die mit ihr verbundenen Erkrankungen. Auch lag der einzige Grund, warum diese Kräfte in obskure Symbole gehüllt wurden, in der Tatsache begründet, dass die Vorfahren nicht in der Lage waren, diese präzise zu definieren. Sie vermuteten lediglich, dass Frauen und ihr besonderer Mechanismus auf irgendeine ihnen unbekannte Weise eine Tür, eine Pforte in die Leere, konstituierten, durch die schreckliche Kräfte beschworen werden konnten von jenen, die durch Zufall auf die Schlüssel gestoßen waren. Dass diese Schlüssel einigen wenigen bekannt gewesen sein dürften, ist wahrscheinlich, und es ist auch wahrscheinlich, dass die Sumerer, die Ägypter, die Amerikaner und die Mongolen jeweils alle mit einem Fragment dieser uralten Gnosis bekannt waren – der Wissenschaft der *Kalas*, die in bestimmten asiatischen Mysterienschulen bis in die moderne Zeit überlebt hat. Auch wenn beispielsweise viele tamilische Texte erhalten geblieben sind, so sind sie doch niemals in westliche Sprachen übersetzt worden, obgleich bestimmte geheime Manuskripte unter den Adepten der westlichen Hemisphäre für unbestimm-

---

[4] AL, III 72.

bare Zeitspannen zirkulierten. In der vergleichsweise jüngsten Zeit wurde der Verkehr mit Kräften aus dem Abyss von Dr. Dee und Sir Edward Kelly etabliert, deren „Henochischen Rufe" verwendet wurden, um sogar Choronzon, den Hüter der Schwelle[5] zu beschwören. H. P. Blavatsky war sich ebenfalls der Existenz geheimer Schlüssel zu dieser nächtlichen Region bewusst. Sie machte das deutlich, indem sie erklärte, dass Seth oder Sat „Sei-end" bedeutet; was das Sein und das Nicht-Sein einschließt, es bedeute nicht Existenz, wie gewöhnlich angenommen wird. In *Die Geheimlehre*[6] führt sie einen weiteren wichtigen Punkt an: „Die Idee, dass Dinge zu existieren aufhören können und dann immer noch SIND, ist in der östlichen Psychologie eine fundamentale."

Das zoomorphische Symbol des Spiegeluniversums[7], als das Astraluniversum, ist der Affe. Dieses Tier wird von Massey als *Kehkeh* identifiziert, einem ägyptischen Wort, das nicht nur „Affe" bedeutet, sondern auch „verrückter Mensch", „ein Narr". *Kehkeh* ist eine andere Form von *Gehgeh* oder *Gêh*, eine „verrückten Frau", der Hexe, der Archetyp der Heh-Hek, oder Hekate, die Hexe oder der Hexen-Typus der Transformation als das Hekt, das sich von der Kaulquappe in einen Frosch verwandelt.[8]

Im Harris-Papyrus gibt es eine Anspielung auf eine Transformation, in deren Verlauf der Löwen-Gott die Form eines Affen annimmt: „Du nahmest die Form eines Affen an (Kafi) und danach die eines verrückten Menschen (Kehkeh)."[9] Der verrückte Mensch oder der verrückte Affe ist auch der Narr des Tarots, der der „Affe der sieben Ellen" genannt wird, weil der in einem Schrein von sieben Ellen Länge lebt und sich von diesem aus zu einem „Schrein mit acht Ellen Länge" weiterentwickelt. Er ist auch das Symbol für die Kulmination der sieben niedrigeren Elementarien in den Achten, wodurch der Wahn-

---

[5] Siehe *Liber 418, Die Vision und die Stimme*, 10. Aethyr.

[6] Vol. I, S. 54.

[7] „Universum B", das „Meon" oder Anti-Universum.

[8] Das Wort *hekt* bedeutet „Frosch". Siehe Teil II für eine vollständige Erklärung dieses Totems in seiner Verbindung mit der anderen Seite des Baums des Lebens.

[9] Cf. Die Formel des Göttlichen Affen beschrieben in *The Encyclopedia of the Unexplained*, der Artikel mit dem Titel *Spirits and Forces* von Kenneth Grant.

sinn des Adepten als die sieben „Seelen" oder Stadien seiner Initiation erklärt wird, der in der Prüfung des Abyss kulminiert.

Nach rabbinischer Lehre wurde Adam mit einem Schwanz geschaffen nach Art eines Orang-Utans. Gerald Massey, der diese Überlieferung zitiert, erklärt sie, indem er die Feststellung trifft, dass die Überlieferung ein Überbleibsel ägyptischer Typologie bezeugen müsse, da die Juden keine Evolutionisten waren. Tatsächlich basierte die ägyptische Typologie auf dem okkulten Wissen über das Einbrechen von Kräften von der „anderen Seite". Diese Kräfte erzeugten auf dieser Seite Affen, was zu Legenden führte, wie der vom Fall Yimas, der wie der Fall Adams als ein Fall *durch* den Abyss (Daath) betrachtet wurde und nicht als Fall *in* ihn hinein.

Der Narr, Affe oder verrückte Mensch, der Gekh oder Gehkeh ist die Gêh der persischen Lehre, die Scharlach-Frau der biblischen Lehre, die im *Bundahish* als „die aktive Agentin der Hölle" beschrieben wird. Sie sagt „Ich werde daher so viel Vesh[10] oder Gift auf den selbstgerechten Menschen und den arbeitenden Ochsen[11] verströmen, dass durch meine Taten kein Leben mehr gewollt wird". Der böse Geist, entzückt von der Rede der Hexe, umarmte und küsste sie, so dass die Verschmutzung, die sie „Menstruation" nennen, in Gêh augenscheinlich wurde.[12] Der menstruelle Fluss, der die Unterbrechung der Kontinuität symbolisiert, wurde von den Parsen verwendet, um den Mechanismus zu versinnbildlichen, durch den der Böse das Feuer auslöscht, das Zarathustra vom Himmel heruntergebracht hatte, das Wasser, das dass Feuer des Geistes auslöscht, ist das Wasser des Abyss, die negative Kraft, die mit Hilfe des Affen oder Narren hereingekehrt wird.

Um eine mögliche und ernsthafte Fehlinterpretation zu vermeiden, ist es notwendig, hier die Tatsache zu betonen, dass der Affe *als solcher*, oder irgendeine andere Kreatur, die gegenwärtig auf der Erde existiert, nicht das Resultat eines Kontaktes mit außerirdischen Einflüssen war. Der Affe war das Symbol für einen Typ von Schöpfung, der durch die Kräfte jenseits des Schleiers der

---

[10] Cf. *Besh* (im Ägyptischen) bedeutet „menstruierend".

[11] Der Ochse ist *Aleph*. Der Narr im Tarot wird dem Pfad zugeschrieben, dem dieser Buchstabe zugeordnet ist.

[12] *Bundahish*, Kap. III, 3 – 7.

Leere hervorgebracht worden war. Diese Schöpfung war in die Manifestation nicht nur aus außer-irdischen, sondern sogar aus außer-dimensionalen Quellen gesaugt worden *via* dem Tunnel unter dem Pfad des Narren[13] auf der rückwärtigen Seite des Lebensbaumes.

Dass das tatsächliche Tier noch schrecklicher war als der Affe oder jede bisher bekannte Tierart, kann man erst erkennen, wenn man eine Beschreibung über die vor-evolutionären Statuetten antarktischen Ursprungs liest, die in bestimmten Fiktionen Lovecrafts beschrieben werden. Solch ein Objekt, das nicht von menschlichen Händen gefertigt wurde, ist bis jetzt noch nicht auf der Erde gefunden worden, aber bestimmte Sensitive, die dem Autoren bekannt sind, haben das gesehen, was unbestreitbar der Archetyp dieser monströsen und urzeitlichen Tiere war. In *Das Grauen vor der Tür*[14] wird ein solcher als „oktopoider Cephalopoda[15]" beschrieben. Mit Fledermaus-Schwingen versehen und in den unteren Extremitäten mit Krallen ausgestattet, besitzt er ein zentrales glühendes Auge – rot und unheilbringend – auf dem Oberteil des Kopfes, während die unteren Teile des Gesichtes (wo man den Mund erwarten würde) aus einer Masse sich windender Tentakel bestehen, acht an der Zahl. Tatsächlich ist das archetypische 8-köpfige Tier, das schwärzlich in den Tunneln des Seth treibt, ausgestoßen aus dem Ort des Todes. Es tritt via Daath hervor und verströmt in die Kelche des inferioren Hebdomat. Dies war das fließende Wasser, das durch die Schlange symbolisiert wird, das *Vesh* oder Gift, von dem Hadit spricht (AL, II 26):

Wenn ich mein Haupt erhebe, sind ich und meine Nuit (Ain) eins. Wenn ich mein Haupt senke und Gift verspritze, dann ist die Wonne der Erde, und ich und die Erde sind eins.

Und im folgenden Absatz (dem 93. Absatz des Buches als ganzes) erscheinen die folgenden Worte:

[13] Symbolisiert durch den Affen des Thoth.
[14] *Das Grauen vor der Tür* (Lovecraft & Derleht).
[15] Die Kopffüßer (Cephalopoda) sind eine relativ hoch organisierte Tiergruppe, die zu den Weichtieren (Mollusca) gehört und nur im Meer vorkommt. (Anm. d. Verlags).

Es liegt eine große Gefahr in mir, denn wer diese Runen nicht versteht, *wird einem großen Irrtum verfallen*. Hinab in die Grube namens Weil wird er stürzen und dort wird er umkommen mit den Hunden der Vernunft.[16]

Anschließend wird ein Fluch ausgesprochen über das „Weil und seine Abkömmlinge!" Diese Zeilen sind die 26. und die 27. des zweiten Kapitels des AL und die 92 und 93. des Buches als ganzes. Die Zahl von *Nakak* ist 92.[17] 93 ist der allerhöchste Schlüssel des AL und der wichtigsten magischen Formeln des gegenwärtigen Äons. Wie schon erwähnt ist eine der Bedeutungen des Äons oder *Ions* „ein heulendes Tier in der Wüste", es ist auch der Name des Affen (im Ägyptischen).[18] Die Zahlen 26 und 27 beziehen sich jeweils auf die Pfade des *Ayin* (des Auges) und des Pé (des Mundes). Diese Organe versinnbildlichen das geheime Auge der Leere[19] und den Mund oder das Wort, das vom Affen des Thoth repräsentiert wird, der kein *menschliches* Wort ausspricht, sondern eine „wilde und monströse Sprache". Und so werden wir fortwährend zurückgestoßen auf den Symbolismus der Vergegenständlichung des Negativen (Auge-Leere) *via* des Positiven (Mund des Abyss).

Es ist vorgeschlagen worden[20], dass Besz oder Vesz das ägyptische Original des sumerischen Zivo, Oivz d. h. Ai-vaz ist. Die „Betch-Gesellschaft" waren die acht elementaren Götter Ägyptens, die die Kräfte des Chaos repräsentierten, von denen die dunkle Göttin Bâst ihren Namen erhielt. Die Worte Bastard, Hündin (engl. *bitch*) und Biest wurden der späteren Sprache beigegeben, um eine Mutter-Quelle zu beschreiben, die unabhängig von der maskulinen

---

[16] Eine Referenz auf Daath, Kursivschrift durch den gegenwärtigen Autoren

[17] *Nakak* bedeutet „der Fluch", „der Verfluchte" und das typhonische Bild des Verschlingers als das Krokodil oder der Wasserdrache war seine Determinative in den Hieroglyphen. *Nakak* war der urzeitliche Typ von Schatten, der später als die Gek oder Gêh (13) versinnbildlicht wurde, die Hexenfrau, die die Form der Schlange annahm, um ihr Opfer zu betören.

[18] Siehe Frater Achads Betrachtungen zum Wort *Ion* zitiert in *Cults of the Shadow*, Kapitel 8.

[19] *Ain*, dessen Umkehrung *Nia*, die Tochter ist.

[20] *Wiederbelebung der Magick*, Seite 72.

Essenz war. Nun soll nahe gelegt werden, dass das persische *Vesh*, Gift (engl. *venom*) ebenfalls mit Aiwass als für die drakonischen Tradition in ihrer frühen Form typisch für den negativen Kraftstrom steht, der – im Gegenzug – versinnbildlicht wird durch die lunare Vibration, deren Medium die menstruale Flut ist. Dieser Symbolismus identifiziert die Schlange von Eden mit dem Gift des *Vesh* oder Aivass, und zeigt seine magische Identität mit dem Affen des Thoth an, dem Heuler in der Wüste, Shugal, 333, dem Ion und der Scharlach-Frau, Babalon; alle finden ihren Funktionsfokus durch den Pfeiler des Abyss[21]. Deshalb beschreibt Aiwass sich selbst[22] als „Minister des Hoor-paar-Kraat", des negativen Kraftstroms.

Die Gêh oder die Gek ist Lilith, die Hexen-Frau Adams, die *Shakti* oder Vergegenständlichungskräfte der Mächte des Ain in Eden, die sich durch das Wort des Affen des Toth manifestierend *via* des Pfades des Narren[23]. Diese *Shakti* (Gêh) ist die Verbindung zwischen Ain-Kether und Chokma-Masloth (der Sphäre des Fixsterne) die das überirdische Hebdomat als die Göttin der Sieben Sterne symbolisiert, die die Leere der Nacht und den Abyss des Raumes erleuchtet. Sie ist die ursprüngliche Manifestation außerirdischer Intelligenzen als Hüter der *Zeit*.

Die früheste beobachtbare Dualität oder Trennung war zwischen Licht und Dunkelheit (Seth und Horus) und die Abyss ist die „Teilung nach heimwärts"[24], die die ursprüngliche Dunkelheit des *Ain* (Nuit, Nacht, die Mutter) von der Helligkeit von Tiphareth (der Sonne, Tag, der Sohn) trennt. Die Vermittlung oder die Passage von dem einen zum anderen besteht *via* des Mondes, Taht (Daath), das durch Yesod im infernalen Hebdomad fließt, was zum Ausdruck bringen soll, dass so wie das Licht des Mondes die Nacht der Nuit und den Tag Tiphareths zusammenfasst, Yesod die Verbindung zwischen dem Männlichen und dem Weiblichen ist, das sexuelle Zwielicht, das sich in der

---

[21] Das Wort „Abyss" hat offensichtliche Affinitäten zu *Besz*, *Bisz* oder *Vesz* (Vesh) und dadurch auch mit Aiwass.

[22] AL, I 7.

[23] Der Pfad des Narren oder Gekh ist der elfte Pfad, so wie Daath die elfte *Sephira* ist.

[24] AL, III 2.

Nacht auf die weibliche Seite zurückzieht und im Licht auf die männlichen Seite, und somit den Kreis der Schöpfung vervollkommnet.

Das Symbol des Zwielichts ist der Schakal, der in der Morgen- und Abenddämmerung erscheint. Dies ist der Ursprung des doppelten Anubis, des schwarzen und goldenen Hundes, der zu einem Urbild des Seth als einer Kombination von Merkur und Sonne in einem Abbild wurde; wobei Merkur das lunare Urbild des Wächters im Zwielicht ist, und daher die gesprenkelte oder hybride Natur des Gottes zum Ausdruck bringt, die sowohl Licht als auch Schatten umfasst.

Der Gesprenkelte war der Gedoppelte, und er wurde zu einem Symbol für das astrale Doppel, den Schemen, *le diable*, den Teufel, der eine, der gedoppelt und zu zwei wurde, der Gespaltene. Sein Symbol war der Huf oder das Gewicht, weil er aus dem *Kheft* hervorkam, der Mutter-Göttin, die durch den Abyss repräsentiert wird, die ursprüngliche Kluft. Die Juden lokalisierten diese Aufspaltung in zwei am Ort von Daath, an dem das negative Sein manifest wird. Daath ist Duat oder Tuat, die Vulva oder Spalte der Göttin, die sich selbst reproduziert. Sie ist der Spiegel oder die Doppelnde, die Reproduzierende, deren Symbol das Auge ist, das das Bild seiner selbst reflektiert oder *sieht*, d. h. das sich selbst reproduziert. Deshalb versinnbildlicht der „blinde Horus"[25] das Chaos der Zeitlosigkeit oder der Anti-Zeit. Der Bruch im Kreis repräsentiert daher Chaos, die plündernden Kräfte der *Qliphoth*, die auf den Kreis oder die Zyklen der Zeit übergreifen.

Erst wenn die symbolische Bedeutung von Blindheit als die Antithese zur Zeit und damit auch zum Kosmos begriffen wurde, kann die Dunkelheit als die Antithese des Lichtes verstanden werden. In der rabbinischen Lehre ist der erste Dämon, der als Assistent der Dunkelheit (des Bösen) genannt wurde, Gêh, die wahnsinnige Frau, die verrückte Jungfrau, die Verfinsterin des Lichtes, die Personifikation der Menstruation als Unterbrecherin, Aussetzerin,

---

[25] D. h. die Sonne von Amenta symbolisiert von *Osiris-Tesh-Tesh*, das Tote oder Bewegungslose gehüllt in Bandagen als der weibliche Typus des Wortes, gebunden in die Linnen zum Zeitpunkt ihrer Periode. Der blinde Horus ist daher dass wortlose Äon und ist gleichgesetzt mit dem Zain-Symbolismus, der im vorherigen Kapitel beschrieben wurde.

und daher eine Bringerin des Chaos in den Kosmos. Sie war die archetypische Repräsentantin der *solution de continuité*, verkörpert durch Daath, die elfte Sephira und den „Intervall", den es zwischen den kreativen Impulsen gibt, die aus der oberen Triade hervorgehen und dem infernalen Hebdomat repräsentiert durch die niederen *Sephiroth*. Gêh repräsentiert den Bruch des magischen Kreises, der die Dämonenhorden des Chaos und der Zerstörung hereinlässt. Dies ist die Formel der Scharlach-Frau, die gänzlich negativ im Hinblick auf phänomenologische Schöpfung ist, denn diese bezeichnet den Weg nach unten zu den Wurzeln des Baumes, der zur noumenaler Stille führt. Dennoch ist dies die Stille, das allerhöchste Potential, symbolisiert durch Hoor-paar-Kraat, der Gott Seth, der der Sitz, das Fundament, die Basis des phänomenologischen Universums ist, das durch Ra-Hoor-Khuit verkörpert wird. Gêh ist das Linke, der Norden, der Abyss, das Licht hinter dem Schleier der Leere hervorbringt. Als solches ist sie die *Shakti* oder vergegenständlichende Macht der Kräfte symbolisiert durch das Weltenei oder *Akash*, dessen Farbe schwarz ist (völlige Dunkelheit).

Sobald äquinoktiale Zeit etabliert wurde, ersetzte der Westen den Norden als Ursprung der dunklen Kräfte, denn er liegt gegenüber dem Ort des erscheinenden Lichtes.[26] Daher beziehen sich die Ägypter auf den Westen als „Ort der verderblichen Dämonen" oder der Kreaturen der Nacht.[27] Die Große Nox (Nacht) war die Wohnstätte der Nakak als die Schlangengrube oder das Loch der Schlangen, die jede Nacht im Westen in Form von Krokodilen in den Fluss verschwanden. Hierbei handelt es sich um den Drachen der Tiefe, dessen Schwanz, während er in den Wassern verschwand, hierogylphisch für Dunkelheit, Schwärze und Tod wurde. Nur von Menschen der Dunkelheit oder dunkelhäutigen Menschen wurde gesagt, dass sie Schwänze hätten. Dies war die früheste Art, jene zu beschreiben, die zu einer Zeit allein aus der Mutter geboren wurden, als die Vaterschaft noch nicht bekannt oder in der Gesellschaft individualisiert war. So jedenfalls argumentieren die Evolutionisten. Aber nach der geheimen Doktrin waren die Kreaturen mit Schwänzen, die über die Erde schwärmten, aus einer vor-menschlichen Schöpfung hervorgegangen, die aus

---

[26] Der Osten: Ort der aufgehenden Sonne.

[27] Proclus in *Timaeus*, Band 1.

einer okkulten Rassenmischung resultierte, zu der die prähistorische sexuelle Promiskuität nur eine fahle Reflexion im Reich der Menschen darstellte.

Die Rabbis vergleichen Adam mit dem Orang-Utan, weil sie behaupteten, dass auch er einen Schwanz hatte. Gerald Massey zitiert diese Tatsache als Beweis, dass die ägyptische Überlieferung in der jüdischen Lehre überlebt habe. Aber die ägyptische Überlieferung selbst basierte auf initiatorischem Wissen über das Eindringen von Kräften von der „anderen Seite", die dabei die Affen hervorbrachten. Yimas Notlage im *Bundahish* resultiert – ähnlich wie die des biblischen Adam – nicht so sehr aus einem Sündenfall weg aus einem überlegenen Zustand, sondern eher einem Fall *durch* die extra-dimensionale Öffnung des Abyss, repräsentiert durch Daath, dessen Glyphe der Affe des Thoth ist. Nur in diesem Sinne darf der Symbolismus verstanden werden, denn kein Fall allein in einem sexuellen Sinne kann die überproportionale Wichtigkeit eines Mythos erklären, die alle wichtigen okkulten Traditionen und Religionen der Welt gemeinsamen haben.

Die Hottentotten und die Ureinwohner Australiens haben einige der ältesten Versionen dieser Mythe überliefert. Die letzteren behaupten, dass sie von einem Mann namens *Noh* abstammen, der die Welt durch „eine Art Fenster" betrat. *Noh* oder *No* ist der ägyptische *Nu*, und der Name identifiziert ihn mit dem wässrigen Abyss, der symbolisch für den „Ozeans des Raumes" stand. Daher bestätigt einer der frühesten Schöpfungsberichte die Tatsache, dass das Bewusstsein seine erste Erscheinung von „außerhalb" von einer außerirdischen Quelle gehabt hat. Dass dieser Besucher aus der Tiefe, den Wassern, der Quelle, dem Teich oder dem Abyss kam, ist ein gemeinsamer Charakterzug unzähliger Mythen. Die Ägypter hatten ihren *Teich von Pant* oder den *Fluss des Feuers*, von dem gesagt wurde, dass dämonische Kräfte daraus emporstiegen und das Leben an sich reißen wollten und – noch wichtiger –, dass die Pyramiden selbst über einer Wasserquelle, die für die Tiefe typisch ist, gebaut wurden. Mariette beschreibt die (typische) Pyramide als einen gigantischen Deckel über einer Wasserquelle, einem Deckel, der geschaffen wurde, um die Bewohner des Abyss draußen zu halten, und es mag kein reiner Zufall sein, dass die Glyphe des Lebensbaumes Daath (den Abyss) als vom Dreieck oder der Pyramide der oberen Sephiroth bedeckt darstellt. Daath ist das Fenster, durch das die latenten Energien des infernalen Hebdomat von der anderen Seite des Baumes fließen. Sie fließen über in die *Sephiroth*, die Brennpunkte kosmischer Kraft im Äußeren formen, denn die manifeste Schöpfung ist ein offenkundiger und phänomenologischer Ausdruck latenten und noumenalen Potentials.

Die Natur der Entität *Noh*, die durch das Fenster im Raum in Erscheinung tritt, ist identisch mit dem negativen Nein (engl. *NO*) unserer heutigen Sprache. *Noh*, 125, ist eins mehr als ODN, Eden, und seine Bedeutung (im Hebräischen) ist „Bewegung", „Schütteln"; es leitete sich vom Ägyptischen *Nahuh* oder *Nnuh* ab „schütteln", „werfen", „bewegen". Mit anderen Worten zeigt *Noh* die Vibration an, durch die die noumenale Metaphorik des Abyss zu lebendigen, sich bewegenden Kreaturen wurde. *Noh* ist der Formel der Objektifizierung der Subjektivität.

Um zu den pyramidalen Strukturen der oberen Triade zurückzukehren: Diese wird dreidimensionalisiert, wenn Linien von Kether an der Vorderseite und der Rückseite gezogen werden, um sie mit Daath zu verbinden; dadurch ergibt sich eine vierseitige Figur mit ihrem Höhepunkt in Kether und ihrer Basis als das Quadrat von Daath (rückseitig), Chockmah, Binah und Daath (vorderseitig). Auf diese Weise zeigt sich, wie der Deckel die verbleibenden *Sephiroth* bedeckt, die aus den „infernalen Sieben" bestehen, von denen die Sonne – Ra-Hoor-Khuit – die wichtigste ist. Es handelt sich um die Reflexion (Tiphareth) im infernalen Hebdomat des Hoor-paar-Kraat (*Ain*) über dem Abyss, und sogar über Kether, wo es als das Auge der Leere scheint. Die Mechanismen der phänomenologischen Verdinglichung können so verstanden werden, denn die oberen Sephiroth sind über dem Abyss gelegen und sind deren ergänzende Gegenstücke. Aber so wie die wirkliche Verwurzelung von *Ain* in Yesod (dem Mond) liegt, ist Kether in Tiphareth verwurzelt, was zum Ausdruck bringt, dass so wie der Mond – (Yesod) – die Frau, das Negative in der manifesten Kreation ist und die Repräsentantin von Hoor-par-Kraat, so die Sonne – (Tiphareth) – andererseits der Mann das Positive in der manifesten Schöpfung und der Repräsentant von Ra-Hoor-Khuit ist. Und Shaitan-Aiwass ist der Drehpunkt – Daath – der Abyss, der diese beiden Kräfte im perfekten Gleichgewicht polarisiert.

Nun ist es ganz offensichtlich, warum Seth (Hoor-paar-Kraat) der Schwarze oder Niedersteigende, die Formel der Magick, der Vergegenständlichung und der Inkarnation ist; während Horus (Ra-Hoor-Khuit), der Weiße oder

Aufsteigende, die Formel des Transformation ins Geistige ist. Schwarz oder rot ist die Farbe der Sexualität und der Manifestation, des Sonnenuntergangs und der Nacht; Weiß oder Gold ist die Farbe des Sonnenaufgangs und des Tages. Materie und Geist fügen sich zusammen, um die dualen Polaritäten des Baumes zu formen, das Innere und das Äußere, das Auf- und das Absteigende. Der Punkt des Austritts – ebenso wie des Eintritts – ist Daath, versinnbildlicht durch den Affen des Thoth oder den Hund des Seth.

Es geschieht im Moment der Manifestation, dass die elementaren Kräfte vom Raum in die Zeit transponiert oder evoziert werden. Der Abyss versinnbildlicht die ursprüngliche Mutter als Raum. Das stellare Universum (Raum) befruchtete mit den Seelen (Sternen) versinnbildlicht das Chaos, das zum Kosmos wird, indem periodische Zeitzyklen eingeführt werden. Die blinden Kräfte des Chaos im unendlichen Raum gehen den Planeten und Sternen als himmlischen Intelligenzen voraus, die Ordnung etablieren, indem sie die Zeit in Form von Äonen etc. schaffen. Die Kräfte der „anderen Seite", indem sie zeitlos sind, waren daher chaotisch und existierten nur in Räumen, die als dunkel, zerstörerisch, gesetzlos, *qliphothisch* betrachtet wurden; sie waren der inverse Raum der *Sephiroth* oder kosmischen Emanationen einschließlich der Planeten als Repräsentanten phänomenologischen Gesetze und Ordnung in Form von Zeitzyklen.

Die Mythologie hat in ihrer vorwiegend zoomorphischen Bildersprache einen genauen Bericht über den Beginn der Zeit als eine Projektion vom Raum (Noumenon) in die Phänomene der *Wiederholung*, der *periodischen Wiederkehr* und *der Wieder-Erscheinung* bewahrt, die auftrat, als der Mensch begann, die periodische Wiederkehr bestimmter stellarer Konfigurationen projiziert durch den Raum zu bemerken. In der Mythologie wurden sie als die Verfolger aus der Tiefe[28] dargestellt, die vor außerirdischen Dämonen brodelte, die in den Mythen und Legenden in Gestalt der typhonischen Teratomas schwärmten – Riesen, Gnome, Elfen, Feen etc. der Elementarkönigreiche, aber vor allem merkwürdige Hybriden und urzeitliche Mutationen, die später in die Form von Sphingen, Greifen, Einhörnern und allen Arten von fantastischen Tieren stilisiert wurden.

---

[28] Wasser als Typus des Ozeans des Raumes.

Diese vor-evolutionären und urzeitlichen Typen überlebten auch in den Höllen des Unterbewusstseins und waren für Invokationen und – wenn auch seltener – für Evokationen zugänglich. Austin Osman Spare[29] beispielsweise entwickelte ein System magischer Sigillen, um diese monströsen Atavismen zu kontrollieren und um die Qualitäten und Kräfte zu vergegenständlichen, die sie symbolisierten und die sie einst auf der Erde besaßen, lange bevor die Menschheit entstand. In traditionellen westlichen Esoterik-Orden entwickelten sich diese urzeitlichen Komplexe in das höchst differenzierte *Mysterium* des Heiligen Schutzengels, der das Dämonische und das Menschliche miteinander verbindet, den Geist und seinen Schatten, außerirdisches und menschliches Bewusstsein. Alle initiierenden Ritualsysteme sind Methoden der Kontaktherstellung mit Wesen der „anderen Seite". Ob diese nun als außerirdisch aus dem Weltraum oder als subjektive Bewohner des inneren Raumes gesehen werden, macht für den praktizierenden Okkultisten keinen großen Unterschied. Bei beiden handelt es sich um Bereiche magischer Kräfte, die jenen gleichen, die durch die Götter[30] in Besitz genommen werden. Weil bisher nur ein Aspekt dieses Prozesses als rechtmäßig[31] betrachtet wurde, wurden die Energien der Rückseite des Baumes – versteckt, aber latent – als schleichende Gefahr für das individualisierte Bewusstsein gefürchtet. Sie werden sogar heute noch als „böse" betrachtet und als rechtswidrig, chaotisch und *qliphothisch* stigmatisiert. Aufgrund der Annahme, dass der Verkehr mit den *Qliphoth* die Aufgabe des menschlichen Bewusstseins bedeute und den Verlust der Identität im Sumpf des Abyss, haben alle Religionen den Umgang mit Dämonen verboten. Diese Kräfte, die durch die aufeinander folgenden Äonen immer mehr in Fahrt gekommen sind, fließen astral von der rückwärts gelegenen Seite des Baumes ein und sie drohen das menschliche Bewusstsein mit Wellen negativer Vibrationen zu überwältigen, die aller positiver (d. h. phänomenologischer) Existenz zu Grunde liegen. Es ist daher nicht überraschend, dass sensitive Seelen ge-

---

[29] Siehe *Images and Oracles of Austin Osman Spare*, Muller, 1975.

[30] Ein Begriff, der von Okkultisten verwendet wird, um die gewaltigen Aggregate von Sternen, Sonnen etc. und die dahinter stehenden Intelligenzen zu beschreiben.

[31] D. h. die Erlangung des Bewusstseinszustandes, der durch Horus (Ra-Hoor-Khuit) versinnbildlicht wird.

genwärtig mit Horror zurückschrecken, denn sie haben – in den wirbelnden schwarzen Spiegeln des Abyss – die Schatten gesehen, die sich zu einem nie gekannten Einbruch in den Kosmos sammeln. Der Bruch wurde von nuklearen Aktivitäten bewirkt, die das Gleichgewicht der Ionen gestört haben und bevor nicht die richtigen Schlüssel angewendet werden, wird der Kreis des menschlichen Bewusstseins von Kräften der anderen Seite eine Invasion erleben.

Die Vorfahren waren sich des Risses im Raum bewusst, durch den eine solche Invasion stattfinden konnte, und mehr als eine der großen Mysterienschulen hat Daath an diesen Eintrittspunkt gesetzt. Die Mythe der Großen Alten, die zurückkehren, um die Throne auf der Erde wieder zu beanspruchen, ist ein sehr altes Thema und eines, das in den jüngsten Dekaden nicht nur in den fiktionalen Schriften natürlich Sensitiver wie Arthur Machen, Algernon Blackwood, H. P. Lovecraft etc. wiederbelebt wurde, sondern auch in den Schriften der Physiker, die sich der okkulten Implikationen bewusst sind, die die nukleare und sub-nukleare Forschung enthüllt hat. Erst jetzt können bestimmte alte okkulte Traditionen – besonders solche, die sich mit dem Baum des Lebens befassen – anders gelesen werden als eine abergläubische Furcht vor „bösen Geistern".

Das schwarzschildsche „Schwarze Loch" im Raum, das mit einem Schwamm oder einem Donut verglichen wurde, oder einer soliden Masse perforiert mit Wurmlöchern wie ein Emmenthaler Käse, liefert eine Idee der Anatomie des multi-dimensionen Baumes. Die Wurmlöcher sind die Höllen oder versteckten Löcher, unbemerkt, weil sie neben den Sphären der *Sephirot* verblassen. Der Sprung über den Abyss, den der Initiant zu machen hat, um die phänomenologische Existenz zu transzendieren und den Schleier der Leere zu durchdringen, wird lebhaft von John Taylor in seinem Buch mit dem Titel *Black Holes* erklärt, wobei natürlich seine Bemerkungen in die Begrifflichkeit typhonischer Metaphysik übersetzt werden müssen, wie ich es dann in den Anmerkungen getan habe, die folgen:

> Es ist genau so ein Sprung durch den „Superraum" des Donut-Inneren, der durch die Wurmlöcher erlaubt wird. Sie erlauben diese direkten Verbindungen, die ansonsten so lange dauern würden. Wir können uns diese Wurmlöcher als Punkte vorstellen, die uns Zugriff auf das Innere des Donuts gestatten an

jeweils den beiden Punkten, an denen wir interessiert sind[32], einen können wir Erde nennen, den anderen einen entfernten Stern. Wir betreten den Super-raum[33] durch das Wurmloch auf der Erde und verlassen es durch das andere Wurmloch auf einem weit entfernt liegenden Stern[34], die ganze Reise kann in einem Augenblick stattfinden.[35]

Dieser Auszug erinnert an die Vision des Sternenschwamms, die Crowley wäh-rend eines magischen Retreats in Neu England in Montauk an der Küste von Lake Pasquanay[36] hatte. Initianten des Kultes der Schwarzen Schlange werden an die *Voltigeurs* oder Springer erinnert, die Michael Bertiaux in Verbindung mit bestimmten geheimen Pfaden auf der Rückseite des Baumes beschrieben hat.[37]

Nach einem Zitat von Massey erwähnt Crantz eine Klasse von Geistern, die von den Einwohnern Grönlands gefürchtet wurden. Es handelt sich um die Geister jener, die starben, als die Welt sich in einer gewaltigen Flut *auf den Kopf stellte*. Von ihnen wurde gesagt, dass sie in Flammen verwandelt wurden und sie in Höhlen und Felsspalten Schutz gefunden hätten Diese Legende, die typisch für viele andere ist, legt eine plötzliche und katastrophale Umkehrung des Baumes nahe. Und er drehte sich nicht nur auf den Kopf, sondern er dreh-te sich auch auf die andere Seite, so dass die „andere Seite" ihre verzehrenden Flammen in die Höhlungen der rückwärtigen *Sephiroth* abstreifen konnte.[38]

Eine Legende, die bei den kalifornischen Ureinwohnern erhalten geblie-ben ist, beschreibt wie sieben Seefahrer – die *Hohgates* – einen gigantischen See-Löwen harpunierten und wie dieser in seinen Todeszuckungen diese und

---

[32] In typhonischen Begriffen Daath und das *Ain*.

[33] d. h. den Abyss.

[34] Ain = Nu, Isis = Sirius; Siehe *Cults of the Shadow* für eine Erklärung dieser Gleichset-zung.

[35] *Schwarze Löcher*, Seite 122.

[36] Siehe *The Confessions of Aleister Crowley*.

[37] Siehe *Cults of the Shadow*, Kapitel 9.

[38] Siehe Bertiaux, MRS, Schulungspapiere für einen Bericht über die Flammen der Sephiroth.

ihr Boot in einen immensen Wasserwirbel *im Nord-Westen* zog, an einen Ort, an dem die Seelen in die Unterwelt gezogen wurden. An dem Punkt, an dem sie in den Schlund des Wirbels gezogen worden wären, riss das Seil, das sie mit dem See-Löwen verbunden hatte und die *Hohgates* schnellten nach oben in den Himmel, wo sie in sieben Sterne[39] verwandelt wurden. Der Seelöwe war eine Form des typhonischen Abyss-Drachens und die Region des Wasserwirbels lag im Nord-Westen, welches die Region ist, die traditioneller Weise der Unterwelt zugeschrieben wird, der Norden als das Reich typhonischer Dunkelheit, das später in den Westen als Ort des Sonnentodes oder deren Verschwinden in Amenta verlegt wurde.

Diese Legende zeigt genau den Ort des Eintritts in den Abyss als Ort der Tiefe, *Tepht* oder Daath an, von dem die *Hohgates in letzter Sekunde* gerettet wurden. Ihre Erhöhung in die Himmel zeigt die Verwandlung der elementaren, dunklen, blinden Kräfte des Abyss in intelligente Himmelskörper, die danach als Hüter und Maßhalter der Zeit verwendet wurden. Die Legende erklärt den Symbolismus des Abyss (Daath) und des Himmels (*Ain*) – des Süd- und Nordpols des Raumes und der Zeit; der Tag- und der Nachtseite von Eden.

Interessant ist an dieser Stelle die Gleichsetzung des Namen IHVH mit der oberen Quaternität, Kether-Chokmah-Binah-Daath festzustellen. Das Yod (I) ist gleich mit Kether, denn das Yod ist die überirdische Flamme des Bewusstseins versinnbildlicht durch den Nordstern. Hé (H) ist gleich Chokmah; sie ist die *Shakti*, die das Licht des *Yod* oder *Vau* (V) *via* der Kraftzone von Binah übermittelt; daher *Hé-Vau, Heva* oder *Eva*.[40]

---

[39] Bancroft, Vol. III, 177.

[40] Cf. Ta-Urt, wörtlich „Funken-Halter" der Name wurde von den Ägyptern für die sieben Polarsterne Ursa Majors verwendet. Sie war die „Göttin der Umdrehungen" und ihr Name überlebte in *Rota* „ein Rad", Taro, dem Buch der Divination durch astronomische Zeitzyklen oder Umdrehungen des Himmels, und Tora, das Tor. Athor ist auch eine Form von Ta-Urt. Der Name Hat-Hor bedeutet wörtlich der „Mutterleib" oder das „Haus des Hor" (das Kind). *Taro* bedeutet auch „Gesetz", „Prinzip", „Essenz" und daher Torah, das Gesetz der Juden.

Das Kind von Chokmah und Binah ist Daath, das letzte Hé oder die „Tochter", die die Formel *Coph Nia*[41] zusammenfasst. Zusammen mit Daath fassen die drei oberen Sephiroth die Doktrin des Poles oder des Baumes im Garten zusammen, und des so genannten (Sünden)Falles durch Daath. Die Schlange ist impliziert in diesem Symbolismus der Tochter (*Coph*), der Rückseite des Kopfes (*Qoph*) und des „bösen Blickes" (engl. *evil eye* = böses Auge).

---

[41] Siehe im Kapitel *Die Idole von Merodach.*

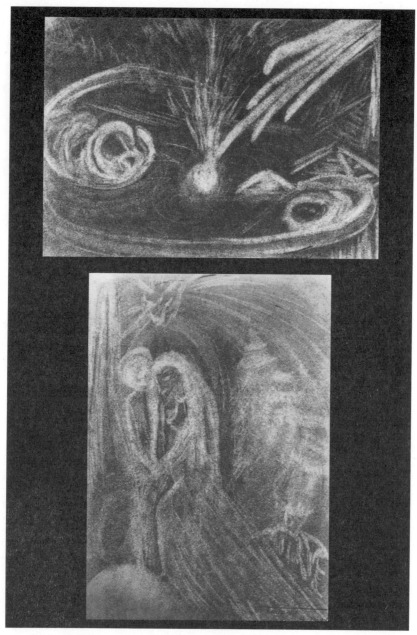

Abb. 5: *Bewohner jenseits von Daath*
Beide Zeichnungen von Janice Ayers (Soror Tanith).

Der negative Weg

Die Riesen oder die „Gefallenen" (*Nephilim*), auch „Abtreibungen" genannt, wurden durch den Affen bildlich dargestellt, was die Verbindung zwischen vormenschlichen magischen Experimenten erklärt, die in Affen resultierten, und den typhonischen Teratomas, beschrieben von Berosus. Die *Nephilim* sind die Erbauer des Turmes zu Babel, bekannt auch als die „Verwirrung der Zungen", was eine Art darstellt, Pervertierung und letztlich den Verlustes des Wortes darzustellen. Mystischer und freimaurerischer Symbolismus, mit der Betonung auf der Wiederentdeckung des Wortes, ist ein Modus der Wieder-Zusammensetzung des Osiris, und dadurch der Wieder-Konstituierung des subtilen Körpers in Amenta, was in psychologischen Begriffen die Wiederbelebung der unterbewussten Schichten der *Psyche* bedeutet. Wie Massey demonstriert hat, hat die ägyptische Tradition – besonders in ihrer drakonischen Phase – einen wahrheitsgetreuen Bericht der Wiederherstellung der Mysterien der Isis bewahrt, deren Suche nach dem Phallus des Osiris direkt auf die sexuelle Natur der Riten hindeutet, die mit ihrem Kult verbunden sind.[1]

Die Korrespondenzen zwischen dem Turm, Babel und Babalon werden im weiteren Verlauf erklärt; hier ist es nur notwendig anzumerken, dass die Zahl der *Nephilim* 210 ist. Nach der kabbalistischen Formel der Umkehrung beschreibt 012 die Evolution der Zahl aus dem Ain 0 durch Kether nach Chockmah. *Ain*, Kether und Chockmah repräsentieren die ursprüngliche Triade, die Große Mutter (*Ain*) und ihr Kind (Kether, der infinitesimale Punkt), das in sich das Potential oder die Kreativität trägt, was mikrokosmisch durch das Phänomen der Pubertät versinnbildlicht wird. Die Pubeszenz ist die Glyphe magischer Potenz in Form einer ursprünglichen Vibration, die sich als das Wort der Macht manifestiert, daher seine Zuschreibung zu Chokmah, 2, der Sphäre des Magus. Das Wort, repräsentiert durch den Gott Hrumakhu,

---

[1] Siehe *Aleister Crowley & The Hidden God* für die Interpretation des Mysteriums aus Eingeweihtensicht.

ist die wahre Stimme, die der Mann in der Pubertät erlangt; die kreative Vibration *par excellence*. Die Rücknahme oder Umkehrung dieser Vibration wird 210, die Zahl von 000^2, der drei Phasen der Leere. Es ist auch die Zahl des ChRB (Cherub), „ein Schwert", dem Symbolismus, der bereits *en detail* erklärt worden ist. Vor allem aber ist 210 die Zahl von NOX (Notz) der „Nacht des Pan" oder dem Schleier des Abyss; es ist auch die Zahl der Umkehrung durch seine Gleichsetzung mit BQBVQ, „eine Flasche", vom ägyptischen Baakabaka[3], was „umgekehrt" oder „auf den Kopf gestellt" bedeutet. 210 ist die Zahl von ADHR, dem „ersten Adam", was bedeutungsvoll ist im Hinblick auf den Symbolismus, der mit der drakonischen Interpretation der Mysterien verwandt ist, die hier vorgestellt werden. Am bedeutungsvollsten jedoch ist, dass 210 die Zahl der drei Worte ist, die die andere Seite des Baumes beschreiben, nämlich AChAR, das „schwarze oder hintere Viertel", ein Name für die versteckten Passagen oder Tunnel des Seth; ARChA, „Weg", und ARChA[4] (Orach), die „weibliche Periode" (daraus folgend *Orakel*) oder „die Tränen des linken Auges, das rückwärts gerichtete Schauen oder die innere Vision. Im Sanskrit bedeutet *Arksha* „durch die Sterne bestimmt" und *Arke* in den griechischen Mysterien war die Mutter der Götter. Vergleiche den Symbolismus der Nuit, die sich über die Erde *spannt* oder auf allen Vieren kniet mit der Absicht Geburt hervorzubringen. Schließlich hat auch HRH „empfangen" den Wert 210.[5]

Der Symbolismus des Turmes wird im Atu XVI[6] dargestellt. Der Turm zu Babel von einer vor-menschlichen (d. h. *nicht-menschlichen*) Agentur errichtet, ist eins mit dem Zebulah oder Turm des Himmels, der nach der Gematria 44 ist, die Zahl der mystischen Gewässer des Abyss, d. h. DM, „Blut", des Blut des *Oracn*; das Blut oder der Abyss aus dem der Mensch – ADM – hervorging.

Der Herrscher über den Abyss ist Af-Ra, der im *Buch der Toten* als kopfloser Gott dargestellt wird. Er wird in einem magischen Papyrus[7] als der „Geburtslo-

---

[2] $0 = $ Ayin $ = 70$; $000 = 210$.

[3] Cf. Bacbuc, Das Orakel der Flasche (Rabelais).

[4] Das *Orach* der Frauen wird auf die weibliche Periode in Gen. XVIII, 11 angewandt.

[5] 210 ist auch die Zahl von NBF-N-PT (Nebet-en-Pet) der Königin des Himmels und daher auch der Leere.

[6] Siehe *Das Buch Thoth* von Aleister Crowley.

[7] *A Fragment of a Graeco-Egyptian Work upon Magic* übersetzt von C. W. Goodwin.

se", d. h. der Heilige Schutzengel behandelt. Der kopflose Gott ist der Gott im Abyss, die Sonne in der Nacht. Er wurde später durch das drei-viertel Kreuz oder das T des Initianten versinnbildlicht, den Sonnen-Sohn im Abyss, der von 0, seiner Mutter, getrennt wurde, das komplette Symbol ist $\overset{\circ}{\mathsf{T}}$ und dann $\oplus$, nachdem sich das Kreuz oder die Kreuzung der vier Viertel[8] *mit der Zeit* aus dem Abyss des Raumes 0 herausentwickelt hat.

Der volle Symbolismus des Tieres (Affe) und Babalon (Babel) können nur erklärt werden, wenn dieser in Verbindung gebracht wird mit dem Symbolismus des Turmes, des Wortes und des kopflosen Gottes, der in der mystischen Terminologie der Heilige Schutzengel ist, der, so wie Mathers es interpretierte, der Geburtslose ist, das Unterbewusstsein, infinites Potential, das latente Licht, der verborgene Gott, der Sonnen-Sohn in Amenta. Er ist der Gott, der *nicht* aus dem Abyss *hervortritt*, weil er als Hoor-paar-Kraat oder Seth, potentiell im Kind impliziert ist, und daher der Vorläufer der wahren Stimme. Er ist nicht der Ewig-Wiederkehrende sondern der Niemals-Kommende, die noumenale Quelle der Erscheinungen und daher das wahrhaftige Verschwinden und die *Abwesenheit*, die alle phänomenologische Gegenwart erst möglich macht. Er kann niemals kommen oder erscheinen, weil in dem Moment, in dem er dies tut, er nicht länger Realität wäre, sondern zu einer objektiven Illusion, einer bloßen *Erscheinung würde*.

An dieser Stelle ist es wichtig, auf die Aufeinanderfolge der Äonen hinzuweisen, wie sie in der westlichen Mysterientradition formuliert wurde. Ein großer Zyklus umfasst sieben Äonen (0-6). Die irdischen Wesen sind zurzeit in ihrem sechsten, das als fünftes nummeriert wird. Dies ist dass Äon des Horus oder das Thelemas. Seine Formel ist atomisch und auflösend. Das letzte Äon 6, das als siebtes durchnummeriert ist, ist das Äon der Maat, das Äon der Tochter (*Coph*), so wie dem gegenwärtigen Äon das des Sohnes ist.[9]

---

[8] D.h. zwei Tag-und-Nachtgleichen und zwei Sonnenwenden.

[9] Für den Studenten der Magick kann es von Nutzen sein, hier den praktischen Unterschied zwischen dem Sohn und der Tochter in Verbindung mit der Sexualmagick und der Formel IHVH zu bemerken. Im IX° verbinden sich das *Yod* und das *Hé* und das Kind ihrer Einheit ist Ra-Hoor-Khuit, der Sohn (d. h. das Universum). Im XI°

Gerald Massey hat feststellt[10], dass das Hexad (6) von den Pytagoräern als die perfekte heilige Zahl angesehen wurde; sie wurde Venus genannt. Im Lichte der Zahlen 5 und 6 interpretiert, bezeichnen Horus und Maat die Sonne und Nu-Isis, den Sohn und die Tochter; das *Vau-Hé* des Tetragrammtons. Aber es ist ein Fehler, Horus in den Begriffen einer maskulinen Formel zu betrachtet. Die Zahl des Äons des Horus ist 5, was als Pentagramm oder stellare Strahlung „die perfekte weibliche Zahl im Einklang mit der linken oder negativen Hand" darstellt.[11] Die erste Hand oder Halt war der Mutterleib und die Zahl 5 wurde symbolisch für den Mutterleib nicht nur wegen der Affinität von Hand und Halt verwendet, sondern auch weil die 5 Tage mit Zeit und weiblicher Periodizität assoziiert wurden. Deshalb ist 5 auch die Zahl der Verblendung und der Illusion und daher der Magie, mit der das Pentagramm unvermeidlich identifiziert wird. Die Zahl 6 andererseits ist die Zahl Maats als der Göttin der Wahrheit, weil Sechs synonym ist mit Sexualität (engl. *sex*) und der Formel der *Weiterführung* nach dem Fließen von Blut, was einen Arrest oder eine Eklipse des kreativen Licht verursacht hatte. Sechs ist die Zahl des Atems oder der Luft, so wie Fünf für das Wasser oder Blut steht, deshalb wird das Tierkreiszeichen Skorpion der Sechs zugeschrieben als ein Zeichen des trockenen Landes, das nach der Flut oder der Sintflut erschien, die durch die Zahl 5 versinnbildlicht wird.

Horus (5) repräsentiert die Desintegration, Maat (6) die Reintegration oder das Erreichen von festem Grund, die Apotheosis der endgültigen Vergegenständlichung nach der Auflösung, die durch das Äon des Horus erwirkt wurde. Aber es sollte in Erinnerung gebracht werden, dass diese Zahlen fortwährend

---

ist das durch die magische Einheit erzeugte Kind Hoor-paar-Kraat – die Tochter, die die Pforte ins Anti-Universum ist (cf. „die blau-lidrige Tochter des Sonnenuntergangs." Der Sonnenuntergang bezeichnet Amenta). Der Sohn „erdet" den Kraftstrom in Malkuth (dem Universum), die Tochter jedoch macht eine weitere Serie von Operationen möglich durch die Tugend der Aufnahmefähigkeit gegenüber allen Vibrationen. Sie ist das Tor ins Universum „B". Daher die Überlegenheit des XI° und die Wichtigkeit der Formel der Traumkontrolle (siehe *Cults of the Shadow*, Kapitel 11).

[10] *The Natural Genesis*, Vol. 2, Seite 282.

[11] Ibid, Seite 274.

miteinander interagieren. Dass Äon der Maat, mit 6 nummeriert, ist tatsächlich das *siebte* in der Serie von dem ersten Äon, das aus dem Abyss emanierte. Die Tochter ist schließlich mit der Mutter und *als Mutter* re-integriert; die ursprüngliche Göttin der Sieben Sterne (Seelen), die ihren Gipfelpunkt oder ihre Erhöhung im *Achten* hat. Hier handelt es sich nicht um eine materielle Entität, sondern eine Auflösung (*Pralaya*), die der gesamten Serie von Ausatmungen oder Äonen in einem kompletten Zeitzyklus (*Mahakala*) folgt.

Frater Achad stand unter dem Eindruck, dass das Äon der Maat schon gedämmert wäre[12], aber das AL deutet daraufhin, dass ihre Ankunft erst in einer fernen Zukunft stattfinden wird. Zeit hat jedoch nur Referenzen auf die phänomenologische Existenz und es ist möglich, dass bestimmte Adepten[13] die Ankunft der Maat bereits in solchen Dimensionen realisiert haben, die jenseits der Zeit und des Raumes liegen, die durch die *Sephiroth* auf der anderen Seite des Baumes repräsentiert werden.

Der früheste Typ des Baumes war weiblich und er wurde durch den Asherah (den Eschenbaum) repräsentiert. Dies war ein universaler Typus und Crowley singt Loblieder auf „den Saft der Welten-Esche, Wunderbaum!" in der gnostischen Messe, die er 1915[14] in Russland komponierte. Der Asherah war eine Figur der Drei: Drei (engl. *three*) und Baum (engl. *tree*) waren symbolisch synonym, da aus dem Baum der Drei die früheste Familie hervorging in der Form der Mutter und ihres Kindes, das zu einem pubertierenden Jugendlichen wurde, und zum Stier seiner Mutter. Diese Form wurde im alten Ägypten bewahrt. Dieser Familienbaum war der älteste und ging der Dreifaltigkeit aus Vater, Mutter und Kind[15] voraus; denn er emanierte aus einer Phase, die der Rolle der Vaterschaft in der Gesellschaft vorausging.

---

[12] Siehe *Cults of the Shadow*, Kapitel 8.

[13] So gibt es beispielsweise einen Maat-Kult in Ohio, U.S.A., der von Adepten gebildet wird, die gegenwärtig die Maatianische Strahlung aus einem bisher weit entfernten Äon channeln.

[14] Siehe *The Ship*, Equinox I X.

[15] Eins ist die Mutter; zwei ist das Kind und drei der pubertierende, männliche Jugendliche, der sich aus dem Kind entwickelt.

Der Baum, der eine Glyphe des Totalen ist, symbolisiert auch einen vollständigen Zeitzyklus, repräsentiert durch die Zahl 30, die durch ihre Gestalt
auf das hinduistische kreative Mantra ॐ (OM) hindeutet. Die Zahlen, die
hauptsächlich mit dem weiblichen Baum oder Asherah assoziiert werden, sind
10, 7 und 13, welche alle mit den weiblichen Mysterien verbunden sind. Zehn
ist die Zahl der *Menschen*, ein ägyptisches Wort, das „eine Gedenkstätte", die
„Periode der Krankheit", ein „Flüssigkeitsmaß" und die Zahl Zehn oder *Meni*
bezeichnet. *Meni* war die syrische Mondgöttin. Asher bedeutet auch Zehn und
der Baum ist die weibliche Figur der Zehn oder des Totalen; *so wie die Drei*,
was bereits erklärt wurde, Dreizehn ist die Zahl der weiblichen Periode in einem lunaren Jahr von dreizehn Monaten von jeweils 28 Tagen. Zehn solcher
Perioden konstituierten die Zeit der Schwangerschaft und der Baum fasst die
zehn trockenen und die drei feuchten Phasen des gesamten Schöpfungszyklus
zusammen. Später wurde die Zehn als zehn Früchte und zehn *Sephiroth* interpretiert; wobei die drei oberen von den unteren sieben durch die Ödnis von
Daath voneinander getrennt wurden, die durch den *dreizehnten* Pfad überquert
wird.[16]

Eins ist die Mutter; zwei das Kind; drei der pubertierende Jugendliche. Ty-
phon und Seth-Horus repräsentieren daher den Baum der beiden Phasen der
Zerstörung und der Schöpfung; Negation und Affirmation; Menstruation und
Schwangerschaft. Zehn, Sieben und Dreizehn ergeben den kompletten Zyklus
von Dreißig; die Dreißig ist zehnmal Drei; die ursprüngliche Triade, die den
Baum der zehn Früchte *(Sephiroth)* entwickelt.

Das Mysterium des Baumes ist daher das Mysterium im Herzen des ursprünglichen drakonischen Kultes der Göttin. Und obgleich der Symbolismus
sich auf den Ursprung des bekannten Universums bezieht, so gibt es Gründe
anzunehmen, dass der Kult sich eines anderen, gänzlich unbekannten Universums bewusst war – das Eine jenseits der Zehn – das ELFTE. Dieses wurde
später als die Zahl nicht nur von Daath versinnbildlicht, sondern auch als die
der negativen Phasen des Seins repräsentiert durch die *Qliphoth*. Das Mysterium der Elf wurde von den Drakoniern unter den Zahlen 5 und 6 verborgen;

---

[16] D. h. der Pfad, der dem Mond zugeschrieben wird. Siehe das Diagramm des Lebensbaumes.

Fünf als die linke oder weibliche Seite von *Shakti*; Sechs als seine positive Seite. Zusammen waren sie 56. Im AL (I. 24) erklärt Nuit ihr Wort als Sechs und Fünfzig. Dies ist das Wort der Nu, deren Zahl die 56 ist. Dessen vollständiges Symbol betrifft das Pentagramm und das Hexagramm und das magische Wort Abrahadabra, das die Formel des Großen Werkes ist: die Einheit der Fünf und der Sechs.

Das Große Werk wird bisher als ein Werk der Synthese betrachtet, aber genauer gesprochen ist es das Ergebnis dieser allerhöchsten „Auflösung und der ewigen Ekstase in den Küssen der Nu", von der Hadit im Kapitel II (Absatz 44) spricht.[17] Aber um die Natur der Auflösung und der Ekstase verstehen zu können, ist es notwendig, die Natur der Elf als „Eins über der Zehn" zu verstehen, in dem Sinne, dass es die Eins (oder Yoni) jenseits des Schleier des Abyss ist, d. h. die Yoni auf der anderen Seite des Baumes.

Die Zahl 5 war der Göttin aufgrund der physiologischen Formel ihrer irdischen Repräsentanten heilig; es ist auch die Zahl der einen Hand, der Linken, die die Haupthand war. Dies war die Hand oder der Halt der Mutter, wie bereits erklärt. Die linke oder Unter-Hand wurde in den solaren (post-drakonischen) Kulten die minderwertige oder *infernale* Hand, und wurde deshalb von den Solariten dem linkshändigen Pfad zugeschrieben, jenem *sinistren* Pfad, der das weibliche Prinzip erhöht und es als das ursprüngliche anerkennt.

Die Zahl 6 (d. h. die rechte Hand) repräsentierte die solare oder maskuline Kraft, und die sechste Ziffer – nachdem man zunächst die fünf Finger der linken Hand abgezählt hat – war der Daumen der rechten. Dieser versinnbildlichte den Phallus und die Sexualität (engl. 6 = *six*) nicht nur weil der Phallus ein *Verbindungsglied* ist, sondern in erster Linie, weil er den Beginn einer neuen Serie versinnbildlicht, nach der durch die drakonische Eklipse verursachten Auflösung.[18]

Massey erklärt, dass „die beiden großen und verborgenen Geheimnisse des alten Wissens solche der Zeiten und der Zahlen waren, besonders im Bezug

---

[17] Beachte, dass die Zahl von Aiwass 44 = DM = Blut ist.

[18] D. h. die periodische Eklipse, die die biologische Basis von solchen Konzepten wie *Pralaya* und der Nacht der Zeit darstellt.

zur weiblichen Periodizität, was das Motiv erklärt, die Natur der Gnosis verborgen zu halten."[19]

Bis zu einem gewissen Punkt ist das wahr, obgleich - wie zuvor erwähnt
- die bloße Betrachtung sexueller Mechanismen nicht zu so viel Verschwiegenheit auf Seiten der Alten geführt hätte, die überhaupt nicht zimperlich waren,
wenn es die Natur betraf.

Diese Zimperlichkeit kam erst später mit dem Erwachen der solaren Kulte.[20] Für die ursprünglichen Gnostiker wie auch für die Heiden stellte die Natur
keinen Grund zur Scham, für Ausflüchte oder Geheimhaltung dar. Aber wor-
um ging es dann bei all der Geheimhaltung? Denn es wurde jede Anstrengung
unternommen, um die ursprüngliche Gnosis zu verbergen, was niemand, der
das Thema studiert, abstreiten kann. Der Grund kann sicherlich in der Tatsache gefunden werden, dass die frühen Menschen natürliche Sensitive waren.
Der Geist oder das astrale Doppel waren ihnen in dem Maße real, wie diese
dem heutigen Durchschnittsmenschen unreal vorkommen. Auf gleiche Weise
entdeckten die frühen Menschen durch Intuition die Existenz des unbekannten Universums „B" auf der anderen Seite des Baumes, mit dem Abyss (Choronzon) als *Bindeglied*. Daher liefert ein Verständnis für die Zahlen Fünf, Sechs
und Sechsundfünfzig einen schielenden Blick auf die Maschinerie des frühen
Verstandes, der in der Gegenwart elementarer Kräfte arbeitete, die unter dem
doppelten Schleier des Ehrfurcht und des Schreckens verborgen lagen. Diese
allerhöchste Furcht wurde durch die metaphysikalische Gewissheit (d. h. die
ursprüngliche Gnosis) inspiriert, dass die phänomenologische Welt lediglich
eine Manifestation der Subjektivität oder Nicht-Manifestation darstellt, und
dass die physiologische Formel des Weiblichen irgendwie die Mechanismen
dieses Ehrfurcht gebietenden Mysteriums skizzierte, das vom Verstand in seinem normalen Zustand nicht erfasst werden konnte. Dieses Mysterium ver-
feinert durch äonenlange Zeitalter überlebte bis heute in Form alter Mythen,
in den Tantras bestimmter fernöstlicher Schulen und im Ch'an Buddhismus,

---

[19] *The Natural Genesis* (Massey) Vol II, S. 300.

[20] Der Hinduismus in seiner eschatologischen Phase. Der Judaismus in seiner sekundä-
ren Phase. Und das Christentum in all seinen Phasen.

jenem merkwürdigen Komposit des Sunyavada[21] und im Taoismus des alten Chinas.

Während die ganzen Zahlen den Göttern[22] zugeschrieben wurden, wurden Zahlenbrüche in der Tradition den Dämonen[23] zugeschrieben. Lenormant beispielsweise hat gezeigt[24], dass die $\frac{5}{6}$ oder $\frac{50}{60}$ die sieben Maskim oder „Verstricker" waren; „sieben Geister des Abyss … die alle anderen an Macht und an Terrorverbreitung übertrafen." Sie waren typhonische Dämonen, deren Kraft im Bezug auf die Götter fünf zu sechs ist oder wie Massey es beschreibt: „die höchste Zahl der linken Hand zur ersten der rechten".[25] Im Hebräischen bedeutet *Yod* „Hand" und seine Zahl ist die Zehn (indem beide Hände gemeint werden), was ursprünglich die Zahl der Göttin war. Das zoomorphische Bild von *Yod* – die Löwen-Schlange – zeigt eine Kombination des weiblichen (lunaren) Drachens oder der Schlange und des solar-phallischen Löwen. Crowley interpretiert diesen Symbolismus als das Spermium; die löwenköpfige Schlange schwimmt in ihrem fluiden Lösemittel.

Kep (Ägyptisch) ist die linke Hand, ist das hebräische *Kaph*, die Handfläche. Im Ägyptischen war der Kaf-Affe der Hand als zootypischer Halter, Anwender oder Gestalter vor-menschlicher Schöpfung zugeordnet.[26] Der *Qoph*-Symbolismus ist ebenfalls von Bedeutung. *Qoph* = die „Rückseite des Kopfes", der Kopf = *Resh*, die Sonne; daher ist die Rückseite des Kopfes (*Qoph*) = der Mond. Dieser Symbolismus wird durch Koph oder Coph angenommen, die Tochter der Dunklen Sonne oder der Schwarzen Flamme.[27]

---

[21] Der Pfad der Leere.

[22] Kreative Energien und elementar funktionale Kräfte.

[23] Negative Kräfte, daher nokturn, infernal oder dämonisch.

[24] *Die Magie der Chaldäer* (Lenormand) Seiten 31-33.

[25] Der Name von Typhon als *Kep* ist der der linken Hand, die das Emblem des Weiblichen und der Zahl 5 ist.

[26] Die *Nephilim*, Riesen, Affen etc.

[27] Die Dunkle Sonne (Sohn) ist Seth. Zur *die Schwarze Flamme*, siehe *Liber Pennae Praenumbra* (Donat per Omné; Scriba Nema, 1975) herausgegeben vom Kult der Maat, der heute in Ohio U.S.A. operiert und der, soweit mir bekannt ist, die einzige Gruppe von Initiierten ist, die den Einfluss dieses Kraftstroms channeln, von dem Frater Achad un-

Plutarch sagt[28], dass die Gefolgsleute des Pytagoras Seth-Typhon als eine Dämonenkraft betrachteten, die erzeugt wurde in einem gleichen Verhältnis der Zahlen zueinander, nämlich jenen von 56. Darin stimmen sie mit Eudoxus überein, dass „das Eigentum der Sechsundfünfzig zum Seth-Tyhon gehört". Massey[29] glossiert dies durch seine Bemerkung, dass „die gleichen Proportionen von Zahlen, d. h. Sechsundfünfzig auch die 5 x 6 oder dreißig Tages des Mondes beinhalten, die gleichermaßen die Zeit der Typhon ist." Weiterhin ist die Zahl 5 von ihrem Aussehen her ein gekrümmtes Schwert oder die Sichel des Saturn (Kronus); sie war ursprünglich das Symbol der Göttin der Sieben Sterne[30] als der Abschneiderin oder der Zerschneiderin der Zeit im Himmel, so wie die Mutter auf der Erde die Teilerin in zwei, in drei oder in viele war.

Daher repräsentiert die Zahl Fünf die Aufhebung der Zeit, da die Fünf-Tages-Periode den kreativen Geist aufhebt oder überschattet. Das letztere wird durch die Zahl Sechs repräsentiert, die die Figur des Nichts ist mit angehängtem Schwanz, wodurch sie die Negation der 5-Tages-Periode anzeigt, sein „Schwanzende". Diese wird gefolgt von der Zahl Sieben, repräsentiert durch den Zeigefinger der rechten Hand, die den Verlauf der Zeit zusammenfasst.

Bei den ägyptischen Hieroglyphen ist das Zeichen der Sieben das Zeichen eines Gottes, der durch eine Axt (*neter* �) dargestellt wird; die Axt ist die Waffe des Seth, dem Öffner der Mutter. In der Sprache der geheimen Gnosis[31] ist Seth identisch mit seiner Mutter, daher ihr Name Sept oder Seth, was Sieben bedeutet. Die Zahl Sieben zeigt die Zeit für das Wiederaufnehmen von sexuellen Beziehungen mit der Frau an und, in der Symbologie der späteren Mysterien, wurde sie der Göttin Venus zugeschrieben.[32]

---

ter den ersten war, die ihn vorausahnten.

[28] *Of Isis and Osiris.*

[29] *The Natural Genesis*, II, S. 302.

[30] Die Konstellation des Großen Bären, deren planetarer Repräsentant der Saturn ist.

[31] D. h. der physischen Gnosis.

[32] Die ursprüngliche Sieben – wie im Symbolismus der Welten-Esche mit den Mysterien der 7, 10 und 13 – wurde durch die Göttin der sieben Sterne präsentiert, die ursprüngliche Zeitbewahrerin oder Uhr in den Himmeln.

Um die Mysterien, die es symbolisiert, verstehen zu können, ist es notwendig, noch tiefer als bis zur ursprünglichen physikalischen Gnosis zu graben. Dies kann getan werden, indem wir unsere Verstandesmaschinerie umgestalten und umkehren, denn wenn wir das endgültige Mysterium durchdringen wollen, dann dürfen wir nicht positiv denken, nicht einmal negativ – sondern wir dürfen überhaupt nicht denken! Die östlichen Adepten des Cha'ans und Aiwass durch Crowley im Westen haben unermüdlich auf den negativen Weg, die *Via Negationis*, hingewiesen, den Weg, der negiert, der Weg Nuits, dessen Zahl die Elf ist, dessen Wort die 56 ist und dessen Mysterien im „fünfzackigen Stern" versinnbildlicht wurden.

Das Wort oder der Logos des Mannes ist sekundär, eine Reflektion oder ein Schein, eine positive und daher phänomenologischen Manifestation, während das Wort der Nuit, das tonlos ist, das Potential aller Worte und das Nicht-Wort des Einen jenseits der Zehn beinhaltet. Dies ist das *Ain*, das durch den Kaf-Affen versinnbildlicht wird, des stummen Tieres, das eine Hälfte (einen Bruchteil) von Choronzon formt. Die andere Hälfte ist Babalon, deren Auge (*Ayin*) durch den Affen des Thoth (Daath) vervollständigt wird – der tierhafte und damit sprachlose Erzeuger der Welt des Scheins und der Illusion. So ist das Mysterium des Einen jenseits der Zehn, dessen Symbol das Schwert (*Zain*) und die Sichel (♄) ist, die ebenso wie die Gestalt der Zahl 5 als Prototypen die Mutter haben, die sich in zwei aufgabelte. Auf diese Weise wird die Zeit in Teile oder *Zahlen* aufgespalten, die die Menge an Konzepten repräsentieren, die durch die unaufhörliche Revolution der *Kalachakra*[33] erzeugt werden.

Die Fünf, die Sechs, die Sieben und die Zehn des Baumes als die Totalität konstituieren die mystischen Zahlen des lunaren Jahres mit ihrem Zyklus aus dreizehn Monaten, jeder achtundzwanzig Tage lang. Daher gilt nach talmudischer Lehre: „Es gibt einen Tag im Jahr, an dem Satan machtlos ist, dies ist der Tag von Yom Kippur; an den übrigen 364 Tagen[34] ist er all-mächtig."

---

[33] Das *Kalachakra* ist das Rad der Kali, d.h. die Zeit. In *Das Buch Thoth* wird das Rad im Atu XX (q.v.) mit Typhon und dem Affen des Thoth als um seine Narbe rotierend gezeigt. Dieser Atu beschreibt den Buchstaben *Kaph* (20), der die Handfläche meint, ein Symbolismus, der bereits erklärt wurde. *Vide supra.*

[34] 28 x 13 = 364.

Der Kommentator schreibt dies der Tatsache zu, dass der kabbalistische Wert von Satan[35] 364 mit ebenso vielen Tagen gleichgesetzt wird. Während dieser Tage „hat Satan die Macht, Böses zu tun, aber am Tag von Kippur ist er impotent."

Der wichtigste Faktor ist hier die Impotenz. Das griechische Wort *Akrasia* ist das kabbalistische Äquivalent von Choronzon, 333. Choronzon ist impotent in dem Sinne, dass hinter dem Schleier des Abyss nichts erzeugt werden kann, denn es ist die Domäne des Negativen. Es ist jedoch bedeutsam, dass 333, die Zahl von Choronzon, von Shugal und von Akrasia entsteht, wenn man von 364 – der Zahl Satans – die Zahl 31, die Zahl des AL, LA und des Seth[36], abzieht. AL, LA und Seth formen die ursprüngliche Dreiheit, die als 93 (31 x 3) Aiwass ist, und der Schlüssel zu den Mysterien des Nicht-Seins und der *Via Negationis*, die im *Buch des Gesetzes* dargelegt wird.[37]

Die Zahl 28 erhält ihre magische Bedeutsamkeit aus dem zyklischen Mondwechsel der menschlichen Frau mit ihren dreizehn Manifestationen pro Jahr. Dieses physiologische Phänomen lieferte den Kanon des himmlischen Mondes von 29½ Tagen. Es war das *fraktionale* Element, das die Mondkulte in den Augen der späteren Solariten stigmatisierte und die kulminative Wirkungskraft astronomischer Beobachtungen, die die ursprüngliche Überlegenheit der Mutter auf der Erde in Verruf brachte. Aber wie bereits angeführt wurde, waren die ursprünglichen Fakten der physiologischen Phänomene an sich nicht ausreichend, um den Schrecken zu erklären, mit dem die späteren Kulte sie betrachteten. Solche Tabus waren die Masken unendlich viel abscheulicherer Mysterien, wenn vermutet wurde, dass das phänomenologische Universum nichts weiter sei als ein Schein, symbolisiert durch Eden. Der „Sündenfall" bestand darin, die Täuschung für bare Münze zu nehmen. Die Initiierten, die Gnostiker, wussten – vielleicht intuitiv – dass die Realität irgendwo hinter oder jenseits der totalen Negation dieses Scheins lag. An diesem Punkt in der

---

[35] ShHTN = 364.

[36] ShT (Seth) ist im Tarot 31 weil *Shin* dem Atu XX zugeschrieben wird und *Teth* dem Atu XI; XX + XI = XXXI

[37] 364 ist auch die Zahl von AVD MVPLA, das „verborgene Licht", das die Natur des Gottes vorborgen im Abyss determiniert, nämlich Satan.

Evolution (und niemand kann genau sagen, wann dieser stattfand), wurden die *Qliphoth* im menschlichen Bewusstsein aktiv. Sie versinnbildlichen den Schatten, die Dunkelheit, das Nicht-Manifeste, die Abwesenheit, das völlige Verschwinden der phänomenologischen Welt.

Nach dem *Buch der Toten*, ist Seth das Kind der Nu.[38] Die Schlange ist also ihr Kind.[39] Daher verkörpert sie, die 56 (Nu) ist, die 5 und die 6 als duale Polaritäten, und sie bezeichnen den magischen Modus ihrer Verehrung. Sie ist es, von der geschrieben[40] steht, dass die Scharlach-Frau Babalon „sehen soll und angreifen soll an der Verehrung der Nu; sie soll Hadit erlangen." Das bedeutet, dass sie durch Seth sich selbst erlangt oder erfüllt, denn Nu umfasst Nuit und Babalon und ist daher mit Typhon identisch, der Mutter des Seth. *Baba*, die Wurzel von Babalon, ist ein Titel der Typhon. Das *Bab* oder *Bau* ist der Eingang in die Leere, in die Grube oder den Abyss. Das koptische *Bebi* bezeichnet „fließen" und „überfließen". *Bab* ist auch BHV (13) Bohu, die Leere, auf der die mystische Genesis basiert.[41] Bab wird auch „das Tor" (des Austritts ebenso wie des Eintritts) genannt. Weil das Tor in beide Richtungen benutzt werden kann, d. h. zum Eintreten oder zum Verlassen, war *Babisis* als die Höllen in den Himmeln[42] bekannt. Typhon war die Tepht oder die Tiefe, das *Loch der Schlange aus dem Abyss*.[43] In frühen australischen Ritualen war der *Typhe* oder *Tupe* eine Grube, über die magische Zauber gegen die Dämonen, die im Abyss der Dunkelheit hausten[44], gesungen wurden. Genug wurde jetzt herangezogen, um zu zeigen, dass die frühesten Schrecken, die von den Vorfahren in Mythen und Legenden verzeichnet wurden, eine Invasion durch die dunklen Kräfte des Abyss war. Diese Furcht lag allen je entwickelten Ritualen und Exorzismen zu Grunde. Die schützenden Barrieren der Magier began-

---

[38] Kapitel IXXXV.

[39] Kapitel CVIII.

[40] AL, III 45.

[41] Cf. Tohu und Bohu.

[42] Die Himmel werden als Nu beschrieben, die Wasser des Raums, d. h. der Nachthimmel.

[43] Cf. Das hebräische Tophet „im Tal".

[44] Massey, *Natural Genesis*, II, 463.

nen mit dem Konzept einer Grube, eines Loches oder magischen Kreises, der mit der Absicht konstruiert worden war, eine Invasion vom „draußen" jenseits des Schleiers abzuwehren. Der Schleier war das, was den Abyss verdeckte. In frühen Zeiten war er nicht so dicht, wie er später wurde, als der Mensch den Kontakt mit seinen elementaren Ursprüngen verlor. Dennoch gibt es Beweise, dass nicht alle magischen Rituale zu dem Zwecke geschaffen wurden, die Dunkelheit zurückzustoßen; einige wurden geschaffen, um sie in das Milieu der menschlichen Lebens-Welle zu ziehen. Details zu diesem Prozess wurden von den Anti-Typhoniern mit einer solchen Gründlichkeit zerstört, dass keine vollständige Formel überlebt hat. Hinweise lassen sich nur in korrumpierten mittelalterlichen Berichten über Alchemie und in den Grimoiren der Zauberer finden. Bemerkenswerterweise finden wir in der rabbinischen Lehre flüchtige, aber deutliche Eindrücke von der dunklen Welt der Anti-Materie, Anzeichen, wie es scheint, von jenen, derer wir uns heutzutage auf unangenehme Art bewusst werden und die wir durch einen immer breiteren Spalt im Schleier wahrnehmen können, der durch eine neue Zauberei, eine neue Gnosis, bekannt als Nuklearwissenschaft, geschaffen wird.

Vorahnungen von Maat

In *Wiederbelebung der Magick* habe ich die Aufmerksamkeit auf die Ähnlichkeit zwischen der Situation gelenkt, denen sich die antiken Initianten gegenüber sahen und jener, mit der sich die Menschheit heute konfrontiert sieht. In dieser Situation entwickelt sich ein immer stärkeres, aber zum größten Teil unterbewusstes Gefühl von einem beklemmenden Einfluss von der anderen Seite, der – wie Crowley beobachtet hatte[1] – seinen Ausdruck in einer alptraumhaften Angst vor Katastrophen findet, gegen die wir nur halbherzig bereit sind, Vorsorge zu treffen.

Unzählige Bücher sind in den letzten beiden Jahrzehnten erschienen, die sich mit dem befassen, was als höchst wahrscheinliche Beispiele für periodisch stattfindende Invasionen dieses Planeten durch außerirdische Entitäten betrachtet werden kann. Aber nur sehr wenige Bücher bieten auch nur ein Quäntchen an überzeugenden Beweisen an; zu einem davon muss das Buch *Das Siriusrätsel* von Robert Temple gezählt werden. Sein Wert besteht darin, dass es der Öffentlichkeit die Existenz eines afrikanischen Stammes enthüllt hat, der eine ungebrochene Tradition außerirdischer Besuche aufweist, die seit mehr als 10.000 Jahre andauern.[2] Das Sirius-Mysterium steht auf grundlegende Weise mit der typhonischen Tradition in Verbindung, was meine Trilogie erschöpfend behandelt hat.

---

[1] Siehe die Einleitung der Taschenbuchausgabe des *Liber AL*, vom O.T.O. 1938 veröffentlicht.

[2] Siehe *Das Siriusrätsel* (Robert Temple), Ullstein, 1996. Der interessierte Leser wird feststellen, dass in Temples Buch immer wieder typhonische Schlüsselkonzepte und –mythen auftauchen, die in meiner Trilogie behandelt wurden. Vor allem auch die Bestätigung des Ursprungsortes der typhonischen Tradition im A.:. A.:. oder *Argenteum Astrum* (Silbernen Stern), den ich 1972 als Sothis identifiziert habe. Siehe *Wiederbelebung der Magick* etc.

Die Schriften von H. P. Blavatsky waren zweifellos die Inspirationsquelle für eine gewaltige Menge an heutiger Literatur, die auf der Vermutung gründet, dass in der Vergangenheit verschiedene Evolutionen der Lebenswelle aufgrund eines schrecklichen Unfalles oder durch den missbräuchlichen Gebrauch von okkultem Wissen untergegangen sind. Dennoch behaupten Blavatsky und Crowley, der in gewisser Weise ihr Werk weiterführte, dass sie jeweils nur die Übermittler einer außerirdischen Intelligenz sind. *Das Buch Dzyan* stellt wahrscheinlich die vollständigste Übermittlung über die Geheimnisse vormenschlicher Schöpfungen dar, die wir haben, ebenso wie *Das Buch Thoth*. Im *Buch Thoth* in Form der merkwürdigen hierarchischen Glyphen, die als Tarot bekannt sind. Es fasst die praktischen Hilfsmittel zusammen, durch die diese Intelligenz und der Kraftstrom, der diese verkörpert, angerufen und durch Adepten gechannelt werden können, sofern diese sich als kompetent genug erweisen, die Kräfte zu lenken, die sie repräsentieren. Dion Fortunes Werk *Die kosmische Doktrin* behauptet, ein weiterer solcher Corpus nicht-menschlicher Übermittlung zu sein. Unter den gegenwärtigen Adepten hat Michael Bertiaux vom Kult der Schwarzen Schlange einen trans-weltlichen Kraftstrom übermittelt und geerdet, was sich in seinen Graduierungsschriften wieder finden lässt, die zur *Monastery of the Seven Rays*[3] gehören. Und Soror Nema (Margaret Cook) in Ohio ist ein Fokus für die Kräfte der Maat.[4]

Die 22 Atus des Thoth enthalten zweifellos Fragmente dieses „verbotenen Wissens“ oder dieser verborgenen Lehre, die die Post-Typhoniker auszulöschen versuchten. Mit der ersten nuklearen Explosion, die auf diesem Planeten zur Zeit der gegenwärtigen Lebens-Welle stattgefunden hat, wurden die Türen jedoch wieder aufgestoßen und die Emanationen des Abyss strömen seitdem wieder in die Astralatmosphäre der Erde. Die daraus resultierende Ladung qliphothischer Energie baut sich so schnell auf, dass nur jene gegenüber einer Ansteckung immun sind, die Nus Arche als vollständig polarisierte Wesen betreten können. Solche Wesen werden durch den Androgynen in den alten Lehren symbolisiert, vom indischen Ardhanarishvara bis zum bisexuellen Baphomet der Templer.

---

[3] Siehe *Cults of the Shadow*, Kapitel 9 und 10.

[4] Siehe im Kapitel *Des Aasgeiers Mund*.

Von den Autoren des Buches *The Dawn of Magic*[5] wird darauf hingewiesen, dass eine bestimmte Region in der Wüste Gobi die Narben einer nuklearen Explosion trägt. In einem chaldäischen Bericht über den Wettstreit zwischen Bel und dem Drachen bewaffnete sich die solare Gottheit mit dem Schwert (*Zain*) der vier Himmelsrichtungen, das sich auf vierfache Weise drehte. Das geschwenkte und in Bewegung versetzte Schwert ist das Äquivalent zum Fylfot von Thor, dem Donnerer, oder der Swastika von Agni, dem Feuergott. Bel „erschlug den Drachen und als der Kampf vorüber war, so wird gesagt, dass sich elf Stämme nach Ende des Kampfes in einer großen Menschenmenge versammelten, um auf die monströse Schlange zu starren". Das Wort Elf wurde in diesem Fall ganz deutlich als *istin-isrit* oder „eins und zehn"[6] geschrieben, so dass es keinen Zweifel an der Zahl geben kann, obgleich über diese elf Stämme ansonsten nichts weiter bekannt ist.[7] Masseys Erklärung ist, dass diese elf Stämme die zuvor gegründeten elf Tierkreiszeichen repräsentieren und dass der Tod des Drachens im zwölften stattfand, als dem letzten Zeichen des nunmehr endgültig solaren Tierkreises, also in den Fischen. Aber das *elfte* Zeichen allein reicht aus, um die Parabel zu erklären, denn Wassermann versinnbildlicht den wässrigen Abyss des Raumes, in dem der Drache (Draconis) erschlagen wurde oder nach Amenta hinabsank, als die solare Vorherrschaft über die stellaren Zeithüter endgültig wurde. Alternativ beziehen sich die Elf auf Daath als Ort des Todes und Ort der Acht, d. h. des Tieres oder des Drachens. Dies kann als der Ort, durch den der Drache der Dunkelheit auf die „andere Seite" fällt, interpretiert werden.

Die über die Erde gewölbte Nuit oder Nu, wie sie auf der *Stélé der Enthüllung*[8] gezeigt wird, ist die ägyptische Glyphe von Nus oder Noahs Arche, die je ein Paar der Tierschöpfungen enthielt, *mit Ausnahme bestimmter Tiere*, die die späteren Kulte als typhonisch, d. h. „unrein" verbannten. Diese wurden von der Arche ausgeschlossen und zwar nicht – wie es die Legende behauptet – aufgrund ihrer hybriden oder unreinen Natur, sondern weil sie eine symbo-

---

[5] Louis Pawels und Jaques Bergier.

[6] Cf. Das „eine über die Zehn hinaus" (Anmerkung vom gegenwärtigen Autoren).

[7] Talbot *Records of the Past*, Vol. IX, Seite 136 zitiert nach Massey in *Natural Genesis* II, Seite 334.

lische Verkörperung darstellten für ein erfolgreiches *Überwechseln* von hier auf die andere Seite der Flut, die der Abyss versinnbildlicht.

Und obgleich die Legende von Noah in ihrer hebräischen Version ebenso wie in ihrer griechischen Analogie, als der Mythos des Deukalion, verzerrt wurde, enthält sie doch immer noch Spuren der wahren Gnosis, die lange Zeiten vor der Ankunft der Monumental-Periode in Ägyptens Geschichte ausgelöscht wurde.

Die Fünf und die Sechs (56), die das Wort der Nu (engl. *not* = Nicht) sind, stellen den Schlüssel zur Arche und zum Brückenbogen dar. Dies wird kabbalistisch im 5 x 6 = 30 der Gnostiker zum Ausdruck gebracht oder im $\mathfrak{F}$ der Hindus, dem Wort oder der Vibration des Nicht, des *Ain*, des Auges der Sieben (d. h. Seth).[9] Weiterhin ist 5 + 6 = 11 die Zahl der Magick der Verwandlung oder Transformation[10], weil es die Zahl ist, von der Nuit sagt: „Meine Zahl ist die Elf, ebenso wie alle ihre Zahlen, die von uns sind." Ich habe an anderer Stelle angemerkt, dass „uns"(66) eine Glyphe der *Qliphoth* ist, was die Juden nicht verstanden haben und die sie daher als Muscheln oder Schalen des Todes, der Dämonen und der Gillulim oder ausscheidender Gottheiten kategorisierten.[11] Die Wahrheit hierbei ist die Wahrheit der *Mater* (Mutter), Nu, und liegt physikalisch in der ausscheidenden Manifestation, die von den Juden und besonders auch von den Persern stigmatisiert wurde und die von jenen mit Abscheu betrachtet wird, die sich ihres alchemistischen Wertes nicht bewusst sind. Die einzigen überlebenden Fundorte dieser Mysterien – so scheint es – sind bestimmte süd-indische Tantras, die Arbeiten früher tamilischer Adepten, und bestimmte geheime arabische Abhandlungen, die aber durch eine mystische

---

[8] Siehe *Wiederbelebung der Magick*, Seite 129, Abbildung 7.

[9] Die „Sieben" ist Z, daher *Z-ain*, das Schwert, das die Auflösung der Zeit bewirkt.

[10] D. h. des Todes und der „Auflösung und der ewigen Ekstase in den Küssen der Nu" (AL, II 44).

[11] Beispielsweise indem sich auf Merodach in der Septuaginta als die „schwächliche Merodach" bezogen wird. Siehe auch Jesaja xlvi, 12, eine Stelle, in der die englische Übersetzung wage und unakkurat gehalten wird. Allerdings geschieht dies vielleicht nicht absichtlich, sondern weil die Übersetzer die Bedeutung der *Qliphoth* nicht begreifen konnten.

Terminologie in eine Verdunkelung gehüllt wurden, die noch ausgefeilter und verwirrender ist, als es noch für die alchemistischen Texte gilt, mit denen der westliche Studierende vertraut ist. Das Schicksal oder der Zufall – nenne es, wie Du willst – hat mir einen seltenen Kommentar über eine tantrische Arbeit zugänglich gemacht. Der Verfasser ist ein Verfechter der Chandrakala-Rezension aus der Abteilung der Vamachara-Tantras. Das Werk enthält klare Referenzen auf den magischen Gebrauch jener psycho-physischen Elemente, die allein auf Grund von religiösen Vorurteilen, verursacht durch eine Revolution in den Methoden der Chronologie[12] ausgestoßen (vama) und unter einen Bann gestellt wurden.

Dieser Wechsel der Typen und Symbole ist erschöpfend von Gerald Massey in seinem monumentalen Werk behandelt worden. Aber was von ihm nicht klargestellt wurde, ist die Tatsache, dass die Essenzen, die *Kalas*, die Blumen oder die Emanationen. symbolisiert durch die Gottheiten – immer weibliche – des urzeitlichen Pantheons *magische Potenz* besaßen. Aber trotz der Begrenztheit, der Massey unterstand in Hinblick auf den Mangel an zu seiner Zeit verfügbaren initiierten Texten, bleibt sein Werk von höchstem Wert dahingehend, dass er genauer als irgendein früherer oder späterer Schriftsteller die Entstehungslinie, die Evolution und die Geschichte der symbolischen Vermittler des typhonischen Kraftstroms zurückverfolgt. All dies hat sich auch der gegenwärtige Autor in all seinen Schriften zu erklären vorgenommen. Außer Sir John Woodroffe und Aleister Crowley hat kein anderer westlicher Autor mit Ausnahme Masseys den vitalen Inhalt der echten Gnosis berührt, der wahren magischen Tradition. Denn es besteht absolut kein Zweifel daran, dass die subtilen Ausscheidungen bestimmter magisch aufgeladener vaginaler Vibrationen *die* alchemistische Substanz oder Essenz beinhalten, die, wenn sie korrekt extrahiert und eingenommen werden, den menschlichen Körper-Geist-Kom-

---

[12] Chronos, daher Chronologie. Die Kronotypen waren intelligente Zeitbewahrer im Gegensatz zu den vor-chronianischen und elementaren Kräften des Raumes. Diese Kräfte wurden zuerst als zoomorphisch oder totemistisch als die *Elementarkräfte* des Chaos (Raumes) gesehen, bevor sie in den Kosmos (die Ordnung und daher die Zeit) geboren wurden, wo sie fortbestehen in der stellaren Phase der Mythologie als Gestirnskonstellationen, d. h. als himmlische Zeitbewahrer.

plex transformieren können, um ihn zu befähigen, die Definition von Magick als „das Verursachen von Veränderungen, die in Konformität mit dem Willen stattfinden"[13] zu erfüllen. Die magischen Methoden, um das zu erreichen, wurden – bis zu einem gewissen Punkt – in Crowleys Werken vorgestellt, aber ansonsten gilt das nur für sehr wenige andere Texte, die bis dato im Westen publiziert wurden, immer mit Ausnahme einiger Übersetzungen aus dem Sanskrit und tibetischer Texte, die von Sir John Woodroffe präsentiert wurden.[14] Es ist daher mein besonderes Ziel, das „fehlende Bindeglied" in Masseys Werk zu liefern, indem ich tantrische Bezüge herstelle, die nicht nur die drakonische Tradition erklären, sondern die auch diese Tradition in eine Linie bringen mit der ursprünglichen psycho-physiologischen Gnosis. Nachdem der verheerende Spalt, der durch die Solariten aufgerissen wurde, überbrückt wird, wird sie direkt auf eine neue Gnosis hinführen, die uns heutzutage die Wissenschaft langsam enthüllt.[15]

Es sollte nun hinreichend klar sein, dass das Mysterium des Abyss, das Tor des Abyss, das Tor Daaths usw. keine reinen literarischen Kunstgriffe sind. Der Symbolismus des Tores – zum Eintritt ebenso wie zum Austritt – versinnbildlicht durch Babalon, stimmt mit Implikationen überein, die in den bereits erwähnten Tantras enthalten sind. Diese Implikationen wurden von den Post-Typhoniern unterdrückt und verzerrt. Sie bestehen jedoch dennoch verdunkelt in den Schriften der Gnostiker fort mit ihren Anspielungen auf Liebesfeste und die eucharistischen Riten von Charis, die von den Christen mit Bann belegt wurden, weil sie den Mythos eines fleischlichen Christus nährten.

Der Symbolismus des Abyss durchdringt alle alten magischen Traditionen und Mythologien. Die Finnen beispielsweise beziehen sich auf ihre Magier als „Abyssen" und die Äbtissinnen eines bestimmten tibetisch-buddhistischen Kultes trugen den Titel *Dorje Phagmo*, was soviel wie „ewige" oder „diamanten-

---

[13] *Magick* (Crowley), Seite 131.

[14] Siehe insbesondere *The Demchog Tantra, Karpuradistotra, Kamakalavilasa, Anandalahari, Kularnavatantra usw.*

[15] Siehe in Verbindung damit Fritjof Capras stimulierendes und eingängiges Werk *Das Tao der Physik: Die Konvergenz von westlicher Wissenschaft und östlicher Philosophie* (Scherz Verlag, 2000).

harte Sau" bedeutete; die Sau ist hier ein ursprünglicher typhonischer Typ der Göttin als Säerin (engl. *sower*) oder Genetrix.

Die Legende von den Zwillingen des Lichts und des Dunkels – Horus und Seth, die als die rechte und die linke Hälfte (oder die Vorder- und Rückseite) des Baumes interpretiert werden können, fassen die negativen und positiven Polaritäten des kreativen Kraftstroms zusammen: Tag und Nacht, männlich und weiblich, die doppelte Lunation[16] oder der doppelte Horizont.[17] Diese Polarität wird anthropomorphorisch als das Kind Seth, als vorpubertärer Junge, und als der Mann Horus, als der virile Mann dargestellt. Aber beachte, dass im Symbolismus der Gnosis der Vorpubertäre der Träger des *Potentials* war. Weder männlich noch weiblich, war er das akzeptierte Symbol von *beidem* oder *Beth*, die Zwei, der Zwilling, der Eins war als der Magus[18] mit seiner Zwillingskraft oder Potenz. Mossey merkt an, dass die Legende der Zwillinge – Seth-Horus – vor-monumental war und „der Zeit des Shus-en-Har" angehörte, dem die historische Periode 13, 420 Jahre zugeschrieben wird. Diese Berechnung, merkt er an, „ist seitdem durch die Inschriften bestätigt worden, die in Sakkarah[19] entdeckt wurden".

Aber noch vor dem Kult der Zwillinge, so alt er auch sein möge, existierte der Kult der Dreifaltigkeit, oder der Drei in einem, mit der Mutter Typhon als der ursprünglichen Quelle der Schöpfung, die in sich selbst das Kind (Seth) trug, dessen *Potential* als Horus aktualisiert wurde. Dieser dreifältige Charakter wurde dem Mond der Hekate zugeschrieben, und die Juden bewahrten diese Überlieferung in ihrer frühesten Formulierung des Baumes, in der sie immer noch unter den Formen von Daath, Yesod und Malkuth erhalten geblieben sind. Daath war der kosmische Mond und die Quelle der Illusion der Phänomenalität, d. h. des Egos; Yesod war der astrale oder himmlische Mond, der Mond der Magick und des Hexentums, Malkuth war der physikalische Mond, der den Zauber auf der irdischen Ebene erzeugte. Daher war Malkuth der

---

[16] der zu- und der abnehmende Mond.

[17] Die Frühlings- und die Herbst-Tag-und-Nacht-Gleiche.

[18] Atu Eins wird Beth, *dem Magier* zugeschrieben. *Beth* ist beides und daher *keins*. Siehe Kapitel 2, supra.

[19] *The Natural Genesis*, Vol. II Seite 473, siehe auch *Wiederbelebung der Magick*, Kapitel 3.

dichteste Aspekt dieser Dreiheit und die Vergegenständlichung des Mondes in der menschlichen Frau. Daath steht zu der oberen Triade wie Yesod zur unteren Triade, und es ist von Bedeutung, dass das qliphothische Bild, das die Juden Yesod zuschrieben, das von *Gamaliel*, dem obszönen Esel, ist.

Nach Sharpe[20] ist der Kopf des Esels eine ägyptische hieroglyphische Determinative, die den numerischen Zahlenwert von 30 hat, was ihre Beziehung zum lunaren Kraftstrom und dem Monat von 30 Tagen zeigt, der in drei Teile aufgeteilt jeweils 10 Tage ergibt. In persischen Texten treffen wir auf den Esel, der als obszön betrachtet werden kann. Er hat drei Beine oder Extremitäten, das dritte ist sein Phallus, mit dem er die Salzozeane reinigt. „Wenn er in den Ozean uriniert, wird alles Meerwasser gereinigt." Die reinigende Kraft des Urins ist in Asien[21] wohl bekannt, aber den Tantrikern ist noch eine andere esoterischere Form der Reinigung bekannt. Diese verlangt die Einnahme von Urin der Priesterin, die dazu auserwählt wurde, die Göttin in den Riten des *Kalachakra*[22] zu repräsentieren. Im *Bundahish* werden die Wasser mit der Zeit gleichgesetzt und der Esel ist der „spezielle Assistent des Sothis, indem er die korrekte Zeit einhält, oder indem er durch seine Harnentleerung die Wasser rein hält, weil dies die Kreaturen der Korruption[23] zerstört". Mit anderen Worten werden die Qliphoth zurückgeworfen und durch den Stern des Seth vernichtet, der mit seinem Assistenten, dem Esel, den Abyss von den Teratomen reinigt, die von Typhon hervorgebracht wurden. Massey merkt an, dass im *Buch der Toten* über den „Salzteich und die Reinigung geschrieben wird als vom *Ort des Beginns der Jahre*", d.h. dem Ort des Beginns der Zeit oder der Quelle der *Kala*, die durch Kali oder die Scharlachfrau Babalon versinnbildlicht wird.

Hier gibt es eine Verwirrung der Typen; der Esel war ursprünglich eine Glyphe des Weiblichen als die Quelle, das Fundament oder der Sitz, vulgär wurde im Englischen mit „ass" (engl. für *Gesäß*. aber auch *Esel*) darauf angespielt. Die reinigende Flüssigkeit war die *Kala* des lunaren Flusses. Der Urin,

---

[20] *Egyptian Inscription* lxxxiii, 7.

[21] In Indien ist beispielsweise seit undenklichen Zeiten der Urin der Kuh verwendet worden, um Schlangenbisse zu heilen.

[22] Der Kaula-Kreis. Siehe die *Typhonian Triology*, die Kapitel über linkshändiges Tantra.

[23] *The Natural Genesis* (Massey) Vol II, S. 346.

obgleich eine reinigende Substanz, war nur die sekundäre Quelle der Reinigung, daher die Assoziation des Esels mit dem Fundament (Yesod bedeutet „Fundament") und später mit den lunaren Aufteilungen, den hellen und den dunklen 14 Tagen (engl. *fortnights*), repräsentiert durch die leuchtenden oder goldenen Gewässer und den schwarzen oder menstruellen Fluss.

Von einigen Autoritäten wird behauptet, dass der Esel ein besonderes Objekt der Anbetung in den Riten der Templer gewesen sei und dass die mit diesem Symbolismus verbundene Sodomie – wie bei diesen Riten – an sich symbolisch für die rückwärts gerichtete, linke oder hinterlistige Art des Weiblichen war. Die ägyptische Kabbala verbindet den Esel, der für die Zahl 30 steht, mit Ideen, die bereits in Verbindung mit dieser Zahl und mit dem Lebensbaum selbst erwähnt wurden.

Massey vergleicht den Esel mit Noah, beides sind wahrhaftige Zeithüter. Dies soll bedeuten, dass beide, die Arche Noahs und der Brückenbogen Nuits, der Esel und das Fundament, ebenso wie der Mond und Sothis, Regulatoren periodischer Zeit sind. Des Weiteren werden die Wasser, die aus dem Abyss aufwallen und mit den „Kreaturen der Korruption" (d. h. den *Qliphoth*) brodeln, durch die magische Regulation der Zeit und der Periode gereinigt. Werden sie eingenommen, dann übertragen sie die Kraft, um auf die andere Seite des Baumes durchdringen zu können.

Um die vollständige Bedeutung dieses Mysteriums zu verstehen, ist es hier notwendig, einen ausführlichen Exkurs zu machen. Es gibt eine mystische Verbindung, wenn nicht sogar eine tatsächliche Identität, zwischen den Konzepten von Daath und Maat. In einer ihrer Schreibweisen ist Maat 51, die Zahl von Edom (ADVM), dem Reich der „Dämonenkönige" oder „unausgeglichenen Kräfte". Auf eine andere Weise geschrieben ist sie 442, die Zahl von APMI, ARTz, „das Ende der Erde". Maat bedeutet „Herrschaft", „Maß", „Länge"[24] und sie repräsentiert eine Terminierung oder eine Grenze zwischen einer Region und einer anderen, zwischen dem Reich von Edom und dieser Seite des Baumes, oder umgekehrt zwischen dem Ende der Erde und der anderen Seite des Baumes. In einer Kommunikation, die von einer derzeitigen Priesterin der

---

[24] Cf. unser Wort Mathematik.

Maat empfangen wurde, wird die Göttin als die „Pause"[25] beschrieben. Auf ähnliche Weise wird in Halevys Buch[26] über die Kabbala Daath als Intervall beschrieben. Daath und Maat symbolisieren daher den Zustand des Dazwischen-Seins, den Austin Spare mit dem infinitesimalen Bruch in der Kontinuität des Bewusstseins assoziiert hat, der das Einströmen fremder Kräfte erlaubt. Aber durch ihren Avatar als Maut, die Aasgeiergöttin, wird Maat erklärbar als die *solution de continuité* im Gegensatz zu Nu oder Nuit.

Sowohl Maut als auch Nu haben den Wert 56 (= 11). Nuit, als die „Kontinuierliche des Himmels"[27] wird in die Diskontinuität der Hölle[28] aufgelöst, über die Maut den Vorsitz hat, die identisch ist mit Maat als atomischem Wahrheits-Artikel Atma.[29] Die beiden Konzepte, Maut und Nu, ergeben zusammen 112 (2 x 56), was eins mehr ist als 111, die Zahl des *Smai*, einem Titel des Seth und des griechischen Wortes HNNHA, das „Neun" bedeutet. Neun ist die Zahl von Yesod, der Kraftzone, die Daath in der astralen Welt reflektiert. 5 + 6 + 5 + 6 ergibt zusammen 22, die Zahl der Strahlen, die die 32 *Kalas* des Lebensbaumes verbinden. Der „Eine", der mehr ist als 111, ist auch der „Eine in Acht", was zuvor in Verbindung mit dem Symbolismus der acht-köpfigen Schlange erklärt wurde, der „eine in Acht", der „*Neun* durch die Narren"[30] ist, die 111[31] sind.

Wie Crowley beobachtet:[32]

> Wenn man von der Annahme ausgeht, daß der Tarot ägyptischen Ursprungs ist, kann man vermuten, daß Mat (den diese Karte ist die Schlüsselkarte des

---

[25] Siehe *Liber Pennae Praenumbra, The Cincinati Journal of Ceremonial Magick*, Vol I, Nr. I (1976).

[26] *Adam and the Kabbalistic Tree*, S. 23.

[27] AL, I 27.

[28] dem Abyss.

[29] auch glossiert durch „Atum" und „Edom".

[30] AL, II 15.

[31] Der Buchstabe *Aleph* wird im Tarot dem Narren zugeordnet. Wenn er voll ausgeschrieben wird, ergibt er die Zahl 111.

[32] *Das Buch Thoth*, S. 57, Urania Verlags AG 1997.

gesamten Satzes) in Wirklichkeit für Maut steht, der Geier-Göttin, die eine frühere und edlere Abwandlung der Idee von Nuith ist, als die spätere Form der Isis.

An dieser Stelle soll die Behauptung aufgestellt werden, dass Maut nicht nur „eine frühere ... Abwandlung der Idee von Nuith" etc. ist, sondern dass sie das Ur-Negative ist, das augenscheinliche Kontinuität oder Fortdauer im phänomenologischen Universum angenommen hat, und dass es tatsächlich diese noumenale Leere ist, die die Unterschicht der Realität bildet. Mit anderen Worten ist sie die Leere, die den Narren, „den Dummen", den Verrückten (engl. *mad*), den „*Heiligen*", der der „eine im Achten ist", charakterisiert, wie zuvor erklärt wurde. Und dieser Eine in Acht ist Daath oder Maath – der Rachen des Abyss, das Loches im Raum, das sich auf die andere Seite des Baumes öffnet.[33] Auf diese Weisen sind Ideen wie der Narr, die Leere, der Rachen und das Heilige alle im Bild der Maut verkörpert.

Auch lenkte Crowley die Aufmerksamkeit auf die Tatsache, dass es bei den Vorfahren die Vorstellung gab, dass der Aasgeier seine Art durch die Vermittlung seitens der Luft fortpflanze. Das englische Wort „Fool" (Narr) leitet sich von „Torheit" oder „Windsack" ab, so dass sogar die Etymologie eine Zuschreibung zur Luft ergibt.[34]

Als Crowley und Neuburg Choronzon in der Wüste[35] beschworen, da verwendeten sie den Dolch. Dies ist die magische Waffe, die der Luft zugeschrieben wird, als metaphysisches Konzept, das Raum und Leere symbolisiert, die Vollendung der Zeit und die Kontinuität repräsentiert durch Nuit. Maut und Nu-Isis gelangen daher in der elften Kraftzone und auf dem elfen Pfad (Aleph), dem Weg des Narren, in ein Gleichgewicht.

Luft steht symbolisch für den *Geist*, den Windstoß oder den Atem des Geistes, der – nach biblischer Lehre – die Jungfrau Maria schwängerte und an-

---

[33] Der Leser wird auf *Das Buch Thoth*, Seite 58, verwiesen, die Stelle, an der Crowley weiter ausführt, dass das Wort „silly" tatsächlich „leer" bedeutet und sich von dem deutschen Wort *selig* ableitet, das „heilig" bedeutet.

[34] Ibid, Seite 53.

[35] Siehe *Liber 418*, 10. Äthyr.

schließend als der „heilige" Geist bekannt war. Auch Maut reproduziert sich auf diese Weise, denn die Materie (Maat) ist die Manifestation des Unmanifesten, versinnbildlicht durch den Raum (die Leere). Die Außerirdischen befruchten die Menschheit *via* des Raums. Der Übermittler dieser subtilen Vibrationen ist der *Aethyr*, symbolisiert durch die Taube, das Tier der Luft.

Im Kommentar zum *Liber Pennae Praenumbra* wird vermerkt, dass „Alles, was mehr wiegt als Maat, die Wahrheit selbst, den Abyss weder durchschreiten noch ihn überqueren kann." Die Feder, die Maat versinnbildlicht, ist ein Symbol der Luft und des Fluges, nicht der Flug des Adlers, sondern der des Aasgeiers, dessen Schwingen bewegungslos im Raum bleiben, da es in der Leere keine Bewegung geben kann. Die Götter sind die „Gehenden" und das „Gleichgewicht wird durch eine Vorwärtsbewegung aufrecht erhalten."[36] Eine völlige Unterbrechung dieses Voranschreitens führt „augenblicklich zum Abyss ...", denn „wenn die Bewegung transzendiert wird, dann existiert der Magier nicht länger, ist Nichts (engl. *no-thing*)."[37]

Das Wort des Äons der Maat ist IPSOS (IPSE + OS). Es wird von ihren Adepten als „der gleiche Mund" übersetzt. Der Mund ist Maut. Von Ipsos wird weiterhin gesagt, dass es das Wort des 23. Pfades oder *Kala* sei, dessen Zahl die 56 (5 + 6 = 11) ist. Dies ist sowohl die Zahl von Nu als auch von Maut, und die Elf ist die Zahl der Qliphoth ebenso wie die der Magick. Die 23. Kala wird dem Wasser zugeordnet, dem Element, das an stärksten in Widerspruch zur Luft steht, denn der Atem wird vom Wasser vernichtet, was dem Gehängten im Tarot zugeschrieben wird.

Dieser Atu hat eine okkulte Bedeutung, deren tiefgründigste Wichtigkeit nur durch Referenz zum *Vama Marg* erklärt werden kann. Der Gehängte wird als auf den Kopf stehend dargestellt, eine Haltung, die typisch ist für die Umkehrung, die mit dem *Viparita Karani*[38] assoziiert wird. Das „Wasser", das zu diesem Pfad gehört, ist das Blut, das aus dem Mund der Göttin strömt. Deren Symbol, der Aasgeier, ist ein Vogel, von dem man annimmt, dass er sich von diesem formativen Fluid ernährt. Auch die Vampirfledermaus ist ein Zootyp

---

[36] Aus dem Kommentar zum *Liber Pennae Praenumbra*.

[37] Ibid.

[38] Die Umkehrung der Sinne. Siehe *Cults of the Shadow*, Kapitel 4.

für einen Blutsauger, der zudem „gehängt" wurde. Sie hängt nach unten in ihrem „jogischen" Schlaf der Sättigung, gestillt an den vitalen Säften ihrer Opfer.

Das hebräische Wort für Wasser ist MIM = 90, die Zahl des *Tzaddi*, jener Buchstabe, von dem geschrieben steht:[39] „Tzaddi ist nicht der Stern."[40] Die Bedeutung von *Tzaddi* ist ein „Fischhaken" und der Fisch ist das geheime Sperma, das im Blut der Priesterin schwimmt, deren Symbol der Silberne Stern ist. Die Zahl der Priesterin ist 3, die zusammen mit *Tzaddi* 93 ergibt oder 3 x 31. Der Pfad der Priesterin wird der Zahl 13 zugeschrieben, der Umkehrung der 31, dem Schlüssel des AL, das, in den Händen der Priesterin 3 zu 93[41] wird. Dreizehn bezeichnet den magischen Kraftstrom, der mit Menstrualblut verwandt ist, dem Blut[42], das vom Gehängten sowohl ausströmt als auch von ihm eingenommen wird.

Dieser Symbolismus gleicht dem der schwarzen Perle im Kristalllotus, der im *Liber Pennae Praenumbra* beschrieben wird. Die Perle ist der spezielle Stein der Priesterin; er ist schwarz, weil sie als die Priesterin der Kali, der Zeit, „ihre Tage oder ihre Periode" hat. Der Kristall wird dem 13. Pfad zugeschrieben; der Lotus dem 23. Pfad.[43]

Es gibt jedoch eine profunde mystische Weise, in der dieses Blut *nicht* ist, will sagen, in der es die Antithese der Zeit und damit der Manifestation ist. MIM, so geschrieben, dass es mit dem letzten „m" als 600 zählt, wird zu 650[44], was die Zahl des chaldäischen Wortes LShOIRM ist, das *daemonibus hirsutis* bedeutet (für die haarigen Gottheiten).[45] Diese waren Typen des Seth[46] als Götter

---

[39] AL, I 57.

[40] Frater Achads Interpretation dieser Passage mit der Bedeutung „Tzaddi ist Nuit (Nichts). Der Stern mag sich dem Herz dieses Mysteriums mehr annähren; zum Unterschied dazu hat Crowley behauptet, dass Tzaddi nicht der Stern sei, weil diesem ein anderer Buchstabe zugeordnet sei."

[41] Die Zahl von *Thelema, Agapé, Aiwass, Nakaka* usw.

[42] Als Gyphe geschrieben, MIM, Wasser.

[43] Nach dem *Liber 777* werden alle Wasserpflanzen dem 23. Pfad zugeschrieben.

[44] Beachte, dass der 6 + 5 = 11 Symbolismus immer wieder auftaucht.

[45] Verehrt in Ägypten.

der Fortpflanzung. Nuit sagt: „Mein Räucherwerk ist aus harzigem Holz und Gummi; und es befindet sich *kein* Blut darin; denn aus meinem Haar sind die Bäume der Ewigkeit.[47] Sie fährt dann damit fort zu erklären: „Meine Zahl ist die 11, wie alle ihre Zahlen, die von uns sind." Nuit liefert hier das Rezept für ihr Räucherwerk im Gegensatz zu ihren Parfümen, Düften oder Blumen (d. h. der Lotus). Räucherwerk wird der Luft, dem Raum sowie der Leere zugeschrieben und die Blumen (besonders der Lotus) dem Wasser oder dem Blut. Und so wird Maat (die Luft) und Maut (das Blut) in Nuit als NICHT formuliert, „der Stern".

Maat ist das weibliche Gegenstück zu Thoth, der identisch ist mit Daath. Maat und Daath haben daher eine esoterische Äquipollenz, was nirgendwo so deutlich gemacht wird wie in der Zuschreibung des Cynocephalus oder hundeköpfigen Affen zu Thoth als ihrem Begleiter. Maat ist daher das wahre Wort, das, wenn es durch den Cynocephalus nachgeäfft oder reflektiert wird, zu Falschheit wird. Es ist daher dieser duale Aspekt der Nuit, als die Nicht-Manifestierte (Noumenale) und die Manifestierte (Phänomenologische), der in der elften Kraftzone Daath kombiniert wird. Daath ist daher die Schlüsselstelle, der wahre Ort des Übergangs auf die „andere Seite", und seine Bedeutung in Beziehung zu Maat als das Fenster, das sich zum Nu Äon, dem Äon der Nu-Isis oder Maat öffnet, soll nun erklärt werden.

---

[46] Über LShOIRM oder Serau merkt Massey an „Es gab eine ganz besonders haarige Ziegenart, die auf den Monumenten als Serau bekannt ist … In der Sprache der Ägypter, sagt Herodot (i.i. 46), wurde sowohl der Ziegenbock wie auch der Gott Pan Mendes genannt." D.h. der Serau war dem Seth heilig, der ägyptischen Form des Pan.

[47] AL, I 59 (Kursivschrift vom gegenwärtigen Autor).

Des Aasgeiers Mund

Das Wort des Äons der Maat, von dem Initiierte behaupten, dass sie es durch die Kommunikation mit außerirdischen Intelligenzen empfangen haben,[1] ist IPSOS, was „der gleiche Mund" bedeutet. Im zweiten Kapitel des AL (Absatz 76) taucht eine kryptische Ziffer auf, die eine Gruppe von Buchstaben enthält, die den gleichen Wert wie IPSOS hat. Tatsächlich ergeben die beiden unterschiedlichen Schreibweisen von Ipsos den gleichen nummerischen Wert wie die Gruppe der Buchstaben im AL. Das Kryptogramm im AL ist RPSTOVAL, was den kabbalistischen Wert 696 oder 456 hat, abhängig davon, ob der Buchstabe S als ein *Shin* gelesen wird oder als ein *Samekh*. Auf gleiche Weise ist IPSOS = 696 oder 456, abhängig davon, ob man das S für ein *Shin* oder für ein *Samekh* hält. IPSOS ist daher das kabbalistische Äquivalent von RPSTOVAL. Die Bedeutung dieser Buchstabengruppe ist nicht bekannt, aber Ipsos, der Mund, als das Organ der Aussprache des Wortes (sein Ausgang), des Essens, Saugens, Trinkens etc., ist das Organ, das das Wort nicht nur ausspricht, sondern es auch *empfängt*.

Die RPSTOVAL-Formel hat an IPSOS teil, denn die Formel des Turmes[2] ist die des in Eruption begriffenen Phallus. Dabei besteht die Ejakulation[3] aus dem Wort des Äons der Maat, jenem Wort, das sich „bis ans Ende der Erde"[4] erstreckt. Die Erde ist unter der Herrschaft des Prinzen der Luft (d. h. Shaitan), aber der Raum jenseits davon steht unter der Herrschaft des Herrn des Äthyrs, dessen Symbol der Aasgeier ist.

Keine Formel kann kosmisch sein, die nicht essentiell auch mikrokosmisch ist, denn das eine enthält das andere. Es wird deshalb vorgeschlagen, dass die

---

[1] Siehe Seite 146, Anmerkung 36.

[2] Assoziiert mit der Formel von IPSOS, siehe Tafel 8.

[3] via, des Ganges, ein unterer Mund.

[4] Maat = 442 = APMi ARTz = „das Ende der Erde".

Formel von RPSTOVAL die des einen spezifisch physiologischen Prozesses ist, der den Mund (Uterus) in seiner dunkelsten Phase beinhaltet.

Der Mund als Maat, die Wahrheit, das Wort; Mat, die Mutter; Maut, der Aasgeier und Mort, der Tod[5] sind in der Symbolik des Turms impliziert. Die Eruption oder das Ausstoßen aus dem Turms (Phallus) ist das *nach außen Tragen* des Wortes in die Räume jenseits der Erde. Diese Räume sind eins mit den Äthyren[6], die durch *el Mato* (den Narren, Mat oder Verrückten) und *Le Mort* (den Tod) repräsentiert werden.

Der Pfad des Narren (der 11. Pfad) ist die geheime Verlängerung des Pfades des Turmes (Atu XVI), und ein initiiertes Verständnis dieser Symbolik liefert einen Schlüssel zur Formel des Äons der Maat. Dies wird zusammengefasst durch die Zahl 27 (11 + 16), die Zahl des Pfades des Todes, und des Atus XVI, *dem Turm.*[7] Es ist von Bedeutung, dass der Pfad des Turms tatsächlich der 27. Pfad ist. Diese Zahl wird dem *Liber Trigrammaton* zugeschrieben, einem bisher nicht ergründeten *Heiligen Buch*, das Crowley von Aiwass empfing. Crowley vermutete, dass es das Geheimnis der „englischen" Kabbala enthielt und in seinen *Commentaries on AL* versuchte er, die Trigramme mit den Buchstaben des englischen Alphabetes gleichzusetzen. Auf diese Weise wollte er die englische Kabbala entdecken, wie ihm im AL zu tun geboten worden war.[8] Aber die Gleichsetzungen waren weit davon entfernt, überzeugend zu erscheinen, sogar für ihn selbst. Was er wohl nicht verstanden hatte, war, dass die Kabbala, die er suchte, in eine ganz andere Dimension gehörte, und dass der Mund, der diese Kabbala kommunizieren sollte, der Mund war, dessen Emanationen die *Kalas* selbst darstellen. Wie ich daher bezüglich des Wortes RPSTOVAL in *Cults of the Shadow* (Kapitel 7) vorgeschlagen habe, kann sich mit gleicher Wahrscheinlichkeit im Wort IPSOS eine Formel der psycho-sexuellen *Kalas* verbergen, die durch ihre Beziehung zu den tantrischen Interpretationen sexueller Polarität ergründet werden kann.

---

[5] D. h. das Unterbewusstsein (Amenta).

[6] IPSOS geschrieben als 760 ist äquivalent zu „Empyreum", dem Lichterhimmel.

[7] In einigen Tarotspielen ist dieser Atu bekannt als der *vom Blitz getroffene Turm.*

[8] „Du sollst die Ordnung und den Wert des englischen Alphabetes erlangen, Du sollst neue Symbole finden, um sie ihnen zuzuschreiben" (AL, II 55).

Das Zusammenspiel von Vagina und Phallus (d. h. des Mundes und des Turmes) wird in der eroto-analen Formel zusammengefasst, die in der populären Sprachweise als *soixante-neuf* (69) bekannt ist. Aber die ganze Sache ist ein wenig tiefgründiger als allein durch diese Praktik impliziert wird. Die Zahlen 6 und 9 bezeichnen die Sonne und den Mond, Tiphareth und Yesod. In den Begriffen der 32 *Kalas* beziehen sich die 6 und die 9 auf die Tierkreiszeichen Löwe[9] und Fische.[10] Eine komplette Zusammenzählung ergibt 109, die Zahl von NDNH, einem hebräischen Wort, das „Vagina"[11] bedeutet. Zieht man die Ziffern von 109 zusammen, so ergibt sich 19, was eine „weibliche Glype"[12] ist. 109 zeigt daher das Ei oder die Sphäre – 0 – der Leere an, das *Ain* des Infiniten in seiner weiblichen Form. Die magische Bedeutung dieser Symbolik wird unter der Zahl 69 zusammengefasst: die strahlende solar-phallische Energie (Blitz) des Engels,[13] zuckt in den Mund, die Schale oder die Gebärmutter des Mondes, um sich mit der Qoph-Kala zu vermischen.[14] Das entstehende Gebräu ist der *Vinum Sabbati*, der Sabbatwein der Hexen, der nach den alten Grimoiren destilliert werden kann, „wenn die Zinnen des Turmes durch die Schwingen des Aasgeiers verdunkelt (oder verschleiert) werden."

Es wird gesagt, dass der Mund des Aasgeiers einen ganz ungewöhnlichen Schrei ausstößt. In *The Heart of the Master*[15] bemerkt Crowley, dass dieser Schrei oder dieses Wort Mu ist. Seine Zahl, die 46, ist der „Schlüssel der Mysterien", denn es ist die Zahl von Adam (des Menschen). Mu ist der männliche Same[16], aber er ist auch das Wasser (d. h. das Blut), aus dem der Mensch geschaf-

---

[9] Die *Kala* der Sonne wird dem Buchstaben Teth zugeschrieben und bedeutet eine „Löwen-Schlange".

[10] Die *Kala* des Mondes wird dem Buchstaben Qoph zugeschrieben und bedeutet „die hintere Seite des Kopfes".

[11] Die Zahl 109 ist auch die von OGLV, „Kreis", „Sphäre"; BQZ, „Blitz" und AHP „Luft".

[12] Siehe *777 Revised*, die Bedeutung der Primzahlen von 11 – 97.

[13] Tiphareth, die Sphäre des Heiligen Schutzengels.

[14] Siehe Abbildung 1 in *Cults of the Shadow*.

[15] Neuauflage 1974 durch 93 Publishing, Montreal.

[16] Cf. das ägyptische Wort *mai*.

fen wurde.[17] Der Aasgeier ist ein Vogel des Blutes und seine durchdringenden Schreie werden zur Zeit der *Auseinanderteilung*[18] ausgestoßen, was den Akt der Manifestation begleitet: „Denn ich bin geteilt um der Liebe willen, für die Chance einer Vereinigung. (AL, I 29).

Die Zahl 46 bezeichnet auch den trennenden Schleier (Paroketh), wie zuvor erklärt. MAH, 46, ist hebräisch für 100, die Zahl von *Qoph* und daher der „Rückseite des Kopfes", der Sitz der sexuellen Energien im Menschen. Ein Hundert bezeichnet die Erfüllung oder der Vervollständigung eines Zeitzyklusses.[19] Die vollständige Bedeutung dieser Symbolik ist daher, dass wenn der Aasgeier seine Schwingen öffnet, um den phallischen Blitzschlag in der Stille und der Verschwiegenheit einer Wolke[20] zu empfangen, der schrille Schrei der Verzückung, *hriliu*[21], MU (46) ist.[22]

An dieser Stelle ist es notwendig, eine zunächst irrelevant erscheinende Abschweifung zu der vollen Bedeutung der Turm-Symbolik zu machen, damit dies verständlich wird.

In einem heruntergekommenen Gebäude, das ursprünglich an einem Ort gelegen war, der heute vom Centre Point[23] eingenommen wird, fand 1949 ein merkwürdiger magischer Ritus statt. Er kam auf Betreiben von Gerald

---

[17] A-DM oder Adam bedeutet aus „roter Erde" geformt (d. h. DM, Blut) .

[18] HBDLH (entzwei, sich voneinander trennen) = 46.

[19] Cf. Das ägyptische Wort *meh* = „füllen", „voll", „vollständig", „komplett".

[20] Paroketh bedeutet auch „eine Wolke; eine Referenz auf die Unsichtbarkeit, die traditionellerweise von der männlichen Gottheit angenommen wird, wenn er die Jungfrau befruchtet.

[21] In seiner persönlichen Ausgabe des *Liber XV (Die gnostische Messe)* erklärt Crowley *hriliu* als die „metaphysische Ekstase, die den sexuellen Orgasmus begleitet".

[22] Interessant ist es im Bezug auf die Bedeutung des Wortes ISOS zu bemerken, dass Frater Achad mit seiner eigenen Formel für das Äon der Maat zu einer ähnlichen Interpretation kam. Seine Formel lautete Ma-Ion. In einem Brief vom 7. Juni 1948 schreibt er: „Bitte beachte, dass im Sanskrit MA = Nicht ist. In der gleichen Sprache bedeutet es auch ‚Mund'".

[23] London WC 1.

Gardner[24] zustande. Der Raum, in dem der Ritus vollzogen werden sollte, war zu diesem Zeitpunkt von einer „Hexe" angemietet worden, die ich mal Mrs. South nennen will. Tatsächlich war sie eine Kupplerin und eine Prostituierte, die ihre Aktivitäten mit einem „okkulten" Flair würzte, was darauf abzielte, einer ganz bestimmten *Klientel* zu gefallen. Begleitet von meiner Frau und Gerald Gardner, machten wir drei uns auf den Weg zum Apartment von Mrs. South, nachdem wir den Nachmittag mit Gardner in seiner Wohnung in Ridgemount Terrace in der Nähe der Tottenham Court Road verbracht hatten. Der Ritus machte fünf Personen erforderlich und konnte erst nach der Ankunft einer jungen Dame angegangen werden, die Mrs. South extra zu diesem Zweck erwartete. Von der jungen Dame wurde angenommen, dass sie – ebenso wie Mrs. South selbst – mit den tieferen Aspekten des Hexentums wohlvertraut wäre. Ich will die Tatsache nicht leugnen, dass ihre Hexereien sich als echt erwiesen; allerdings wusste sie noch weniger vom Hexentum als Mrs. South, auch das will ich nicht leugnen.

Gardener erklärte, dass der Zweck des Ritus darin bestände, seine Fähigkeit zu demonstrieren, „Kraft herab zu bringen". Sein Vorsatz war es, einen Kraftstrom magischer Energie zu errichten, verbunden mit der Absicht, bestimmte außerirdische Intelligenzen zu kontaktieren, mit denen ich mich zu dieser Zeit[25] in fast ständigem *Rapport* befand. Der Ritus bestand darin, dass wir fünf im Kreis um eine große Sigille gehen sollten, die auf Pergament geschrieben und speziell geweiht worden war. Die Sigille war für meinen Gebrauch von Austin Osman Spare geschaffen worden, der sich zur damaligen Zeit ebenfalls auf dem Gebiet der Kontaktpflege mit Außerirdischen engagierte. Die Sigille sollte später von der Flamme einer Kerze, die auf einem Altar im nördlichen Bereich des Apartments errichtet worden war, verzehrt werden. Abgesehen von dieser magischen Gerätschaft enthielt die Wohnung von Mrs. South nur noch zwei oder drei Regale mit Büchern über das Hexentum und

---

[24] Der Autor von 2 Büchern über das Hexentum, die zum Zeitpunkt ihrer Veröffentlichung in den 1950ern einige Aufmerksamkeit erregten.

[25] Der Vorfall ereignete sich während der Gründungsphase einer O.T.O.-Loge, die ich mit der Absicht gegründet hatte, spezifische magische Einflüsse aus einer trans-plutonischen Quelle, die durch Nu-Isis symbolisiert wurde, zu channeln.

das Okkulte ganz allgemein; ohne Zweifel hatte sie diese herbringen lassen, um ihren sonst eher gewöhnlichen Bestrebungen einen Hauch von Authentizität zu verleihen.

Ob der Ritus erfolgreich gewesen wäre oder nicht, bleibt offen. Er wurde unterbrochen, noch bevor die einleitende Invokation beendet wurde. Diese bestand aus einem kreisförmigen Umlaufen des Altars im Uhrzeigersinn mit zunehmender Geschwindigkeit in immer kleiner werdenden Kreisen. Plötzlich jedoch klingelte die Türglocke an der Eingangstür eines ansonsten verlassenen Gebäudes. Zuerst zaghaft, dann jedoch immer lauter und fordernder. Bei dem hartnäckigen Besucher handelte es sich um den Besitzer eines „okkulten" Buchladens, der in gar nicht so großer Entfernung zum Apartment von Mrs. South lag. Nachdem dieser erfuhr, dass ich mich in diesem Gebäude befand, entschied er sich allerdings, nicht nach oben zu kommen.[26] Er verschwand in einem diffusen November-Nebel, der sich später zu einem guten dicken altmodischen Londoner Nebel entwickelte.

Der springende Punkt bei diesem Bericht liegt darin, eine merkwürdige Tatsache zu illustrieren, die charakteristisch ist für die ungewöhnliche Art, wie Magick häufig funktioniert. Die Sigille, die den Brennpunkt der Operation in dieser Nacht geformt hätte, war die eines besonders potenten Geistwesens, das von Gerald Gardner und Mrs. South zweifellos als „phallisch" beschrieben worden wäre. Diese Tatsache ist wichtig, denn schon bald nach dieser abgebrochenen Zeremonie starb Mrs. South unter sehr mysteriösen Umständen; die Ehe des Buchhandlungsbesitzers löste sich unter gewaltsamen Umständen auf und er starb ebenfalls kurz darauf. Und auch bei Gerald Gardner sollte es nicht lange dauern, bis er folgen sollte. Das hoch aufragende Gebäude, das später an dieser Stelle errichtet werden sollte, die zuvor häufig von Magiern benutzt worden war, ist nach meinem Verständnis ein passendes Monument für die Sinnlosigkeit der Arbeit an diesem Abend.

Ich bin versucht gewesen, diesen Bericht einer magischen Arbeit, die nach hinten los ging, hier vorzustellen aufgrund einer Aussage von Ithell Colquhoun, die im Post Office Tower ein Monument erkennt, das zur Magie von MacGregor Mathers passt, dessen Aktivitäten in dieser Region Londons kon-

---

[26] Meine Verbindungen mit Aleister Crowley waren ihm nicht bekannt.

zentriert waren.[27] Diese Aussage mag absurd klingen, aber man sollte daran denken, dass die Surrealisten, von denen Ithell Colquhoun einer war, viele magische Mysterien ergründeten, die den prosaischeren Praktizierenden und Forschern entgangen sein könnten, Die Fälle des Centre Point und des Post Office Towers (beides Formen des magischen Turms, die in diesem Kapitel diskutiert werden) führen logischerweise zum Turm-Symbolismus, der die Arbeiten verschiedener gegenwärtiger Okkultisten durchdringt, die unabhängig voneinander arbeiten.

Während der letzten paar Jahre haben die zeitgenössischen Autoren Briefe von Einzelpersonen oder magischen Gruppen aus der ganzen Welt erhalten, dass bestimmte dominante Symbole immer wieder auftauchen. Und das ist vielleicht auch gar nicht so überraschend, im Hinblick auf die gemeinsame Natur unserer Forschungen. So ist beispielsweise das *Liber Pennae Praenumbra*, das kürzlich von einer Adeptin in Ohio, U.S.A. empfangen wurde, durchsetzt mit Symbolen, die auch in Allen Holubs lebhafter Beschreibung im Bild *The Vulture on the Tower of Silence* (siehe Tafel 8 auf Seite 172) dargestellt werden: Der Aasgeier der Maat, die Biene der Sekhet, der Turm der Stille und die Schlange, deren Windungen das Wort IPSOS formen.

Eine andere, unabhängige Gruppe von Adepten in New York, geleitet von Soror Tanith vom O.T.O., hat ebenfalls identische Symbole empfangen, unter denen der Turm der Stille und die Biene der Sekhet an oberster Stelle standen. Die Übermittlung an Soror Tanith stammte von einer außerirdischen Entität, die als LAM bekannt ist, und die zuvor von Crowley 1919[28] kontaktiert worden war.

---

[27] Siehe *Sword of Wisdom: MacGregor Mathers and the Golden Dawn* von Ithel Colquhoun, Neville Spearman, 1975. Miss Colquhoun beobachtete, dass W. B. Yeats und andere in der Fitzroy Street initiiert wurden und kommentiert: „Heute kann der Post Office Tower, der die Straßen überschattet, wohl, wie ich vermute, als Projektion der Macht des Hermes betrachtet werden, der hier jene der Isis-Urania ersetzt." (Seite 50).

[28] Crowley war zu der Zeit, als der den Kontakt mit dieser Wesenheit herstellte, ebenfalls in New York. Ein Eindruck von LAM, den Crowley gezeichnet hatte, erschien in *Wiederbelebung der Magick*, Abbildung 5. Die Zeichnung war ursprünglich 1919 in Greenwich Village ausgestellt und in *The Blue Equinox* veröffentlich worden.

Der Führer des Kultes der Schwarzen Schlange, Michael Bertiaux, kontaktierte ebenfalls LAM während er in den 1960er Jahren[29] Arbeiten im Rahmen des tibetischen Bön-Pa-Kraftstroms durchführte. Bei all diesen Anrufungen und magischen Arbeiten war der oben beschriebene Symbolismus dominant, was darauf hindeutet, dass an allen drei Orten (d. h. Ohio, New York und Chicago) eine identische okkulte Energie, Entität oder Strahlung Vibrationen aussendet, die mit den Symbolen von Mu oder Maat in Einklang schwingen und die von daher möglicherweise als Vorläufer einem zukünftigen Äon vorausgehen. Das scheint die Theorie von Frater Achad zu bestätigen, dass es eine Überlappung, verursacht durch eine Knickstelle in der Zeit gibt, die ihre spiralförmige Windung nach alter Lehre[30] manifestiert, in der dies durch den Aasgeier mit seinem spiralförmigen Hals symbolisiert wurde und durch den Wendehals, dessen physische Besonderheit ihn zu einem ähnlich passenden Totem oder empfindungsfähigen Symbol machte.

Ein anderes, weniger leicht zu erklärendes Totem ist die Hyäne. Wie der Aasgeier ist die Hyäne ein „Tier des Blutes", aber das alleine erklärt noch nicht ihren Gebrauch als zoomorphische Glyphe in der drakonischen Tradition. Nach der alten Lehre kann die Hyäne nur nach links oder rechts sehen, indem sie ihren gesamten Körper dreht, d. h. sie kann ihren Kopf nicht drehen. Symbolisch gesehen hat sie von daher die gleiche Wertigkeit wie ein Wendehals. Als ein Totem des Abyss, ist die Zuschreibung der Hyäne im Hinblick auf das Herumspuken in den Krypten und den Gräbern des alten Ägypten und das Verzehren von Toten offensichtlich. Die Wüsten-Symbolik greift ebenfalls. In Indien sind der Aasgeier und die Hyäne unter den Tieren, die mit den Riten der Kali in Verbindung gebracht werden. Das tantrische Element des Ritus ist dabei implizit.

---

[29] Siehe *Cults of the Shadow*, Kapitel 10.

[30] Zoroaster (ca. 1100 v. Chr.) war sich dieser geheimnisvollen Krümmung in der Zeit wohl bewusst, die auch den Einfallsreichtum der modernsten Denker anregte. Er schrieb über Gott, dass er eine „spiralförmige Kraft" habe und assoziierte die zeitliche Verzögerung mit dem Voranschreiten der Äonen, die wieder an die Quelle des Ursprungs zurückkehrten und dabei die ursprünglichen Atavismen des vor-evolutionären Bewusstseins reaktiviert würden.

Es gibt starke Ähnlichkeiten zwischen den afro-ägyptischen Riten des Shaitan, die in Sumer und Arkadien gefeiert wurden und den späteren indischen Tantra-Riten der Kali. Der wahrnehmbare mongolische Beigeschmack dieser Riten, der von Gelehrten[31] festgestellt wurde, ist offensichtlich dem merkwürdigen Ethos zu verdanken, der einen Großteil der Literatur durchzieht, die mit den Kaulas in Verbindung steht. Es werden die Ziege, das Schwein, den Aasgeier, die Schlange, die Spinne, die Fledermaus und andere typisch typhonische Tiere bei ihren Opferzeremonien verwendet. Gegenwärtig gibt es auch eine geheime Bruderschaft in Südamerika, die unter ihren Verehrern in ihrem inneren Kreis jene zählen kann, die die Portale in die Zwischenreiche in der Gott-Form der Fledermaus durchquert haben. Hier handelt es sich um den Zootyp des Vampirtieres des Blutes, das mit der Symbolik des Aasgeiers und der Hyäne in Verbindung steht. Die Fledermaus, die, nachdem sie gefressen hat, im Schlaf von oben nach unten hängt; die Hyäne, die rückwärts uriniert, und der Aasgeier, dessen schiefer Hals eine Form von rückwärtigem „Sehen" nahe legt, sie alle sind okkulte Determinativen dieser Rückwärtssicht der Sinne, die den Sprung über den Abyss möglich machen. Dieser Sprung ist ein Rückwärtssturz durch die Raum-Zeit-Leere von Daath mit dem Ergebnis, dass der Boden aus der Welt des Adepten heraus fällt, der es versucht. Sax Rohmer, der einst ein Mitglied des Golden Dawn[32] war, macht eine passende Anspielung auf diesen Kult in seinem Roman *Vampirflügel* und obgleich er die Wirkung seiner Geschichte schmälert, indem er auf das abgedroschene literarische Mittel der mechanistischen Lösung zurückgreift, bezieht er sich nichtsdestotrotz auf einen tatsächlichen Kult, wenn er sagt:

Während Schlangen und Skorpione schon immer von den Verehrern des Voodoo als heilig angesehen wurden; ist das wirkliche Emblem dieser unreinen Religion die Fledermaus; besonders *die Vampirfledermaus in Südamerika.*[33]

---

[31] Siehe *Studies in the Tantras* von Prabodh Chandra Bagchi.

[32] Nach Cay Van Ash & Elisabeth Sax Rohmer. Siehe *Master of Villany*, Kapitel 4, Ohio Popular Press, 1972.

[33] *Vampirflügel*, Seite 96.

Rohmer hat, wie H. P. Lovecraft, direkte und bewusste Erfahrungen der inneren Ebenen und beide hatten Kontakte mit nicht-räumlichen Entitäten. Und weiterhin wichen beide Autoren – in ihren Romanen und in ihrer privaten Korrespondenz gleichermaßen – vor einer tatsächlichen Konfrontation mit diesen Wesenheiten zurück, die leicht als die Boten Choronzon-Shugals erkannt werden können. Die Masken dieser Entitäten erlangten eine Qualität von solch überzeugender Klarheit, dass weder Rohmer noch Lovecraft in der Lage waren, dem ins Gesicht zu sehen, was darunter lag. Aber dennoch barg diese unüberwindliche Abscheu, die durch die Kontakte inspiriert wurde, magisches Potential, zusammengepresst und explosiv, was beide Autoren zu Meistern in ihrem jeweiligen Fach des kreativen Okkultismus machten.

Es besteht kein Zweifel daran, dass Schriftsteller wie Sax Rohmer, H. P. Lovecraft, Arthur Machen, Algernon Blackwood, Charles Williams, Dion Fortune etc. durch die verschiedenen Beschreibungen der Qliphoth machtvolle Einflüsse erschufen, die ihren Eindruck auf die okkulte Szene machten. Die Formel der Abyss beispielsweise wurde unvergleichlich allegorisiert durch die Symbolik eines psychologischen Saltos beschrieben von Charles Williams (in *Descent into Hell*). Er verwendete die folgenden packenden Zeilen:

> Der Magus Zoroaster, mein totes Kind,
> traf sein eigenes Abbild, wie es im Garten wandelte.

als Thema für seine Geschichte.

Das Umdrehen oder das Rückwärtswenden ist die Formel, die in der alten Symbologie des Hexentums[34] impliziert ist.

Die Familiares der Hexen wurden, nicht weniger als die von ägyptischen Priestern angenommenen Gott-Formen, adoptiert, um den Praktizierenden zu transformieren, und zwar *nicht in die fraglichen Tiere*, sondern in den Bewusstseinszustand, den sie als die psychologische Tierhaftigkeit atavistischer Kräfte

---

[34] Diese Formel ist äquivalent zum hinduistischen *Nivritti Marga* oder dem „Pfad der Rückkehr" oder der Umkehrung der Sinne zu ihrer Quelle im reinen Bewusstsein. Sie wird in den Tantras des *Viparita Maithuna* durch den umgekehrten Geschlechtsverkehr symbolisiert.

repräsentieren, die latent im Unterbewusstsein vorliegen. Die Formeln, die von Austin Spare in seinem System sexueller Zauberei und atavistischer Wiederbelebung zusammengefasst wurde, waren die Themen des *Zos Kia Kultes*.[35] Ithell Colquhoun ordnet diesen Kult richtigerweise in seinem gegenwärtigen Setting als Ableger dem O.T.O. und dem „traditionellen Hexentum"[36] zu, aber der *Zos Kia Kult* stimmt auch mit einem anderen Strang überein, der Einflüssen entstammt, die älter sind als alle, die dem reinen „traditionellen Hexentum" zugeordnet werden können, was immer dieser Begriff auch genau bezeichnen mag. Diese Einflüsse emanieren aus solchen Kulten, wie Lovecraft sie in Neu-England via des Salem-Hexentums kontaktiert hatte, und die im Gegenzug Kontakte zu gewaltigen alten Kraftströmen unterhielten, die sich im ameriindianischen Astralkomplex als die „unheimlichen" Entitäten manifestierten, die von Lovecraft in seinem Horrorgeschichten beschrieben werden.

Es waren solche Entitäten, die Spare durch den „Schwarzen Adler"[37] kontaktierte. Der Schwarze Adler erzeugte in Spare ein extremes Schwindelgefühl, das einige seiner besten Werke initiierte. Spare „visualisierte" das Gefühl eines kreativen Schwindelgefühls in einem Bild, das *Trapeze Tragedy* (Tafel 15 auf Seite 178) genannt wird, ein Thema, das er in verschiedenen anderen Bildern wiederholte. Die Formel ist für seine Zauberei essentiell.

Das Trapez oder die Schaukel war das Vahana[38] von Rhada und Krishna, deren Liebesspiel mit diesem Schwindelgefühl assoziiert wird, das durch das Schaukeln von Emotionen eingeleitet wird und durch das *Stürzen* in einen fast wahnsinnigen Zustand des heftigen Verliebtseins. Bei Spare jedoch erlangt die Ekstase ihre Apotheose durch ein katastrophisches Gefühl zermalmender Unterdrückung, des nach unten gedrückt Werdens und des Sturzes in den Abyss.

Die Schaukel ist identisch mit der Krippe, die eine wichtige Rolle in den Mysterien des Krishna Gopal Kultes[39] spielt. Aber lange vor die Riten des schwarzen Kindes Krishna datieren die Riten des schwarzen Kindes Seth oder

---

[35] Siehe *Images & Oracles of Austin Osman Spare*, Teil II.

[36] *Sword of Wisdom* (Colquhoun), Kapitel 16.

[37] Ein Porträt dieser Wesenheit findet sich in *Wiederbelebung der Magick*, Tafel 12.

[38] Dieser Begriff aus dem Sanskrit bezeichnet einen „Träger" oder einen „Kraftfokus".

[39] Kult des Kindes Krishna.

Harpokrates, dem Säugling im schwarzen Ei des *Akasha*.[40] Das Äon des Kindes[41] ist das Äon des Abyss-Säuglings, dessen Symbol die Krippe ist, die das Schaukeln oder das Überwechseln in das Äon der Maat (Mu) symbolisiert. Mu, 46, der Schlüssel zu den Mysterien, ist auch die Zahl MV (Wasser, d.h. Blut), was durch den Aasgeier, die Hyäne und andere „Tiere des Blutes" versinnbildlicht wird. In magischen Begriffen wird von Spare dieses Gefühlsempfinden des stürzenden Trapezkünstlers in einer piktoralen Formel summiert, der er keinen bestimmten Namen gab, die aber als die Formel des kreativen Schwindelgefühls beschrieben werden kann. In seinem Bild über den Trapezkünstler ist dieser Darsteller weiblich, denn sie repräsentiert die menschliche Verkörperung der erwachten Feuerschlange. Es ist der *Fuß*[42] und nicht die Hand, die ausgewählt wurde, um *als Hilfsmittel das Fallen* anzuzetteln.

Im *Zos Kia Kult* erhöht Spare die Hand und das Auge als wichtigste Instrumente der Vergegenständlichung. Das besagt, dass er eine magische Formel erhöhte ähnlich jener, die den *achten* Grad des O.T.O. charakterisierte.[43] Dennoch erkannte er, dass die endgültige Formel, die bei der Überquerung des Abyss wirksam ist, nicht die „Hand" beinhaltet, sondern den „Fuß". Der Fuß ist unter der Hand und auf diese Weise symbolisiert die „linke" Hand die Scharlach-Frau. Der Staub ihrer Füße ist das rote Pulver, das von den tamilischen Siddhars[44] gefeiert wird. Der scharlachrote Staub oder Feuerstaub ist die nukleare Emanation der Feuer-Schlange in ihrem aufwärts Streben und führt zu Erleuchtung in einem kosmischen Sinne. Aber ein weiterer Prozess ist notwendig, um dem Adepten den Einlass in die Zonen des Nichts-Seins zu gestatten, der repräsentiert wird durch die andere Seite des Lebensbaumes, der von den Nicht-Initiierten als der Baum des Todes gefürchtet wird.

Jenseits des Abyss verlieren Sexualität oder Polarität jede Bedeutung. Das erklärt, warum nach der Doktrin des Golden Dawn Adepten jenseits des Gra-

---

[40] *Akasha* bedeutet „Geist" oder „Äthyr" und ist das fünfte Element.

[41] D. h. das Äon des Horus oder *Har*, was „Kind" bedeutet.

[42] Der Symbolismus der Füße der Göttin wurde in *Aleister Crowley & the Hidden God*, Kapitel 10 beschrieben.

[43] Diese Formel wird mit Hilfe von manueller Auto-Erotik angewendet.

[44] Siehe *The Religion and Philosophy of Tevaram* von D. Rangaswany.

des $7° = 4°^{45}$nicht länger inkarniert waren. Da es (in der westlichen Traditi-on) keine adäquate Terminologie für diese Situation gibt, können wir dazu nur Bezüge herstellen, indem wir Analogien zu den *Mahapurusas* der Hindu-Tradition herstellen. Die *Mahapurusas* sind nicht-menschliche Wesen, die dem Adepten auf seinem spirituellen Pfad erscheinen. Ein kürzlich dokumentiertes Beispiel für eine solche Manifestation trat im Leben von Pagal Haranath[46] auf. Er wurde als eine Inkarnation von Krishna betrachtet und als Inkarnation von Sri Caitanya, dem *Bhakta*[47] aus dem 15. Jahrhundert, der die Einwohner von Bengalen durch die Intensität und die Inbrunst seiner Verehrung von Kris-hna (dem Gott) inspirierte. Pagal Haranath erschien ein *Mahapurusa* als eine riesige Form, die Licht ausstrahlte. Die einzige westliche Parallele (der letzten Jahre), die einem in den Sinn kommt, ist der oft zitierte Bericht von MacGre-gor Mathers Begegnung mit den „Secret Chiefs", der im Bois de Boulogne[48] stattfand.

Im Gegensatz zu MacGregor Mathers behauptete Crowley, dass Adepten nach Erreichen des endgültigen Zieles manchmal im Fleisch bleiben, will sa-gen, dass die Erfahrung, die als das „Überqueren des Abyss" bekannt ist, nicht notwendigerweise den körperlichen Tod beinhalten muss. Das ist im Osten na-türlich wohl bekannt, wo es in unserer eigenen Zeit so herausragende Beispiele wie Sri Ramakrishna Paramahamsa, Sri Ramana Maharshi, Sri Sai Baba (von Shirdi), Sri Anandamayi Ma und Sri Anunsaya Devi[49] gegeben hat, um nur einige zu nennen.

---

[45] Der Grad, der augenblicklich dem Abyss vorausgeht.

[46] Sri Pagal Haranath, der „Verrückte" oder „Wahnsinnige" lebte von 1865-1927 in Westbengalen. Ein Bericht über den Besuch ist in *Sri Haranath: His Play & Precepts* von Vithaldas Nathabhai Mehta enthalten, Bombay, 1954. Solche Manifestationen traten in früheren Zeiten auf und haben zum Auftauchen des Konzeptes der NPhLM oder Riesen geführt. Siehe Kapitel 9, supra.

[47] ein Gottgeweihter.

[48] Zitiert nach *Aleister Crowley & the Hidden God*, Kapitel 1.

[49] Die letzten beiden Weisen sind glücklicherweise noch inkarniert und soweit mir be-kannt sind sie immer noch für *Darshan* verfügbar. (Die Fußnote datiert im Original von 1977!)

Es wurde beanstandet, dass Crowley selbst niemals erfolgreich den Abyss überquert habe.[50] Sei dies, wie es ist, bestimmte westliche Initiierte haben aber diese Überquerung zweifellos geschafft und es ist auch in ihren Schriften nachweisbar. Auch wenn es eine Ansichtssache ist – und als solche und als nicht mehr soll es hier angemerkt werden – ist der führende westliche Adept in dieser Kategorie derjenige, der unter dem Pseudonym *Wei Wu Wei* schreibt. Seine Bücher sind empfehlenswert als die reichhaltigsten, subtilsten und plastischsten potenten Ausflüge in die Leere des formlosen Bewusstseins, die dennoch in Worte gefasst werden konnten.

---

[50] Frater Achad, siehe *Cults of the Shadow*, Kapitel 8.

Die typhonischen Totems in den Tantras

Die Formel des kreativen Schwindelgefühls als Methode der Traumkontrolle[1] ist nicht auf den ersten Blick verständlich, sondern erst, wenn man versteht, dass Spare diese Formel imaginativ, d. h. auf der Ebene des Traums verwendete, um Transformationen des Bewusstseins im *Wachzustand* zu erreichen. Das Gefühl von Widerstand, das durch die abrupte Umkehr der Feuerschlange erzeugt wird, wenn sie die Krone des Kopfes erreicht und dann in einem Feuerschauer austritt, wird durch die Formel des kreativen Schwindelgefühls hervorgerufen und zwar in keinem geringeren Grad als durch die traditionellen Praktiken des Yoga. Die physiologische Parallele dieser Formel als einem rein symbolischen Prozess wird im alchemistischen Sinne von den Tantrikern des Vama Marg verwendet, und beinhaltet die Einnahme des Feuerregens, der von den Füßen der Göttin aufsteigt. Der Effekt eines solchen Trankes auf die astrale Anatomie ist von Spare visualisiert worden als der Fuß, der den Kopf der Frau zermalmt. Warum das so sein soll, ist nicht klar, aber es steht unzweifelhaft in Verbindung mit Spares persönlichem ästhetischen Ethos. Seinen Erfolg als Formel scheint jedoch den Wert traditioneller Korrespondenzsysteme zu beweisen, so wie sie im *Liber 777* präsentiert werden. Ähnliche Überlegungen sind auf subjektive und persönliche Systeme (vorausgesetzt sie sind konsistent und innerlich kohärent) anwendbar, wie etwa jene, die von Baudelaire und Rimbaud intuitiv erlangt wurden oder von späteren Exponenten der Traumkontrolle der Surrealisten.[2]

---

[1] Die Technik der Traumkontrolle wird in der Typhonischen Trilogie erklärt, besonders in *Cults of the Shadow*, Kapitel 11, wo die komplette Formel vorgestellt wird.

[2] Insbesondere Salvador Dali hat die Effizienz des persönlichen Fetischs als einen Schlüssel für magische und mystische Errungenschaften demonstriert (Siehe *The Unspeakable Confessions of Salvador Dali*, W. H. Allen, 1975). Vergleiche sein System deliröser paranoisch-kritischer Aktivität mit Spares System der magischen Obsession mit seinen empfindungsfähigen Symbolen und der Wiedererweckung von Atavismen, geboren aus der Ekstase der Selbstliebe.

Spare, der in den Grenzen einer rigoros disziplinierten Kunst arbeitete, als Mittel *visualisierender* Eindrücke, war wahrscheinlich der Erste, der eine magische Methode erklären konnte, die die Realität (den Wachzustand) von einer Ebene reiner Fantasie (dem Traumzustand) aus beeinflussen konnte. Es handelte sich um Fantasie, die durch das Prisma des Traumzustandes projiziert eine genaue Anpassung oder Modifikation von augenscheinlich unverbundenen und willkürlichen Objekten bewirkte, die im Wachzustand als ganz verschieden und unvereinbar erscheinen. Auf der Basis dieser Methode hat Spare behauptet, dass er der erste Surrealist sei. Interessanterweise ist der Beweis dafür aber nicht so sehr in seinem graphischen Werk offensichtlich, sondern in seinen Büchern, in denen er die vitale Funktion des Fetischs (oder der Besessenheit) bis in die Beziehung zur Traumkontrolle zurückverfolgt. Seine Verwendung des Begriffes „instrusiver Familiar", „elementale Automata", „empfindungsfähige Symbole", „Wiederbelebung von Atavismen", ja tatsächlich das gesamte Konzept seines Alphabets der Begierde als eine Serie von Glyphen hat hervorstechend sexuelle Konnotationen und sind der Beweis für seine Einsicht in die Möglichkeit, den Wachzustand *via* der Welt des Traums oder der Fantasie zu kontrollieren. Mit einem Wort, durch eine direkte Kontrolle des Unterbewusstseins.

Dies ist im Hinblick auf traditionelle Einstellungen gegenüber diesem Thema interessant. Die Hindus beispielsweise scheinen die Möglichkeit zu bezweifeln, weltliche Phänomene durch den Traumzustand beeinflussen zu können. Deshalb behaupten sie, dass aus Traumaktivitäten kein *Karma* entstände. Sie argumentieren, dass jede Handlung, die in einem Traumzustand durchgeführt wird, von unfreiwilliger Natur ist und daher frei von *karmischen* Konsequenzen bleibt, denn *Karma* wird durch Motive allein erzeugt. Spare aber hat gezeigt, dass die Traumhandlungen nicht notwendigerweise unfreiwillig sind und dass von den astralen Ebenen des Bewusstseins aus der Adept deren Substanz so zu Ursachen formen kann, dass es scheint, als würden sie eine Wirkung auf den Wachzustand (d. h. die materielle Ebene der „Objekte") ausüben können.

Auch Dion Fortune betont die Möglichkeit des „Wahrträumens" in einem magischen oder kreativen Sinne.[3] Die Arbeit dieser Adeptin wurde häufig

---

[3] Siehe *Wiederbelebung der Magick*, Kapitel 10.

falsch interpretiert. Es ist beispielsweise nicht allgemein bekannt, dass Fortune eine starke Verbindung mit dem Kraftstrom hatte, mit dem auch Spare und Crowley arbeiteten.[4] Dieser Kraftstrom hatte aus Spares Schriften und seiner Kunst einen traum-orientierten Impuls erhalten. Beides ist zur damaligen Zeit von Crowley bewundert worden.[5] So sehr, dass er und Spare in persönlichem Kontakt standen. Diese Bewunderung dauerte bis zu Crowleys Tod an, was ich erfuhr, als ich ihn bezüglich seiner Einstellung gegenüber Spare und seiner Arbeit befragte. Crowley bedauerte, dass Spare zu einem „Dunklen Bruder" wurde, „indem er sich in einen Turm einschloss und in den Teich des Narzissmus eintauchte", womit Crowley meinte, dass Spare sich fast ausschließlich auf die Verwendung der magischen Formel verlegt hatte, die im O.T.O. als der VIII° bekannt war.

Crowleys Spekulationen über Spare bringen einen interessanten Punkt zur Sprache, der für unsere Untersuchung von sofortiger Relevanz ist. In *Magick* erwähnt Crowley a) die Möglichkeit eines Falles vom Baum des Lebens und b) den Hund Zerberus:

> „Es wird sogar gesagt, dass es unter bestimmten Umständen möglich ist ganz und gar vom Baum des Lebens abzufallen und zum Turm der Schwarzen Brüder zu gelangen ..."[6]

> „Nichts soll hier über Zerberus gesagt werden, der großen Bestie der Hölle ... denn dies ist keine Sache von Tiphareth im Außen sondern von Tiphareth im Inneren."[7]

---

[4] Kurz nach ihrem Tod schrieb Crowley am 19.03.1946 in einem Brief an Louis Wilkinson: „Dion Fortune ist tot. Es gab ein sehr geheimes Eingeständnis, mit dem sie meine Autorität anerkannt."

[5] Spare wurde zu dieser Zeit (d. h. 1910) ein Mitglied von Crowleys A∴ A∴ Er nahm das Motto Yivohaum an, eine Kombination von IHVH (Jehova) und AUM, dem hinduistischen *Bi Ja-Mantra*, das die ursprüngliche kreative Schwingung symbolisiert.

[6] *Magick*, Seite 489, zitiert nach dem *Liber Thisharb*.

[7] *Magick*, Seite 491, zitiert nach dem *Liber Jugorum*.

Nach der griechischen Mythologie war Zerberus der monströse Wachhund des Hades; ein Abkömmling der Typhon und der Echidna. Letztere wurde als zur Hälfte Frau und zur anderen Hälfte Schlange beschrieben. Zerberus hatte drei (oder fünfzig) Köpfe und Haar, das aus Schlangen bestand; er ist das Äquivalent zum Wüstenhund Shugal oder dem Fenekh-Fuchs von Äthiopien, dem Symbol des Seth. Seine Verbindung besteht mit der Nachtseite des Baums, wie durch den Ausdruck „Tiphareth im Außen" bewiesen wird. Dies ist die Sonne der Dunkelheit, die untergehende Sonne oder die Sonne des Seth, die, indem sie ihren Kreislauf vervollständigt, in den Abyss hinabtaucht und die „Türme der Dunklen Brüder" beleuchtet, die die Schatten in der Stadt der Pyramiden[8] sind, geworfen von Binah in die Sphäre der schwarzen Sonne (Tiphareth im Inneren).

Die phallische Spitze oder der Turm der Schwarzen Brüder ist die „Abscheulichkeit der Vereinsamung" in der Wüste der Nacht der Zeit. Es handelt sich um stille Zeugen der Abyssflut, verkörpert im drakonischen Kult durch die Überschwemmung des Nils. Das Mysterium der zyklischen Überschwemmung des Nils und seine Verbindung mit der solar-phallischen Energie von Tiphareth wurde durch die Löwin Sekhet repräsentiert, deren Symbol die Biene war. Dieses Mysterium wurde von den alten Ägyptern dargelegt, aber die geheimen Schlüssel, die es betreffen, gingen entweder verloren oder sie wurden von typhonischen Initiierten in einem Zeitalter noch vor Ankunft der monumentalen Periode in der ägyptischen Geschichte entwendet. Durch die Jahrhunderte hindurch haben bestimmte Adepten versucht, diese wieder herzustellen. Einer von ihnen war Ankh-af-na-Khonsu, der Hohepriester des Amun-Ra in der XXXVIsten Dynastie[9]. Obgleich er versagte, bleiben diese *Arcana* bis heute bestehen und sie manifestieren sich heute auf verschiedene Weise in der noch lebendigen Tradition der asiatischen Tantras, von denen geglaubt wird, dass sie aus mongolischen Quellen stammen.

---

[8] Eine der Zuschreibungen Binahs, der kosmischen Kraftzone assoziiert mit Saturn, dem planetaren Repräsentant von Seth.

[9] Crowley behauptete, dass er eine Wieder-Verkörperung des magischen Kraftstroms sei, der durch die Priesterschaft repräsentiert wurde, zu der Ankh-af-na-Khonsu gehörte.

Daher sind wir heute im Westen in der paradoxen Situation, die Schlüssel zu den drakonischen Mysterien nicht in Afrika, sondern in orientalischen Traditionen zu finden, die den typhonischen Kult in tantrischen Initiationsschulen weiter getragen haben. Es wird gesagt, dass diese jenen offen stehen, die astral zu ihren Tempeln und geheimen Rückzugsorten gelangen können, von denen nicht alle in Asien oder dessen siderischer Reflektion angesiedelt sind.

1946 wurde mir ein Teil der tantrischen Lehren, die das *Chandrakala*[10] betreffen, von einem Initiierten des Vama Marg übermittelt. Dieser Adept war auch ein Mitglied des *Ordo Templi Orientis* und war 1945 von Crowley in das Souveräne Heiligtum dieses Ordens initiiert worden. Meine typhonische Trilogie stellt den Versuch dar, die arkane Wissenschaft dieser *Kalas*[11] in den Begriffen der westlichen Mysterientradition zu präsentieren.

Einst war diese Wissenschaft der westlichen Tradition bekannt, die dann nach Ägypten und Sumerien durchsickerte; aber die Schlüssel gingen verloren und das Resultat kann in den grotesken und unentzifferbaren Handbüchern der Alchemie betrachtet werden. Bis zum heutigen Tage haben diese allen Versuchen widerstanden, die in ihren Ziffern verborgene Wissenschaft wieder herzustellen. Nichtsdestotrotz waren verschiedene ihrer Exponate unzweifelhaft von einem Wissen um die wahren Mysterien der geheimsten aller Wissenschaften inspiriert, die das fehlende Glied in der Kette ist, die das neue Äon des Kindes Horus mit den alten Kulten der Mutter (Typhon) verbindet. Letztere wurde von den Osirianern verbannt, die ihre Doktrinen aus politischen Gründen pervertierten, da sie es für erforderlich hielten, dass der männliche oder positive Aspekt der Natur über dem weiblichen oder negativen Kraftstrom stehen sollte. Wie aber gezeigt wurde, ist der negative Kraftstrom von herausragender Wichtigkeit. In unserem gegenwärtigen Zeitalter hat die tantrische Tradition allein die korrekten Formeln erhalten, was in dem gefeierten Sinnspruch reflektiert wird: *Shiva ist Shava ohne Shakti.*[12]

---

[10] Wörtlich „Mondsaft" oder Mondmedizin, die 16. und höchste *Kala* (*Mahakala*), deren Gegenstand die Vergegenständlichung des lunaren Kraftstroms ist.

[11] Diese Wissenschaft ist bekannt als *Srividya*, höchstes Wissen (d. h. Gnosis).

[12] Die Bedeutung davon ist, dass Shiva (das Bewusstsein) unbeweglich ist (Shava = ein Leichnam) ohne *Shakti* (Kraft, Bewegung, Zeit, die *Kalas* usw.). Diese Phrase erscheint

Dass die menschliche Frau der natürliche Aufbewahrungsort, Tempel, Schrein oder das Heiligtum der alchemistischen Elemente der Transmutation[13] ist, ist der Grund dafür, dass der Kult des *Vama* (d.h. der Frau) im gegenwärtigen Äon des Kindes wieder erscheint als der Schatten des Aasgeiers, des Raubvogels, der das spezielle Symbol der Maat (des Mutter-Mundes) ist.[14]

Der Aasgeier ist ein typischer Verfolger der Toten und wie die Hyäne ist er als ein „Tier des Blutes" bekannt. Die Fledermaus ist ein weiterer Typ des Blutsaugers und ihre Angewohnheit, mit dem Kopf nach unten zu schlafen, sorgte dafür, dass sie von Initiierten als Typus verwendet wurde, um die Umkehrung der Sinne anzuzeigen. Spares „Todeshaltung" beinhaltet die gleiche Idee und das gilt auch für das *Viparita Maithuna* der Hindus. Es ist nicht so sehr der Tod der Sinne, der angedeutet wird, sondern die völlige Umkehrung der Lebensströmung, die in den Elixieren enthalten ist, die von den Organismen der Initiierten ausgeschieden werden, die bekannt sind als die Aasgeier Mus. Dies beinhaltet die Erlangung von kosmischem Bewusstsein.

Die Wahl der typhonischen Totems wurde hauptsächlich durch bestimmte physikalische Charakteristiken bestimmt, so wie der Trancezustand der Fledermaus und das nach hinten Urinieren der Hyäne. Es ist beispielsweise eine wenig bekannte Tatsache,[15] dass die Frauen, die für die tantrischen Riten der Umkehrung als kompetent ausgewählt oder „markiert" wurden, solche sind, die neben den Anzeichen von besonderen magischen Fertigkeiten auch anatomische Besonderheiten besaßen, die durch solche Tiere wie die Hyäne und bestimmte Mitglieder der Gruppe Felidae exemplifiziert wurden, die *cluniatum* urinieren und kopulieren. Gerald Massey hat die Bedeutung dieser Symbolik demonstriert, aber er scheint sich über dessen praktische okkulte Wichtigkeit nicht bewusst gewesen zu sein.

Vom akademischen Standpunkt aus ist dieses Thema mit großen Schwierigkeiten besetzt, weil es die physikalische Natur der Mysterien betrifft. Einige

---

in verschiedenen Tantras.

[13] Sowohl von Grundmetallen in Gold als auch des menschlichen Bewusstseins in kosmisches Bewusstsein.

[14] Der Aasgeier ist in erster Linie ein Symbol für das Mutter-Blut.

[15] Siehe *Cults of the Shadow*, Kapitel 7.

seiner Geheimnisse begannen sich im Westen zu offenbaren, als Sir John Woodroffe zum ersten mal und mit initiierter Assistenz bestimmte Tantras übersetzte, die – wie tief versteckt auch immer – den lebendigen Kraftstrom des linkshändigen Pfades (Vama Marg) enthielten.

Die Tantras des Vama Marg sind heute die einzigen Aufbewahrungsorte der echten Wissenschaft des *Srividya* und des *Chandrakala*. Diese Wissenschaft, die ihren Ursprung in Ägypten hat, wurde in der westlichen Tradition in verzerrter Weise aufgespalten und wurde als Al-Khem oder Alchemie[16] bekannt. Khem, das schwarze Land, wurde als Ägypten[17] identifiziert, weil die *Kaf-ruti* oder die schwarze Rasse ihre Apotheose in diesem Land erlangte. Die Quelle des drakonischen Kraftstroms lag in Afrika, jenseits von Ägypten, wie Massey so umfassend demonstriert hat, aber die okkulte Bedeutung von Khem ist die dunkle Strahlung der menschlichen Frau, deren vaginale Vibrationen die rote Erde der Vergegenständlichung beinhalten. Sie ist die Schwarze Göttin, Khem-Isis, Nu-Isis, der Mutterleib und der Geburtsort allen manifestierten Lebens.

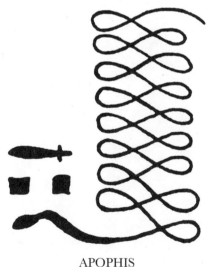

APOPHIS

---

[16] *Al-Khem-i* wörtlich „vom schwarzen oder roten Land", d. h. Ägypten mit Inner-Afrika eingeschlossen.

[17] Siehe *Magick*, Seite 288.

Abb. 6: *Mond der Hekate* von David L. Smith.

Abb. 7: *Vinum Sabbati* von Steffi Grant.

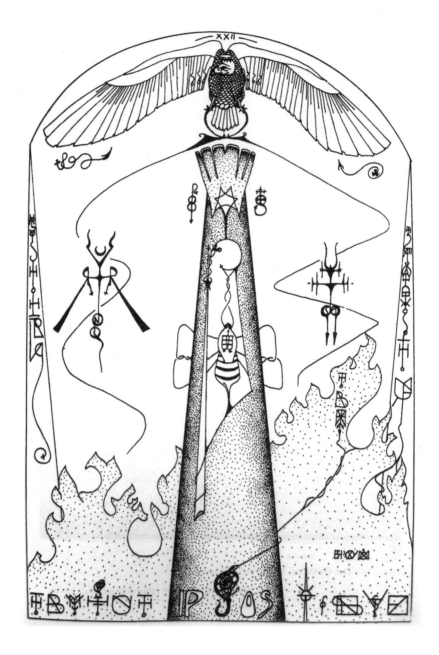

Abb. 8: *Der Aasgeier auf dem Turm der Stille* von Allen Holub.

Abb. 9: *Grimoire der dunklen Doktrin von Steffi Grant* (Soror Ilyarun).

Abb. 10: *Der ophidianische Geist* von Austin Osman Spare.

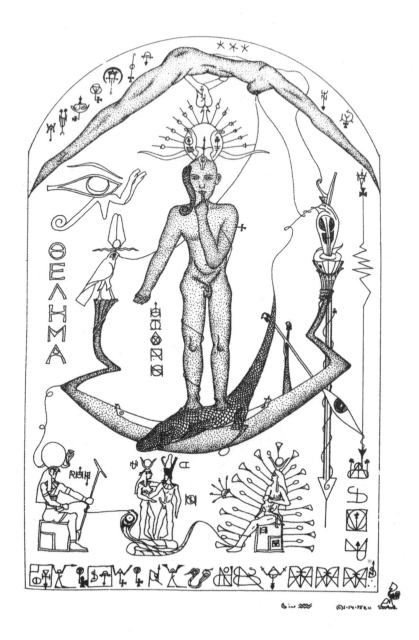

Abb. 11: *Das Krokodil von Khem* von Allen Holub.

Abb. 12: *Schwarze Kundalini: Zwei transyuggotische Götter der Magie* von Michael Bertiaux.

Abb. 13: *Der Tunnel der Temphioth* von Jan Bailey (Soror Tamarinth).

Abb. 14: *Die Lava Malkunofats* von Frederick Seaton.

Abb. 15: *Trapez-Tragödie* von Austin Osman Spare.

Abb. 16: *Die Göttin der Zukunft* von Michael Bertiaux.

Abb. 17: *Kreativer Vortex* von Steffi Grant (Soror Ilyarun).

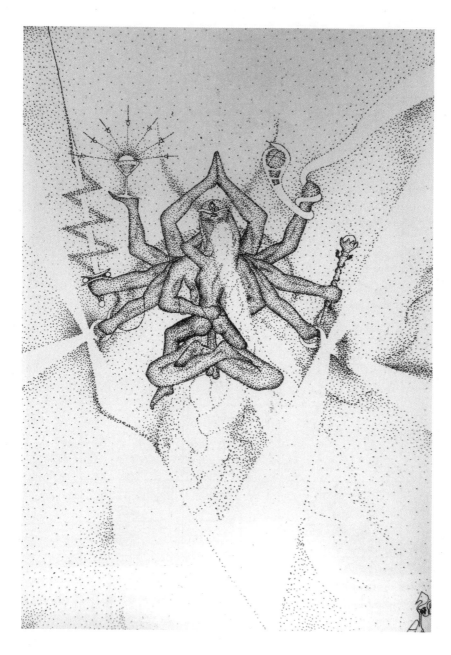

Abb. 18: *Die Arbeit des Stabes & die Arbeit des Schwertes* von Allen Holub.

Die Sigillen der 22 Wächter der Tunnel Seth's nach Aleister Crowley.

Teil 2

Die Tunnel Seth's

Das Sigil von Seth, empfangen von Aleister Crowley 1912.

So wie es eine Tür in der Seele gibt, die sich zu Gott öffnet, gibt es eine andere Tür, die sich zu den Schlacke bergenden Tiefen öffnet und es besteht kein
Zweifel, dass die Tiefen hereinströmen, wenn sie effektiv geöffnet wird.

A. E. Waite

Typhon, Juggernaut und Hekate waren nicht weniger heilig als die Götter der
Überwelt, und die Offizien von Canidia waren wahrscheinlich auf ihre Weise
ebenso heilig wie die friedvollen Mysterien der Ceres.

A. E. Waite

Einführung

Die im zweiten Teil entwickelte These besagt, dass die frühen Mythenschöpfer nicht in der Lage waren, die Kräfte des Nicht-Seins richtig zu verstehen und dass sie sie deshalb in falsche Formen gossen, aus denen sie dann als Kräfte des „Bösen" hervorgingen. Als Konsequenz wimmelt es in den Mythen und Legenden nur so vor Dämonen, Monstern, Vampiren, Incubi, Succubi und einer ganzen Bandbreite bösartiger Wesenheiten, bei denen es sich um Symbole handelt, die unbenennbare, beängstigende Abgründe verbergen und Konzept des Nichts, des inneren Raumes, der Anti-Materie und dem ungeheuren Horror vor der absoluten Abwesenheit, von denen die frühen Menschen nichts wissen konnten. Dieses andere Universum, über das wir nichts wissen können, da wir es sind, ist auf gewisse Weise zu intim, um es zu begreifen – eine Tatsache, auf die durch die Kabbalisten und Gnostiker hingewiesen wurde. Einige ihrer merkwürdigen Doktrinen tauchen heute erneut auf und tragen dabei Masken, die merkwürdigerweise denen gleichen, die sie in der Vorzeit trugen. Allerdings tragen sie andere Gesichtszüge, die auf eine Affinität zu noch merkwürdigeren Spekulationen hindeuten. Auch wenn es bisher noch nicht adäquat verstanden wurde, so scheint Daath doch in vielerlei Hinsicht ein „schwarzes Loch" zu sein, ein Durchgang in ein anderes paralleles Universum, das durch die andere Seite des Baumes repräsentiert wird.

Die zweiundzwanzig Zellen der Qliphoth – repräsentiert durch die zweiundzwanzig Schuppen der Schlange – stehen mit der Ophidianischen Gnosis in Verbindung, wie sie unseren Vorfahren bekannt war. Sie wird hier im Licht von Untersuchungen interpretiert, die von Adepten wie Aleister Crowley, Austin Osman Spare, Charles Standfeld Jones, Michael Bertiaux und anderen unternommen wurden.

Das janus-köpfige Tier Choronzon-Shugal (333 + 333), das am Pfeiler von Daath nach innen und nach außen schaut, ist identisch mit dem Tier 666 der biblischen Kunde und dem Teufelsgott, der von den Yeziden unter dem Namen Teitan schon vor Jahrhunderten verehrt wurde.

In seiner Notiz an *Satan, Seth & die Yeziden*[1] bringt Richard Cavendish seine Meinung zum Ausdruck, dass der „Teufelsgott der chaldäischen Mysterien ein reines Produkt der Phantasie" von Alexander Hislops[2] sei. Gerald Massey war Hislops Vorgänger. Sein monumentales Werk *The Natural Genesis* wurde 1883 veröffentlicht. Auf Seite 367 dieses Werkes erscheint das Original des Materials, das später von Hislop in seinem Buch verwendet wurde. Massey beobachtet:

> Irenaeus[3] lag in bestimmter Weise richtig, wenn er als seine Schlussfolgerung angab, dass Teitan der bei weitem wahrscheinlichste Name (für das Tier) war, auch wenn er den wahren Grund dafür nicht kannte.

Massey fährt fort, indem er sagt, dass „Teitan" die chaldäische Form von Sheitan ist, der immer noch verehrt wird von Menschen, die als die Teufelsanbeter von Kurdistan bezeichnet werden. Sheitan ist unser Satan.

Richard Cavendish behauptet weiterhin, dass Aleister Crowley das falsche Konzept mit diesem gemeinsam hätte und die Yeziden zustimmend in sein System mit aufnahm. Crowley hätte den Namen des Teufels als Shaitan buchstabieren wollen, weil ihn das zum einen in die Lage versetzte, den Namen des Feindes mit dem hebräischen Buchstaben *Shin* beginnen zu lassen, was in der kabbalistischen Tradition der Buchstabe des Heiligen Geistes ist, und noch aus dem anderen Grund, weil er es attraktiv fände, dass der Name ebenso mit einen „Sh" beginne wie bestimmte andere Worte.[4]

Diese Aussage zeigt ein Missverständnis an in Bezug auf Crowleys Grund für seine Unterstützung von Masseys (und durch Massey auch Hislops) Empfindungen gegenüber Shaitan; es reflektiert auch die Ansicht eines der verblendesten Kritiker Crowleys, denn dieser bringt die Natur der exkrementösen Angelegenheit durcheinander, auf die sich die Formel von Shaitan oder Seth

---

[1] *The Powers of Evil* (RKP, 1975) Seiten 263 - 264.

[2] Siehe *Von Babylon nach Rom* (CLV, 2002).

[3] Ein gnostischer Schriftsteller des zweiten Jahrhunderts (Anmerkung des gegenwärtigen Autoren).

[4] Siehe *The Powers of Evil*, Seite 264.

bezieht. Diese Angelegenheit wurde bereits ausreichend erklärt[5]. Was noch nicht betrachtet wurde, ist der Grund für die Unwissenheit von Irenaeus, weshalb Teitan der wahrscheinlichste Name für das Tier sei. Massey selbst liefert einen Hinweis auf diesen Grund auf Seite 370 seiner *Natural Genesis*, in der er schreibt, dass „*apropos* einem anderen Aspekt dieser Angelegenheit, kann es keinen Zweifel geben, dass das Rätsel nummerischer Natur ist".

Die Zahl 666 fasst die duale Natur des Tieres als Choronzon-Shugal zusammen und das erklärt die offensichtlich widersprüchliche Beschreibung in den *Offenbarungen* über „das Tier, das war, und das nicht ist, und dennoch ist." Die Natur des Tieres, das „war und das nicht ist" wurde bereits im ersten Teil des Buches erklärt. Es bleibt noch zu erklären, was es mit dem „und dennoch ist" auf sich hat.

Das frühere Tier, „das war und das nicht ist" ist die negative Seite des Baumes, wie sie durch die Qliphoth auf der Vorderseite des Baumes reflektiert wird, die die Domäne des Magiers bildet. Deshalb behauptet Crowley, dass das *Liber CCXXXI*[6] bis zum Grad $7^\circ = 4^\square$ wahr ist, denn jenseits des Abyss ist Magick als Seinsmodus außer Kraft gesetzt.

Das Grundgerüst, das wir hier verwenden, basiert auf dem *Liber CCXXXI*, das sowohl die Sigillen wie auch die Namen der *Qlipha* liefert, die mit jeder der zweiundzwanzig Schuppen des Tieres korrespondieren, welches die zweiundzwanzig Pfade entlang kriecht und auf seinem Weg die *Kalas* und die *Bindus* ausstrahlt und dabei den Nektar der Frau mit dem Gift der Schlange vereinigt.

Die zweiundzwanzig Pfade des Lebensbaumes übermitteln die Einflüsse der elf makroskosmischen Kraftzonen zu ihren korrespondierenden Nervenzentren im menschlichen Organismus[7]. Daher gibt es insgesamt 33 *Kalas*, von denen 32 außerirdischen Ursprungs sind.[8] Sieben von ihnen[9] sind kosmische

---

[5] Siehe Teil I, Kapitel *Die Idole von Merodach.*

[6] Siehe *The Equinox*, I, vii.

[7] D. h. den Mikrokosmos.

[8] Malkuth, das die Erde ist, wurde ausgeschlossen.

[9] Yesod bis Binah mit eingeschlossen.

Kraftzonen und die verbleibenden drei[10] übermitteln extra-kosmische Einflüsse aus den drei Formen des Nichts.[11]

Teil II des gegenwärtigen Buches behandelt daher die Qliphoth oder Schatten dieser Kraftzonen, wie sie im *Liber CCXXXI* vorgestellt werden. Die geheime Rubrik dieses *Liber* enthält diese in der mysteriösen Tabelle, die sich im Anhang befindet. Der einzige Teil davon, der uns hier betrifft, zeigt die Sigillen und die Namen der Qliphoth, die an den passenden Stellen am Beginn jedes der 22 Kapitel abgebildet werden, die auf diese Einführung folgen. Die Zahl 231, die Zahl des *Liber*, auf der diese Überlegungen basieren, ist die Summe der Zahlen von 0 bis 21, die Erweiterung auf 22 und daher die Summe der Schlüsselzahlen der Tarottrümpfe.

Bevor die gegenläufige Welt des *Meon* oder des Paralleluniversums, skizziert durch die *Kalas* des Baumes, beschrieben wird, wird es vielleicht hilfreich sein, dem Leser eine kurze Beschreibung der kosmischen Machtzonen vorzustellen und ihre Beziehung zueinander zu beschreiben.

Nach dem Gradsystem des A∴A∴ ist Kether (10° = 1□) gleich dem Pluto, und Malkuth (1° = 10□) gleich der Erde. Chokmah (9° = 2□) ist gleich dem Neptun, und Yesod (2° = 9□) ist gleich dem Mond. Binah (8° = 3□) ist gleich dem Saturn, und Hod (3° = 8□) ist gleich dem Merkur, Gedulah (7° = 4□) ist gleich dem Jupiter, und Netzach (4° = 7□) ist gleich der Venus. Geburah (6° = 5□) ist gleich dem Mars; und Tiphareth (5° = 6□) ist gleich der Sonne.

Die elfte Kraftzone Daath wird dem Uranus zugeschrieben und ist die Wohnstätte der Schwarzen Brüder von der Sphäre von Malkuth (der Erde) aus gesehen. Die Schwarzen Brüder repräsentieren phänomenologisch jene, die das Universum als eine objektive Realität betrachten. Die Wissenschaftler sind ihre Prototypen. Daath als das Tor zum Abyss ist sowohl der Eintrittspunkt in das Noumenon als auch der Austrittspunkt in das Phänomenologische; mit anderen Worten ist es die Pforte in die Manifestation aus der Nicht-Manifestation.

---

[10] Daath, Chokmah, Kether jeweils zugeschrieben dem Uranus, Neptun und Pluto
[11] D. h. *Ain Soph Aur*, *Ain Soph* und *Ain*. Siehe *The Kabbalah Unveiled* von S. L. MacGregor Mathers.

Choronzon (333) ist das Chaos im Sinne des Nicht-Wortes, verkörpert durch das Tier, dessen explosive Einheit mit Babalon[12] die Pforten in den Abyss öffnet und die Kräfte von Universum B (dem *Meon*) zulässt. Die Formel von Choronzon hat daher eine spezifische Referenz auf dem wortlosen oder stillen Äon, repräsentiert im Äon des Horus durch den sprachlosen Säugling oder *Khart*, Harpokrates (Hoor-paar-Kraat)[13]. Diesem Äon schrieb Crowley den Buchstaben *Zain* (Z-Ayin) zu, die Zwillingskräfte der Dualität, die den Affen des Thoth symbolisieren, das Nicht-Wort vor-menschlicher oder „monströser Sprache". Es ist das Schweigen der Schwarzen Brüder, jener, die die Atavismen des Tieres, getrennt von ihrem natürlichen Medium der Manifestation[14] verkörpern; die „falsche Art von Stille".[15]

Zain ist das Schwert, auf das im AL, II 37 Bezug genommen wird, hinsichtlich der Arbeit des Stabes und der Arbeit des Schwertes; der Stab wird durch den Buchstaben *Beth* symbolisiert. Daher die Blasphemie der homosexuellen Formel, denn sie verleugnet Babalon und brütet Teufel im Chaos. Die Zwillingstürme des Abyss repräsentieren daher unpolarisierte Dualität. Sie sind die Wohnstätte der schwarzen Brüder oder Zwillinge – Seth und seinem Doppel Horus –, *Le Diable*, der Teufel in seiner positiven Phase, korrupt und pervers. Daher wurde die typische Formel der Sodomie auf die Rückseite des Baumes angewendet.

Die Atavismen der Schwarzen Brüder waren die sterilen Sterne, die aus dem sprachlosen oder lispelnden[16] Äon geboren wurden, denn das Wort kann ohne Verzerrungen nur *via* des Lösemittels der Frau vibriert werden. Die gesamte Maschinerie der römischen Kirche, die eine Verkehrung der wahren vor-christlichen Gnosis darstellt, wird auf den inneren Ebenen durch diese

---

[12] Dem Protoyp der Manifestation.

[13] *Khart* (Ägyptisch) bedeutet auch der Zwerg oder der verkrüppelte Gott, der Sprachlose, und bezeichnet Nicht-Manifestation, wie um das Äon der Nephilim oder Riesen auszubalancieren, die durch den Abyss im urzeitlichen Äon in die Manifestation fielen.

[14] D. h. Babalon.

[15] Crowley in *777 Revised*, S. XXV.

[16] „Lispeln" bedeutet hier „fehlerhaft in der Aussprache" (Skeat). Im Mittelenglischen „lispen", „lipsen" Cf. lapse (= Entgleisung, Fehltritt).

Formel der Sodomie angetrieben, wie von einigen der höheren Initianten beispielhaft gezeigt wurde. Auf der *anderen* Seite des Baumes ist diese Formel identisch mit der, die von Crowley durch *Per Vas Nefandum*[17] bezeichnet wurde.

Der Pfeiler des Choronzon wird in der Form von Shugal bewacht; dem
Ideogramm des Seth als Heuler in der Wüste.[18] Es ist nicht ganz uninteressant,
dass der Name *Al Azif*, den Lovecraft als einen Titel für sein gefeiertes *Necronomicon* verwendete, das Wort war, wie er beobachtete, „das die Araber verwendeten, um das nächtliche Geräusch zu bezeichnen, von dem angenommen wurde (obgleich von Insekten erzeugt), dass es das Heulen von Dämonen sei".[19]

Arbeiten wir uns vom Pfeiler Daaths, repräsentiert durch das Wort[20], weiter
nach unten durch, so erscheint Tiphareth unterhalb des Horizonts des Abyss
als die schwarze Sonne, dem Symbol, durch den der *Couleuvre Noire* die Ekstase des „abscheulichen Gottes"[21] verbirgt, dessen Abbild die Umkehrung der
Schönheit ist, die durch Tiphareth in der Welt phänomenologischer Existenz
verkörpert wird.

Die Explosion des Orgasmus in Daath vibriert das Wort der Schwarzen
Schlange und der Göttin, deren inneres Symbol der *Couleuvre Rouge* ist. Dies
sind die beiden Zwillingsschlangen Ob und Od des Kalinianischen Kraftstroms. Daher repräsentiert Tiphareth den solar-phallischen Willen, die Feuerschlange auf dem Höhepunkt ihrer phänomenologischen und vielleicht
menschlichen Apotheose.

Noch weiter unten im Baum erreichen wir Netzach, das die kreative Imagination verkörpert, die durch sinnliche Liebe inspiriert wird, und die durch die
„Fantasien des Fleisches" ins Umgekehrte gespiegelt wird.[22] Der Hod-Aspekt

---

[17] Siehe *Aleister Crowley & The Hidden God*, Kapitel 7.

[18] Das Wort *Goetia* bedeutet auch „Heulen" und weist daher auf ein Grimoire mit vor-
menschlichen Atavismen hin.

[19] Siehe *Lovecraft at Last* von Willis Conovert, Seite 104.

[20] Das *Visudha-Chakra* im Menschen. Beachte, dass dieses Chakra 16 Blütenblätter oder
Kalas hat und daher die Höhe oder das achte Kala im sowohl männlichen wie weiblichen Organismus darstellt, wenn es im *Maithuna* aufblüht.

[21] *Liber A'ash vel Capricorni Pneumatici* (Crowley), Absatz 23.

[22] Dies ist ein Begriff von Austin Spare. Der rückwärtige Aspekt von Netzach kombi-

des Baumes repräsentiert die Machtzone des Geistes, die den Mechanismus der Mental-Magick vitalisiert. Hod ist unter der Aegide des Merkurs und funktioniert durch die Formel des Narzissus, daher die Praxis der VIII° im O.T.O. Die umgekehrte Formel wird durch das Abbild des Azathoth, des Idiotengottes verborgen, der in Lovecrafts Cthulhu-Mythos eine Hauptrolle spielt. Netzach (Venus) und Hod (Merkur) werden durch den Mond in der Sphäres Yesod ausbalanciert; dem Ort des Geheim-Ions.[23]

Dies ist die Sphäre der astro-ätherischen Magick des IX°. Ihre Umkehrung ist die Formel der Zauberei, welche die schwarzen Atavismen Gamaliels, der obszönen Frau beinhaltet, deren Symbol der Esel war. „Fundament" oder „Grundlage" ist ein Name für Yesod und es ist die Quelle des geheimen Ion, denn es verhüllt das Auge des Seth, einer dessen Titel „Der Verzehrer des Esels" lautet. Hier handelt es sich um den „Dungesser", den Leidgeprüften am Tag des Jüngsten Gerichts.[24] Dies fasst die allergeheimsten Formeln der magischen Pfade der Kali zusammen. Diese Kräfte werden zuletzt in Malkuth geerdet, der Zone der Vergegenständlichung sowie von Angelegenheiten der „Erdung" und der Inkarnation. Die Spiegelbedeutung von Malkuth ist in der Formel der Todeshaltung[25] implizit, als Mechanismus der Desintegration und der Auflösung, die erneut Materie von $1° = 10^\square$ freisetzt, um wieder $10° = 1^\square$ zu werden. Die Formel von Malkuth ebenso wie die Todeshaltung sind die rückwärtige Seite des X°.[26]

Der Thron (Malkuth) ist das Ergänzungs- und das Gegenstück zur Krone (Kether). Kether übermittelt den plutonischen Kraftstrom – durch die Tunnel

---

niert mit bestimmten lunaren Beimischungen motivierte seine Kunst, die eine Feier solcher Fantasien darstellt.

[23] Siehe *Cults of the Shadow*, Kapitel 8, für eine der wichtigsten Entdeckungen, die die Bedeutung des AL, III 39 betreffen.

[24] „Dung" und „leidgeprüft" stehen in diesem Zusammenhang in Verbindung mit dem lunaren Kraftstrom, wie an früherer Stelle erklärt wurde.

[25] Siehe *Images and Oracles of Austin Osman Spare*, Teil II und ebenso *Das Buch der ekstatischen Freude* von A. O. Spare.

[26] D. h. der X° des O.T.O. der den Thron der Ordensverwaltung repräsentiert. Siehe *Cults of the Shadow*, Seite 138.

des Seth – durch den dreifachen Schleier der Leere in die Tiefen des inneren
Raumes. Es ist diese Übermittlung, der hier durch die Tunnel des Seth gefolgt
wird. Die netzähnlichen Verästelungen des Baumes im Hinblick auf diese Tunnel und Kraftzonen ähnelt einem „Wurmloch", das in Malkuth beginnt und
bei Kether endet.[27] Dies ist der Sprung durch den Super-Raum, der durch die
Voltigeure oder Springer verkörpert wird, und durch die Voodoo-Vibrationen
der Sprung-Rhythmen beispielhaft verkörpert in der Musik von Count Basie.
Die Springer werden durch die froschköpfige Göttin Hekt versinnbildlicht, so
benannt, weil unsere Vorfahren, die die merkwürdigen Froschsprünge beob-
achteten, diese Kreatur den Springern in die Wasser (des Raums) zuschrieben.
Hekt, in der Bedeutung von einem „Frosch" war die ursprüngliche ägyptische
Form der griechischen Hekate, der Göttin der *Trivia* (drei Wege), den Wegen
des VIII°, IX° und des XI°, die die geheime Formel psycho-sexueller Magick
zusammenfassen.

Pluto, der äußerste Pfeiler, ist – durch Analogie – auch der innerste, denn
der äußere Raum und der innere Raum werden an dem Punkt in der Subjektivität identisch, an dem Subjekt und Objekt, Noumenon und Phänomen, sich
gegenseitig negieren. Auf gleiche Weise ist die *Couleuvre Noire* oder die Schlange
des Dunkels identisch mit der *Couleuvre Rouge*, wenn sie vom Feuer der aufsteigenden Kundalini gefärbt wird. Und durch Analogie gilt auch, dass die Todeshaltung, die die rückwärtige oder auf dem Kopf stehende Geburt[28] darstellt,
die Wiedergeburt auf der und durch die Nachtseite des Baumes symbolisiert.

Zur Wiederholung: Daath, das Tor in den Abyss, enthält den Doppelturm
oder den Teufelsturm, der der Pfeiler Choronzons ist. Tiphareth ist der Phallus des Feuers (die Feuerschlange) reflektiert als die schwarze Sonne oder die
Schlange des Dunkel (*Couleuvre Noire*). Venus oder Netzach symbolisieren das
Auge und dessen Licht, die „Fantasie des Fleisches". Merkur ist der Gott der

---

[27] Der Physiker Taylor verwendet das ähnliche Bild eines Wurmlochs und eines Donuts,
um den Super-Raum zu beschreiben. Der Abschnitt, der auf Seite 116 (*supra*) zitiert
wurde, trifft in gleichem Maße auf die Leeren hinter dem Baum zu.

[28] Daher die Überlieferung, dass ein Magier oder Zauberer auf diese Weise geboren
wird.

Mental-Magick, dessen *qliphothische* Reflektion der Idiotengott oder die lunare *Qliphoth* ist und Malkuth ist die Zone der Atavismen von Zos[29].

Es soll bedacht werden, dass Daath, die elfte kosmische *Kala* in einem tiefgründigen Sinne identisch ist mit der Raum-Zeit und mit ihr überlappt; diese 31. *Kala*, die die *Kala* des *Äons* ist, wird sowohl dem Feuer als auch dem Geist zugeschrieben. Die verbleibenden 22 *Kalas* sind die Pfade und sie werden in Kürze behandelt. Die Zuschreibung von den *Chakren* zu den kosmischen *Kalas* als konzentriert durch die Sephiroth lautet wie folgt:

Pluto kanalisiert den Einfluss von Nu-Isis aus dem Außen.[30] Der Einfluss durchdringt die Kraftzone von Chokmah, die Sphäre der Sterne, bis zu Geburah, die Sphäre trans-kosmischer Energien, die mit dem Blut der Isis verbunden ist. Der Komplex Chokmah-Binah-Chesed-Geburah ist der Uterus, der die außerirdischen Einflüsse empfängt, die jene mit einschließen, die vom inneren Raum aus Daath heraussprudeln. Diese Einflüsse kondensieren, um den Schleier des Abyss zu formen, der von den Blitzen des Uranus durchzogen wird, die den Pfeiler Choronzons illuminieren. In Schein dieser grellen Lichtblitze werden die Pfeiler und die Tore als eins gesehen mit dem Netzwerk der Tunnel, die fließend enthüllt werden. Dieses gesamte magnetische Feld begreift den Sahasrara-Bramarandhra-Ajna-Komplex.

Daath andererseits entspricht dem *Visudha-Chakra* und repräsentiert die Welt und daher den MENSCHEN, den Sprechenden. Dies wird in den Wassern des Abyss *rückwärts* dargestellt und wird symbolisiert durch jene rückwärtsharnigen Tiere, die verkörpert werden durch Choronzon und Shugal, den Heuler in der eisigen Wüste des Nichts. Dies ist das Chaos der Schöpfung und der Vernichtung.

Tiphareth entspricht dem *Anahata-Chakra* und dem Herzen des Baumes, Es repräsentiert den solar-phallischen Willen (93) verkörpert in der Feuerschlange. Sein Schatten ist die schwarze Sonne, die durch die *Couleuvre Noire* verkörpert wird.

---

[29] Siehe *Images and Oracles of Austin Osman Spare*, Teil II.

[30] D. h. aus Räumen jenseits des Systems, das durch die Glyphe des Lebensbaumes verstanden wird.

Netzach entspricht dem *Manipura-Chakra*, der kreativen Vorstellungskraft, von denen der Tierrepräsentant weiblich ist. Sie ist das Auge des Zos, das die Fantasien des Fleisches webt, indem es deren Abbbild *als Reflektion* in den Wassern des Abyss reflektiert.

Hod entspricht dem *Svadisthana-Chakra*, dem Verstand, der die Fantasien organisiert, der aber, wie in der Mythe von Narzissus, von seiner eigenen Schönheit besessen ist und daher an die Formel der Selbstliebe durch masturbatorische Techniken wie solche des 8° gebunden ist. Der Idiotengott ist dessen Reflexion, ebenso wie der Dummschwätzer[31]. Diese Formel wird nur dann kreativ, wenn sie mit der von Netzach in Verbindung gebracht wird, dem Lotus des *Manipura* im See des Geistes[32]. Die magische Waffe des Narzissus ist die Hand, die das Auge der Frau im *Zos Kia Kult*[33] im Gleichgewicht hält. Merkur herrscht über die Sphäre der Mental-Magick; sein Bild ist der Hund und der Affe, beides notorische Mastubatoren.

Yesod entspricht dem *Muladhara-Chakra* und es repräsentiert das astro-ätherische Fluidum, das dass Lösemittel der Sexualmagick ist, verwendet von den Adepten des IX°. Seine Spiegelung konstituiert die Zaubereien des XI° (der Umkehrung des IX°) symbolisiert durch den Esel der obszönen Frau, Gamaliel. Seine Anwendung auf den merkurialen Gott ist eine Abscheulichkeit, wie Crowley in *Magick* (Seite 165) zum Ausdruck brachte.

Malkuth liegt unter den *Chakren* in dem Sinne, wie die *Qliphoth* unter den *Sephiroth* liegen; Malkuth repräsentiert die Vergegenständlichung, das Erden, die *Inkarnation von Geistern*, Dämonen oder Intelligenzen, die über dem Menschen stehen oder unter ihm. Die Spiegelung von Malkuth ist Desintegration und die Inkarnation von unstabilen Formen der Existenz so wie Elementarwesen, Dämonen usw. Es ist die Antipode zum Pluto (Kether) und repräsentiert den Schleim, den Satan in den äußeren Raum ausscheidet jenseits des weitläufigen Randes des bekannten Universums. In diesem Sinne ist Malkuth der Antipol der Sternenflut des Raumes jenseits des Pluto.

---

[31] Siehe die Beschreibung des Heiligen Schutzengels in *Eine andere Wirklichkeit* von Carlos Castaneda, Teil 2, Die Funktion des „Sehens".

[32] D. h. die innere Frau, erweckt aus ihrem Schlaf durch intensives integrales Yoga.

[33] Siehe *Images and Oracles of Austin Osman Spare*, Teil II.

Um die Informationen, die dieser II. Teil enthält, in menschlichen Begriffen verständlich zu machen, mag es der Leser als nützlich empfinden, sich die Tunnel des Seth als ein Netzwerk von Traumzellen im Unterbewusstsein vorzustellen. Jeder Tunnel steht mit dem Pfad in Verbindung, unter dem er verläuft, in etwa dem gleichen Maße wie es von einer neuralen Ganglienzelle gesagt werden kann, die unter der Skelettstruktur des menschlichen Organismus liegt; sie funktioniert in mehreren Dimensionen gleichzeitig. Daher ist es unvermeidlich, ja sogar notwendig, dass es Zwischenverbindungen und Verzahnungen der Pfade und der Tunnel gibt, die diese verbergen; aber es sollte verstanden werden, dass die Einflüsse, die die Pfade durchdringen, ihren Ursprung nicht in den Tunneln selbst haben (diese sind lediglich Leitungen oder Transportwege), sondern von jenseits des Tores von Daath stammen.

Und obgleich Daath keine tatsächliche Position auf dem Baum hat, so ist Daath doch die Kraftzone oder das Zentralereignis, das die gesamte Struktur der Sephiroth, Pfade und Tunnel mit all ihren verästelten Komplexitäten möglich macht. Wenn dies verstanden wurde, sollte es keine Schwierigkeit mehr machen, den folgenden Ideenzuordnungen und den Konzepten zu den einzelnen Traumzellen zu folgen.

Da es sich um einen Kommentar zu den linkshändigen Pfaden des Lebensbaumes handelt, beschäftigt sich dieses Buch spezieller mit der rückseitigen oder abgewandten Seite des Baumes. Meine Informationsquelle sind die Qliphoth, deren Namen und Sigillen in Crowleys *Liber CCXXXI* gegeben werden. Die Ton- und Farbskala, die für die Evokationen der Tunnelhüter oder −zellen im jeweiligen Fall gegeben werden und die Farben, die den Sigillen zugeschrieben werden, wurden aus der Erd- oder Tochter-Farbskala entnommen, wie sie im *Liber 777*, Spalte XVIII angegeben wird. Die Ton-Schlüssel leiten sich aus den Nachforschungen eines Adepten ab, dessen knappe Anmerkungen in Crowleys persönlicher Kopie des 777 mir ermöglichten, dem entsprechenden Dämon oder der *Qlipha* die richtige Vibration zuzuordnen. Diese Schlüssel sind bisher noch nicht veröffentlicht worden. Bei der posthumen Ausgabe des *Liber 777*[34] blieb auch Material unveröffentlicht, das eine zusätzliche Spalte mit dem Titel „Typische Krankheiten" ergeben hätte, die allerdings auch nur

---

[34] Bekannt als *777 Revised*, Neptune Press, London, 1959.

im Manuskript von Crowleys persönlicher Ausgabe erscheint. Da sich diese Krankheiten grundlegend auf die *Qliphoth* beziehen, habe ich sie hier mit aufgenommen, auch wenn Crowleys Liste dafür bekannt ist, dass sie eher provisorisch war.

Ebenfalls wichtig, aber sowohl bei der ersten als auch bei der späteren Ausgabe des 777 weggelassen, sind die magischen Formeln, die für die Pfade relevant sind, die bei ihrer Anwendung auf die *Qliphoth*, als eine Erweiterung in die Tiefe gesehen werden sollten und in eine negative Dimension des psycho-somatischen Komplexes, der für den besagten Pfad relevant ist. Auch hier ist die Liste eher provisorisch und Crowley hat es unterlassen, allen Pfaden Formeln zuzuschreiben, wahrscheinlich weil er noch kein zufriedenstellendes Schema ausgearbeitet hatte. Ich habe nicht versucht, seine unvollendete Arbeit zu einem Abschluss zu bringen sondern haben die Zuschreibungen, die er herausgearbeitet hatte, mit aufgenommen, mehr aufgrund eines akademischen Interesses und zur Vervollständigung als aufgrund ihres Wertes für die Praxis, den sie vielleicht haben oder auch nicht.

Die tatsächlichen Evokationsmethoden wurden nicht expliziert dargestellt aufgrund der offensichtlichen Gefahr, die sie bergen, und weil deren Missbrauch entweder durch Zufall oder mit Absicht nur zu leicht auftreten kann. Die richtige Technik wird jedoch jenen offenkundig, die meine *Typhonian Trilogy* gelesen haben. Folglich dürfte einem solchen Leser auch klar sein, dass der Gebrauch von einer Kristallkugel nicht ratsam ist, denn im Rahmen von deren Gebrauch würden die Qliphoth unweigerlich dazu gezwungen werden, sich auf dieser Seite des Baumes zu manifestieren und das so auf der anderen Seite des Baumes erzeugte Vakuum würde Chaos und Verwüstung im subjektiven Universum des Hellsehers verursachen. Weil sich der Anwender selbst in die Tunnel begeben muss, ist die Gefahr eines Missgeschicks allgegenwärtig. Die größte Gefahr liegt darin, dass man von den Bedingungen überwältigt wird, die in den fremdartigen Dimensionen herrschen, die man betreten hat. Noch die geringste ist, dass man sich in dem verzweigten Labyrinth aus Tunneln, Zellen und Röhren verirrt; mit denen die andere Seite des Baumes durchzogen ist.

Es ist deshalb von größter Wichtigkeit, dass man sich dieses Netzwerk nicht so vorstellt, dass es den Mustern der Vorderseite des Baumes genau folgt; ob-

gleich die Haupttunnel des linkshändigen Pfades unter denen des rechtshändigen verlaufen. Aber so wie die Hauptvenen oder -nerven im menschlichen
Körper eine große Menge an Hilfs- und Kapillargefäßen aufweisen, die jeweils
davon ausgehen, verhält es sich auch bei den Zellen der *Qliphoth*, die Tunnel
und Röhren enthalten, auf die man nicht nur sehr einfach Zugriff nehmen
kann, sobald das Haupttor geöffnet wurde – sondern die förmlich ihre eigenen
Kraftwirbel erzeugen, in die jene streunende Entitäten gezogen werden, die in
der unglücklichen Position sind, nicht die „heilige Ausrichtung zu kennen".[35]

Unter der Annahme, dass die vorangegangenen Bemerkungen beherzigt
werden, sollen nun die zweiundzwanzig Siegel der Qliphothschlange, die sich
durch die Tunnel der linkshändigen Pfade des Baumes windet, in der Reihenfolge von elf bis einunddreißig beschrieben werden, die ersten zehn infernalen
Kraftzonen sind im ersten Teil dieses Buches verständlich gemacht worden.

---

[35] Ein Ausdruck von Austin Osman Spare.

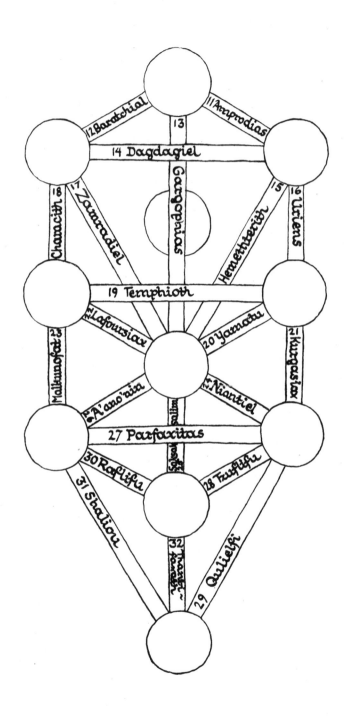

1. Amprodias

Der 11. Pfad oder *Kala* wird dem Luftelement zugeschrieben und der negative Aspekt ist der Dämon oder Schatten, der als Amprodias bekannt ist, dessen Sigille hier vorgestellt wird und dessen Zahl die 401 ist. Dieser Schatten kann evoziert werden, indem man den Namen Amprodias in der Tonlage E^1 vibriert. Die Sigille sollte mit einer leuchtenden hellgelben Farbe auf einen quadratischen Grund gemalt werden, dessen Farbe Smaragdgrün mit goldfarbenen Sprenkeln ist.

401 ist die Zahl von Azoth, der sich als „die Summe und Essenz all dessen, das als Eins verstanden wird" bezeichnen lässt. In seiner negativen Phase wird diese Essenz als Nichts verstanden und ist die Leere, aus der die Manifestation hervorgeht.[2] Die Natur dieser Leere ist auch 401 als ATh, das hebräische Wort mit der Bedeutung von „aus etwas heraus"; seine Wurzel ist das ägyptische Ut, daher der Uterus als das Tor des Ausgangs. Die Manifestation wird aus der Gebärmutter des *Ain* via Kether von sich gegeben.

Die Sigille von Amprodias zeigt einen klaffenden Mund, typisch für den Uterus, der das Wort ausspricht. Dieses Wort ist das verborgene Licht, dessen Symbol das wirbelnde Kreuz oder die Swastika ist. Es ist identisch mit dem Buchstaben A oder *Aleph*, dem Buchstaben, der dem elften Pfad zugeschrieben wird. Im magischen Grimoire *CCXXXI*, betreffen die folgenden Zeilen diese *Kala*:

---

[1] Dies sollte von einem anfänglich kaum wahrnehmbaren Geräusch nach und nach in ein durchdringendes Pfeifen übergehen, so als ob Luft durch ein langes schmales Rohr entlang gezwungen wird.

[2] Manifestation kann nur aus Nicht-Manifestation hervorgehen. Diese Wahrheit sollte realisiert sein; es ist die profundeste Wahrheit des mystischen Pfades und dessen volles Verständnis liefert den Schlüssel der endgültigen Initiation.

A, das Herz von IAO, verweilt in Ekstase am geheimen Ort des Donners. Zwischen Asar und Asi besteht es in Freude fort.

Der Donnerkeil oder *Dorje* ist die aus dem Blitz geborene Waffe des verborgenen Lichtes, das von der Leere aus nach unten streift und dabei Erde oder Materie vergegenständlicht. Die Zahl 410 ist auch das Wort von ARR, was „verfluchen" bedeutet. Es ist der Urfluch des geistigen Feuers, das in der körperlichen Form gefangen genommen wird, was in den Heiligen Büchern als „Unrecht am Anfang"[3] beschrieben wird. Der Anfang wird als Kether betrachtet, durch das die Blitze des *Ain* oder des Auges der Leere aufblitzen.

Die Tiere, die dieser *Kala* zugeschrieben werden, sind der Adler und der Mensch. Der Mensch repräsentiert die höchst verkörperte Form der Gottheit; der Adler ist der Cherub der Luft, der die höchsten Äthyre in Form von Intelligenz durchdringt, d. h. Bewusstheit, die von einem außerirdischen oder „göttlichen" Willen geleitet wird. Aber das bedeutungsvollste an diesem Pfad wird in der magischen Kraft der elften *Kala* zusammengefasst, bei der es sich um Divination handelt. Diese hängt vom göttlichen oder überweltlichen Aspekt des Geistes ab, der Strahlen in die Gebärmutter sendet und die Erdjungfrau mit dem Licht (Intelligenz) von jenseits des letzten Pfeilers (Kether) befruchtet. Divinatorische Kraft ist der intuitive Aspekt der Intelligenz und als solche ist ihr Kurs ebenso unvorhersehbar wie der gegabelte Blitz, der den Mutterleib des Raumes spaltet und sich als Donnerschlag manifestiert – das A zwischen dem I und dem O[4]. Das Mysterium des Donnerschlags wird im *CCXXXI* erklärt. Dort wird die Swastika des elften Pfades verglichen mit der Fulguration des 28. Pfades (q. v.), die das Mysterium der Transformation der heiligen Jungfrau beinhaltet. Sie erscheint als fluidisches Feuer, das ihre Schönheit zu einem Blitz formt (d. h. einer Swastika). Dies symbolisiert die „Kraft", die die Welt wieder herstellt, die vom Bösen ruiniert wurde, d. h. durch den Urfluch des Unrechts am Anfang.

---

[3] Siehe das *Liber VII*, v. 42, das *Liber LXV*, iv, 56 und anderswo.

[4] Die Formel IAO ist in *Aleister Crowley & the Hidden God*, Kapitel 7, analysiert worden.

Auf der magischen Ebene manifestiert sich die divinatorische Kraft als das Irrationale, daher verkehren die großen Meister der Magick fortwährend mit den Energien der elften *Kala*. Das irrationale Element erscheint so stark in den Magiern, die diese Kala benutzen, dass ihre Arbeit oft nicht ernst genommen oder sogar ganz übersehen wird. Ein aktuelles Beispiel ist H. P. Blavatsky, deren Possen einen solchen Zweifel an der Authentizität ihrer Arbeit aufkommen lassen, dass wenige ihrer Zeit in der Lage waren, ihren wirklichen Wert einzuschätzen. Auf gleiche Weise verschafften Crowleys Clownerien ihm einen Platz in einer noch viel dubioseren Kategorie. Wenige haben verstanden, dass der elfte Pfad der des Narren ist, der am Rand des Abyss tanzt, so wie es im Tarotrumpf, der diesem Pfad zugeschrieben wird, dargestellt wird. Auch Salvador Dali, der für seine Streiche berüchtigt war, hat zu Zeiten damit Misskredit über sein künstlerisches Werk gebracht, auch wenn viele Menschen vom Reichtum seiner Kunstwerke beeindruckt waren, die er angesammelt hatte. Der Okkultist Gurdjieff[5] fällt ebenfalls in diese Kategorie. Seine *Letters to Beelzebub* wurden als komplizierter Spaß betrachtet, der wieder bewusst die grundlegende Wichtigkeit seiner Lehren verdunkelt, die nur für einige wenige gedacht waren. Aber sprach nicht auch Christus in Parabeln, auf dass er *nicht* verstanden würde?[6]

Die Schlüsselnote der musikalischen Skala, die Amprodias zugeschrieben wird, ist das E, das als Hé, der Buchstabe der Gebärmutter der Jungfrau ist, die vom Narren befruchtet wurde.[7] In Übereinstimmung damit ist der Fluss der Unterwelt, der dieser elften *Kala* zugeschrieben wird, der Acheron, der die Geister so aufnimmt, wie die Gebärmutter den kreativen Blitz empfängt. Der Erz-Teufel dieses Pfades ist Satan selbst, der Herr der Kräfte der Luft (*Aleph*), durch welche der Blitz zuckt.

Elf ist die Zahl, die der Kraftzone (Daath) innerhalb des Abyss zugeschrieben wird und die Farbe von Daath ist Lavendel oder reines Violett, eine Farbe, die jenseits des Raumes in Einklang mit der *Kala* vibriert, die durch die Evokation von Amprodias aktiviert wurde. Es ist die Farbe des Wahnsinni-

---

[5] Siehe David Halls exzellente Studie zu Crowley und Gurdjieff.

[6] Lukas, 8, 10.

[7] Siehe *Das Buch Thoth* von Aleister Crowley.

gen, der sich außerhalb der Bandbreite der normalen Intelligenz befindet. Die Negation der Vernunft, die diesen Bewusstseinszustand versinnbildlicht, ist in Übereinstimmung mit der positiven Seite dieses Pfades, die dem Teil der Seele zugeschrieben wird, der als *Ruach* oder Vernunft bekannt ist. Richtiger jedoch ist *Ruach* der Atem des Geistes, der wirbelnde Same, der die Jungfrau des Raumes schwängert und die Geburt unzähliger Welten bewirkt.

Das Körperorgan, das mit diesem Symbolismus korrespondiert, ist die Nase, das Organ des Atems und Sitz des Geruchssinns. Diese Zuschreibung hilft dabei, die geruchlichen Phänomene zu verstehen, die mit „satanischen" Operationen in Verbindung stehen. Der Gestank des Räucherwerks, das in mittelalterlichen Riten verwendet wurde, war der krasse und äußere Schleier einer inneren spirituellen Tatsache. Daher ist eine der magischen Waffen, die dieser *Kala* zugeschrieben wird, der Fächer, der die übelriechenden Dämpfe zerstreut, die den Magier umhüllen, während er den Dämon dieser *Kala* beschwört. Aber das wichtigste Instrument ist der Dolch der Luft, will sagen, die Waffe, die das Hymen des jungfräulichen Äthyrs (repräsentiert durch das Schwarze Ei des Geistes) zerreißt und die schreckliche Gottheit jenseits des Randes des Universums zeigt, die im Zentrum von Allem sitzt, der verrückte Gott, der von Lovecraft unter den Namen Nyarlathotep[0] gefeiert wird, der Gott, der von „idiotischen Flötenspielern" umgeben ist.

Die Flöte ist die Flöte des Pan und jemand, der diesen Schleier hebt und dahinter schaut, wird seiner Vernunft beraubt und seiner Sinne. Mit anderen Worten sieht er die Wahrheit der Dinge in ihrer nackten Brillanz und er erkennt, dass das wiederum nur der Schleier des ersten Sakramentes ist, das nur durch die höchste Formel der Vernichtung erlangbar ist, denn dies ist der endgültige Pfad, der *via* Kether in die große Leere (*Ain*) führt.

Da die Elf „generell die Zahl der Magick" oder der Energie, die Wandel bewirkt,[9] ist, repräsentiert der elfte Pfad insbesondere den Pfad der Umkehrung und den Wendepunkt von dieser Seite auf die andere Seite des Baumes.

---

[8] Der „gesichtslose Gott" cf. der „Kopflose" des graeco-ägyptischen Textes, der von Mathers bei seiner Übersetzung der *Goetia* verwendet wurde.

[9] *777 Revised* (Crowley)

Die Krankheit, die für den elften Pfad typisch ist, ist der Ausfluss, der in magischen Begriffen lunare Energie ausdrückt, die aus dem Gleichgewicht geraten ist und durch unpassende Ausstöße freigesetzt wird. Daher ist sie die *Kala* des schwarzen Mondblutes. Sie warnt vor einem Entweichen der Lebenskraft, die beim Überfließen einen Rückstand formt, der aus magischer Energie besteht, die aus dem Gleichgewicht geraten ist. Das bringt Phantome hervor, die in der Form von Sylphen erscheinen, Elementarwesen, die mit der Luft oder dem Äthyr assoziiert werden. Wie die Feen oder Elfen in den Kindergeschichten werden sie am häufigsten als durchsichtige und verführerische Wesen dargestellt. Aber in dem Aspekt, in dem sie sich auf der negativen Seite des Baumes manifestieren, suchen sie die Abgründe des inneren Raumes heim und erscheinen in Gestalt des äußersten Horrors, der vom Magier Besitz ergreift und ihn manchmal im wörtlichen Sinne aus seinem Verstand heraustreibt. Anschließend dringen sie in den unbesetzten Raum ein und saugen das Blut des Geistes[10] wie Blutegel in ihre eigenen Organismen. Dies ist der Ursprung der Mythen, die Magier betreffen, die im äußeren Raum[11] gefangen sind und deren Geister abgesondert in transparenten Zellen sitzen, die durch den Abgrund der Leere treiben. Diese Zellen, die wie große Blasen sind, nehmen an Größe und Leuchtkraft zu, während die Sylphen mehr und mehr der Lebenskraft aus dem Kraftfluss entziehen, der die unvorsichtigen Eindringlinge auf diesem Pfad angegriffen hat.

Diese Kreaturen wurden schemenhaft von Lovecraft wahrgenommen.[12] Er beschrieb sie als formlose Entitäten, die aus bösartigem Glibber bestehen, der wie zusammengeklumpte Blasen aussieht.[13] Eine ähnliche Beschreibung wird für die Semi-Entität Yog-Sothoth verwendet. Die Passage ist aus *Wiederbelebung*

---

[10] Geistessubstanz oder *Chittam*.

[11] Siehe Seite 302.

[12] Lovecraft nannte diese Blasen „*Shoggoten*". Ein ähnliches Wort existiert in der chaldäischen Sprache, nämlich *Shaggathai*. Das *Beth Shaggatai* war das Haus der Unzucht. Und dies deutet auf sexuelle Untertöne hin, die im Namen dieses „bösartigen Glibbers"oder Schleim mit enthalten sind, d. h. es handelt sich um das ursprüngliche Medium des kreativen Samens.

[13] *Berge des Wahnsinns* (Lovecraft).

der Magick Seite 134 zitiert, eine Stelle, an der die Aufmerksamkeit auf die starke Ähnlichkeit zwischen dem beschriebenen Phänomen gelenkt wird und der Sphäre der schillernden Kugeln, die von Crowley in das Design seines persönlichen Pantakels aufgenommen wurde, wo sie hinter dem umgekehrten Pentagramm des Seth erscheinen.[14]

Nur die höchsten Initiationen können eine Immunität gegenüber diesen Vampiren bringen, die auf schillernden Flügeln segeln. Die Feenkunde hat diese Kreaturen mit einem bezaubernden Schleier verkleidet, der den Horror ihrer Verfolgungen und die Kontakte mit den Bewohnern fremder Bewusstseinssysteme in den untersten Regionen des Kosmos verschleiert. Arthur Machen, der walisische Autor, der mehr über diese Dinge wusste, als er uns wissen lassen wollte, erwähnt die Vorliebe von Feenkundlern für das Reinwaschen dieser luftigen Wesen und ihre Darstellung als hübscher Entitäten.[15]

Der Titel des Tarottrumpfes, der dieser elften *Kala* zugeschrieben ist, lautet der „Geist des Äthyrs". Auf dieser Seite des Baumes ist dieser Geist von größerer Schönheit und Leuchtkraft als es Worte beschreiben könnten, aber seine Umkehrung oder seine Reflexion ist so, wie sie oben beschrieben steht. Ebenso verhält es sich mit den Blasen des Narren im Tarot, die dieser in Ausübung seiner verrückten Profession am Rande der Grube blast.

Die Zahl von Amprodias konzentriert sich in die Fünf, die die mysteriöseste und mystischste Zahl im Kosmos ist und darüber hinaus. Lovekraft weist auf den Einfluss hin, den sie bezeichnet, wenn er auf die „quintil-mathematische Tradition der Alten!"[16] anspielt und auf ihre zyklopischen Strukturen und Behausungen, die auf der Form des fünfzackigen Sternes basieren. Im AL, I 60, wird das Symbol der Nuit beschrieben als „Der fünfzackige Stern mit einem Kreis in der Mitte und der Kreis ist rot. Meine Farbe ist für die Blinden schwarz …" All diese Ideen betreffen den elften Pfad[17]. Der rote Kreis ist der „schwarze" Mond oder der Blutmond, die fünf Zacken oder Sternenstrah-

---

[14] Dieses Pantakel ist in *Wiederbelebung der Magick* auf Seite 67 wiedergegeben.

[15] Siehe *The White People* von Machen, Einleitung.

[16] *Berge des Wahnsinns*, (Lovecraft) Seite 86.

[17] „Meine Zahl ist die 11, so wie alle ihre Zahlen von uns sind."

[18] Das Symbol des *Akash* oder des Raumes ist ein schwarzes Ei; es verkörpert auch den Geist.

len sind die vaginalen Vibrationen der Frau während ihrer Fünf-Tages-Flut. Der fünfzackige Stern ist auch die Glype der trans-kosmischen Alten und das Ei des Geistes[18] ist „schwarz für den Blinden" oder für jene, deren spirituelle Augen nicht offen sind und die deshalb wie die Jungfrau sind, die später als Blitzstrahl die Form des „fluiden Feuers" annimmt.

Das afrikanische Konzept Afefe wurde der elften *Kala*[19] zugeschrieben. Afefe ist „der Wind" und es ist genau hier im ursprünglichsten Symbolismus, dass wir die Identität der Schlange als ein Symbol für die kreative Potenz des *Ruach* oder des Geistes entdecken. Afefe wurde zur Apep -oder Apap-Schlange der drakonischen Mysterien in Ägypten. Afefe-Apophis ist auch der Ursprung von Fafnir, dem Wurm der nordischen Mythen und- wie Massey gezeigt hat – ist das englische Wort „puff" im Sinne von „ausblasen" eine moderne Herleitung davon, in dem Sinne von dick werden, anschwellen oder schwanger werden. Das afrikanische Afefe enthüllt daher die bauchblähende oder aufbauschende Kraft des Windes, welche der Windstoß oder der Geist ist, der – in einer späteren revidierten Version der Mysterien v zum Heiligen Geist wird, der die Jungfrau in Form einer Taube, einem typischen Vogel der Luft, schwängert. Dies wird weiterhin untermauert durch die Tatsache, dass der Genius des Windes, dessen „Botschafter" Afefe ist, im Großtempel Legbas lebt, einer afrikanischen phallischen Gottheit, die in späteren Kulten mit dem Bösen gleichgesetzt wurde, aufgrund ihrer Verbindung mit den Mysterien der Sexualität.

Der Buchstabe A in der Formel IAO ist identisch mit Apophis und ist das Feld der Operation, in der die magischen Energien des I und des O (des Phallus und der Kteis) polarisieren und ihre kreative Funktion wahrnehmen.

---

[19] Siehe *Cults of the Shadow*, Seite 30.

2. Baratchial

 Der 12. Pfad oder *Kala* wird dem Planten Merkur zugeschrieben und sein Schatten nimmt die Form von Baratchial an, dessen Sigille nebenstehend abgebildet ist. Seine Zahl ist die 260. Diese Sigille sollte in einem Gelb gezeichnet werden, das tiefer ist als das Gelb für die Sigille von Amprodias. Sie sollte auf eine blasenförmige Platte gemalt werden, deren Farbe Indigo durchzogen mit Violett sein sollte. Der Name Baratchial sollte in der Tonlage E vibriert werden, so wie bei dem vorhergehenden Wächter, aber diesmal sollte diese Vibration von einer Andeutung von Gequassel oder Gekicher begleitet werden, das nicht gleichförmig sein sollte.

260 ist die Summe der Formel $\sum 1\text{-}(8\times8)\div8$, und 8 ist die Zahl des Merkur als kosmische Kraftzone. 260 ist die Zahl von Tiriel, der Intelligenz des Merkurs, so dass wir erwarten sollten, die präzise Reflektion oder Inversion dieser Entität in den Tiefen des Abyss zu finden, an der Stelle, an der der Pfad zu einem Tunnel wird, der die infernalen Einflüsse übermittelt. Und das tun wir in der Tat, denn 260 ist auch die Zahl von TMIRA, der „Verhüllte" oder der „Verborgene" und von KMR „ein Priester", „nicht des Lichtes sondern der Dunkelheit", denn KMR bedeutet „Schwärze". Seine Wurzel ist das ägyptische *Kam* „schwarz". Aber auch wenn der 12. Pfad der des Magiers oder Magus ist, so sollte der schwarze oder verborgene Priester nicht mit dem Schwarzmagier identifiziert werden, sondern mit dem Schwarzen Bruder.

Dies ist die *Kala* der Zauberer, der *Monnim* (ebenfalls gleich mit 260), die das Licht direkt von jenseits von Kether zum Saturn übermitteln *via* der Formel der Dualität[1]. Die Dualität wird zoomorphisch durch die beiden Zwillings-

---

[1] Der Buchstabe *Beth*, der dieser 12. *Kala* zugeschrieben wird, ist synonym mit unserem Wort „beide" und impliziert Dualität.

schlangen Od und Ob[2] zum Ausdruck gebracht, und durch den Affen, den Schatten des Magiers, der nach der Tradition das Wort des Magiers verzerrt und pervertiert und dadurch dessen Arbeit verhöhnt, so wie es die Schwarzen Brüder mit ihrer Formel des Dualität[3] tun.

Dies wird durch die Symbole von Baratchial unterstützt: zwei Schwerter mit nach innen gerichteten Klingen, sie deuten auf eine intensive Konzentration auf das Ego hin als Opposition zum All-Selbst, das von einem geisterhaften Gesicht (einer Maske) flankiert wird, die von einer Mondsichel überragt wird. Diese Sigille ist eine Glyphe der Falschheit und der Illusion reflektiert im Kraftstrom der Dualität, die den Schatten des Thoth im Abbild seines Affen oder Cynocephalus offenbart.

Diese Doktrin wird im zweiten Absatz des CCXXXI zum Ausdruck gebracht:

> Die Blitze nahmen zu und Lord Tahuti (d. h. Thoth) stand voran. Die Stimme kam aus der Stille. Dann rannte der Eine und kehrte zurück.

Der Eine ist Kether und seine Rückkehr geschieht in seine eigene Kraftzone, denn die Vibration dieser *Kala* ist illusionär und kann keine Wahrheit übermitteln. Ihre Vibrationen duplizieren das der vorherigen *Kala*. So wird ein bloßes Scheinbild des kreativen Geistes geschaffen. Der Schwarze Bruder ist doppelzüngig, wie eine Schlange, was von Bedeutung ist, denn die magische Kraft, die diesem gegenseitigen Aspekt zugeschrieben wird, zu dem dieser Pfad der Tunnel ist, ist das Geschenk der Zungen, die Gabe der Heilung und ein Wissen über die Naturwissenschaften. Die Heilung bedeutet hier jedoch die Heilung des Egos, was das ganze aber bloß noch um die Illusion der Krankheit einer falschen Identität verschlimmert, was dadurch eine Kette endlosen Leidens erschafft. Auf gleiche Weise sind die Wissenschaften, über die hier Wissen vermittelt wird, die Wissenschaften der Dunkelheit. Es sollte jedoch nicht zwangsläufig davon ausgegangen werden, dass diese notwendigerweise böse sind; es

---

[2] Aber nicht in ihrer ausbalancierten Form wie auf der vorderen Seite des Baumes.

[3] D. h. Illusion. Es ist die Eins die reflektiert zur Zwei wird, Auf ähnliche Weise ist 11, Elf, die Zahl jener, „die von uns sind".

ist nur so, dass sie in den Händen eines Schwarzen Bruders notwendigerweise zur Sterilität tendieren, weil sie auf die Erfüllung rein persönlicher Ambitionen gerichtet sind. Die dunklen Wissenschaften dieses Weges enthalten die Geheimnisse der *Kalas* der Leere und des Kalianischen Kraftstroms, der in den gegenläufigen Welten des Anti-Lichtes vorherrscht.

Die Hexen und Zauberer dieses Tunnels reden in „Stimmen", die in die Aura des Adepten durch den Mechanismus einer unnatürliche Akustik reflektiert werden, die mit dem mysteriösen Bauchreden von *Bath Kol*, der Stimme des Orakels, assoziiert wird. Das *Bath* oder *Beth* ist das Haus oder die Gebärmutter der höchsten *Kala* und stellt die Quelle dieses Bauchredens dar, das sich in den frühesten Mythen des Menschen findet, denn das Wort wurde mit Fleisch ausgestattet und kam aus dem Bauch der Mutter heraus. Hier untermauert die Zahl von Baratchial erneut die Doktrin dieses Pfades als *Beth*, denn es ist die Zahl von MINMON, „Freuden", „Vergnügen" und von IRKIK, „Deine Oberschenkel", die die sexuelle Natur dieser Freuden offenbaren.

Die Krankheit, die für diesen Pfad typisch ist, ist die Aphasie, die sich speziell auf Störungen der Sprachfähigkeit bezieht; verkörpert durch das tierhafte Heulen oder das wilde Gelächter vormenschlicher Schöpfung und durch die monströse Sprache" (erwähnt im *Liber VII*[4]) die bis jenseits des Schleiers der Leere erbebt.

Die Gefahren, die zum Gebrauch dieser Kala gehören, sind extrem; dennoch können die erreichbaren Vorteile diese aufwiegen, denn der Adept ist in der Lage, die bloße konzeptionelle Übermittlung von Bildern zu transzendieren. So ist er in der Lage, spezifische Atavismen auf einer tieferen Ebene zu steuern, als auf jenen, die er als Magus durchdringen kann. Der Grund dafür liegt in der Tatsache, dass die Stille der äußeren Räume, wie die Musik der Sphären, nur begriffen werden kann, wenn das affenhafte Geplapper der Magiersinne durch den Kontakt mit trans-kosmischen Kräften unterdrückt wird, die von den Pfaden der großen Leere durch die Tunnel schwappen. Letzteres ist das *Ain* oder die Leere, das nicht zwinkernde Auge, das unsichtbare Strahlen wirft, die im innersten Heiligtum des Adepten Nicht-Sein verdinglichen.

---

[4] *Prologue of the Unborn*, Absatz 10.

Er wird dann der *Magus der Macht*[5] in einem wahren und völlig anderen Sinne als diese Kraft in irgendeinem vorherigen Äon verstanden wurde. Denn diese Kraft (*Shakti*) ist ursprünglich und sie *existiert nicht* außerhalb des Schattens, der Stabilwerdung, die der formgewordene Magier ist, dessen Worte Falschheit und Verblendung sind.

Diese *Kala* zeigt besonders, wie das Gesicht des Baumes nur eine Fassade ist und sein kann. Dies ist so, weil die vergegenständlichte und deshalb dualistische Interpretation versteckter Energie-Kraftströme, die durch die Tunnel auf der anderen Seite des Baumes fließen, die Energie des Nicht-Seins übermitteln. Es ist in diesem Sinne, dass der „Eine rennt und zurückkehrt". Aber *wohin* kehrt er zurück? Das manifestierte Wort kehrt zurück in die Stille der Nicht-Manifestation.

---

[5] Der Titel des Tarottrumpfes, der mit dem Pfad der Vorderseite gleichgesetzt wird.

3. Gargophias

Der 13. Pfad ist geladen mit der lunaren *Kala*. Der Name ihrer Schattenhüterin ist Gargophias. Dieser sollte in G Moll[1] vibriert oder unter regelmäßiger Wiederholung geheult werden. Ihre Sigille sollte in silberner Farbe auf einen schwarzen Kreis gemalt werden. Ihre Zahl ist die 393, eine Zahl von höchster Bedeutung für den drakonischen Kult in seiner thelemitischen Phase. Die Zahl 393 enthält die Zahlen 39[2] und 93[3]. Der Pfad auf der Vorderseite betrifft das AL; während dieser Tunnel hier das LA betrifft. Weiterhin ist 3 + 9 + 3 = 15 = Atu XV = *Der Teufel* und 393 ist dreimal 131, die Zahl von Pan und Samael[4], dessen Frau die ältere Lilith ist, die Herrin der Nacht, oder des Nichts, das große Negative. 393 ist auch die Zahl von ShPhChH, der typischen Konkubine oder Hure, die später Sefekh wurde, die Gefährtin des Thoth. Sefekh bedeutet auch die Zahl Sieben und sie ist daher ein Abbild der Typhon.

Nach Gerald Massey ist Sefekh eine Überlebende der Khefekh oder Khepsh der Sieben Sterne, die einst in Ombos als das „Lebende Wort" verehrt wurde. Später wurde sie in den solaren Kulten als die große Hure verabscheut. Das Wort „*Khepsh*" bedeutet wörtlich der hintere Oberschenkel, ein Symbol der Vagina, die selbst wiederum ein Abbild der ursprünglichen Typhon ist, der Mutter des Seth. Sie verkörpert das erste bekannte Elternteil zu einer Zeit, als die Rolle des Mannes bei der Fortpflanzung noch nicht vermutet wurde. Weil sie keinen Gefährten hatte, wurde sie als eine Göttin betrachtet, die ohne einen

---

[1] Die fluide Natur dieser Entität legt nahe, dass die Evokation von Saiteninstrumenten begleitet werden sollte, wie beispielsweise der Viola, der Zither oder der Harfe.

[2] Dreimal 13, die Zahl dieses Tunnels.

[3] Dreimal 31, die Zahl des AL, Gott und des LA, Nicht.

[4] Der Dreh- und Angelpunkt oder das Zentrum des qliphothischen Tierkreises.

Gott war und ihr Sohn, Seth, als Vaterloser, war ebenfalls gottlos und daher der erste „Teufel"[5], der Prototyp für den Satan der späteren Legenden.

Eines der Totemtiere Typhons war die Taube. Dies wurde bis in die solaren Kulte beibehalten, in denen sie als der männliche Bringer von *Ruach* oder kreativem Geist galt, dem Luftelement zugeordnet wurde. Die Taube, die auf dem großen Siegel des *Ordo Templi Orientis* (O.T.O.) dargestellt wird, ist der typhonische Vogel des Blutes und es kann durch die Gematria gezeigt werden, dass das Emblem, das in diesem Siegel enthalten ist, kabbalistisch äquivalent ist mit der Zahl 393.

Die alles umschließende Blase ist die venusianische Tür[6] – *Daleth* –, die die Zahl 4 ist. Das Auge[7] im Dreieck oder in der Pyramide des Geistes[8] ist 370. Die Taube, der Heilige Geist, oder der Windstoß[9] bezeichneten das Element der Luft und den Buchstaben *Aleph*, 1. Der Gral oder der Kelch, in den die Taube eintaucht, wird durch den Buchstaben *Cheth*, 8, repräsentiert und das *Yod* darin, der geheime Same oder der *Bindu* im Herz des *Yantra*. ist Zehn. Die komplette Zusammenzählung ergibt auf diese Weise 393.

Weiterhin ist 393 die Zahl von Aossic[10]. Die vermisste oder verborgene 4 ist der venusische Kreis im Herzen der Sigille von Aossic.

---

[5] Siehe *Cults of the Shadow*, Seite 51.

[6] Siehe die Beschreibung von Tunnel 14.

[7] *Ayin* = 70.

[8] *Shin* = 300.

[9] Cf. der Gast als „Besucher" oder als „Hereingewehter".

[10] Der Name eines Großen Alten, dessen Einfluss durch den gegenwärtigen Kopf des äußeren O.T.O. übermittelt wird, nämlich Kenneth Grant.

In dieser Sigille ist die Göttin verbogen, weil sie über dem Abyss residiert, auf dem Pfad, der Chokmah und Binah miteinander verbindet.[11]

Die Quersumme von 393 (3 + 9 + 3) ergibt zusammen 15; 1 + 5 = 6, die Zahl der Sonne. Die einzelnen Ziffern miteinander multipliziert 3 x 9 x 3 ergeben zusammen 81 = 9 = die Zahl des Mondes.[12] 393 multipliziert mit sich selbst ergibt 154449. Beachte, dass die Zahl 15 (Atu XV) immer wieder auftaucht. Diese Zahl ist Baphomet, dem Teufel, zugeschrieben und daher dem Gott Seth. Die Zahl 444 ist die der Messingschlange und von TzPRDO, was „Frosch" bedeutet vom ägyptischen Khepr-ta, dem froschköpfigen Gott der Erde.[13] Die Zahl 9 ist die des Mondes und von Yesod, dem Ort des Geheim-Ions der Yeziden.[14]

Astro-symbolisch ist 393 Saturn-Luna-Saturn, der Mond auf beiden Seiten unter der Vormundschaft des Gottes Seth. Eine bemerkenswerte Eigenschaft der Zahl 393 besteht darin, dass sie sich auf „Einheit" reduzieren lässt, denn 3 geht in die 9 dreimal; 3 in die 3 einmal; was zu AChD, 13, „Einheit" wird. Wendet man die volle Pentagrammformel (d. h. 5 x 5 = 25) auf die 393 an, so erlangt man den Schlüssel zum Großen Werk denn 393 + 25 = 418.[15]

---

[11] Siehe nächsten Abschnitt, 4.

[12] 81 ist die mystische Zahl des Mondes , der über die 13. Kala herrscht; es ist auch die Zahl von ALIM, der Formel für das Hexentum. Beachte, dass 15 + 81 = 96 sind und dass 9 + 6 = 15 ergeben. Auch beschreibt 9 + 6 = 15 auch den Atu XV!

[13] Der Symbolismus des Frosches ist von größter Bedeutung in allen Formeln, die mit der anderen Seite des Baumes assoziiert werden. Siehe die Bemerkungen *infra* auf den Seiten 217–218.

[14] Siehe *Cults of the Shadows*, Glossar, unter der Überschrift „Yesod".

[15] Für eine Betrachtung all dieser wichtigen Zahlen siehe Crowleys *Liber 418* und die *Commentaries to AL.*

Um die 393 auf 666[16] zu ergänzen, bedarf es der Zahl 273, die die Zahl von AVR GNVZ ist, dem „Verborgenen Licht" und von ABN MASU HBVNIM, dem „Stein, den die Erbauer zurückwiesen", aber auch von ARBO, was „Vier" bedeutet, in diesem Fall das „versteckte Licht" der Tür (*Daleth*) im Herzen der Sigille Aossics.

393 ist 718[17] minus 325, welches die mystische Zahl des Mars ist, dem planetaren Medium des Ra-Hoor-Khuit und von NORH, der Jungfrau oder Dame, die mit der Göttin Kali in ihrem lunaren Aspekt gleichgesetzt werden kann. Auch die Beharrlichkeit der Zahl Neun ist bemerkenswert.

393 multipliziert mit 3, der Zahl der Einheiten, aus denen sie zusammengesetzt ist, ergibt 45, und 4 + 5 = 9 = ADM, der „Mensch", die „Spezies", die aus „A", Atem oder Geist, und „DM" Blut, der mystischen lunaren Flüssigkeit zusammengesetzt ist. 45 ist die mystische Zahl von Yesod und es ist auch die Zahl von MAD, dem henochischen Wort für Gott, während die Reihe der Zahlen von 1 − 9 (d. h. 45) die Zahl von AGIAL ist, der Intelligenz des Saturns oder des Seth, und von AMD, dem Narren.[18]

Die Sigille von Gargophias zeigt ein nach oben gerichtetes Schwert mit einem Auge auf jeder Seite der Klinge, das über ein Ei und eine Mondsichel gesetzt wurde. Das Schwert ist typisch für die Frau als die erste Entzweischneiderin. Die Lenden- oder Oberschenkelkonstellation mit ihrer sichelförmigen Form war ein astronomisches Symbol der Typhon, das in irdischen Begriffen die Vagina der Frau ist, die teilt und zwei wird, die Geschlitzte oder die Aufgespaltene. Die beiden Augen repräsentieren astronomisch die duale Lunation und die beiden Phasen des weiblichen Zyklus mit der Betonung auf der periodischen Verdunkelung. Das Ei ist zu drei Vierteln voll, was die neun Monate der Schwangerschaft anzeigt, wobei die trockene Phase direkt der Überflutung vorangeht, die durch einen Ausstoß von Fruchtwasser charakterisiert wird. Dieser Aspekt der Formel liegt latent im Ei vor und manifestiert sich nicht bis

---

[16] Die Zahl von Shugal-Choronzon, des großen Tieres des Abyss.

[17] Die „Abscheulichkeit der Einsamkeit" und die Zahl der *Stélé der Offenbarung* (siehe die *Typhonian Triology*).

[18] ADM oder ADAM leitet sich vom ägyptischen Atem, der Muttergöttin der Zeit und der Periodizität, ab, die als Typhon identifiziert werden kann.

zum 15. Pfad, dem Pfad der Mutter. Die dieser *Kala* heiligen Tiere sind der Storch (traditionell mit der Geburt von Kindern assoziiert), der Hund, der Gefährte der jungfräulichen Jägerin[19], und das Kamel. Das Kamel[20] ist das Haupttotem dieses Pfades, denn es durchquert die Wüste des Abyss. Es ist die traditionelle Arche oder das Schiff der Wüste. Seine Höcker enthalten lebenserhaltende Flüssigkeit, die den Adepten bei seiner Überquerung unterstützen.

Der 13. Pfad ist daher der Pfad der Jungfrau, die in sich das unerweckte Potential der Ehefrau enthält, die dem nächsten Pfad zugeschrieben wird. Die Position dieser beiden Pfade – 13 und 14 – bildet das Zeichen des Kreuzes. Der Abyss ist der Ort des Überwechselns von der Welt der Erscheinungen (phänomenologisch), repräsentiert durch die Vorderseite des Baumes, in die Welt der Nicht-Erscheinungen (Noumenon), repräsentiert durch die hintere Seite.

Die magischen Kräfte dieser *Kala* des Mondes beinhalten Hellsichtigkeit und Divination. Nicht die Art von Divination, die mit der elften Kala (q. v.) assoziiert wird, die nach Art der Bauchredner durch die offene Gebärmutter ausgestoßen wird, sondern Divination durch Träume, die „aus der versiegelten Gebärmutter des Nächtens"[21] hervorströmen, d. h. wenn das lunare Licht verdunkelt ist.

Die 13., 14. und 15. *Kala*, die durch ihr Tun die vollständige Formel des Weiblichen zusammenfassen, formen das ursprüngliche Kreuz oder den Ortes des Übersetzens von der materiellen Welt in die Welt der Geister und Geistwesen. Die Jungfrau menstruiert und ist versiegelt, dunkel, unilluminiert, unerweckt; die Frau oder die Hure ist offen, erweckt, ihre Formel ist die Liebe; die Mutter ist wieder versiegelt, aber auf eine andere Weise, denn sie bringt das hervor, was in ihrer Gebärmutter abgeschlossen ist.

Das menstruelle Räucherwerk der 13. *Kala* nimmt die Formen von Lemuren an. Obgleich die meisten Lexika dieses Wort vom lateinischen „*lemures*"

---

[19] Artemis in ihrer lunaren Phase.

[20] Der Buchstabe, der diesem Pfad zugeschrieben wird, ist *Gimel*, was „Kamel bedeutet. Tatsächlich ist er dem englischen Wort „camel" sehr ähnlich.

[21] Siehe *Wiederbelebung der Magick*.

ableiten, „Geister der Toten"[22], bedeutet der Begriff mehr als die Geister der
Verstorbenen, denn der 13. Tunnel wird von affen-artigen Teratomen heimgesucht, die sich auf dem 12. Pfad vermehrten, der *via* des Schlafs der Jungfrau
in den lunaren Ansteckungsbereich durchsickert. Daher liefert die (in Lexika)
gegebene Beschreibung irdischer Lemuren eine genauere Definition, die da
lautet „Arten nachtaktiver Säugetiere … die mit Affen verwandt sind."

Nach einer initiierten Tradition, aus der Blavatsky viele Informationen entnommen hat, schwärmen die Atavismen aus Lemuria[23] über diesen 13. Pfad in
monströsen Gestalten, die an die natürlichen Lemuren erinnern, jedoch sehr
viel abscheulicher sind. Lovecraft machte mehr als einen Hinweis auf sie und
die Idee von ihnen veranlasste ihn zu beobachten:

> … es gibt bezüglich gewisser Konturbilder und Entitäten eine Kraft des Sym-
> bolismus und der Suggestion, die sich ganz schrecklich auf die Perspektive eine
> sensiblen Denkers auswirkt und schreckliche Hinweise auf obskure kosmische
> Beziehungen und unbenennbare Realitäten hinter der schützenden Illusion ei-
> ner gemeinsamen Vision flüstert.[24]

Die unbenennbaren Realitäten sind die Bewohner der Tunnel des Seth, die
als Gerippe und als die Schatten von Dingen schwärmen, die noch nicht verkörpert wurden, von denen es aber *die Tendenz gibt, dass sie werden könnten.* Ihre
subtilen Anspannungen im Äther sind die gespiegelten – jedoch noch unmanifestierten – Latenzen des Magiers.

Das fluide Plasma des Astrallichts, das die Tunnel durchdringt, ist belebt
mit Potential, das nur dann manifest wird, wenn es an die Oberfläche des
Baumes kommt, sich in Myriaden Formen aufsplittert und durch das schwarze
Loch im Raum schwärmt, das durch Daath, das Tor in den Abyss, repräsentiert wird. Die Manifestation des Nicht-Manifesten wird – magisch gesprochen
– *via* des lunaren Kraftstroms bewirkt, der durch die Hohepriesterin dieser

---

[22] *The Concise Oxford Dictionary.*

[23] Eine Schicht vor-menschlichen und larvenartigen Bewusstseins, das sogar noch älter
ist als die Epoche von Atlantis.

[24] *Der Fall Charles Dexter Ward* von Lovecraft.

Kala in ihrer jungfräulichen, unerweckten oder „träumenden" Phase charakterisiert wird.

Der Abschnitt im Grimoire, der sich auf diese *Kala* anwenden lässt, liest
sich:

> Nun hat sich Nuit selbst verhüllt, auf das sie das Tor ihrer Schwester öffnen
> möge.

Nicht zwei, sondern nur eine Frau ist in dieser Aussage impliziert. Nuit hüllt
sich selbst in Schlaf, d. h. sie wird jungfräulich, menstruierend, um das Tor
ihrer Schwester zu öffnen – das Tor der Träume. In einem naturalistischen
Sinne ist der Schleier die Kleidung, die von den frühesten Frauen beim Einsetzen der Pubertät angelegt wurde. In einem physiologischen Sinne ist es das
unzerrissene Jungfernhäutchen. Wenn Nuit das Tor öffnet, dann verhüllt sie
sich und ist dadurch in der Lage, durch die Träume, die sie im Spiegel des
magischen Schlafes oder der Trance sieht, zu divinieren. In diesem Sinne ist
hier die Jungfräulichkeit oder der Zustand des „Schlafens" beabsichtigt. In
noch einem anderen Sinne bezieht sich das Öffnen des Tores auf das „Tor der
Mutter" des 15. Pfades (q. v.), auf dem das Unmanifeste manifest wird als die
Geburt des Kindes durch das Tor der Materie. Aber dies ist eine spätere Formel und sie gehört richtigerweise unter den Abyss, während das hier gemeinte
Tor das Tor in den Abyss selbst ist.

Die Krankheit, die für diesen Pfad typisch ist, kann ohne Überraschung
unter dem allgemeinen Etikett „Störungen der Menstruation" zusammengefasst werden, aber es sollte verstanden werden, dass während diese Krankheit
auf den Pfad anwendbar ist, die korrespondierenden Erkrankungen, die in
den Tunneln unterhalb des Pfades ihre Geltung haben, mit Störungen des
lunaren Kraftstroms und dem darauf folgenden Schwärmen des lemurischen
Schreckens zu tun haben. Dies wird durch die magische Waffe dieses Pfades
begründet, den Bogen und den Pfeil. Im Tarottrumpf wird diese *Kala* der Hohepriesterin zugeschrieben, die mit einem Bogen und einem Pfeil auf ihren
Schenkeln dargestellt wird. Der Bogen ist auch eine Glyphe für den Regenbogen, der eine mystische Verbindung mit der lunaren Formel hat.[25]

---

[25] Siehe *The Lost Light* (Kuhn), Seite 281.

Der Symbolismus des Bogens – als das Emblem des Sothis, des Sterns des Seth – und des Regenbogens sind *en detail* im 7. Kapitel von *Aleister Crowley & the Hidden God* behandelt worden. Hier ist es lediglich notwendig, darauf hinzuweisen, dass im Alt-Hebräischen der Name des Regenbogens – *Qesheth* oder *Qashed* – das kabbalistische Synonym für *Qadosh* ist, eine Methode der Sexualmagick, die den Gebrauch des lunaren Kraftstroms beinhaltet. Diese Formel des Okkultismus wird manchmal mit homosexuellen Techniken verwechselt, die aber keinesfalls miteinander in Verbindung stehen.

Die spezifische magische Formel der *Kala* 13 ist ALIM[26], dessen Zahl, die 81, die Zahl des Hexentums ist, über das Hekate oder Hekt, die Göttin mit dem Froschkopf, den Vorsitz führt. Es ist notwendig, den Begriff Hexentum gegen die normalerweise akzeptierte Interpretation des Begriffes zu schützen, denn diese betreffen nicht die höheren Ebenen des Baumes. Die wirkliche Bedeutung des Hexentums kann im Bild des Frosches gesucht werden, das eine geheime Bedeutung für die Initiierten hat, die sehr viel enger am Konzept der Lovecraft'schen frosch-lurchigen Fantasien steht als die kindischen Einschätzungen davon durch mittelalterliche Kirchenmänner, Hexenjäger und zeitgenössische Anhänger einer „Wiedererweckungsbewegung".

Der Frosch oder Hekt war ein frühes Symbol für einen Formwandler von einem aquatischen Leben zu einem Leben auf dem Land. Er wurde von den Initiierten in die drakonischen Mysterien als Symbol für das verwendet, was in den Wassern des Abyss verwandelt wurde und dann auf trockenes Land kam. Mit anderen Worten war es eine Glyphe für die Eindringlinge aus den „Wassern des Raumes", d. h. von der anderen Seite des Baumes. Weiterhin legen die merkwürdigen Sprünge des Frosches eine Formel nahe, wodurch bestimmte Pfade des Baumes überwunden oder übersprungen[27] werden konnten von Adepten der „anderen Seite".

In Ägypten war der Verwandler als der Hekt im Ur-Hekau eingegliedert, dem „Mächtigen der Verzauberung"[28], der der Prototyp des magischen Stabes

---

[26] Ein Begriff, der die „Elementargötter" bezeichnet.

[27] Cf. die *Voltigeure* des Kultes der Schwarzen Schlange, die in *Cults of the Shadow*, Kapitel 9 diskutiert werden.

[28] Siehe *Das Buch der Toten*.

war, durch den die Priester den Mund der Toten öffneten und die Mumie in einen lebendigen Geist *transformierten*. Auf diese Weise wurden aus den Toten auf dieser Seite des Baumes die *Khus* oder die lebendigen Geister auf der anderen Seite.[29]

Die Zahl des Frosches ist 353, was auch die Zahl von NGSh ist und „Geschlechtsverkehr" bedeutet, vom ägyptischen *Nak* „Unzucht treiben". Der Name Hekate bedeutet „Einhundert", was die Zahl von *Qoph* ist, „dem Hinterteil des Kopfes" oder dem Kleinhirn, über das Crowley anmerkt, dass hier die kreative oder reproduktive Kraft in erster Linie angesiedelt ist.[30] 353 ist auch die Zahl der Initialen der beiden magischen Instrumente – dem P(hallus) und der K(teis) – die in ihrer Verbindung die Illusion des Universums erzeugen.[31] Der Frosch, Hekt oder Hekate ist daher der Springer oder Hüpfer in einem sexuellen Sinne ebenso wie in einem mystischen Sinne, in dem der Adept die Formel der Voltigeure auf der Rückseite des Baumes verwendet.

Der Bogen erscheint in Verbindung mit dem frühesten (d. h. dem afrikanischen) Symbolismus der 13. *Kala*, wo er assoziiert wird mit dem Jäger im Mondlicht, Ochosé. Die Referenz bezieht sich auf den lunaren Kraftstrom. Die beiden heiligen Lagunen Togo und Once sind für diese *Kala* ebenfalls symbolisch. Togo, wörtlich „rotes Wasser", bildet die Basis für den ägyptischen Teich von Punt oder das Rote Meer. Die Lagunen spielten eine wichtige Rolle im Verwaltungsrecht von Afrika. Die frühesten Gesetze oder Tabus waren verbunden mit der Physiologie und dem Phänomen der Menstruation und dem Ritus, der mit deren Einsetzen und dem Abflauen verbunden war. Die rituelle Zeit wurde so die richtige Zeit (für sexuelle Verbindungen), und Verletzungen des Tabus wurden mit schweren Strafen geahndet. Es geschah auf dieser uranfänglichen Ebene, dass die Idee der Schuld mit dem Geschlechtsverkehr zu assoziieren begonnen wurde. Es sollte jedoch verstanden werden, dass die Geburt der „Sünde", die zu einer solch frühen Periode in der Evolution der Soziologie auftrat, der tatsächliche Beginn der „Zeit" selbst war, in dem Sinne,

---

[29] Siehe *Cults of the Shadow*, Kapitel 3.

[30] *Magick* (Crowley), Seite 183.

[31] Qoph ist der Buchstabe, der dem Tarottrumpf namens „Der Mond" zugeschrieben wird.

dass die Menstruation eines der ersten Zeichen für eine Periode oder einen Zeitzyklus war, den die frühen Menschen wahrnahmen; die frühesten waren wahrscheinlich Licht und Dunkelheit, Tag und Nacht. Es war nach diesen Beobachtungen, nicht vorher, dass die Unterteilung des Jahres in Perioden immer detailreicher und komplexer wurde. Das Wieder-Erscheinen von physiologischen Phänomenen war zuerst da und lenkte dann die menschliche Aufmerksamkeit auf das Wieder-Auftreten von Phänomenen am Himmel. Zuerst stellares Erscheinen und Verschwinden; Aufgang und Untergang, dann die Mondphasen und schließlich der Sonnenlauf; auf diese Weise wurde die Zeit vollständig entwickelt und das Jahr, wie wir es kennen, kalkuliert.

Vor diesen frühesten Beobachtungen physiologischer Phänomene, d. h. als Zeit noch nicht bekannt war und noch weniger aufgezeichnet wurde, regierte das Chaos. Aber die Kräfte des Chaos wurden unvermeidlich in den Vortex der Zeit gezogen und die Mythologie enthält Berichte über diese Konflikte, die zwischen den Riesen des Abyss tobte, *die außerhalb der Zeit* stattfanden und die Elementarformen als ihr Trägermedium[32] nutzten, und einem neuen Typus, der sich in der Gestalt von stellaren, lunaren und schließlich solaren Gottheiten etablierte. Letztere waren die Kronotypen, die Götter der Zeit und der Chronologie. Diese wurden alle anthropomophisiert und zu den verschiedenen Göttern und Göttinnen, die schließlich den Planeten zugeschrieben wurde, von denen gedacht wurde, dass sie deren Kraftmedium seien. Deshalb werden die ersten zehn Pfade des Baumes Erde, Mond, Merkur, Venus, Sonne, Jupiter, Mars, Uranus, Neptun und Pluto zugeschrieben. Die 13. *Kala* ist daher essentiell und sehr auffällig die *Kala* der Kali (Zeit) und des Chronos oder Kronos sowie der Kronotypen.

---

[32] So wie Wind, Regen, Erdbeben, Blitz und Donner usw.

4. Dagdagiel

Der 14. Tunnel ist durchflutet von der *Kala* der Venus, die durch die Hure repräsentiert wird. Kabbalistisch ist ihr *Daleth* zugeschrieben, mit der Bedeutung „eine Tür", und zwar jene Tür, die einen Zugriff auf ihr Haus oder ihre Gebärmutter zulässt und den Ausgang daraus. Ihre Kraftzone ist die Venus.

Dieser Tunnel stützt den ersten wechselseitigen Pfad auf dem Baum des Lebens; das infernale Gegenstück ist die Basis der Pyramide, die, wenn sie umgekehrt wird, mit der Spitze auf dem Ain in der Leere des Abyss balanciert wird. Der Name der Wächterin ist Dagdagiel. Sie kann evoziert werden, indem ihr Name in der Tonlage Fis vibriert wird, verbunden mit einem summenden oder trällernden Klang. Ihre Sigille sollte in leuchtendem Himmelsblau auf einem Kreis aus leuchtendem Rosé, das mit fahlem Grün durchzogen ist, gemalt werden. Ihre Zahl ist die 55, die eine mystische Zahl Malkuths, der Kraftzone der Erde, ist. Fünfundfünfzig als 5 x 11 fasst die Formel der Magick (11) zusammen, die durch die *Shakti* (5) in Bewegung gesetzt oder mit Kraft versorgt wird. Es ist auch die Zahl von DVMH, „Stille", die die Formel der Frau (*Shakti*) ist, wenn sie mit dem Kind des Lichts schwanger wird, das in der nächsten *Kala* erzeugt wird. Das Wort HIM, „anschwellen", weist auf diesen Zustand hin und IHM (eine Metathese von HIM) bedeutet „empfangen", „Geschlechtsverkehr haben" und „erschaffen", 55 ist auch die Zahl von KLH, „die Braut" oder „die Schwiegertochter", was auf die kosmische Braut Malkuth hindeutet, die Tochter von IHVH, sie, die die letzte Silbe (Hé) der Schöpfung darstellt.

Die Tochter ist das Symbol für die einsetzende Rückkehr, für die bevorstehende Umkehr der Manifestation in ihren ursprünglichen Zustand der Nicht-Manifestation, des Seins, das wieder zu Nicht-Sein wird. Im gegenwärtigen Äon ist der *Sohn* das Kind, aber im kommenden Äon der Maat wird die *Tochter* das Kind sein, denn am Ende dieses Äons wird Malkuth wieder einmal in den

Schlaf der Auflösung zurückkehren (*Pralaya*), bevor eine neue Manifestation stattfindet.

Die Idee, dass Materie zu einem Ende gelangen kann, ruft eine Aussage des AL (I 66) in Erinnerung. „Die Manifestation der Nuit ist am Ende".[1] Der Titel des Atu zu diesem Pfad ist die Tochter des Mächtigen. Das Thema wird im Wort MUT (einer Form von Maat) wiederholt, das sich auf 55 addieren lässt und das „schütteln", „wanken", „torkeln", „misslingen", „vergehen" und „sterben" bedeutet. Es leitet sich vom ägyptischen Wort *Mut* her, was „enden" oder „sterben" bedeutet.

Die Sigille von Dagdagiel zeigt den umgekehrten Buchstaben *Daleth* und die Form eines Galgens, von dem ein umgekehrtes Dreieck über den Buchstaben AVD hängt. AVD (Od) ist das Licht der Magick. Das Dreieck ist die umgekehrte Pyramide, die in den Abyss gesetzt wurde mit ihrer Spitze in der Leere (Ain), denn dieser wechselseitige Tunnel wird in den Abgründen jenseits von Kether reflektiert.

Die Implikation ist, dass die Pyramide das Licht der Magick oder die Feuerschlange ist, die von einem Galgen in Form der Nachtfrau[2] hängt, deren Vagina (*Daleth* = Tür) hier umgekehrt ist. Diese Besonderheit zeigt, dass sie eine Initiierte in die höchsten Sexualmysterien ist und dass sie das spezielle Zeichen[3] der Scharlachfrau trägt. Ihr Totem ist die Taube (der typhonische Vogel), der Sperling[4] und die Sau. In einer holographischen Notiz in seiner persönlichen Ausgabe des *Liber 777* bemerkt Crowley über diesen Pfad (Spalte xxxvii) „Die Sau = ein Typus der Venus, der zu Mars passt (im Gegensatz zu romantischen und höheren Formen dieses Typus). Mars = der Eber." Damit meinte er, dass die Jungfrau im idyllischen Licht der romantischen oder unrealisierten Liebe badet; die Sau aber suhlt sich in ihrem Schweinestall der Sinnlichkeit. Aber der Vergleich der Sau der Venus mit dem Eber des Mars beinhaltet noch ein anderes Mysterium, das nur in den Begriffen des drakonischen Kraftstroms

---

[1] Siehe *Cults of the Shadow*, Kapitel 8 für eine Bedeutung dieses Absatzes und seiner Verbindung mit dem *geheimen Ion*, das durch die Formel der Tochter impliziert wird.

[2] D. h. Lilith, die Hure.

[3] Die rückwärtsharnende Vulva, siehe *Cults of the Shadow*, Kapitel 7.

[4] Bekannt für seine Schlüpfrigkeit.

begriffen werden kann. Die Sau (Babalon = die Hure) ist die *Qlipha*[5] oder die äußere Schale der Göttin. Ihr inneres Mysterium beinhaltet die *Kalas* oder Kali selbst, denn sie ist die ultimative Mutter. In den Begriffen des neuen Äons ist Mars daher die kosmische Kraftzone, die Ra-Hoor-Khuit zugeschrieben ist, als das Kind (*Har*) des gegenwärtigen Äons, denn das Blut, das mit dieser Zone (des Mars) assoziiert wird ist nicht das Blut des Mannes, das in der Schlacht vergossen wird, sondern das Blut der Frau, das dass Kind enthält.[6] Die Taube wird auch der 14. *Kala* zugeschrieben.[7] „Die Taube war der Vogel des Blutes (die feminine Quelle) bevor sie ein Vogel der Luft (maskuliner Geist) wurde. Zuerst war Mars-Kali-Tyhon, *dann* kamen Venus-Nephthys-Nu-Isis."

Die magische Kraft, die mit dieser *Kala* korrespondiert, ist traditionell die Fähigkeit Liebesfilter destillieren zu können. Dieser Begriff ist ein Euphemismus für die vaginalen Vibrationen, die von der Jungfrau in Form von Sexualmagnetismus ausgehen, der das kreative Licht in ihre Gebärmutter zieht.

Im Absatz des Grimoires, der sich mit dieser *Kala* beschäftigt, steht geschrieben:

> Die Jungfrau Gottes thront auf einer Austernschale; sie ist wie eine Perle und suchet 70 zu ihren 4. In ihrem Herz ist Hadit, die unsichtbare Pracht.

Die Auster ist ein typisches Aphrodisiakum, die Jungfrau ist trunken auf ihrer Schale und suchet die 70[8] zu ihren 4[9]. In ihrem Herz ist Hadit (d. h. Seth, der Teufel selbst), die unsichtbare Pracht, die ihr Verlangen motiviert. Und so wird die Jungfrau zur Hure oder – in der Sprache des magischen Symbolismus – die in Trance befindliche Priesterin wird erleuchtet oder erweckt, die Pythia wird orakelhaft inspiriert durch den göttlichen Geist. Daher ist die magische Formel

---

[5] *Qlipha* = „eine Hure"

[6] Siehe Kapitel 10 in *Aleister Crowley & the Hidden God* zur Rolle des martialischen Kraftstroms im neuen Äon.

[7] Siehe Anmerkungen zur 13. Kala im vorherigen Kapitel.

[8] D. h. der erigierte Phallus symbolisiert durch das Auge (*Ayin* = Auge = 70) des Teufels.

[9] *Daleth*, 4, = Tür (d. h. Vagina).

für diese *Kala Agapé*, dessen Zahl die 93 ist, was auch die Zahl des Verlangens oder des Willens (Thelema) ist und die Zahl des Teufels (Aiwass) höchstpersönlich.

Alle Aphrodisiaka und alle sanften, sinnlichen Düfte werden diese *Kala* zugeschrieben, deren vorsitzende Gottheiten Hathor, Aphrodite, Kapris Cottyto und in den tantrischen Systemen Lalita[10], der sexuelle Aspekt der *Shakti* (Kraft), sind.

Wir finden jedoch die bedeutungsvollsten Zuschreibungen auf dem afrikanischen Baum. In der frühzeitlichen Magie von Equatoria wird diese 14. *Kala* der Göttin Odudua zugeschrieben, der Göttin, deren geheimer Tempel in Ado, in der Nähe von Badagry, vor geweihten Priesterinnen ihres Kultes nur so wimmelte. Ihnen verdankt die Stadt die Bezeichnung „Stadt des Hurentums", deren spätere Version Babylon war. Für die Ogboni[11] war sie als Ile, die Erde, bekannt.

Der 14. Strahl oder *Kala* vereinigt die kosmischen Kraftzonen von Odudua (Binah) mit der von Once oder Anansi (Chokmah), symbolisiert durch die Spinne, die später das oberste Symbol des Kultes des Obi (Obeah) wurde. Die beiden Kraftzonen sind das Aktivitätenfeld von Obeah und Wanga, der „Arbeit des Stabes und der Arbeit des Schwertes".[12] Der Symbolismus dieses Absatzes (aus dem AL) ist in ziemlicher Ausführlichkeit in *Aleister Crowley & the Hidden God* erklärt worden, hier ist es notwendig, die Aufmerksamkeit auf die Symmetrie des Spinnenetzes zu lenken. In dem Tunnel, der unter dem 14. Pfad liegt, ist das Netz nicht anhand einer flachen Oberfläche strukturiert, sondern es nimmt verschiedene Ebenen ein, so dass vom Blickpunkt eines Betrachters aus, der auf diesem Pfad arbeitet, die zick-zack-artig verlaufenden Fäden eine verrückte Geometrie bilden. Betrachtet man das Netz jedoch vom Tunnel oder von der Rückseite des Baumes aus, dann wird erkannt, dass das

---

[10] Die Lilith der rabbinischen Lehre. Es ist interessant festzustellen, dass *Lalit* die frühere *Rerit* (die Sau) war. Siehe Anmerkungen auf Seite 221. Der Buchstabe „r" wird durch den Prozess der Lautverschiebung zum Buchstaben „l".

[11] Eine afrikanische Geheimgesellschaft. In ihrem esoterischen Aspekt ist sie ein Doktrinkörper, der alle *Kalas* umfasst sowie die Formeln ihres magischen Gebrauchs.

[12] AL, II 37.

Netz aus dünnen Fäden durchsichtigen Lichtes die merkwürdigen Durchlässe
der Dunkelheit formt, die die Abgründe des Raumes zwischen der Rückseite
und der Vorderseite des Baumes zulassen. In der innersten Tiefe dieses Tunnels wurde der ursprüngliche magische Zauber gewirkt und der erste aller magischer Kreises (Netze) geformt. Hier treffen sich die Schlange und die Spinne
in einem Symbol. Die Schlange ist OB, der lunare Kraftstrom aus dem Once
sein Netz webt. Serk[13], symbolisiert durch den Skorpion, vereinigt daher die
Spinne und die Schlange in einer Glyphe. „Die „Arbeit des Stabes"[14] und die
„Arbeit des Schwertes"[15] sind identisch. Ihre Verschmelzung ist das Werk von
Obeah und Wanga, was *via* der 14. *Kala* erreicht wird.

　　Das Wort *Aud* (Od), das in der Sigille von Dagdagiel erscheint, ist das magische Licht, das aus der Yoni Oduduas fließt. In diesem Tunnel Oduduas erscheint dies daher als die Pyramide; es ist das Dreieck (Yoni) in einer weiteren
Dimension und umgeben von einem Netz aus Fasern oder durch einen Feuer-
ring, mit dem jeweils die Spinne und der Skorpion assoziiert werden.

　　In seinem *Magical Record* spricht Crowley von den Tunneln oder den Höhlen des Feuers, durch die er während seiner höheren Einweihungen durch
einen Geisterfuchs geführt wurde. Wie bereits erwähnt, sind der Fuchs oder
der Schakal Zootypen von Shugal, der Gottform von Shaitan-Aiwass. Ihr Gegenstück ist die amorphe Wesenheit Choronzon, der Hüter des Pfeilers von
Daath, der die Spitze der Pyramide formt und das Tor ist zu den Tunnelnetz-
werken, die auf der Rückseite des Baumes in die Tiefen abfallen.

　　Das Spinnenetz ist ein Tunnelnetzwerk, das in andere Dimensionen führt,
denn was als bloße Spalten auf einer ebenen Fläche erscheint, wird – sobald
die Spinne aus ihrem Loch erscheint – zu den Tiefen der Ile (der Erde) – in-
traräumlichen Leeren und traumübergreifenden Abgründen von kosmischer
Unermesslichkeit. Obeah und Wanga sind daher die beiden Transformations-

---

[13] Die Göttin des Kreises. Serk und der Kreis (engl. *Circle*) waren in späteren Sprachen
synonym.

[14] Der Stab ist der des Magus, Chokmah, regiert von Chozzar (Neptun). Siehe die Anmerkungen zu Chozzar und Choronzon auf Seite 236.

[15] Das Schwert ist die Frau oder die Entzweiteilerin. Sie wird auf dem Baum als Binah
verkörpert, deren planetarer Vertreter Saturn (d. h. Seth) ist.

modi, durch die die menschliche Entität in ferne Dimensionen *via* der Wirbel der Leere übersetzen kann.

Krankheiten, die für die 14. *Kala* typisch sind, sind Syphilis, Gonorrhö und Nymphomanie. Diese werden durch die Zuschreibungen der abscheulichsten afrikanischen Fetische, die Champana, zu dieser *Kala* glossiert, die deformierten Gottheiten, deren Symbol eine knorrige Keule ist, die mit leprösen roten und weißen Flecken überzogen ist. Das Element der Nymphomanie wird einleuchtend in den Succubi oder den Schattenfrauen, die von der Yoni der Göttin erzeugt werden, deren magische Waffe der Hüfthalter ist. Die Verbindung mit dem Traummechanismus ist offensichtlich, auch wenn es eine esoterischere Erklärung dafür gibt. Die Schattenfrau ist das Mittel zur Traumkontrolle, denn durch ihre Tinktur oder den magischen Kreis kann der Träumer Dimensionen betreten, die auf der Nachtseite der umgekehrten Pyramide liegen, die eine Projektion des *Yantras* der Göttin darstellt. Die Formel hat eine sexuelle Basis und alles, was dazu preisgegeben werden kann[16], ist bereits in meiner *Typhonian Trilogy* erschienen.

Es ist interessant zu sehen, wie nah H. P. Lovecraft sich den Grenzen dieser fremden Dimension angenähert hat. In *Der Fall Charles Dexter Ward* spielt er auf „das Zeichen von Koth an, das die Träumer auf dem Torbogen eines bestimmten schwarzen Turmes angebracht sehen, der alleine im Dämmerlicht steht." Der schwarze Turm ist der Phallus des Seth, der aufgerichtete Stein, der in das Dämmerlicht des Abyss gesetzt wurde, d. h. in den dämmerungsaktiven Zustand zwischen dem Traum und der „dunklen Abyss des Schlafes". Das Wort Koth oder Kotha erscheint unter den barbarischen Evokationsnamen, die die Gnostiker in ihrem *Agapoi* verwendeten; einige davon hat Crowley kabbalistisch wieder hergestellt und in seinem *Liber Samekh* verwendet, dem zentralen Grimoire des Neuen Äons, das dass als *Congressus cum Daemone* bekannte Ritual enthält. Nach Crowley handelt es sich um eines der potentesten Rituale, es enthält die Formeln für den Umgang mit dem Doppel oder dem

---

[16] Nicht aus Gründen der Geheimhaltung (siehe die generelle Einführung), vielmehr weil die Formel nicht durch eine dualistische Sprache vermittelt werden kann, sondern nur in den Tiefen des Traumes.

Schatten-Selbst.[17] Kotha erscheint in der Elementsektion, die dem Element Erde zugeschrieben wird, als der Name von Hathor, der wollüstigen Göttin sexueller Vergnügungen, „die Satan mit Begierde erblickte!" Kotha ist dort als „der Hohle" übersetzt, das Schluß-A ist sinnträchtig. Koth bezeichnet daher den Hohlen, den Tunnel, der durch die Vagina der Frau symbolisiert wird, die das dünne Plasma hervorbringt, das noch auf den geringsten Druck des magisch geleiteten Willen reagiert. Crowley beobachtete in der elementaren Sektion des Grimoires, das die „Konzeption von der Erde glühend ist, bewohnt von einem solar-phallischen Flusspferd[18] von geschlechtlicher Natur."

Das Wort ChVTh[19], eine Form von Koth, bedeutet „das Tier des Schilfrohrs" und hat die Zahl 414, die die des grenzenlosen Lichts (*Ain Soph Aur*) ist, eines der drei Schleier der Leere jenseits von Kether. Es ist auch die Zahl von AZVTh (Azoth), der *Flüssigkeit*, d. h. der höchsten Sekretion oder *Kala*, die alle molekularen Strukturen mit ihrem unendlich zersetzenden Licht auflöst. Lovecraft hat diesen Gedanken in den Begriffen seines eigenen wissenschaftlichen Materialismus als Azathoth konzeptionalisiert, das blinde und idiotische Chaos im Zentrum der Unendlichkeit.[20] Der Name Azathoth ist zusammengesetzt aus den beiden unterschiedlichen Konzepten *Aza* und *Thoth*. Nach W. Henning[21] ist Az „die böse Mutter aller Dämonen". Verbunden mit Thoth, einer dessen Typen der hundeköpfige Affe oder Cynocephalus ist, nimmt sie

---

[17] Es war das Ritual, das vom Tier 666 verwendet worden war, um Wissen und Kommunikation mit seinem heiligen Schutzengel zu erlangen. Siehe *Magick*, Seite 355 et seq.

[18] Das Flusspferd ist der Hathor heilig. Wie Crowley beobachtet: „Die Idee dabei ist die des Weiblichen, wahrgenommen als unverwundbar, ruhig und von einer enormen Kapazität, Dinge verschlingen zu können". Mit anderen Worten ein passendes Symbol für das verschlingende Maul des Abyss.

[19] ChVTh (Koth) „das Tier des Schilfrohrs" (Psalme lxviii) war ein Abbild Ägyptens. Das Wort leitet sich von *Khebt* her, dem Flusspferd, einem Zootyp des Ägyptens im Norden, d. h. Unterägyptens, der typhonischen Region.

[20] In Crowleys System ist Hadit das Chaos im Herzen der Unendlichkeit (Nuit).

[21] Siehe „The Birth and Origin of Primal Man according to the Manichaeans" zitiert in *The Gnostic Religion* von Hans Jonas, Seite 341.

die weibliche Seite des Abysshüters an.[22] Azoth umfasst den Anfangs- und den Endbuchstaben des Alphabeths in den drei alten Sprachen. *Aleph* und *Tau* (*Ath*) im Hebräischen, *Alpha* und *Omega* im Griechischen und A und Z im Lateinischen.

Das Wort Koth als Cheth (ChlTh), 418, ist von überragender Wichtigkeit im neuen Äon, denn es ist die Zahl des Großen Werkes in seiner höchsten alchemistischen Phase, nämlich der Auflösung aller molekularer Strukturen[23], wie es im AL, II 44 vorskizziert ist.[24]

---

[22] Siehe Teil I, wo die Identität Thoth = Daath demonstriert wurde.

[23] Cf. „die Auflösung und die ewige Ekstase in den Küssen der Nu."

[24] Die Zahl dieses Absatzes, 44, ist die Zahl von DM (Blut), was das magische Abbild der Scharlachfrau ist, deren *Kala* den Gegenstand des aktuellen Kapitels darstellt und deren Tunnel die Wohnstätte Dagdagiels ist.

5. Hemethterith

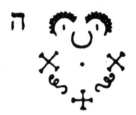

Der 15. Tunnel wird durch die *Kala* des Sterns illuminiert, im Buch des Thoth bekannt als „die Tochter des Firmaments, die Bewohnerin zwischen den Wassern". Sie ist auch der Mutteraspekt von *Kala* 13, die Jungfrau, und von *Kala* 14, die Hure. Der Buchstabe, der beiden – Mutter und Tochter – zugeschrieben wird, ist das Hé, die Zahl 5. Das Pentagramm ist ihr Siegel. Die beiden Wasser sind das Blut der jungfräulichen Tochter und die Milch der *stillenden* Mutter.[1]

Die Hüterin dieses Pfeilers ist Hemethterith, die evoziert werden kann, indem man ihren Namen in der Tonlage Ais vibriert, flüsternd, fast unhörbar. Ihre Zahl ist die 1054, die auch die des griechischen Wortes *Naos* ist, mit der Bedeutung ein „Schiff", eine „Arche" oder auch der „Nabel" und damit die Gebärmutter. Ihre Sigille sollte in grellem Rot auf ein leuchtend rotes, umgekehrtes Dreieck geschrieben werden. Sie deutet ein Gesicht über drei Kreuzen mit gleichlangen Armen an, die in der Form eines absteigenden Dreiecks angeordnet sind mit zwei schlangenartigen Formen, die die Kreuze voneinander trennen.

Die relevanten Zeilen aus dem *CCXXXI* lesen sich folgendermaßen:

Nun steigt Ra-Hoor-Kuit auf und Herrschaft wird im Stern der Flamme etabliert.

Dies ist eine Referenz auf das Kind Horus, das sich in der Form von Ra-Hoor-Khuit als der Sohn der Mutter manifestiert. Das Tier, das dieser *Kala* heilig ist, ist der Pfau, eines der heiligen Symbole der Yeziden, die den Shaitan in dieser Form verehren. Der Pfau ist auch der *Vahana* des Kartikeya, der Mars der Hindu, geboren aus dem Element Feuer.

---

[1] Daher die Zuschreibung der Kokosnuss zu dieser Kala. Siehe *Liber 777*, Spalte xxxix.

In alchemistischen Begriffen ist die 15. Kala die des Schwefels, der durch Feuer gereinigt wird, mit anderen Worten, die Mutter wird durch die Geburt des Sohnes erlöst. Beachte, dass der Pfad 15 Chokmah, die Sphäre des Magus, mit Tiphareth, die Sphäre des Sohnes, verbindet.

Das andere Trägermedium, das dieser *Kala* heilig ist, ist der Adler, der Kerub des Wassermanns, der über den 15. Pfad den Vorsitz führt. Wassermann spielt eine bedeutende Rolle im Symbolismus des neuen Äons. Es ist der Ort im Norden, der der Nuit zugeschrieben wird, die die beiden Wasser hervorbringt, die im Zeichen des Wassermanns als die beiden gewellten Linien dargestellt werden. Im Tarottrumpf zu diesem Zeichen gießt eine Frau Wasser aus zwei Gefäßen[2]. Der siebenzackige Stern der Venus über ihr ist identisch mit dem siebenstrahligen Stern der Babalon, dem Siegel des Seth, das die Mutter und das Kind in einer Glyphe vereint. Dies ist auch der Stern des Sothis, dessen planetarer Repräsentant die Venus ist. *Sieben* oder Sevekh war die ursprüngliche Göttin der sieben Sterne (*Ursa Major*) der Planisphäre, und diese Sterne oder Strahlen waren die sieben Köpfe des Drachens der Tiefe, der später in der christlichen Mythe als das Tier der Apokalypse erschien. Der Stern der 15. *Kala* ist daher der Stern des Sothis oder des Shaitan, und er ist verborgen in der weiblichen fruchtbaren Essenz, die als die Seele oder das Blut der Isis bekannt ist.

In *Wiederbelebung der Magick* ist gezeigt worden, wie Shaitan durch den magischen Gebrauch dieses Kraftstroms invoziert werden kann. Seth war das erste männliche Kind, das von der Mutter geboren wurde, und das *achte* nach den sieben Sternen oder Seelen. Er wurde von den Vorfahren daher als die Höhe oder die Erfüllung der Mutter gesehen. Dies erklärt den kryptischen Ausspruch dass „die Venus in Sothis transzendiert wird", denn das Kind (Seth) transzendiert die Mutter in dem Sinne, der hier angezeigt wird.

Chokmah, die Sphäre der Sterne, ergießt daher ihre *Kalas* den 15. Pfad hinunter in die Kraftzone des Sonnensohns Ra-Hoor-Khuit (d. h. Tiphareth).

Das magische *Siddhi*, das mit dieser *Kala* assoziiert wird, ist die Astrologie, die – auf der anderen Seite des Baumes – eine gänzlich andere Konnotation

---

[2] Siehe *Das Buch Thoth* (Crowley). Dieser Atu wurde in *Aleister Crowley & the Hidden God*, Tafel 9, reproduziert.

hat, wie wir sie normalerweise verstehen, denn sie ist dort die genuine Wissenschaft über die Sterne oder *Kalas* und unterscheidet sich von der populären Konzeption der Astrologie so sehr, wie dies der Tarot von einem vulgären Kartenspiel tut.

Die stellare Energie, die ihr Licht durch diese Tunnel blitzen lässt, wird durch den Hundestern Sothis symbolisiert und die Natur des Kindes, das in dieser Zelle der Hemethterith geboren wird, ist satanisch in dem Sinne, dass es durch magische Methoden gezeugt wurde, die den Gebrauch des Auges des Seth beinhalten.[3]

Die *Behemiron*, was „bestialisch" bedeutet, sind die *Qliphoth* von dieser *Kala* und ihr Name bezieht sich auf diese magische Formel.[4]

Im afrikanischen Mythos erscheint die Göttin Odudua wieder auf diesem Pfad in Form der Mutter oder der Amme, daher die Verbindung mit dem Wassermann und den beiden Gewässern. Die Göttin Iyemoja gehört ebenfalls zu diesem Pfad. Ihr Name bedeutet „Mutter der Fische". Sie wurde von ihrem Sohn Orungan[5] vergewaltigt und während ihrer Flucht vor ihm fiel sie *rückwärts*; ihre Brüste sprangen auf und wurden zwei Ströme.

---

[3] Diese Formel gehört zum XI° des O.T.O.

[4] Siehe vorherige Fußnote.

[5] Orungan gehört zum Luftelement und ist daher eine Form des heiligen Geistes.

6. Uriens

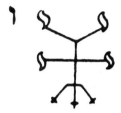

Der 16. Pfad übermittelt die Einflüsse des Hierophanten und sein Tunnel wird vom Dämon Uriens bewacht, der evoziert werden kann, indem sein Name in der Tonlage Cis vibriert wird. Der Name sollte gebrüllt oder genauer gegrölt werden. Seine Sigille sollte in Flammenlinien[1] auf ein braunes Dreieck geschrieben werden. Sie zeigt eine siebenarmige Figur, deren obere vier Arme jeweils in einem *Yod* enden; die unteren drei enden jeweils in einem Kreuz. Die siebenarmige Figur ist eine Glyphe des Lebensbaumes.[2] Sie hat Relevanz für die Welten unterhalb des Abyss. Die Sieben bezieht sich auch auf das ursprüngliche Licht im Himmel, das durch die sieben Sterne von Ursa Major (siehe vorheriges Kapitel) repräsentiert wird.

Diese Interpretation wird durch die Tatsache bestätigt, dass die 395 – die Zahl von Uriens – auch die Zahl von HShMIM ist, den „Himmeln". Die sieben Arme, die vier *Yods* und die drei Kreuze ergeben zusammen 59 (7 + 40 + 12) und diese Zahl liefert einen Reichtum an relevanten Hinweisen auf die Bedeutung dieser Sigille.

Nach der *Kabbalah Denudata*[3] ist 59 AChIM und bedeutet „Brüder"; sie bezieht sich insbesondere auf Samael, der in der Mitte des *qliphothischen* Tierkreises stationiert ist, begleitet von seiner *Shakti* Lilith, der Älteren. Sie hütet die süd-östliche Ecke und ihre Gefährten sind die Schlangen und der Mensch. Die Schlange ist eine Glyphe für die Menstruation und 59 als NDH bedeutet genau dies. Es leitet sich vom ägyptischen Wort *neti* ab, das die Bedeutung „Sein", „Existenz", „negativ", „Schaum", „das Zeichen des Blutens" und „weibliche

---

[1] D. h. Linien in der Farbe von Flammen.

[2] Die oberen drei *Sephiroth* (die obere Triade) sind nicht immer im Diagramm des Baumes enthalten.

[3] Übersetzt von S. Liddel MacGregor Mathers (*Kabbalah Unveiled*).

Quelle" hat. Diese Zahl erklärt daher, warum die *Adimiron* (Der Blutige) die *Qliphoth* sind, die dem Tunnel des Uriens zugeschrieben werden. In der Liste der Primzahlen[4] beschreibt Crowley die 59 als „Die Yoni, die nach dem Lingam ruft, als Eizelle, Lösemittel oder Alkali." Weiterhin und als Unterstützung dieser Interpretation bezeichnet das Wort ZNB (59) einen „Schwanz" oder „Extremitäten."

Der Name Uriens deutet auf Oriens hin, der – wie Atlas – das Universum auf seinen Schultern trägt. Die Idee der Stützung oder des *Tragens* wird aus einem generellen Symbolismus geboren, der mit dieser *Kala* assoziiert wird, die den Adepten mit der magischen *Siddhi* der körperlichen Stärke ausstattet.

Das magische Instrument, das dem 16. Pfad zugeschrieben wird, ist der Sitz, der Thron oder der Altar, die merkwürdigerweise weibliche Symbole sind für eine *Kala*, die mit dem *Hierophanten*[5] assoziiert wird. Das gilt allerdings nur so lange, bis man sich daran erinnert, dass im neuen Äon der initiierende Herr (d. h. der Hierophant) der Gott Seth[6] ist, der identisch ist mit seiner Mutter Typhon und daher die Weiterführung ihrer *Kala*, der 15, ist, wie schon gezeigt wurde. Sie ist tatsächlich die *Göttin 15*, ein Name, der der „erfüllten Frau" verliehen wurde, deren Symbol, der volle Mond, am 15. Tag stattfand. Die 16 *Kala* war daher ihr Kind, d. h. Seth, und Seth-Typhon unter einem einzigen Abbild, das durch den Hundestern Sothis verkörpert wird. Nach Wilkinson[7] war Seth-Typhon als „der Riese" bekannt und dieser Symbolismus setzt ihn mit den vor-evolutionären *Nephilim*[8] gleich.

Der Name des Sitzes im Ägyptischen ist *Hes* oder *Isis*. Der Thron trägt den Gott, so wie die Frau das Kind trägt, so wie der Altar den Priester trägt. Der Teil des Körpers, der mit der 16. *Kala* assoziiert wird, ist die Schulter, ein Euphemismus für das, was die Welt unterstützt oder trägt, d. h. die Mutter. Daher die Assoziation mit Atlas (Oriens), der die Welt auf seinen Schultern trägt.

---

[4] In *777 Revised*, Seite xxv

[5] Der Name des Tarottrumpfes, der dem 16. Pfad zugeschrieben wird.

[6] Diese äußerst bedeutsame Tatsache wurde von Frater Achad herausgestellt. Siehe *Cults of the Shadow*, Kapitel 8, Fußnote 32.

[7] *The Ancient Egyptians*.

[8] Siehe Teil I, Kapitel 7, und andernorts.

Uriens oder Oriens, wie der Name impliziert, kann auch dem Orient zugeschrieben werden, dem Ort der aufgehenden Sonne oder der solar-phallischen
Kraft. Dieses Phänomen, sowohl in seinem kosmischen (astronomischen) wie
auch in seinem mikrokosmischen (biologischen) Aspekt liegt dem Namen der
Ordo Templi Orientis, O.T.O. zugrunde, dessen Interpretation Orden des Tempels des exaltierten oder aufgerichteten Phallus bedeutet.

Die Zeilen des CCXXXI, die sich auf diesen Pfad beziehen, deklarieren:

> Auch ist der Stern der Flamme (d. h. der Phallus) exaltiert und bringt Segen
> dem Universum.

Ein Blick in die Spalten des *Liber 777* zeigt, dass Uriens der 11. *Kala* zugeschrieben wird, die von der Luft regiert wird und deren Tunnel unter dem Vorsitz
von Satan, dem Prinzen der Kräfte der Luft steht.

Die Zahl, die mit der astralen Dimension dieser *Kala* korrespondiert, ist 45,
die Zahl von ADM (dem Menschen). Er ist eine der Wesenheiten, die Lilith im
Raum *zwischen* dem südlichen und dem östlichen Kardinalpunkt auf dem *qliphothischen* Tierkreis begleitet, in dessen Zentrum sich der „böse" Engel Samael[9] befindet. Innerhalb der invertierten Dimensionen dieser Räume steht der
Thron von Samael. Vor diesem Thron steht der Altar, auf dem die nächtliche
Lilith, die Mutter der Missgeburten[10] ausgestreckt liegt. Das Konzept ist in der
Zahl von Uriens ausgedrückt, denn 395 ist MShKLH *Abortiens*. Weiterhin ist
die Reflexion des Hierophanten in den Tiefen des Abyss in der Form von Seth
oder Pan (Samael) gebrochen, der Teufel oder das doppelte Sein des entge-
gengesetzten Abbildes.[11] Auf gleiche Weise ist dieses Konzept in der Zahl von
Uriens impliziert; denn 395 ist MShNH und bedeutet „zwiefältig", „doppelt".
Es leitet sich vom ägyptischen *Shen* her, „Zwei", einem „zweifachen Kreis"
und „dem Anderen", dem „Alter Ego". Auf diese Weise werden die Himmel (HShMIM = 395) in den Höllen reflektiert und der Hierophant oder der

---

[9] Die Zahl von *Samael* ist 131, was die Zahl von Pan ist und von Mako, dem Sohn der
Typhon.

[10] Eine andere Referenz auf die *Nephilim*, siehe Fußnote 8, *supra*.

[11] Satan bedeutet „Widersacher".

Magus des Ewigkeit[12] wird zum Richter über die Toten[13], deren Symbol der Schakal ist, der Heuler an den Aufenthaltsstätten der Toten und der Dungfresser am Tag des jüngsten Gerichts.[14] Am Ende dieser abscheulichen Mahlzeit schwärmt *Adimiron* (Der Blutige) über die trostlosen Orte der Leere und hinterlässt in seinem Kielwasser den dicken braunen Saft[15] der Vernichtung.

Andere Bewohner dieser Zelle Uriens sind Gorgonen und Minotauren, die mit dem Sonnensohn verbunden sind, symbolisch für den Stier und den Hierophanten und mit der magischen Kraft, die in Stein verwandelt.[16] Der Minotaurus war ein monströser Abkömmling der Pasiphae, der Tochter der Sonne, die mit einem heiligen Stier kopulierte. In *Wiederbelebung der Magick* habe ich Crowleys Beschreibung dieses Ritus vorgestellt, der mit der Zeugung des Minotaurus assoziiert wurde. Nachdem er zur Welt gekommen war, wurde er in einem Labyrinth gefangen gehalten, in das Jugendliche und Jungfrauen zu Opferzwecken hineingeführt wurden. Sie verirrten sich in den Tiefen des Labyrinthes und wurden von der Bestie gefressen. Die schlangenhaarige Gorgone ist eine Form von Lilith. Sie ist mit Schlangen umgeben und ihre starrenden Augen lassen alles, was ihr Blick trifft, zu Stein erstarren.

Ein anderes Tier, das mit diesem Pfad assoziiert wird, ist das Flusspferd, ein Urbild der Typhon. In den afrikanischen Kulten verkörpert die Göttin Ife die 16. *Kala* und sie wird durch die aufgerissene Vulva von Iyemoja repräsentiert, die Quelle des manifestierten Universums das auf den Schultern des Atlas (Oriens/Uriens) getragen wird. Das Flusspferd oder die Seekuh ist die große Trägerin in den Wassern, das Äquivalent zum Tierkreiszeichen Stier, dem Stier der Erde auf dem trockenen Land, daher stammt die Verbindung zur Göttin (Venus herrscht im Tierkreiszeichen Stier) und zu den Wassern des Abyss. Iyemoja bedeutet wörtlich „Mutter der Fische", was die besonders sexuelle Natur ihrer Funktion zeigt.

---

[12] Eine alternative Bezeichnung für diesen Tarottrumpf, bekannt als *Der Hierophant*.

[13] ShVPT = „Richter" = 359.

[14] Siehe *Liber Cheth vel Vallum Abiegni* (*Magick*, Seite 494) In diesem Kontext die exkrementösen Abfälle der Missgeburten Liliths.

[15] Dies ist die Farbe, die dem 16. Pfad zugeschrieben wird.

[16] Der Name Seth bedeutet ein „aufgerichteter Stein" und Isis bedeutet wörtlich „der Sitz aus Stein."

7. Zamradiel

Der 17. Pfad übermittelt die Einflüsse *der Liebenden*. Sein Tunnel wird von Zamradiel gehütet, der evoziert werden kann, indem sein Name in der Tonlage D vibriert wird. Der Klang sollte von einem rauen wilden Gelächter begleitet werden. Seine Sigille sollte auf eine malvenfarbene Blase in einem Farbton gemalt werden, der sich dem Gelb von neuem Leder annähert.

Seine Zahl ist die 292, die Zahl von TzRB, dem „Raben", dem schwarzen Vogel des Seth. TzRB bedeutet auch „Abend"; bei Sonnenuntergang führen die Raben ihre Raubzüge durch. BTzR - eine Metathese von TzRB - bezeichnet „Gold", das Metall, das mit den Zwillingen Seth-Horus assoziiert wird. Seths Totem ist der schwarze Vogel, und der von Horus ist der goldene Falke. Die früheren Zwillinge waren Seth und Anubis, der goldene Schakal, der mit seinem dunklen Schatten die Wüste der Mumien heimsuchte, d. h. die Astralhüllen, die von jenen zurückgelassen wurden, die den Übergang geschafft und den Abyss transzendiert hatten.

Die Sigille von Zamradiel besteht aus einer Mondsichel, die von einem Bogen mit einem Pfeilschuss durchbohrt wird. Beide Enden des Bogens enden in dem Buchstaben G. Der durchstochene Mond ist das gekreuzigte Fleisch. Die „Gekreuzigten" sind die, die den Übergang über den Abyss geschafft haben. Der Buchstabe *G (Gimel)* bezeichnet das „Kamel", das Schiff der Wüste, das Gefährt, durch das der Übergang erreicht wird. Es ist der Buchstabe der Hohepriesterin.

Dieser Tunnel konzentriert den Einfluss von Seth *via* der schwarzen Kraftzone (Binah), die ihr Licht von der stellaren Sphäre (Chokmah) erhält und die es durch den Abyss nach unten strahlen lässt. Die 17. *Kala* ist daher stark aufgeladen mit der Atmosphäre von Daath und dem Tod, beide haben eine enge Affinität zu *den Liebenden*.

Die Zahl 292 ist auch die von Chozzar, wie in *Cults of the Shadow* dargestellt wird. Damit ist sie wahrscheinlich auch mit dem Namen Choronzon verbunden, der eine korrupte Form von Chozzar ist. Das Symbol von Chozzar ähnelt dem astrologischen Zeichen des Neptun und nach Frau Blavatsky (*Die Geheimlehre*, II, 356) wird Chozzar von den Uninitiierten Neptun genannt. Es ist das Symbol der Magie von Atlantis und seine Zuschreibung zu der zweiten Kraftzone, Chokmah, ist höchst bedeutungsvoll, denn Chokmah empfängt seinen Kraftfluss direkt vom Pluto (Kether).

Michael Bertiaux beobachtete, dass „Pluto, der mit Neptun korreliert, reine Sexualität ist", die in der plutonischen Sphäre psychisch und magisch ist. Diese Energie, die „Libido" genannt wird, ist die machtvollste Kraft auf der Welt und kann nicht durch magische Methoden isoliert werden. Sie ist auch die Grundlage für verschiedene natürliche Kraftfelder, wie etwa Licht, Gravitation, Elektro-Magnetismus, und es ist eine Tatsache, dass sub-atomare Partikel, die funktionale Photonen sind, in Wirklichkeit Libido in seiner elementaren Form darstellen.[1]

Dies ist die Energie, die den *Liebenden* auf dem 17. Pfad die Kraft verleiht, im Tunnel darunter wird sie jedoch in RPVAH[2] oder die „Droge des Todes" transformiert, die durch den schwarzen Vogel des Seth und das schwarze Schwein der Typhon repräsentiert wird. Chozzar bedeutet „ein Schwein". Diese Kreatur wurde von den Typhoniern als Symbol für das große Werk ausgewählt, weil es das einzige Tier ist, von dem bekannt ist, dass es menschliche Exkremente frisst. Das Schwein ist dabei allerdings symbolisch und die Exkremente sind es auch, denn es geht nicht um anale Abfallbeseitigung, die durch dieses Tier verhüllt werden soll, sondern um das Blut des Mondes, den Kraftfluss der menschlichen Frau in ihrer dunklen Phase. Der Symbolismus wurde in die solaren Kulte der späteren Zeit übernommen und zur Zeit der Herbst-Tag-und-Nacht-Gleiche wird der Gott Khunsu in der Scheibe des Voll-

---

[1] Siehe Michael Bertiaux, Schulungspapiere für das 2. Jahr der *Monastery of the Seven Rays*. Siehe auch *Cults of the Shadow*, Kapitel 11.

[2] RPVAH = 292 und bedeutet „eine Droge". APRVH ist ebenfalls 292 und eine Metathese von RPVA mit der Bedeutung „ein junger Vogel".

mondes gezeigt, wie er in seinen Armen das Opferschwein[3] trägt. Der Genuss des schwarzen Mondweines bereitete den Initiierten auf die Auflösung oder Kreuzigung zur Osterzeit vor und das macht das Überwechseln in die Welten des Geistes oder des Nicht-Seins möglich.

Die Gnostiker zeigten Chozzar in Form einer Schlange, deren stellarer Repräsentant Draco war. Die wellenförmige Bewegung der Schlange war ein Abbild für den periodischen weiblichen Fluss.

Das Mysterium dieses Tunnels wird in der Sigille ihres Wächters als Bildzeichen erfasst durch die Mondsichel, die von dem Pfeil durchbohrt ist. Wie Massey gezeigt hat, „wurde der erste Bogen durch die Schöpferin gespannt" und „kam zum Ausgangspunkt zurück durch den Kreislauf der Schwangerschaft, daher der Bogen der Neith und der Pfeil der Göttin Seti".

In der Sigille Zamradiels ist der Mond noch jung und hat noch nicht den vollen Reifegrad erreicht, der dann auftritt, wenn die Liebenden aus der Stadt der Pyramiden (Binah) in die Wüste des Seth eintreten.

Die relevanten Zeilen aus dem *CCXXXI* lesen sich:

> Hier dann unter dem geflügelten Eros ist die Jugend, die sich am einen und dem anderen erfreut. Er ist Asar (Osiris) zwischen Asi (Isis) und Nephti (Nephtys).

Osiris ist die Mumie, der Tote, der in die Geisterwelt wiedergeboren wird, nachdem er einst von Isis empfangen und durch Nephtys geboren wurde.

Das magische *Siddhi* dieser *Kala* ist verständlicherweise die Bilokation, hier symbolisiert durch die Mumie (Osiris) und den auferstandenen Jugendlichen (Asi). Diese duale Gottheit erscheint manchmal als *Die Brüder* und manchmal als *Die Liebenden*.

Von diesen Tunneln aus tauchen dunkle Kräfte auf und sickern durch die Abysse des Nicht-Seins, dabei durchdringen sie die Kraftzonen der Manifestation mit den Schatten ihrer Abwesenheit. Diese Zweischneidigkeit oder dieses Sprenkeln von Licht und Schatten wird durch die symbolischen Hybridarten verkörpert, wie die Elster, den Pinguin, den Schnecken, den Papagei, das Zebra – tatsächlich durch alle gesprenkelten oder chamälion-artigen Geschöpfe,

---

[3] Siehe die Planisphäre von Denderah.

die die offensichtliche Kraft der Verwandlung aufweisen.

Der Orden der Qliphoth, die diesem Bereich zugeschrieben wird, sind die *Tzalalimiron*, „Die Gestaltwandler". Das höchste Totem dieses Tunnels ist die Hyäne und dieses Reich wird von den Geweihten des *Bultu* oder der Spektral-hyäne heimgesucht. Von ihrem Kult ist bekannt, dass er im paläolithischen Zeitalter existiert hat. Er brachte sein Totem aus Afrika mit und verbreitete sich im Geheimen weltweit.[4] Seine astrale Quelle hatte er im Tunnel unter dem Pfad der Zwillinge (*Die Liebenden*) und wurde auf der irdischen Ebene an einem Ort in Afrika reflektiert, der *Kabultiloa* genannt wurde. Der Name bedeutet wörtlich „der Schatten (Ka) des Phantoms oder Geistes (Loa) der Hyäne (Bultu)." Die magische Vibration dieses Kultes war im *Mantram* „Bul-tungin" konzentriert, einem Verb, das „Ich verwandle mich in eine Hyäne" bedeutet. Dies war der Atavismus, der von der Phantomform wurde, die sich aus den Elementen der 17. *Kala* formte, als die Zwillingskräfte der Liebe und des Todes[5] in einem Abbild verschmolzen wurden. Sein qliphothischer Reflex wurde aus dem Raum in Form dieser Kreaturen gesaugt durch einen Adepten der „die heiligen Ausrichtungen"[6] kannte" und der das evozierende *Mantram* vibrierte. Das wurde erreicht, indem die beiden Zwillingsschlangen Ob und Od im Körper einer Priesterin miteinander verschmolzen wurden, die dem dunklen Gott dieser *Kala* geweiht war, dessen Name verloren gegangen ist.

Dieser Kult der Phantomhyäne überdauerte, während alle anderen For-men dieses Gottes bereits untergegangen sind, und bestimmte Magier und Träumer haben über die Jahrhunderte hinweg Andeutungen von seiner Exis-tenz erhalten. Dr. John Dee (1527 – 1608) war der erste, der das Wesen aus den Räumen von Daath in die geschichtliche Zeit hinab rief und es Choronzon nannte. Aleister Crowley, der es in unserer heutigen Zeit kontaktierte, nannte

---

[4] Überreste von Hyänen und verschiedene Kultobjekte, die in *Tir Iarll* (dem heutigen Glamorgan) gefunden wurden, deuten darauf hin, dass sich der Kult sogar bis nach Britannien ausbreitete.

[5] Eros = Libido und Daath = Tod.

[6] Ein Ausdruck von Austin Osman Spare.

es ebenfalls Choronzon, während H. P. Lovecraft es als den monströsen und amorphen Schleim wahrnahm, der als Yog-Sothoth bekannt ist.[7]

Nach einem geheimen Grimoire wurde das Tier nicht aus den bekannten Räumen gerufen, sondern *aus Zellen, die sich zwischen ihnen befanden*,[8] während die *Bultu*-Trommeln einen Off-Beat-Rhythmus spielten. Ähnlich ist es bei den späteren Petro-Riten des Voodoo, in denen der Kult unter einem anderen Namen überlebt hat. Hier floss die Ausrichtung der geheimen *Vevers zwischen* den Kardinalpunkten, nicht durch sie hindurch. Eine Wesenheit erschien als Antwort auf den Ruf und kristallisierte um sich die Phantomanatomie, die dem *Bultu*-Totem zu eigen ist. Die Wesenheit führte während des Sabbats den Vorsitz *innerhalb der Tunnel der Erde*, dann verschwand sie. Sie erschien kein weiteres Mal, sogar während der dunklen Dynastien von *Khem* nicht, als der Verkehr zwischen nicht-menschlichen Wesenheiten in den Kulten von Taurt und Seth im Geheimen praktiziert wurde.

> Nachdem sich die Essenz des *Bultu* in seinem *Eïdolon* oder seinem Phantombild konzentriert hatte, schied es ein subtiles Sperma aus, das sich mit dem Lebensblut seiner Gefährtin verband, um so einen magnetischen Balsam zu erzeugen, der das Feuer der Frau mit dem des Tieres in einer einzigen Substanz versiegelte.

Wenn die „Zeiten richtig" und die Raummarkierungen etabliert waren, dann raste ein rauer magischer Sturm durch die Region von *Kabultiloa*, in der dieser monströse Ritus durchgeführt worden war. Es wurde gesagt, dass unablässig Regen auf Orte nieder strömte, die sonst nur spärlich Regen abbekamen, und heftige elektrische Entladungen in der Atmosphäre alle Spuren dieses Ereignisses auslöschten. Während der Regenfluten zuckten fortwährend Blitze auf und sie drangen auch in die Höhlen unterhalb der Erde ein und trafen die Braut des Tieres, die sich in seiner Umarmung räkelte. Ihr Körper wurde augenblicklich zu Kohle verbrannt und ein kleiner schwarzer Stein schlüpfte aus ihren Oberschenkeln heraus. Die beiden vitalen Öle, verschmol-

---

[7] Ein Amalgam der Gottesnamen Seth und Thoth.

[8] D. h. die Zellen der Qliphoth.

zen durch eine unglaubliche Hitze, erschufen einen Talisman von unabschätz-
barer Macht. Das Feuer, das die beiden Zwillingsschlangen des Lebens miteinander vermischte, das tierhafte und das göttliche[9], setzte sein Siegel auf den
Stein in Form eines merkwürdigen Emblems, das der Sigille Zamradiels nicht
unähnlich ist, und einem bestimmten geheimen Symbol gleicht, von dem bekannt ist, dass es in den Zeiten von Atlantis im Verbindung mit der Verehrung
von Chozzar verwendet wurde.[10]

Dieses mystische keramische Bilderzeichen wurde danach die Sigille des
Bultu, das Siegel, das von dem Kult übernommen wurde, der durch die Äonen erfolgreich war und von dem gesagt wird, dass er in der heutigen Zeit in
bestimmten geheimen Heiligtümern des Voodoo existiert, die als Ville-aux-
champs bekannt sind.[11]

Der Tunnel von Zamradiel steht unter der Ägide der Kräfte von Shugal-
Choronzon in ihren Voodoo-Formen als Baron Samedhi und Guéde Nibho.
Der Baron repräsentiert den saturnalen Aspekt.[12] Ein anderer Name von ihm
ist Cimitiére, der Ort der Toten oder jener, *die das Überwechseln ins Nicht-Sein
vollzogen haben.* Daher ist Baron Samedhi auch bekannt als Maitre Carrefour
oder Carfax, Meister der Kreuzwege, denn am Kreuzungspunkt von vier Wegen[13] wechseln die Geister der Lebenden in das Reich des Nicht-Seins über
und *umgekehrt.*[14] Guede andererseits konzentriert das Eros-Libido-Element des
Kraftstroms, das durch *Die Liebenden* repräsentiert wird. Ihr stellares Medium
ist das Tierkreiszeichen Zwillinge, dessen planetarer Sitz, Merkur, der Gott ist,

---

[9] Die Frau war eine Priesterin des Choronzon.

[10] Auf Seite 27 wurde vorgeschlagen, dass Chozzar der ursprüngliche Name von Choronzon gewesen ist.

[11] Sitz des Schattenordens und Stadt des wahren Shamballah. Siehe Bertiaux, Schulungspapiere, MSR.

[12] Der Saturn wird Binah zugeschrieben.

[13] Das Zentrum des Kreuzes repräsentiert die Überschneidung der Ebene des Seins mit
der anderen Dimension, die wir nur Nicht-Sein nennen können.

[14] Nach Plutarch (*Über Isis und Osiris*, Kapitel 49) gab es unter den Bedeutungen des Namens Seth-Typhon auch „zurückwenden" und „überqueren" (d. h. durchqueren und
überwechseln).

der die Toten in die Unterwelt in der Form von Shugal geleitet, entweder als Fuchs, als Hund, Schakal oder Wolf, je nachdem, welcher Typ zur örtlichen Fauna passt.

Guéde Nibho repräsentiert die dualen Polaritäten, Ob und Od in den Formen der lebensspendenden, odischen Kraft und des Obeah- oder ophidischen Kraftstroms manifestiert durch Tod und verkörpert durch den abscheulichen Ganin-Gub.[15] Guéde kommt dem ägyptischen Khonsu nahe, der mit dem schwarzen Schwein oder mit dem Eber des Seth, wie zuvor erwähnt, assoziiert wird. Der Name Nibho bedeutet „Herr" und leitet sich vom ägyptischen Neb (unser Nib oder Nob) ab. Lord Guéde wird dem nördlichen Viertel zugeschrieben, das im gegenwärtigen Kontext über dem Saturn und der stellaren Sphäre[16] am Ort von Daath liegt, tief verborgen in den wüsten Abgründen, die vom Schakal des Seth und dem Schwein von Khonsu bewohnt werden.

Der *Bultu* ist weder Mensch noch Tier, sondern eine astrale Manifestation, die sich wie ein Vampir von den essentiellen Ölen seiner Opfer ernährt. Als Phantomhyäne fasziniert er durch seinen Blick, dann stillt er seine Lust auf Blut. Wie der Ganin-Gub[17] oder die Schlange des Ob trinkt das Wesen das tatsächliche Plasma der Vitalität seines Opfers vermischt mit dem Lösemittel der Priesterin, die es in den Kelch[18] entleert hat. Auf gleiche Weise entzieht Baron Samedhi seinen Opfern Substanz in vielen Formen, dadurch erhält er sich ein Halb-Leben in Dimensionen, die sich außerhalb der Bandbreite des normalen Bewusstseins befinden, die jedoch jenen zugänglich sind, die „die geheimen Ausrichtungen" kennen und die wissen, wie man die Sigille des *Bultu* belebt; dessen *Mantrams* Klang die Pfeiler Shugals öffnen kann.

Die duale Natur des Symbolismus assoziiert mit Zamradiel ist mit der Natur des *Bultu* im Einklang, der da er einer anderen Dimension angehört, weder Fleisch noch Phantom ist, weder weiß noch schwarz, weder menschlich noch tierisch, sondern eine Kombination aus hybriden Wesenheiten, die an Schrecklichkeit weit über das hinausgehen was von den Vorfahren als Produkte des

---

[15] Siehe *The Natural Genesis*, (Vol. 1, Seite 300).

[16] Saturn =Binah und die stellare Sphäre = Chokmah.

[17] Eine seiner späteren Formen, als der Kult seine Voodoo-Phase erreicht hatte.

[18] D. h. die Vagina.

unnatürlichen Verkehrs beschrieben wurden. In den Off-Beat-Rhythmen der *Bultu*-Trommeln kann das sensitive Ohr das *Mantram* der äußersten Abscheulichkeit entdecken, das schreckliche Symbol, das der Hyäne ähnelt, von der die Sage erzählt, dass sie aus der Vereinigung eines rasenden Wüstenschakals mit einer Löwin aus Äthiopien hervorging.

Die Hyäne ist symbolisch für alles Halb-Leben, alle zwielichtigen und dämmerungsaktiven Bewusstseinszustände, alle miteinander verwobenen Kreuzzüchtungen, deren verschwommene Bilder sich ins Fleisch bohren und es mit dem Zeichen des *Bultu* brandmarken in den Myriaden Formen, die er als sein Trägermedium wählt. Urzeitliche Atavismen werden durch den Trommelschlag der *Bultu*-Trommeln entsiegelt und wenn sie in Verbindung mit dem Tunnel von Zamradiel[19] verwendet werden, in der Tonlage von „D", dann verstricken sie den Geist in das dunkle Netz dieser Rhythmen. Egal ob von nah oder fern vernommen, jene, die ihn hören, sind gezwungen, am Sabbat teilzunehmen, über den Choronzon den Vorsitz führt.

Dies erklärt in einem phänomenologischen Sinne die „ominösen Erscheinungen" und die „Banshees", die legendären Wesen, die diesem Pfad im *Liber 777* zugeordnet werden.

In den frühesten afrikanischen Mythen hat Oro, der Sturm, Affinitäten zur 17. *Kala*. An seinem Festtag erscheint er in der Form eines „Monsters in menschlicher Gestalt" mit von Blut verschmiertem Gesicht und Lippen. Er grölt und er schreit wie ein grimmiger Wind; die Priester feiern seine Messe in einem heiligen Hain, wo sie – verborgen vor den Augen der Uninitiierten, sein Banshee-Heulen stimulieren, indem sie einen hölzernen Klöppel herumwirbeln, der an einer Schnur befestigt ist.[20]

Im System des Voodoo werden die Marassas oder Zwillinge durch ein *Vever* symbolisiert, das die drei Säulen des Lebensbaumes beinhaltet. In *Cults of the Shadow* habe ich eine Illustration dieses *Ververs* von Michael Bertiaux wiedergegeben, der die gekreuzten Stäbe des magischen Saturn oder Guéde Nibho hinzugefügt hat, um auf diese Weise ein Modell für die Pfadsysteme der *Voltigeure*

---

[19] D. h. nachdem Zamradiel invoziert worden ist.

[20] Die primitiven „Bull-Roarer", die später in Ägypten als das Sistrum im Mysterium der Isis erschienen.

zu schaffen, ebenso wie für die Pfadsysteme der geheimen Schulen der Vou-dou-Initiation.[21] Dies ist von zentraler Wichtigkeit, denn es demonstriert die Punkte, an denen die Springer hinter den Baum über den Abgrund wechseln, *ohne dass sie die Tunnel des Seth verwenden,* so dass sie den Zwischenraum über-springen, während sie eine Dimension verlassen und in eine andere eintreten.

Die spezielle Farbe dieses Pfades ist rötliches Grau ins malvenfarbene ge-neigt. Das graumelierte Rot deutet auf die Sphäre der Sterne[22] hin, durchflutet mit dem Blut der Isis (Kali/Mars), die Neigung zur Malven- oder Lavendel-farbe zeigt die Bewegung des weiblichen stellaren Kraftstroms in die Richtung von Daath an. Nach Crowley wird die Farbe Lavendel Daath zugeschrieben.

---

[21] Siehe *Cults of the Shadow*, Seite 171.

[22] Chokmah, die kosmische Kraftzone des Magus assoziiert mit dem Neptun.

8. Characith

 ‬ Der 18. Pfad steht unter der Ägide des Tierkreiszeichens Krebs. Sein Tunnel wird von Characith bewacht, dessen Zahl die 640 ist. Krebs ist die Astro-Glyphe des Heiligen Grals und 640 ist die Zahl von KVS ThNChVMIM, dem Kelch der Trostspendung; das, was dem Adepten auf dem Pfad von Cheth Trost spendet, ist der Gral unserer Herrin. Von solcher Natur ist dieser Kelch, der sowohl Ekstase als auch magische Unsterblichkeit hervorbringt, dass seine *Kalas* in hohem Maße süchtig machen. Sollte der Adept längere Zeit in diesem Tunnel verbringen, so wird diese Abhängigkeit zu einer Besessenheit und er läuft Gefahr, ein Vampir zu werden, der Kelch um Kelch des Höllengebräus leert, das von der großen Hure, der Mutter der Abscheulichkeiten destilliert wurde, die nur zu gerne den dunklen Begierden jener nachkommt, die vom Wein ihrer Unzucht trunken sind.

Die magische Formel dieser *Kala* ist der Cunnilingus, der, wenn er die gebührlichen Grenzen überschreitet, nicht nur zum Tod der Partnerin[1] sondern auch zu dem des Magiers führen kann. Der Orden der Qliphoth, die den Tunnel von Characith bewohnt, ist daher als die *Shichiririon*, „die Schwarzen" bekannt.

In den Arcana des Thoth wird der Buchstabe *Cheth* (8) dem 18. Pfad zugeschrieben und es ist von Bedeutung, dass die positive Reflektion der negativen *Qliphoth* die Form von Krishna[2], dem Wagenlenker, annimmt. Apollo, der Wagenlenker, ist ebenfalls diesem Pfad zugeschrieben und der „Herr des Triumphes des Lichts" (ein Titel dieses Atu) wird in den Tunneln als die schwarze Sonne von Tiphareth reflektiert, das Kind der Wasser des Abyss, das im Gral der Babalon wirbelt.

---

[1] Durch Auszehrung.

[2] Krishna bedeutet wörtlich „Der Schwarze".

Wenn sich die Sonne rötet oder untergeht, so wird gesagt, dass er das Blut der Göttin trinkt oder dass er eine höhere Form des Cunnilingus praktiziert, ein Ausdruck, der in bestimmten Geheimkommentaren des Kaula-Ritus des Vama Marg verwendet wird.[3]

Die Zahl von Characith, 640, ist auch die von ShMSh, die Sphäre der Sonne, die gleich ist mit MMSK (640), was „ein Trankopfer" bedeutet, und die von ThMR die „Handfläche" und ein „Palmbaum". Die Daten des Palmbaumes stehen in Verbindung mit dem Phänomen der Menstruation.[4]

Die Sigille von Characith sollte in einem dunklen, grünlichen Braun auf einen bernsteinfarbenen Kreis gemalt werden. Sie zeigt das nach unten gerichtete Gesicht einer Mumie, die von einem Kamel überschattet wird, das von ihren Füßen entspringt. Dieses Bild ist so, wie es im Namen Characith verborgen wurde, denn 640 ist die Zahl von MPLTzTh, einem „schrecklichen Idol" (*simulacrum horrendum*). Das Kamel ist das Schiff der Wüste. Seine Symbolik ist in Verbindung mit dem 13. Tunnel erklärt worden, der den Abyss *via* des Pfades der Priesterin des Silbernen Sterns überquert. Das Kamel wird auch dem 18. Pfad zugeschrieben, wo es als Lasttier fungiert. Die Krabbe, die Schildkröte und der Wal gehören ebenfalls mit dazu, denn dieser Pfad steht unter der Ägide des Krebses, einem wässrigen Einfluss, der das vitalste Element in astro-magischen Arbeiten repräsentiert.

Die *Siddhis*, die dieser Kala zugeschrieben werden, sind Behexungen und die Kraft, Zauberei zu bewirken.

Der Name Characiths sollte in der Tonlage D-Dur vibriert werden, verbunden mit dem plätschernden Geräusch, das magischen Quellen oder Wasserfällen zu eigen ist.

Der Kelche und der Schmelzofen sind die passenden magischen Waffen und im Symbolismus des Pflanzenreichs wird die Wasserkresse dieser *Kala* zugeschrieben, weil die Kombination aus Hitze und Feuchtigkeit, Feuer und Wasser, die Inhalte des Kelches verkörpern, der den feurigen Tau der Göttin enthält.

---

[3] Siehe die *Typhonian Trilogy.*
[4] Siehe *Cults of the Shadow*, Kapitel 2.

Die passenden Zeilen aus dem *Liber CCXXXI* deklarieren:

> Er reitet auf dem Streitwagen der Ewigkeit, der Weiße und der Schwarze sind
> vor sein Gefährt gespannt. Daher reflektiert er den Narren und der siebenfache
> Schleier wird enthüllt.

Dies impliziert eine geregelte Beherrschung verschiedener Kräfte. Der Weiße
und der Schwarze sind die beiden Sonnen des unteren und des oberen Horizontes oder der Höhe und der Tiefe, der infernale Schmelzofen von Amenta
und die überirdische Sonne auf dem vorderen Baum (Tiphareth). Die solare
Kraft (Heru-Ra-Ha) ist hier impliziert, denn der Weiße und der Schwarze sind
Ra-Hoor-Khuit und Hoor-Paar-Kraat und es ist kein Zufall, dass die Initialen
dieser Götter zusammen 640 ergeben, die Zahl von Characith[5]. Der sieben-
fache Schleier ist der der Göttin der Sieben Sterne, die in ihrer Leuchtkraft
transparent ist. „Er"[6] reflektiert den Narren, der das verborgene Licht ist, das
„A" zwischen „I" und „O" (Isis und Osiris), „A" ist Apophis, der Gott Seth in
seiner ophidianischen Form. Er ist das Licht, das den Gral der Göttin färbt,
der vom Adepten geleert wird.

Die magische Formel der 18. *Kala* ist Abrahadabra, der „Schlüssel der Rituale" die im AL[7] genannt werden. Diese Rituale beinhalten den achten Grad
des O.T.O., der sowohl diesen Pfad als auch den 13. Pfad eröffnet, der Tunnel,
der durch die Rite des XI° entsiegelt wird.[8] Had ist das Herz von Abra*had*abra,
so wie Apophis das Herz von IAO ist, der Herzbalken mit der Schlange (Seth),
der vor ophidianischen Vibrationen pulsiert, die im Kelch der Babalon wir-
beln. Der VIII° hat daher eine positive Verbindung mit dem XI° des lunaren
Kraftstroms. Dies wird durch den IX° ausbalanciert, der der Schlüssel zum 19.
Pfad darstellt.[9]

---

[5] HRK + RHK + HPK = 640

[6] D. h. Asar (Osiris), der Tote.

[7] I, 20.

[8] Siehe die Anmerkungen auf Seite 252 *infra*

[9] Siehe die Anmerkungen betreffend der Verbindung zwischen den Tunneln und den
Formeln der Sexualmagick, *infra*, Seite 251.

Der afrikanische Gott Loco ist einer der Bewohner der Tunnel des Cha-racith. Er ist ein Gott der Wälder, der sich zusammen mit Elere, Ojehun und Abikus, bösen Geistern des Dschungels und der Wüste, darauf versteht, in die Gebärmutter von Frauen einzudringen, um dann in die menschliche Lebens-welle geboren zu werden.

9. Temphioth

 Tunnel 19 wird vom Dämon Temphioth bewacht, dessen Zahl die 610 ist. Sein Siegel sollte mit einem scharfen grünlichen Gelbton auf einen grauen pfeilförmigen Grund geätzt werden. Der vorherrschende Einfluss ist der der Löwen-Schlange, Teth, eine Glyphe für das Spermium, das in der Sigille gezeigt wird als vier Fischblasen, die von einer schlangenförmigen Form herabhängen, die an den Kopf eines Tieres angefügt ist.

Die Zahl 610 ist die von AThRVG mit der Bedeutung von „Lust" und „Verlangen". Dies ist in Übereinstimmung mit dem Tarottrumpf, der den Titel *Lust* trägt und der für den Pfad über diesem Tunnel relevant ist. Der Trumpf zeigt eine Frau, die auf einem löwenartigen Tier mit sieben Köpfen reitet: „der Kopf eines Engels, der Kopf eines Heiligen, der Kopf eines Poeten, der Kopf einer ehebrecherischen Frau, der Kopf eines tapferen Mannes, der Kopf eines Satyrs und der Kopf einer Löwen-Schlange."[1]

Eine andere Form von 640 ist ChBRTh, was ein „Kuppelpunkt" oder ein „Ort der Kreuzung" bedeutet; und es ist im Tunnel Temphioths, dass die magische Verkupplung von der Frau mit dem Tier stattfindet. Dies wird durch das Bild von KPhRTh (610) bestätigt, dem „Sitz der Gnade" oder dem „Ort der beiden Kerubim", der ursprünglich bekannt war als der Ort oder das Haus der beiden Käfer, die das Zeichen von Khepra sind.[2]

Auf dem 19. Pfad ist die Löwin Sekhet das Trägermedium der Kraft des Tierkreiszeichens Löwe, das sie repräsentiert als die sengende Sommersonne in ihrem Zenith, wobei es sich typischerweise um die sexuelle Hitze handelt.

---

[1] Siehe die Beschreibung des Atu XI in *Das Buch Thoth* (Crowley*)*.

[2] Später angewandt auf die Konstellation der Krabbe (Krebs), die die Sommersonnenwende und die Zeit der Flut anzeigt. Das akkadische Su Kul-na, das „Vermessen der Samen", wurde diesem Monat zugeschrieben, der vom Krebs regiert wird.

Das *Liber CCXXXI* deklariert:

Auch kam Mutter Erde (Isis) mit ihrem Löwen hervor; sogar Sekhet, die Dame von Asi.

Dies bedeutet, dass Sekhet die sexuelle Hitze der Isis ist, die Kraft, die „das Böse" überwindet. Das zeigt sich durch das Zaumzeug, das sie dem Tier angelegt hat, auf dem sie reitet.

Das magische *Siddhi*, das zu diesem Pfad gehört, ist das Zähmen wilder Tiere, was eine direkte Referenz auf den Mechanismus des IX° O.T.O. darstellt, aber mit einer dominanten Frau, die die intensiven Leidenschaften zäumt und lenkt. Die magische Formel dieser *Kala* ist daher *Io Mega Therion* (das große wilde Tier). Im Tunnel der Temphioth wird diese Formel als die ungezügelte Lust reflektiert, die durch die schwarze Katze der Sabbat-Mysterien symbolisiert wird.

Der Name Temphioth sollte in der Tonlage E vibriert werden mit einer stürmischen, fauchenden explosiven Kraft dahinter. Dies ist die Wurzelvibration (*Bija Mantra*) des Weiblichen.

Während der 19. Pfad der Ort des Löwen ist, ist der Tunnel darunter der der Schlange. Die Schlangen, die sich im Kessel der Hexen am Sabbat des Seth winden, werden von Frieda Harris im Design des Atu mit dem Titel *Lust*[3] dargestellt. Seine Zahl ist die 11, die Zahl der Magick oder der Energie, die dazu tendiert, Änderungen zu bewirken.

In den afrikanischen Systemen und im Voodoo ist dies der Ort der Schlangengottheiten Dangbe, Idagba und dem Pythongott Selwanga. Dangbe oder Damballah ist Aidowedo, der Göttin des Regenbogens geweiht. Ihre Symbolik wird insbesondere in *Cults of the Shadow*, Kapitel 2 erklärt. Er steht in Verbindung mit der lunaren Phase der Frau und zeigt die Schattenseite des IX° an im Gegensatz zu den Paarungen in der Trockenzeit, die durch die gleich Formel angezeigt wird, angewendet auf den Pfad dieser 19. *Kala*. Eigentlich ist es der während der Flut ausgeführte IX°, dessen Glyphe der Regenbogen ist.

---

[3] Siehe *Das Buch Thoth*, Atu XI.

Die Phänomene des Blitzes, symbolisch für die flackernden Zungen der Schlangen, betreffen auch den Tunnel Temphioths, und der plötzliche Spasmus des Orgasmus, der das repräsentiert, ist das *Mudra* oder die „magische Geste" des Spermium-Kultes. Der Schlaganfall (Ohnmacht) ist die typische Krankheit dieses Pfades.

Der Orden der Qliphoth, der diesem Tunnel zugeschrieben wird, sind die *Shalchbiron* oder die „Flammenden", die Flammen, die unter dem Sabbat-Kessel hervorlecken, in dem die Löwenschlangen brodeln.

Das höchste Symbol des Tunnels ist die Göttin Qatesh, die in Visionen (von ihren Adepten) als eine leuchtend schöne, nackte Frau gesehen wird, die auf einem Löwen sitzt. In ihrer rechten Hand hält sie Blumen, in ihrer Linken eine Schlange. Ein Vollmond, der auf einer Mondsichel ruht, bildet die Form ihres Kopfschmuckes. Diese Symbole zeigen den lunaren Kraftstrom in seiner aktiven Phase an. Der okkulte Gebrauch von Schlangenzungen war den Vorfahren wohlbekannt und wird immer noch auf die Genitalien der Priesterin angewendet, um Trance auszulösen.[4]

Forschungen auf den Pfaden des Baumes und in den korrespondierenden Tunneln des Seth haben den gegenwärtigen Schriftteller in die Lage versetzt, ein exaktes System der sexual-magischen Referenzen zu etablieren, das zum ophidianischen Kraftstrom gehört wie das durch *Souvereign Sanctuary of the Gnosis of the O.T.O.* dargelegt wird. Es ist an diesem Knotenpunkt notwendig, diese Prozeduren im Detail zu erklären.

Das Sovereign Sanctuary umfasst drei aktive Grade, nämlich den VIII°, den IX° und den XI°.[5] Von diesen drei aktiven Graden hat der VIII° drei weitere Unterteilungen; der IX° zwei Unterteilungen und der XI° eine Unterteilung. Dabei handelt es sich um Hauptunterteilungen. Es gibt noch verschiedene weitere Unterteilungen, abhängig von den Fertigkeiten und/oder den Präferenzen der beteiligten Praktizierenden.

---

[4] In den geheimen Tempeln des Voodoo.

[5] Der X° ist administrativer Natur und sein esoterischer Aspekt betrifft diese gegenwärtige Studie nicht. Der Leser wird für eine esoterische Erklärung des X° daher auf *Cults of the Shadow* verwiesen, S. 138.

Allgemein gesprochen ist der VIII° masturbatorischer Natur, der IX° Grad umfasst den ordnungsgemäßen Koitus und der XI° Grad beinhaltet den Gebrauch des lunaren Kraftstroms. Die folgende Tabelle wird die Natur der drei Grade und der sechs Hauptunterteilungen klarer machen:

VIII°

Priester (allein):	Für Riten, die Weihungen beinhalten. 15. *Kala*
Priesterin (allein):	Für Riten, die Weihungen beinhalten (Für die Weihung von tatsächlichen Talismanen und für die Materialisierung neuer Partner – durch Anziehung – im Gegensatz
(VIII°⁻)	zur Weihung von Ideen und/oder Projekten, weil dafür der lunare Kraftstrom verwendet wird. Solche Arbeiten werden mit der *13.* und der *18. Kala* durchgeführt).

VIII° der Priesterin durch den Priester

	Via der Zunge zur Einleitung von Trance. Visionen.
(VIII°²)	*Via* der Hand zur Einleitung von Trance. Orakel.

VIII° des Priesters durch die Priesterin

	Via des Mundes für ihre magische Nährung und erneuerte sexuelle Spannkraft. 16. *Kala.*
(VIII°²)	*Via* der Hand, um aus ihrem Körper einen Träger sexual-magischen Glamours und Anziehungskraft zu machen. 14. *Kala.*

VIII°⁺

Priester (allein):	mit Wer-Masken für Operationen der Lykanthropie usw.
(Irdische Tiere):	durchgeführt mit der *27. Kala* im Tunnel von Parfaxitas. Atavismen.

VIII°⁻

Priesterin (allein):	mit Mer-Masken für Operationen der Bezauberungen
(Ozeanische Zauberei):	und des Erschaffens von Illusionen etc. durchgeführt mit der *29. Kala* im Tunnel von Qulielfi. Atavismen.

IX° OPERATIONEN DER SONNE, RA und KEPH-RA

(überirdisch und infernal)

Priester und Priesterin (IX°⁺ überirdisch):	Natürlicher Verkehr für Arbeiten der Schöpfung, der Intuition und der Inspiration. Durchgeführt mit der *19. Kala* im Tunnel von Temphioth. Tags.
Priester und Priesterin (IX°⁻ infernal):	Unnatürlicher Verkehr für Arbeiten des Zombifizierung, der Todeshaltung, der Traumkontrolle. Nachts. Durchgeführt mit der *24. Kala* im Tunnel von Niantiel.

XI° OPERATIONEN DES MONDES

Priesterin und Priester:	Arbeiten während der Mondeklipse zur Materialisierung und Vergegenständlichung. Durchgeführt mit der *26. Kala* im Tunnel von A'ano'nin.

Es sollte beachtet werden, dass zehn *Kalas* für diese sexualmagischen Hauptarbeiten in den Tunneln des Seth verwendet werden:

- die 13., 14., 16. und 18. für Arbeiten, die den Kelch betreffen;
- die 19. für Arbeiten, die die Sonne in den Himmeln betreffen (Ra);
- die 24. für Arbeiten, die die Sonne in Amenta betreffen (Keph-Ra);
- die 26. für Arbeiten, die den lunaren Kraftstrom betreffen, wie Materialisation von Objekten, Vergegenständlichung von Träumen usw.;
- die 27. für Arbeiten, die die Wieder-Belebung von Atavismen auf dem trockenen Land (männlich) beinhalten und
- die 29. für Arbeiten, die die Wiederbelebung von Atavismen beinhalten *via* ozeanischer Zauberei (weiblich).

Es sollte auch beachtet werden, dass diese Arbeiten grob gesprochen in

- Arbeiten der Weihung (VIII°⁻),
- Arbeiten der Inspiration (IX°⁺);
- Arbeiten der Entweihung (IX°⁻)
- und Arbeiten der Vergegenständlichung (XI°)

unterteilt werden können.

Als besondere *Kala* zu den Betrachtungen an dieser Stelle (d. h. der 19.) wird die Sexualmagick dem IX°⁺ zugeschrieben, daher ist die magische Formel des Pfades 19 *Io Mega Therion*, das große, wilde Tier. Die Formel der vorherigen *Kala*, der 18., der der VIII° zugeschrieben ist, lautet Abrahadabra, die Formel des großen Werkes und des heiligen Grals. Die 18. *Kala*, der Kult des Kelches, wird durch die 19. Kala, den Kult des Spermiums, ausbalanciert.[6]

---

[6] Es ist interessant festzustellen, dass das Wort ZOON (197) „Tier" bedeutet. Siehe *Equinox*, I. x, S. 55.

10. Yamatu

Der 20. Tunnel steht unter der Ägide von Yamatu, dessen Name in der Tonlage F (unteres
Register) intoniert werden sollte, verbunden mit
einem seufzenden oder murmelnden Unterton.
Seine Sigille sollte in gelblichem Grün auf eine
silberne (oder graue) Schieferplatte gemalt werden. Seine Zahl, die 131, ist die
Zahl von Samael, einem Namen von Satan oder Seth als Hüter der Schwelle.
Es ist auch die Zahl von Pan und von Baphomet, das Idol, das von den Templern verehrt wurde. MKVNIH bedeutet „ihre Grundlage oder Fundament",
ein Symbol für die *Kteis*, die sich ebenfalls auf 131 addiert.

Beachte, dass 131 + 535 (die Zahl der *Kteis*) = 666 ist, die Zahl des Tieres.
Dies wird durch die Tatsache bestätigt, dass MAKO, der Sohn[1] der Typhon
ebenfalls addiert 131 ergibt.

Die Sigille des Yamatu ist eine geheime Chiffre des Seth. Sie zeigt das umgekehrte Kreuz, das die Passage nach unten verkörpert oder das Übersetzen
nach Amenta.

Die Astro-Glyphe für den 20. Pfad ist das Tierkreiszeichen Jungfrau und
ihre Schwelle ist die *Kteis* der Jungfrau, die von Samael behütet wird. Ihre
magische Formel ist die der „angesammelten virilen Kraft"[2] d.h. Karezza, das
einen Aufbau von Sexualenergien für magische Zwecke beinhaltet, ohne dass
diese letztendlich freigesetzt werden. Dies ist eine völlig legitime magische Formel, die auch in Verbindung mit den Formeln verwendet werden kann, die
in Verbindung mit der der vorangegangenen *Kala* beschrieben wurden. Es ist
auch die Formel der Schwarzen Brüder und sie wurde von einem merkwürdi-

---

[1] D. h. Seth.
[2] Siehe das *Liber 777*.

gen Kult verwendet, der sein Hauptquartier in Harvard (Neu-England) im 18. Jahrhundert hatte. Andrew Rothovius[3] schreibt über diesen Kult:

> Geleitet von Shadrach Ireland, der aus Charlestown mit einer Frau gekommen war, die er seine „Seelengefährtin" nannte, Abigail Lougeem, war der Kult eine Reaktion auf die Trockenheit des vorherrschenden Calvinismus, aber mit Obertönen, die darauf hindeuteten, dass er auf Überbleibsel eines Hexenkultes zurückgriff, der ein halbes Jahrhundert zuvor nach Salem in den Untergrund gegangen war. Sie nannten sich selbst die ‚Brüder des Neuen Lichtes' und der Kult sprach sich für das Zölibat, das gegenseitige Bekennen von Sünden sowie den Rückzug von den „weltlichen Menschen" aus, die sowie schon sehr bald durch die „Kräfte von Außerhalb" verschwinden würden. Die „Auserwählten", d. h. die Mitglieder des Kultes, würden dann jedoch unsterbliche Körper aus Fleisch erhalten. Jene, die vorher starben, mussten ihre Körper auf *Podesten aus Stein*[4] erhalten bekommen, denn „von dort würden sie auferstehen, lebendig und atmend, wenn die Stunde schlug."

Die Unsterblichkeit des Fleisches ist eines der Ziele der Schwarzen Brüder. Die Idee entspringt nicht nur einem natürlichen Drang, das Ego vor dem Einfluss des Todes zu schützen, dessen Konsequenz die Zerstörung der bewussten Identität bedeutet, sondern sie entstammt auch einer Fehlinterpretation der Doktrin der Todeshaltung, die durch den Kult der Mumie im antiken Khem verkörpert wurde. In diesem Zusammenhang bezieht sich Michael Bertiaux in seinen Schriften über Astralmaschinen auf Magier, die Anstrengungen unternommen hatten, Unsterblichkeit auf der Astralebene zu erreichen. Er beobachtet:

---

[3] Andrew Rothovius in einem Artikel mit der Überschrift „Lovecraft and the New England Megaliths", veröffentlich in *The Dark Brotherhood*, Arkham House, Wisconsin, 1966.

[4] *Die Podeste aus Stein* (Kursivschreibung durch Rothovius) können auf Anregung durch den Namen Seth entstanden sein, einer dessen Bedeutungen „stehender Stein" ist. Der Steinsitz ist ein Symbol der Isis, ursprünglich Typhon, die Mutter von MAKO (d. h. Seth). Dies befindet sich im Einklang mit dem gematrischen Äquivalent von 131, MKVNIH, mit der Bedeutung „ihr Sitz oder Grundlage".

Instrumente wie diese[5] isolieren gegen den Wandel der Zeit und es ist bekannt, dass solche Instrumente von Okkultisten verwendet wurden, um sich zu erhalten oder um sich auf der Astralebene gegen die vorwärtsschreitende Woge der Evolution zu stellen.[6]

Der Theosoph Leadbeater missbilligte diese Praxis als eine Form der schwarzen Magie. Tatsächlich ist es ein typisches Beispiel für Magie, wie sie von Okkultisten bevorzugt wird, die gewohnheitsmäßig durch die Tunnel von Yamatu spuken.

Narzissen sind die Blumen, die diesem Tunnel zugeschrieben werden, und sie liefern einen Schlüssel für die Natur der sexualmagischen Formel, die damit assoziiert wird, diese reflektiert in ihrem dunklen Aspekt Karezza als ein steriles Verbrauchen von magischer Kraft.[7] Dies wird durch den Buchstaben *Yod* bestätigt, der für Yamatu als heilig betrachtet wird. *Yod* bedeutet „eine Hand" und die Kabbalisten schreiben diesem Tunnel den Qliphoth-Orden der *Tzaphirion* zu, was „Die Kratzer" bedeutet.

Das Licht oder der geheime Same, verborgen innerhalb des Körpers, deutet auf die Idee von Unsichtbarkeit hin und dies ist auch das magische *Siddhi*, das diesem Strahl zugeschrieben wird, ebenso wie die Parthenogenese.[8] Die Arbeit der Schwarzen Brüder gehört daher natürlicherweise in die Tunnel von Yamatu, in denen der Samen in einem sterilen Akt vergossen wird und dadurch den Körper des Lichtes beraubt, wodurch er „unsichtbar" wird. Das innere Licht zu erhalten, war auch ein Gegenstand der Neuen-Licht-Sekte, um so dem Tod zu trotzen und die Unsterblichkeit im Fleisch zu erreichen.

Die Gottheit, die diesem Strahl zugeschrieben wird, ist Hoor-paar-Kraat, das ägyptische Original des griechischen Gottes der Stille und der Stärke Harpocrates.[9] Er wurde häufig auf den Monumenten als Kind dargestellt, das

---

[5] Bertiaux bezieht sich auf eine Maschine, die er einen „Astralkondensator" nennt.

[6] Siehe die Schulungsunterlagen der *Monastery of the Seven Rays* (3. Studienjahr) von Michael Bertiaux.

[7] D. h. *via* des VIII°⁺.

[8] Cf. der Symbolismus Tierkreiszeichen Jungfrau-Jungfrau.

[9] D. h. latenter Sexualität.

auf einer Lotusblüte hockte mit dem Daumen oder dem Zeigefinder (beides Embleme für den Phallus) gegen seine Lippen gepresst im Mudra der „Nichtaussprache des Wortes."[10]

Die relevanten Zeilen aus dem Liber CCXXXI wiederholen die oben dargestellten Ideen:

> Auch verhüllte sich der Priester, auf dass seine Pracht nicht entweiht würde, und auf dass *sein Wort nicht* in der Menge *verloren ginge*.[11]

Der Tarottrumpf, der diesem Strahl zugeschrieben wird, ist der des Einsiedlers, der eine Lampe und einem Stab trägt, symbolisch für das verborgene Licht oder das Licht, das in der Dunkelheit ausgedrückt wird. Er ist der Magus der Stimme der Macht, aber in seiner qliphothischen Reflexion wird er der Verkünder des Wortes des Todes, gefangen in seinem Leichnam, und es ist ihm nicht gestattet, seine Identität mit dem Raum (kosmisches Bewusstsein) zu erkennen.

In diesem Tunnel gefangen zu sein, bedeutet den Tod im Leben durch Versteinerung zu erleiden. Die typische Krankheit ist die Lähmung und die Einbeziehung aller Anaphrodisiaka in die Liste der pflanzlichen Drogen, die diesem Strahl zugeschrieben werden, deuten auch wieder auf die gegen das Leben gerichtete Natur seiner sterilisierenden Einflüsse hin.

---

[10] Siehe *Cults of the Shadow*, Kapitel 8, für eine vollständige Erklärung dieses Begriffs.

[11] Kursivschreibung durch den gegenwärtigen Autoren.

11. Kurgasiax

Die 21. *Kala* wird vom Jupiter dominiert und in einen Tunnel abgelenkt, der von Kurgasiax gehütet wird, dessen Name befehlshaberisch in der Tonlage von Ais intoniert werden sollte. Seine Sigille sollte in einem satten Purpur auf einen hellblauen Untergrund gemalt werden, der mit gelben Schattierungen durchsetzt ist.

Die Zahl von Kurgasiax ist die 315, die auch die von IShH ist, mit der Bedeutung von „stehen", „hervorstehen" und „aufstehen". Das Wort leitet sich vom ägyptischen *As* ab, was „einen Sekret abgebenden Teil des Körpers" anzeigt, auch *Ash* „Erguss" und *Asut* „die Hoden".

Die Sigille von Kurgasiax zeigt eine mit Hörnern oder einer Mondsichel versehene Sphäre, die ein gleicharmiges Kreuz enthält, das auf einem Pfahl angebracht ist, der in drei schwanzartigen Anhängseln ausläuft. Das Kreuz innerhalb des Kreises ist das Zeichen des Seth, das den Ort des Übergangs bezeichnet, angezeigt durch den Nordpol oder die Achse, d. h. Daath, das Tor in den Abyss. Der dreifache Schwanz weist auf die drei unterschiedlichen Eintrittsmodi hin *via* der rückwärtsgerichteten oder schwanzartigen Tunnel, die Daath hinterrücks mit den Kraftzonen des Pluto, des Jupiter und der Venus verbinden. Diese Modi werden durch die Zahl 315 glossiert, die auch die Zahl von OMRH, „Gomorrah" ist, einer geheimen Formel des Pluto. Von Jupiter ist es IShH, „der Phallus" und von der Venus IQRH, was „ihr wertvoller Gegenstand" (d. h. die Vulva) bedeutet. Der gehörnte Kreis, der das gleicharmige Kreuz enthält, ist der gehörnte Stachel des Seth (das Spermium), das durch die Formel 315 erzeugt wird.

Dies wird erhärtet durch den Titel des tarotischen Schlüssels zu diesem 21. Pfad, der nämlich lautet „Der Herr der Lebenskräfte". Übersetzt in die Begriffe des Tunnels von Kargasiax wird daraus „Die Herrin der Todeskräfte", die die Incubi und Nachtmahre entsendet.

In den Zeilen des *CCXXXI*, die für diese Kala relevant sind, erscheint Jupiter als der Vater, dessen Reflexion die Mutter ist:

> Als mächtiges Rad brachte nun also der All-Vater hervor; die Sphinx und der hundeköpfige Gott und Typhon waren an seinen Kreisumfang gebunden.

Das Rad ist die Sphäre, die das Zeichen des Tieres trägt, das ein sich drehendes *Chakra* ist, das die Kräfte der Sphinx[1], des hundeköpfigen Gottes[2] und der Typhon[3] aktiviert und die oben beschriebene Formel wiederholt. Im Tarot wird das Rad zum Rad der Göttin Fortuna, das die Fluktuationen des irdischen Lebens bestimmt.

Das magische *Siddhi*, das mit dieser *Kala* assoziiert wird, ist Vorherrschaft und zwar politische wie auch sonstige. Daher rührt die Zuschreibung des Zepters als die typische magische Waffe zu diesem Strahl.

Es ist bemerkenswert, dass Crowley die Formel von Gomorrah[4], die die Schlüsselformel für den Tunnel von Kurgasiax ist, als eine weibliche Version der Formel von Sodom sah, die auf der anderen Seite des Baumes auf dieser Ebene enthalten ist.[5]

---

[1] Männlich-weibliche Potenz.

[2] Pluto.

[3] Die Mutter.

[4] Das Äquivalent des IX°· im reorganisierten O.T.O.

[5] Siehe Crowleys Notizen zum *Yi King* (Hexagramm 48), bisher unveröffentlicht. Es handelt sich hierbei um ein unvollendetes Projekt; Crowley hatte allerdings die Arbeit der generellen Zuschreibung der magischen Formel des gegenwärtiges Äon zu jedem der Hexagramme abgeschlossen gehabt.

12. Lafcursiax

 Der 22. Strahl erscheint hinter dem Baum in dem Tunnel, der durch Lafcursiax gehütet wird, deren Zahl die 671 ist. Sie reagiert auf eine anhaltende Vibration ihres Namens in der Tonlage Fis (oberes Register). 671 ist eine Zahl von großer Bedeutung in der traditionellen Kabbala. Es ist die Zahl des Gesetzes (ThORA), des Tores (ThROA), des Rades oder *Chakra* (ThARO) und der Göttin der Liebe (AThOR oder Hathor). Es ist auch die Zahl von Adonai, dem heiligen Schutzengel, ganz ausgeschrieben. Diese Ideen kombiniert liefern eine Vorskizze dieses Pfades, denn wenn das *Chakra* der Göttin dem Gesetz oder der Herrschaft der 671 (d. h. Lafcursiax) unterworfen wird, dann wird das Tor in den Abyss aufgestoßen.

Adonai ist eine Glyphe der Sonne; das Wort wird normalerweise als „der Herr" übersetzt, aber unter dem Pfad wird Adonai zu Aidoneus, was eine Form des Had[1], des Herrn der Hölle, ist. Der Name Aidoneus bedeutet „unsichtbar" oder „ungesehen"; in diesem Kontext die unsichtbare Form von Adonai, die durch die Formel von Lafcursiax evoziert werden kann. Dies beinhaltet eine Art von Sexualmagick, die ganz speziell für den IX°⁺ des O.T.O. gilt. Das wird auch in der Sigille gezeigt, die eine Glyphe des Ungleichgewichts ist. Sie sollte in fahlem Grün auf einen intensiv blauen Grund gemalt werden. Sie zeigt ein Paar Waagschalen, die von einem gekrümmten Dämon mit einer albernen Miene aus dem Gleichgewicht gebracht wurden. Die linke Hand des Dämons hat die Form eines *Yod*, das von einem Kreis umschlossen wird, von dem unmittelbar ein Schwert oder ein langarmiges Kreuz herunter fällt. Das *Yod* in einem Kreis symbolisiert das Werk des IX° des O.T.O. Die Waagschalen symbolisieren die Konstellation Waage, die den Pfad 22 beherrscht. Seine Reflexion im Abyss wird von Lafcursiax gekippt, deren Tunnel unmittelbar

---

[1] Vgl. Hades.

unter diesem Pfad verläuft. Dieser Tunnel repräsentiert eine Blasphemie gegen den Ausgleich, der die Formel des Pfades ist. „Ausgleich" ist auch der Titel, der diesem Tarottrumpf zugeschrieben wird. Das, was in der *Manifestation* ein Weg der Gerechtigkeit und des Gleichgewichts ist (ThORA, Gesetz), basiert auf dem versteckten Pfad, der durch das fallende Kreuz oder Schwert symbolisiert wird. Die schwingenden Waagschalen pendeln im Chaos und in der Verwirrung, was auf die Formel des Weges hindeutet, der schmal ist wie der des Seiltänzers, wie er von Austin Spare beschrieben wird.[2]

Die ägyptische Gottheit, die dem 22. Pfad zugeschrieben wird, ist Maat und es ist einfach, im Tunnel von Lafcursiax die Verzerrung der Maat'schen Symbole des Gleichgewichts, der Feder, des Schwertes usw. zu erkennen.

Die Doktrin, die in Zeile 11 des *Liber CCXXXI* zusammengefasst wird, lautet:

> Auch die Lady Maat mit ihrer Feder und ihrem Schwert blieb sich treu, die Gerechten zu beurteilen. Denn das Schicksal war bereits etabliert.

Das Kreuz des Gleichgewichts ist in Schieflage geraten und die Schalen sind in Aufruhr; der „Herrscher des Gleichgewichts" ist herabgewürdigt worden zum Herrn des Abyss, der die Tore der dunklen Göttin öffnet und so die fantastischen Wesen hervorbringt, die diese Tunnel in Form von gefräßigen Vögeln mit Frauengesichtern heimsuchen, die die Seelen der Lebenden aus ihrem sterblichen Ton herausreißen. Daher der Name des Qliphoth-Ordens, der in Lafcursiax herrscht, als *A'abirion*, was die „Tonbefleckten" bedeutet, denn es tropft von ihren Krallen aus den Fleischstreifen (dem sterblichen Ton), die sie in ihrer Gefräßigkeit aus den Seelen der Lebenden heraus gerissen haben. Dieser Symbolismus wird bekräftigt durch die Zuschreibung dieses Strahls zu den afrikanischen Egungun (Knochen der Toten). Die Egungun waren formgewordenes Gesetz und Ordnung in den frühen afrikanischen Mysterien.

Aidoneus oder Hades ist eine Form des plutonischen Kraftstroms, der über den Abyss herrscht. Das magische *Siddhi*, das mit diesem Tunnel assoziiert

---

[2] Siehe *Images and Oracles of Austin Osman Spare*, Teil II und Bemerkungen über den Symbolismus der Schaukel oder der Krippe, Seite 128, *supra*.

wird, ist die Fähigkeit, im Reich des kreativen Chaos über verräterischen und schmalsten Grund (wie das Seil, über das die Seiltänzer laufen) zu balancieren vom Negativen ins Positive. Mit anderen Worten ermöglicht er dem Magier, ein Netz über den Abgrund des Abyss zu spinnen, um so eine dünne und gefährliche Brücke zwischen dem Nicht-Sein und dem Sein zu konstruieren.

Verständlicherweise ist das Tier, das diesem Pfad heilig ist, die Spinne, und die Genauigkeit und die Symmetrie dieses Pfades werden durch die Ideen der Wahrheit und der Gerechtigkeit (Maat) verkörpert.

13. Malkunofat

Die 23. *Kala* ist die Domäne von Malkunofat, der in den Tiefen des wässrigen Abyss liegt. Er kann heraufbeschworen werden durch eine schrilles Zirpen seines Namens in der Tonlage Gis (unteres Register). Die Sigille sollte mit einem tiefen Blau auf ein nach unten gekehrtes Dreieck mit see-grünen Schattierungen gemalt werden. Seine Zahl ist die 307, die auch die Zahl von VRIATz ist, eines „Nachtdämonen" der zweiten Deckante des Tierkreiszeichens Skorpion. Daher gibt es hier einen essentiell sexuellen Bezug. Es ist auch die Zahl von LZRO mit der Bedeutung von „Sau", das von der Wurzel ZRO, „Samen" hergeleitet wurde.

Es gibt in dieser Zahl ein Element panischen Schreckens, das durch das Wort ShVA verkörpert wird, was soviel wie „Lärm machen", „zusammenkrachen" und „schrecklich sein" bedeutet. Es leitet sich vom ägyptischen Wort *shefi* ab, das „Terror", „in Furcht versetzen", „schrecklich" oder „dämonenähnlich" bedeutet. Es ist die Wurzel des Namen Shiva, dem Hindu-Gott der Zerstörung.

Diese Ideen sind im Siegel offensichtlich, dessen Form ein Porträt von Malkunofat darstellt, mit den in dieser Reihenfolge absteigenden Buchstaben NVH neben einem nach unten zeigenden Pfeil. Der Schlüssel zu dieser Glyphe liegt in der Zahl 61, die die Zahl von NVH ist. 61 ist *Ain* mit der Bedeutung von „Nicht". *Ain* ist identisch mit *Ayin*, der Yoni oder dem Auge der Leere. Nach Crowley[1] ist „61 eine Zahl ziemlich ähnlich der 31". 31 ist das LA, „Nicht" und AL, Gott, daher identifiziert sie das Absolute mit der Leere. *Ani*, das Ego, 61, ist ebenfalls nichtig, leer. 61 ist die Zahl von Kali, der Göttin der Zeit und der Auflösung. Ihre Farbe ist schwarz, was sie einerseits mit der Leere des Raumes verbindet und andererseits mit dem Symbolismus der Sexualma-

---

[1] Siehe *An Essay Upon Number, The Equinox*, I, v, Seite 101.

gick, wie er durch die Schwärze der Reifung, der Stille und der Dunkelheit der Gebärmutter verkörpert wird. Vor allem anderen aber ist 61 die Zahl des „Negativen, das sich selbst als ein Positives wahrnimmt".[2] Dies tut es durch BTM (61) oder die Gebärmutter der Kali. BTN stammt von dem ägyptischen *But*, dem Determinativ, dessen Zeichen die Vagina ist. Die Gebärmutter ist die Radnabe oder NVH (61), was in einer Metathese zu HVN wird mit der Bedeutung von „Reichtum", dessen Natur durch Metonymie (Namensvertauschung) erklärt wird. Diese Referenz ist tiefgründig und gehört zu der Göttin der lunaren Schlange, die nur erscheint, wenn sie trinken möchte. Sie ruht dann auf dem Boden auf ihrem Schwanz und taucht den Mund in das Wasser. Es wird gesagt, dass derjenige, „der die Exkremente dieser Schlange findet, für immer reich ist".[3] Die Exkremente, auf die sich diese Anspielungen beziehen, sind nicht die analen sondern die menstrualen.

Die Formel dieser Sigille kann interpretiert werden als die Unterwerfung des Mutterleibs oder der Frau durch Malkunofat aus Gründen der Erlangung von Reichtum. Der Atu, der mit dem Tunnel von Malkunofat korrespondiert, wird „Der Gehängte" genannt: Der Geist der mächtigen Wasser. Dies wird durch den nach unten zeigenden Pfeil angedeutet, neben den Buchstaben NVH und deutet auf das Licht (oder das Gold) in den Tiefen hin. Dieser Symbolismus steht in Einklang mit dem magischen *Siddhi*, das dem 23. Pfad zugeschrieben wird, d.h. der Fähigkeit des Wahrsagens. In Absatz 12 des CCXXXI erscheint der Prozess in einer mystischen Form:

> Dann erschien der Heilige im großen Gewässer des Nordens (d. h. dem Abyss); als eine goldene Morgendämmerung erschien er und brachte dem gefallenen Universum Segen.

Der Tunnel von Malkunofat ist die Wohnstätte der Einwohner der Tiefe (the Deep Ones), die den Erzteufel Leviathan als ihr allgemeines Symbol haben. Das *Sepher Yetzirah* nimmt auf Leviathan Bezug als *Theli*, der Drache. Seine Zahl ist die 440, was die Zahl von LBBVTh ist, „Plazentas" oder „Kuchen",

---

[2] *777 Revised*, Seite xxv.
[3] *Fetichism and Fetich Worshippers*, P. Baudin, Seite 47.

eine Referenz auf die zuvor genannten Exkremente.[4] Es ist auch die Zahl von
ThM mit der Bedeutung „zu einem Ende kommen" von dem ägyptischen *atem*
„auslöschen" oder „vernichten". Hier handelt es sich um den Drachen der
Dunkelheit, dessen Zahl die 5 ist, was die Formel der Frau in ihrer lunaren und
nächtlichen Form ist.[5]

McGregor Mathers macht darauf aufmerksam,[6] dass „von dem Autor von
Royal Valley behauptet wird, dass dieser Drache der König aller Schalen oder
Dämonen sei" und er schlägt einen Vergleich mit dem Tier aus den *Offenbarun-*
gen vor. Nach dem *The Book of Concealed Mystery* „kam die Schlange" (d. h. Leviathan) über die Frau und formte „in ihr einen Kern der Unreinheit, auf dass er
den Aufenthaltsort (habitaculum) ‚böse' mache". Der Kern der Unreinheit ist
die Substanz, deren Symbol das Wasser ist. Wasser (d.h. Blut) ist das Element,
das dem 23. Pfad zugeschrieben wird.

Es ist dieser „Kern der Unreinheit", den der Adept um sich herum für die
Arbeit der nächsten *Kala* (der 24.) sammelt. Es sollte verstanden werden, dass
der Begriff „Kern der Unreinheit" ein Erbe des alten Äons[7] ist, in dem alles,
was Frauen betraf, als ungesund betrachtet wurde. In den Begriffen der Physiologie wurde sie als unsauber und unrein betrachtet und in der moralischen
Sphäre als „böse" erachtet. Bei der Substanz, die hier verteufelt wird, handelt
es sich um das Wasser des Lebens, d. h. Blut und weil seine Manifestation in
der Frau die Periode der Negation oder der Nicht-Offenheit für den Mann
bestimmte, wurde diese durch ein allein männliches Regime als verabscheu-
ungswürdig, ungesund und gänzlich negativ verflucht. Im neuen Äon des Horus ist dieses Wasser jedoch das Lösemittel der Manifestation, ohne das das
phänomenologische Universum eine Unmöglichkeit wäre. Es ist das Mittel der
Inkarnation und auch der magischen Vergegenständlichung und als solches
die Prima Materia allen Seins, das NICHT (Nuit) ist. Dieses Mysterium ist von
einer mystischen Ordnung und kann nur verstanden werden, wenn die Natur
der Göttin in ihrer Gänze ergründet wurde.

---

[4] Vgl. mit den „*Kuchen des Lichts*" (AL, III 25). Dies sind die „*Kuchen der Dunkelheit*".

[5] Das griechische *Pente* 5 ergibt addiert ebenfalls 440.

[6] *The Book of Concealed Mystery*, Seite 53.

[7] Das Äon des Osiris, von dem die judäischen Kulte, einschließlich des Christentums,
die letzten verbleibenden Formen sind.

14. Niantiel

Der 24. Tunnel steht unter dem Einfluss des Tierkreiszeichens Skorpion und wird von Niantiel gehütet, dessen Zahl 160 ist. Der Name dieser *Qlipha* sollte in der Tonlage G intoniert werden (unteres Register), auf eine Weise, die auf einen blubbernden Kessel geschmolzener Lava hindeutet, da Mars die vorherrschende planetare Kraft ist.

Die Sigille sollte in einem grellen Indigo-Braun gemalt werden, wie die Farbe eines schwarzen Käfers[1], auf ein gleichseitiges Dreieck von grünlichblauer Farbe.

Die Zahl 160 ist die von QIN, dem „Kern der Unreinheit", der in Verbindung mit dem vorherigen Tunnel erwähnt wurde. Es ist auch die Zahl von LNSK, „für ein Trankopfer", was das Sakrament anzeigt, das mit der Formel Niantiels assoziiert wird, d. h. das des IX°· O.T.O.[2] Eine niedrigere oder ergänzende Formel wird durch das Wort MNO (160) impliziert, das „unterdrücken" oder „zurückhalten" bedeutet und die Technik des Karezza impliziert.

Andere relevante Konzepte sind Otz, „Baum", der Baum des Lebens und IQIM, ein „Anordner" vom ägyptischen *Khem*, was „ithyphallisch" bedeutet, auch IPhO, „er glänzte hervor", vom ägyptischen *Af*, das die Sonne in der unteren Hemisphäre bezeichnet.[3] Diese Idee wird durch die Zeilen aus dem CCXXXI bestätigt, die sich folgendermaßen lesen:

> Auch Asar war verborgen in Amenti und die Herren der Zeit fegten ihn hinweg mit der Sichel des Todes.

---

[1] Siehe *777 Revised*, Tabelle I, Spalte xviii.

[2] Siehe Seite 252, *supra*.

[3] Die in Amenta operierende solar-phallische Energie, wie sie in der Formel des IX°· O.T.O. verkörpert wird.

Die Herren der Zeit werden im Tunnel Niantiels durch die infernalen Wasser des Skorpions repräsentiert, die die alchemistische Formel der Reinigung *durch* Verwesung implizieren. Die „infernalen Wasser" sind der „Kern der Unreinheit", was bereits erklärt wurde. Sie deuten auf die Symbolik des Regenbogens als das Siegel der Flut aus dem Abyss des Raumes hin.

Die Zahl 160 ist die von TzLM, „ein Abbild" und dies wird im Siegel Niantiels als ein Abbild des Todes gezeigt, der eine fünfzackige Krone und eine Sense mit einem Kreuzgriff trägt, neben dem sich das Kreuz des Seth befindet. Es ist ein Abbild des Todes, weil das Wasser der Reinigung das Blut ist, das das Leben in seiner Manifestation negiert, während dieses gleichzeitig im Abyss bestätigt wird, wo das Blut als ein „Trankopfer" im Ritus des infernalen IX°- eingesaugt wird.[4] Die fünfzackige Krone ist der Kreis oder der Kreislauf der fünf *Kalas*, die für die weibliche Phase der Negation typisch sind, die lunare Phase, die „Leben" in der Form vom MPLI[5] verdunkelt, was wörtlich „Fleischflocken" bedeutet. Das Symbol der *Pente*, Fünf, und des Pentagramms als das Siegel oder der Stern der Nuit (Nicht) sind in *Wiederbelebung der Magick* erklärt worden.

Die Tiere, die in den Schatten dieses Tunnels herumschleichen, schließen den Wolf ein und – wie Crowley *apropos* des 24. Pfades feststellte – „gehört der Jagdhund als eine Art von Wolf ebenfalls dazu".[6] Dies ist der Hund Zerberus, der den Abyss hütet. Er ist das „große Tier der Hölle … nicht von Tiphareth im Außen, sondern von Tiphareth im Inneren",[7] was die infernale Sonne in Amenta meint, den Phallus im Anus[8] als „Unterschied zur supernalen Sonne" oder der gewöhnlichen IX°-Formel.

Der 24. *Kala* wird außerdem der Skorpion und der Käfer zugeschrieben, beides Symbole der schwarzen Sonne.

Die typische Krankheit, die mit dem Pfad 24 in Verbindung steht, ist der Krebs, der mit dem Käfer-Symbolismus verbunden ist, der der Krabbe, als

---

[4] INQ, „gesaugt", 160.

[5] Dieses Wort addiert ergibt ebenfalls 160.

[6] *777 Revised.*

[7] *Magick*, Seite 491.

[8] Unnatürlicher Verkehr.

Zeichen der Mitternachtssonne, vorausging, als Durchquerer der rückwärtsgerichteten Pfade der gegenläufigen Welten des Abyss. Die passenden Gott-
formen sind Typhon, Apep, Khephra, die Merti-Göttinnen[9] und Sekhet, die
Sonne der sexuellen Hitze, die „wilde" Sonne im Süden als Gegenteil zu der
großen katzenköpfigen Göttin Bâst, der „sanften" Mutter des Nordens.

In *Das Buch Thoth* wird Atu XIII diesem Strahl zugeschrieben und sein Titel lautet „Der Herr der Pforte des Todes". Im *Zos Kia Kult* von Austin O. Spare
nimmt der Adept in diesem Tunnel die „Todeshaltung" ein und wird eins mit
dem kosmischen Bewusstsein durch die Umkehrung der Sinne.

Der tantrische Adept erreicht ein ähnliches Resultat durch die Formel des
Viparita, die in der *Typhonian Trilogy* beschrieben wird. Diese Formel steht in
Verbindung mit dem *Mystère du Zombeeisme* im Kult der Schwarzen Schlange[10]
und die magische Kraft, die diesem Mysterium zugeschrieben wird, ist die der
Nekromantie, die den Gebrauch des IX°· beinhaltet. Nekrophilie gehört eben-
falls hierher als Aspekt der Meditation über die Auflösung, die den Adepten an
das Portal des endgültigen Mysteriums des Nicht-Seins führt. Die spezifische
sexuelle Natur dieser Formel wird offensichtlich in der Zuschreibung dieses
Tunnels zu den Energien des Skorpions, der über die Genitalchakren herrscht.
In einer Randbemerkung in seiner persönlichen Kopie des *Liber 777* schreibt
Crowley „Im neuen Äon ist der Skorpion die Frauen-Schlange." Dies bedeutet, dass der Initiator des Adepten im Bild des Todes mit der fünfzackigen
Krone verbogen ist.[11] Ein Symbolismus, der bereits in Verbindung mit der
weiblichen Zahl 5 erklärt wurde.

Im afrikanischen Pantheon gehört die Göttin des Regenbogens Aidowedo
zu diesem Kraftstrom. Hier ist der Bogen jedoch nicht manifestiert, sondern er
liegt latent in den Tiefen des Abyss vor. Die entgegen gesetzte und fruchtende
Formel ist die des XI°, in dem der Regenbogen in seiner vollen Schönheit in
den Himmeln der Nu erscheint. Hier aber, in der Hölle der Hekate, ist alles
dunkel, und die Schlange Dangbe – die Schwarze Schlange – lässt in ihren

---

[9] D. h. Göttinnen des Todes.

[10] *La Coulevre Noire*. Deren gegenwärtiges Oberhaupt ist Michael Bertiaux. Siehe *Cults of
the Shadow*, Kapitel 9 und 10.

[11] D. h. Frau.

Spuren eine Schleimschicht zurück, die die Anwesenheit der *Necheshtheron* andeutet, der Messingschlangen, die in den Tunneln von Niantiel umgehen.

Über die „sechs Grundpunkte, die sich … auf die Röhren und die Tunnel von astraler und mentaler Materie beziehen", bezeichnet Michael Bertiaux als den fünften das *Mystère du Zombeeisme*, was sich mit diesem Tunnel Niantiels gleichsetzen lässt. Er beschreibt dieses Mysterium als die „Magie der Schwarzen Tempel von Atlantis in ihrer ersten Form… Der Magier arbeitet direkt mit den Toten, besonders mit ihren Astralhüllen und –formen." Von der Arbeit in den Schwarzen Tempeln wird gesagt, dass „sie sich mit dem Tod beschäftige und dass bestimmte Totenkult-Riten sowohl des esoterischen Voudou als auch des Tantras dieser Tradition entstammen".[12]

Die Arbeit der Schwarzen Tempel von Atlantis ist verwandt mit den Mysterien der Toten so wie die Arbeit der Roten Tempel mit denen der Sexualmagick verwandt ist, und beide Varianten klingen im gegenwärtigen Zyklus der menschlichen Lebenswelle noch nach. Sie wurden im alten Äon durch die Kulte des Osiris als „schwarze Magie" verdammt.

Da die Mysterien des Todes die 24. *Kala* betreffen, ist es notwendig, die Art von Magie zu verstehen, die von den Bewohnern von Atlantis in den Schwarzen Tempeln praktiziert wurde. Okkultisten ist es wohlbekannt, dass der Adept im Moment des sexuellen Orgasmus in der Lage ist, ein kreatives Gedankenkonstrukt freizusetzen, das den astralen Umschlag seiner *Psyche* durchdringt und sich im Laufe einer vom Magier festgesetzten Zeitspanne vergegenständlicht. Ein ähnlicher Mechanismus wird im Augenblick des Todes wirksam. Wenn die Seele ihr irdisches Gefährt verlässt, kann der Adept eines Totenkultes sie an jeden gewünschten Ort schicken. Dadurch kann ein Schwarzmagier die Seele eines Individuums gefangen nehmen und sie seinem Willen unterstellen. Dies ist die Methode, Zombies herzustellen. Aber die ursprüngliche atlantische Version dieser Zauberei beinhaltete Elemente der Sexualmagick. Eine geweihte Priesterin wurde auf spezielle Weise getötet und der Adept kopulierte mit ihrem Schemen, um einen Zombie auf der Astralebene zu erschaffen. Dieses Wesen konnte auch, wenn es notwendig war, *via* einer lebendigen Frau durch den natürlichen Prozess der Geburt inkarniert werden. Auf diese Wei-

---

[12] Michael Bertiaux: *Monastery of the Seven Rays*; Schulungspapiere des 4. Jahreskurses.

se erzeugte Zombies waren keine seelenlosen Maschinen – wie dies bei den Zombies der Fall ist, die durch das haitianische Voodoo produziert werden – sondern eine hoch-intelligente *und dennoch automatische* Entität, die die Klarheit und die Plastizität des Astralbewusstseins mit den magischen Qualitäten des Adepten verband. Es war im wörtlichen Sinn ein Kind des Todes und dennoch mit magischen Kräften ausgestattet und mit allen menschlichen Fakultäten mit Ausnahme des Willens. Bertiaux beobachtet richtigerweise: „Voudou und Hexentum entstammen den gleichen mystischen Eltern, d. h. den alten Religionen von Atlantis."[13]

Die gerade beschriebenen Zombies sind wirkliche familiare Geister. Die Gottform, die vom Adepten im Moment des Todes (oder des Orgasmus) angenommen wird, entscheidet über die Form, ob menschlich oder tierhaft, des familiaren Geistes. Die atlantischen Zombies sind das Resultat des Adepten, der während des Ritualhöhepunkts seine menschliche Gestalt beibehalten hatte. Die Hexen der neueren Äonen verkleideten ihre Familiaris als Tiere, aber sogar dabei waren sie in den Augen der Nicht-Initiierten verdächtig. In den Zeiten von Atlantis trug dieser Prozess nicht die moralische Schande, die er später erhielt.

Die Nekromantie der schwarzen Brüder andererseits bestand aus einem physischen Kontakt mit den Toten und viele Adepten der Totenkulte wurden nekrophilie-süchtig. Diese Praxis beinhaltete den Geschlechtsverkehr mit einer rituell getöteten Frau, die der Gottheit geweiht war, deren Kontakt man suchte. Eine asiatische Nekromanten-Sekte beschlagnahmte speziell ausgewählte Jungfrauen für den *postmortalen* Verkehr mit den Göttern. Geschlechtsverkehr fand dann kurz nach dem Tod statt. Der Schemen der Jungfrau wurde durch eine Methode extrahiert, die als der „Vampir-Vortex" bekannt war, und dann in eine Zwischendimension getrieben, die zwischen dem irdischen und dem *postmortalen* Bewusstsein lag. In dieser Phase ist der Geist immer noch zum Teil irdisch. Wieder wurden sexuelle Stimuli verwendet, um den astralen Geist der Priesterin auf eine maximale Stufe der Sensitivität anzuregen. Dadurch wurde ihr Astralgeist energetisiert und aus der *postmortalen* Erstarrung geweckt und war so in der Lage, noch die subtilsten Eindrücke, die in den Astraläthern

---

[13] Siehe vorherige Fußnote.

reflektiert wurden, zu empfangen und zu übermitteln. Der Körper der Frau schien wie ein Frosch zu springen, während sich ihre Extremitäten bei jedem Auftreffen des sexuellen Ansturms konvulsivisch verdrehten. Dies wirft ein weiteres Licht auf das Froschtotem und den Grund, warum es der „Herrin der Grabsteine" in bestimmten dunklen Kulten zugeschrieben wurde, auf die in Grimoiren asiatischer Zauberei Andeutungen gemacht werden. Das mag auch die Quelle für H. P. Lovecrafts Referenzen auf das „abscheuliche Plateau von Leng" gewesen sein, auf das in seinen Geschichten angespielt wird, die in Zentralasien angesiedelt sind. Wie auch immer es gewesen sein mag, es besteht kein Zweifel daran, dass der Frosch ein magisches Symbol war, das nicht nur mit den *Voltigeuren* oder den Pfadspringern verbunden war, sondern auch mit den Leichenriten, die die Ursache dafür waren, dass der Körper der toten Priestern zu sprungartigen und froschhaften Konvulsionen stimuliert wurde.

Wenn wir einen Sprung von Lovecrafts Fiktion zu Robert Temples Buch *Das Siriusrätsel* machen, dann beobachtet Temple, wenn er über Proclus spricht, dass er „eine bestimmte Verbindung zu Riten hatte, die die Hekate beinhalteten, die Göttin, von der wir wissen, dass sie eine Form des Sterns Sirius ist". Hekate war die griechische Form der ägyptischen Hekt oder Ur-Hekau, die „große magische Macht", die dem lunaren Kraftstrom zugeschrieben wurde. Temple beobachtete weiterhin, dass der Name der griechischen Göttin Hekate im Griechischen wörtlich „Einhundert" bedeutet.[14] Dies ist die Zahl des Buchstaben *Qoph*, der dem Mond zugeschrieben wird; *Qoph* bedeutet „der Hinterteil des Kopfes" und dies ist der Ort, an dem die kreative oder reproduktive Kraft in erster Linie angesiedelt ist."[15] Weiterhin gibt Temple an, dass der afrikanische Stamm, dessen Mitglieder als die Dogon bekannt sind, „behaupten, dass amphibische Wesen mit Fischschwänzen ihre Zivilisation gegründet hätten … und dass sie aus dem System des Sterns Sirius gekommen wären."[16] Mit anderen Worten: Es gibt eine subtile Verbindung zwischen Hekate, dem Frosch (einem amphibischen Wesen), dem Sirius, dem Mond und der Sexualität. Es liegt außerhalb der Bandbreite dieses Kapitels,

[14] *Das Siriusrätsel*, Seite 113.

[15] *Magick*, Seite 183.

[16] *Das Siriusrätsel*, Seite 207.

dieses Thema hier weiter zu verfolgen, aber es kann festgehalten werden, dass atlantische Formen der Magie die Herstellung von Zombies beinhalteten, die nicht geringer waren, als die schwarzen Perversionen der Anhänger der Totenkulte, und die wahrscheinlich mit der Formel der *Voltigeure* verwandt waren und auf die Inkarnation von außerirdischen Wesenheiten abzielten, wie jene, die von Temple genannt werden.[17]

Diese hoch komplexe 24. *Kala* umfasst daher verschiedene Arten von Sexualmagick. Aus Gründen der Vereinfachung können sie unter dem IX°· O.T.O. zusammengefasst werden. Die beteiligten Elemente stehen alle in Verbindung mit dem rückwärtigen Pfad der Sonne in Amenta, der Formel des Skorpions (Reinigung *via* Verwesung) oder der nekromantischen oder nekrophilen Zauberei, die mit dem *Mystère du Zombeeisme* und dem *Kult der Toten* assoziiert wurde, und mit der Rückhaltung des Sonnensamens in der Praxis des Karezzas. Es ist daher keine Überraschung, dass der Pfad, zu dem die Zelle Niantiels der Tunnel ist, den Lamiae, Stregas und Hexen zugeschrieben wird.

---

[17] Wie in der *Typhonian Trilogy* erklärt wurde, ist der Stern Sirius oder Sothis der Stern des A∴A∴(*Argenteum Astrum*: Der Silberne Stern). Er war daher die Kontaktquelle für die Menschheit mit außerirdischen Einflüssen, und das System diese zu erreichen das im weltlichen Orden des A∴A∴ gelehrt wurde, ist, auch wenn es heute verborgen ist, von wahrhaftig außer-irdischem Ursprung.

15. Saksaksalim

 Der 25. Strahl illuminiert den Tunnel von Saksaksalim, dessen Zahl die 300 ist und dessen Nicht-Sein zur Annahme einer Form angeregt werden kann, indem man die Vibration eines hohen elektrisch-knisternden Pfeiftons in der Tonlage Gis erzeugt. Die Sigille sollte in einem strahlenden Gelb auf einen klaren, dunkelblauen Grund geschrieben werden, das Ganze sollte einem Blitz, gegen den Nachthimmel gesehen, ähneln. 300 ist die Zahl von *Shin*, dem Buchstaben des Geistes. Er stellt die dreifache Feuerzunge dar, symbolisch für Chozzar[1], das desintegrierende Prinzip der Anti-Materie. AVR BPAHH (*Khabs Am Pekht – Licht in Verlängerung*) hat ebenfalls diese Zahl. Es ist das falsche Licht, die große Lüge, die das Wort Choronzons im Abyss reflektiert. Daher ist KPhR, 300, eine Substanz, die für eine Verblendung mit Pech oder Asche verwendet wird. Sie leitet sich vom ägyptischen Wort *Khepr* her, die Toten „transformieren", „umkehren" oder „*regenerieren*". Die Toten sind die eingewickelten oder gebundenen Mumien und SMR bedeutet „Horror", „wie durch Angst gebunden", „eine Gänsehaut bekommen" (Siehe Hiob IV, 15) vom ägyptischen *Smar* „für die Tötung einwickeln oder binden". Die Konzepte der Umkehrung, Transformation oder Vernichtung sind ebenfalls impliziert.

Die Sigille von Saksaksalim zeigt die Gestalt eines Priesters (mit Armen ausgestreckt in Form eines Kreuzes), der nach unten hängt, umgeben von einer unregelmäßig geformten Leere, in der die Buchstaben SKR (200) erscheinen und eine umgekehrte Sieben. Die Leere wird durch das Bild einer schwarzen Mondsichel besiegelt, aus der Blutströme herausfließen. Diese Sigille fasst die Ideen zusammen, die mit der Zahl 300 in Verbindung stehen und mit dem magischen *Siddhi* des 25. Pfades, d. h. mit Umwandlung und der Vision des

---

[1] Vgl. das Zeichen des Neptun.

universellen Pfaus.[2] Der Pfau ist ein Symbol für Shaitan und beinhaltet die an früherer Stelle erklärte Symbolik des Regenbogens; dadurch zeigt er die weibliche Natur des transformierenden Feuers dieser *Kala*.

Die Zahl 280 ist die von RP mit der Bedeutung von „Schrecken". Es ist auch die Zahl der Rechtecke an der Seite des Kellers, der den Körper von Christian Rosencreutz enthält, wie er im Symbolismus des Golden Dawn $5° = 6^\square$ dargestellt wird, der in Verbindung mit der Symbolik dieses Tunnels studiert werden sollte.[3]

Die relevanten Zeilen aus dem *Liber CCXXXI* lesen sich:

> Und ein mächtiger Engel erschien als Frau; und sie schüttete Ampullen mit Leid auf die Flammen; den reinen Strom mit dem Brandzeichen ihres Fluches erleuchtend. Und der Frevel war sehr groß.

Der Engel als die verfluchende Frau repräsentiert den weiblichen Kraftstrom, der durch Nephthys, die Schwester von Isis, symbolisiert wird. Nephthys ist eine Vergegenständlicherin oder eine Übermittlerin von Perfektion, der Kunst der Umwandlung der rohen Natur (d. h. der Jungfrau) in das Bild der Erfüllung oder der Mutterschaft.

Der Orden der Qliphoth, der mit diesem Prozess assoziiert wird, sind die *Nechashiron* oder die Schlangenhaften, und der Atu von Tahuti, der der 25. *Kala* zugeschrieben wird, trägt den Titel „Der Hervorbringer des Lebens".

Im afrikanischen Pantheon ist die verwandte Gottheit die Regenbogengöttin Aidowedo. Ihr Kommen wird mit dem Gewitterblitz verglichen. Hier handelt es sich um den Schütze-Einfluss, der sich in Form des weiblichen Kraftstroms manifestiert. „Ihr Fetisch ist eine große Schlange, die nur erscheint, wenn sie trinken möchte. Sie ruht dann auf dem Boden auf ihrem Schwanz und stößt den Mund in das Wasser. Es wird gesagt, dass derjenige, der die Exkremente der Schlange findet, für immer reich ist."[4]

---

[2] Diese Vision fällt in den Einflussbereich des Tierkreiszeichens Schütze, die Konstellation, die mit dem 25. Pfad assoziiert wird.

[3] Siehe *The Equinox*, L, ii.

[4] Siehe Seite 264, *supra*.

16. A'ano'nin

Der 26. Tunnel steht unter der Ägide von A'ano'nin, dessen Zahl die 237 ist. Sein Name sollte in einem rauen und blökenden Tonfall in der Tonlage A ausgestoßen werden. Seine Sigille sollte in Schwarz in ein indigofarbenes umgekehrtes Pentagramm gemalt werden.

Dieser Tunnel liegt unter dem 26. Pfad, der die 16. *Kala* übermittelt in einer Serie von mikrokosmischen *Kalas*, die mit dem 11. Pfad beginnen. Es soll an diesem Punkt daran erinnert werden, dass die kosmischen oder äonischen Kraftzonen die zehn *Sephiroth* bilden. Daath ist im strikten Sinne keine Kala, sondern ein Tor des Ein- und Austritts von Aiwass (78) *via* Kether.[1] Die mikrokosmischen oder sexuellen Kraftzonen sind die 22 Pfade, die zusammen mit den 10 äonischen oder makrokosmischen Kraftzonen insgesamt 32 ergeben.

Die 22 Pfade sind Reflexionen im menschlichen Bewusstsein der Kraftzonen kosmischen Bewusstseins. Die Äonen können auch in Verbindung mit den zerebralen Zentren im Menschen gesehen werden und die *Kalas* in Verbindung mit den sexuellen Zentren.[2] Der psychosexuelle Mechanismus der 16 *Kalas* in der Menschheit (8 in der Frau; 8 im Mann) wird von den äonischen

---

[1] Es gibt 78 Schlüssel oder Rufe in *Das Buch Thoth* und sie alle haben ihren Platz auf dem Baum des Lebens. 78 ist eine Zahl von Aiwass, der außerirdischen Intelligenz, die Crowley das Gesetz des gegenwärtigen Äons des Horus kommunizierte. Es ist auch die Zahl von *Metzla*, dem Einfluss von oben oder von *jenseits*. Beachte dass 26 (die Zahl dieses Tunnels) multipliziert mit 3 (die Zahl des Saturn oder des Seth) 78 ergibt. Beachte auch, dass Atu XVI den Titel *Der Turm* oder die *Festung Gottes* trägt. Vgl. „die elf Tempel der Yeziden" mit dem „Äon der elf Türme" auf das es Referenzen von Crowley in seinem *The Cephaloedium Working* gibt. Siehe *Mezla* (herausgegeben von Ayers und Siebert) Nr. 5 und Nr. 6, in denen diese Arbeit publiziert ist.

[2] Siehe *Cults of the Shadow*, Kapitel 1 und 2 für eine Erklärung dieses Gegenstandes.

oder kosmischen Kraftzonen in der zerebral-spinalen Flüssigkeit und dem endokrinen System reflektiert. Die 16. *Kala* ist in einem makrokosmischen Sinne gleich mit dem Pfad 16, dem Pfad des *Har* oder Kindes (Horus). Er ist der von der Göttin 15 Geborene, repräsentiert auf Pfad 15 als Der Stern, dessen mystisches Emblem das elfte Tierkreiszeichen Wassermann ist. Dieser Symbolismus ist in *Aleister Crowley & the Hidden God* erklärt worden, auf das der Leser verwiesen wird.

Die Reflektion des Horus in der 16. mikrokosmischen *Kala*, die mit 26 nummeriert ist, ist der Teufel oder das Doppel von Horus, d. h. Seth. Eine perfekte Verschmelzung und ein vollkommenes Gleichgewicht der Kräfte im Makro- und im Mikrokosmos wird daher in dieser 26. *Kala* erreicht, die von den Energien des Steinbocks beherrscht wird. Der Steinbock ist die Astroglyphe der Scharlachfrau, deren AUGE (Ayin) diesem Pfad via des Symbolismus von Atu XV, Der Teufel, zugeschrieben wird. Dieses *Ain* oder Auge erreicht seinen vollsten Umfang im Namen des Hüters dieses Tunnels, d.h. A'ano'nin. Seine Zahl ist die 237, die auch die von Ur-He-Ka, der Kraft der Magick der Göttin ShPhChH (Sefekh) 393 ist.[3] 237 ist auch die Zahl von IERAOMI, „ein Priester oder eine Priesterin sein", was die heilige Natur dieser Zahl bestätigt.

Die Sigille von A'ano'nin zeigt das Ur-heka überragt vom Kopf des Priesters und umgeben von den Buchstaben BKRN, die sich auf 272 addieren lassen. Dies ist die Zahl von *Aroa* „Erde" und von *Bor* „verzehren", „bestialisch sein", „brutal" usw. Es ist auch die Zahl von *Orb* mit der Bedeutung von „der Abend" oder einem *Araber*, d. h. einer Person, die im Westen lebt. Der Westen ist der Ort von Babalon. Ihr Totem, die Ziege, ist eine Glyphe der Erde im Westen als Ort der untergehenden Sonne. *Obr*, eine Metathese von *Orb* bezeichnet „Tränen", auch „tropfende Myrrhe" vom ägyptischen Wort *abr* „Ambrosia", „Salbe" und von *aft* mit der Bedeutung „absondern" und „destillieren".

Die magischen Kräfte des Pfades 26 stehen in Verbindung mit dem Hexensabbat und dem bösen Blick (engl. *Evil Eye*) und seine *Kala* ist das, was bei den Riten des XI° destilliert wird, denn der böse Blick (Evil Eye = wörtlich das böse Auge) ist das Auge der Nacht (d. h. des Mondes) und die Salbe oder die tropfende Myrrhe ist der *Vinum Sabbati*, der bei Sonnenuntergang im Kessel

---

[3] Siehe die Anmerkungen auf Seite 210, *supra*.

der Scharlachfrau bereitet wird. Steinbock ist die geheime Flamme, auf der der Kessel köchelt; daher seine Verbindung mit Vesta, die zusammen mit den Gottheiten Khem, Set, Pan und Priapus, dem Pfad 26 zugeordnet wird.

Die für diese *Kala* typische Krankheit ist der Priapismus. Die Tiere, die ihr heilig sind, sind die Auster, die Ziege und der Esel. Letzterer ist ein spezifisches Totem des weiblichen und der *Qliphoth*, die mit dem Mond von Yesod und *Gamaliel* oder dem „obszönen Esel" assoziiert werden.

Im Tunnel A'ano'nin gehen Satyre, Faune und Panikdämonen um. Der Orden der Qliphoth, der mit diesem assoziiert wird, sind die *Dagdagiron* mit der Bedeutung „die Fischartigen", was die weibliche Natur bezeichnet. Die korrespondierende magische Waffe ist die geheime Kraft, die durch die zerschlagene Lampe repräsentiert wird, die eine Anspielung auf das Auge ist, das in den Hinterbacken der Ziege verbogen ist.

Die tarotische Zuschreibung zu diesem 26. Pfad ist der Trumpf mit den Titeln „Der Teufel" und „Der Herr der Materiepforte", denn der lunare Kraftstrom ist das Lösemittel der Vergegenständlichung, der innerhalb des Kelches der Babalon siedet. Sie ist die Braut Choronzons, denn er *ist* in Wahrheit der Herr der Materiepforte.

Im *Liber CCXXXI* steht:

> Der Lord Khem erhob sich. Er, der der heiligste ist unter den Höchsten, und er erhob seinen gekrönten Stab, um das Universum zu erlösen.

Dies bedeutet, dass Seth oder Pan ihren Phallus aufrichteten, um das Universum zu erlösen, dessen technische Formel die Erlösung ist, die im XI° des O.T.O. zusammengefasst ist. Der schwarze Diamant ist das geheime Symbol dieser Operation, die die rohen Kräfte der Erzeugung beinhaltet, denn der Diamant glitzert in der Dunkelheit der Materie als das Auge des Seth.

Das afrikanische Pantheon ist in diesem Tunnel durch Legba präsentiert, dem Fetisch des knotigen Stabes, d.h. des Phallus. Er ist manchmal bekannt als Echu, der „Zurückgewiesene", zurückgewiesen, das heißt von den Nicht-Initiierten, die nicht in der Lage sind, den Wert der ersten Materie zu verstehen und ihre Beziehung zu den subtileren Aspekten des Bewusstseins. *Erste Materie* ist in diesem Zusammenhang eine Anspielung auf die exkrementale

Flüssigkeit, die einen Teil des *Vinum Sabbati* ausmacht. Dieser wird beim Fest des Legba, das als Odun bekannt ist, destilliert, bei dem es sich zweifellos um den Vorgänger der Hexensabbate handelte. Odun bedeutet „das Jahr" und bezeichnet einen vollständigen Zeitzyklus; dadurch wird der Symbolismus mit dem periodischen Zyklus der Frau verbunden. Die Referenz verweist auf die lunare Schlange, die ewig währenden Wohlstand bringt, und wird dadurch mit dem Teufel oder materieller Macht assoziiert.

Da es wichtig ist, eine Unterscheidung zu machen zwischen der Magick des XI°, wie er von zeitgenössischen Mitgliedern des O.T.O. praktiziert wird, und der Interpretation des Grades, die von Crowley in seinen *Magical Records*[4] gegeben wurden, finde ich es gerechtfertigt, die folgende Passage aus *Aleister Crowley & the Hidden God* zu zitieren, die den Symbolismus dieses Tunnels betreffen:

> Dieser Symbolismus enthüllt die Formel des XI° des O.T.O., der die *umgekehrte* und ergänzende Rite des IX° ist. Er enthält keinen sodomitischen Gebrauch von Sexualität, wie Crowley vermutete, sondern den Gebrauch des lunaren Kraftstroms, wie er in seinem *Magical Record* durch den Begriff El. Rub (*Elixir Rubeus*) angezeigt wird.

Die antiken drakonischen Mysterien von Khem, auf denen der Kult von Shaitan-Aiwass letztendlich basiert, schweigen bezüglich sodomitischer Formeln *mit Ausnahme einer Perversion magischer Praktiken*. In dieser Tradition – der ältesten auf der Welt – repräsentieren Horus und Seth ursprünglich den Norden und den Süden, die Hitze des Seth wurde durch die schwärzende oder rötende Kraft der Sonne im Süden symbolisiert, auch durch Sothis, den Stern, der die periodische Überflutung des Nils ankündigte, mystisch interpretiert als ein Phänomen weiblicher Mysterien. Der rote Schlamm, die Flut, der „blinde" Horus, der in Bandagen eingewickelte Osiris, die weinende oder verfinsterte Sonne, sie alle waren gleichermaßen symbolisch für den periodischen Zyklus der weiblichen Natur. Seth als der Sitz symbolisierte nicht wörtlich das Fundament, sondern die Grundlage in einem lunaren oder yesodischen Sinne eines

---

[4] Siehe *The Magical Record of the Beast 666* (Hrsg. Symonds und Grant), 1972.

physiologischen Kraftstroms, der die wahre Basis der Manifestation und der Stabilität ist. Auf ähnlich Weise war der retrogressive Symbolismus der mittelalterlichen Parodien dieser antiken Mysterien mit ihren sogenannten Hexensabbaten und den *os obscaenum* eine immer noch erkennbare Referenz auf die lunare Formel. Die Fehlinterpretation dieser Mysterien in analen Begriffen ist für den Initiierten eine ähnlich große Perversion der Doktrin (und als solches eine sakramentale Blasphemie) wie das rückwärts gesprochene Vaterunser eine Schändung der Sakramente des orthodoxen Christentums darstellt.[5]

---

[5] *Aleister Crowley & The Hidden God*, Seite 109 und 110.

17. Parfaxitas

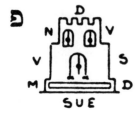

Der 27. Tunnel steht unter der Ägide von Parfaxitas, dessen Zahl die 450 ist. Sein Name sollte in
einem tiefen und herrischen Kommando-Ton in
der Tonlage von C (unteres Register) vibriert werden und der Klang sollte an Donner erinnern.

Seine Sigille sollte mit leuchtend rotem Pigment
auf ein smaragdgrünes Quadrat gezeichnet werden.

450 ist die Zahl von ThN und bedeutet „Drachen". Es ist die Wurzel von
Leviathan.[1] Tan, weiblich *Tanith*, ist der große Drache der Tiefe, der sich auf
der Erde als Babalon, die Frau oder Priesterin manifestiert, die insbesondere
der Arbeit mit dem drakonischen Kraftstrom geweiht ist.

Die Formel von Parfaxitas ist die des VIII°+ des O.T.O., der die Annahme von astralen Tierformen mit der Absicht der Vergegenständlichung von
atavistischen Energien umfasst. Im Detail wird das von Austin Osman Spare
beschrieben, der sich auf diesen Prozess als die „Wiederbelebung von Atavismen" bezieht.[2]

Im Kult der Schwarzen Schlange ist die Formel bekannt als *De Mystère
Lycanthropique*, die nach Michael Bertiaux das Mysterium des Roten Tempels
der atlantischen Magie „in ihrer ersten Form beschreibt" und „die magische
Verwandlung in Wer-Tiere zur Sexualmagick beinhaltet". In seiner zweiten
Form ist sie als *Ataviqier* bekannt, was sich analog zur Spare'schen Formel der
Wiederbelebung von Atavismen verhält.

Die O.T.O.-Version dieser Formel beinhaltet allein ausgeführte Sexualar-
beiten des Magiers, der eine Tiermaske trägt, die mit der Natur des wieder-
zubelebenden Atavismus im Einklang steht. Einige Magier tragen während
des gesamten Ritus tatsächliche Masken, auf dass die Annahme der Astral-

---

[1] Siehe Seite 264, *supra*.

[2] Siehe *Images and Oracles of Austin Osman Spare*, Teil 2.

form dadurch an Substanz gewinne, aber das ist eine persönliche Präferenz. In dem Moment, in dem der Same ausgestoßen wird, wird die Gottform aus der Aura des Magiers herausprojiziert und durch seine Energie genährt. Sie vergegenständlicht sich dann im Astralen und manchmal auch auf der ätherischen Ebene, wo sie sich mit ähnlichen Entitäten sexuell vereinigt, die von einer Priesterin projiziert wurden, die den gleichen Ritus durchführte. Eine erfolgreiche Arbeit ist verständlicherweise selten, aber in Fällen, in denen diese Entitäten eine objektive Existenz erlangen, wird als Resultat aus ihrem Verkehr auf den Astralebenen ein machtvoller Energiewirbel erzeugt. Anschließend wird es möglich, in diesen Wirbel die übermenschlichen Energien ursprünglicher Atavismen zu ziehen.

Der Tunnel von Parfaxitas ist übersät mit hybriden Wesen, die das Ergebnis von fehlerhaft durchgeführten Operationen dieser Natur sind.

Die Tiere, die traditionell mit diesem Strahl assoziiert werden, sind die Eule und der Wolf, daher *Le Mystère Lycanthropique*.

Die Zahl von Parfaxitas, die 450, ist die von KShPIM, mit der Bedeutung von „Beschwörungsgesang", „Hexenkunst", „Zaubereien" und PShO „Überschreitungen", die in diesem Zusammenhang das Übersetzen in die Astral- oder Geisterwelt bezeichnen. Dies wird durch das Wort AThMCha (auch 450) „gekreuzigt werden" bestätigt, das das Überwechseln von einem körperlichen Bewusstsein zu einem spirituellen Bewusstsein bezeichnet.[3] Das Wort AThM-ChA stammt vom ägyptischen *makha* mit der Bedeutung von „ausgleichen", „einebnen" oder „überqueren".

Die Sigille von Parfaxitas zeigt eine Festung mit einer Tür und zwei Fenstern (Augen), die die Buchstaben SUE[4] überlagern, deren Zahl die 71 ist, was die Zahl von LAM[5] ist.

---

[3] Siehe *Cults of the Shadow*, Kapitel 2.

[4] SUE könnte eine Abkürzung für den ersten Namen von Crowleys Scharlachfrau sein, zum Zeitpunkt als er diese Sigille erhielt. Andere Beispiele für die Aufnahme von persönlichen Namen in „übermittelte" Schriften oder Heilige Bücher können zitiert werden. Siehe beispielsweise die Absätze 1 und 2 des *Liber LXVI* (*Equinox*, I, vi) *Liber LXV*, V, 43 (*Equinox* III, i). Siehe auch *The Bagh-i-Muattar*.

[5] Siehe Seite 155, *supra*.

Die Festung wird magisch von den Buchstaben M V N D V S D (170)[6] geschützt. Die Zahl 71 ist die von ALIL, was „Nichts", „eine Erscheinung" oder „ein Abbild" bedeutet und dazu dient, die astrale oder nicht-physikalische Natur der Formel von Parfaxitas zu zeigen. Es ist auch die Zahl von ChZVN, „Vision" und von AIMK „dein Schrecken". Es ist auch die Zahl der „Stille". Andererseits ist 170 aktiv und die Zahl von MQL, dem „Stab" oder „Baculus", d. h. dem Phallus des Magiers. Es ist auch die Zahl der *Nephilim*, NPIL und bedeutet „ein Riese", die mystische Bezeichnung für einen Gott oder ein außerirdisches Wesen vom ägyptischen Wort *Nepr*, „ein Gott".[7] Die beiden Zahlen zusammengenommen bezeichnen die Formel des VIII°+ des O.T.O., der den Gebrauch des Turms der Stille oder des Turms von Shaitan (d. h. dem Stab) beinhaltet, in dessen Isolation Bilder oder Visionen aus der Leere heraufbeschworen werden.

Der Pfad über dem Tunnel ist Arbeiten des Zorns und der Rache geweiht, was die deutlich martialische Natur dieses Kraftstroms zeigt, was – im Tunnel darunter – in Form von ursprünglichen Atavismen interpretiert wird. Die Furien und Werwölfe spuken in seinen Schatten herum und das Schwert ist die magische Waffe assoziiert mit den Gottheiten Mentu, Mars und Horus, dem „flammenden Gott", der mit seinem fanatischen Speer durch das Firmament rast.[8]

Nach dem *Liber CCXXXI*:

Er fiel über die Klagetürme her; er zerbrach sie in Stücke im Feuer seines Zorns; so dass er allein aus deren Ruinen entkam.

Wie Scholem herausgestellt hat,[9] stehen die Konzepte des göttlichen Zorns mit einem reinigenden Kraftstrom in Verbindung, der im ursprünglichen Sinne eine Reinigung ist, die mit dem weiblichen Zyklus assoziiert wird. Das Blut,

---

[6] Die Festung ist eine Form des Turms, dessen Symbolismus im Teil I behandelt wurde.

[7] Siehe *Die Idole von Merodach* (Teil I).

[8] *Liber Liberi vel Lapidis Lazuli* (Crowley) Kapitel vii, Absatz iii.

[9] *Zur Kabbala und ihrer Symbolik* von Gershom G. Scholem, Suhrkamp, 1995.

das von der Frau zum Zeitpunkt der Pubertät vergossen wird, war das reinigende oder „erlösende" Wasser des Lebens. Dieses erste Blutopfer war auch das erste Sakrament.[10] Das Blutvergießen in der Schlacht war eine sekundäre Form dieses Symbolismus und gehörte zu Mars und dem martialischen Kraftstrom. Es ist in erster Linie eine Reinigung, die beim Ausdruck „Arbeiten des Zorns und der Rache" verstanden werden sollte.

Fieber und Wunden sind die Krankheiten, die für den Pfad 27 typisch sind, auch Entzündungen, die Röte, die symbolisch ist für die Wunde der Pubertät, der erste Schnitt der weiblichen Spalte mit ihrem Hervorbringen von Blut. Daher ist das Schwert als Entzweischneider oder –teiler symbolisch für die Vagina; und wurde so in den frühen astronomischen Mysterien interpretiert.[11] Dies wurde im Symbolismus der dem Saturn zugeschriebenen Sichel weitergeführt, dem späteren planetaren Repräsentant der ursprünglichen Göttin in den Himmeln.[12]

Der Edelstein, der mit der 27. *Kala* assoziiert wird, ist der Rubin oder der *rote* Stein; die charakteristischen Pflanzen sind die Weinraute, Pfeffer und Absinth, die alle für ihre feurigen Qualitäten bekannt sind.

---

[10] Siehe *Aleister Crowley & the Hidden God*, Kapitel 11, Fußnote 53.

[11] Die große Mutter im Himmel wurde repräsentiert durch die Konstellation, die als die Lende oder der Oberschenkel bekannt war.

[12] Beachte, dass die Sichel oder das Zeichen des Saturn die Form einer 5 hat – die Zahl des weiblichen als symbolisch für Nuit (d. h. die negative Quelle aller Positivität).

18. Tzuflifu

Der 28. Tunnel wird von Tzuflifu gehütet, dessen Zahl die 302 ist und dessen Name in der Tonlage Ais gechantet werden sollte. Die Sigille sollte in weiß auf einen violetten Untergrund gemalt werden. 302 ist die Zahl von BQR „etwas aufschneiden", „über etwas nachforschen", „Dämmerung", „Dämmerung des Lichts", von den ägyptischen Worten *beka* mit der Bedeutung „erweitern" und *pekai* „aufblühen". Das Anagramm BRQ bedeutet „aufblitzen", „einen Blitzstrahl schicken", wie auf die große Schlange (der Gnostiker) angewendet, vom ägyptischen *buiruka* mit der Bedeutung „aufblitzend" und „glitzernd". Eine weitere Metathese ist QBR, was „eine Höhle", „ein Loch in der Erde" und „Grab" bedeutet. Daher bilden diese drei Buchstaben den Namens-Typ eines Ortes der Divination, der sich auf das Orakel der Gebärmutter gründet.

Die Sigille zeigt einen Priester oder König, der eine Krone in Form eines Phallus trägt, dessen „Auge" hervorragt. Dies ist ein Abbild der großen Schlange, deren Auge „ausgestreckt" ist oder „erblüht", was das Heraufdämmern oder das Öffnen der Kraft des Phallus bezeichnet.

Der Atu, der zum Pfad 28 gehört, ist *Der Herrscher*, der auch „die Sonne des Morgens und Anführer unter den Mächtigen" genannt wird. Im Tunnel Tzuflifus nimmt diese Dämmerung einen fast zerschmolzenen Zustand der Hitze an, der einem flüssigen Ball aus Feuer ähnelt.

Die für den Pfad 28 typische Krankheit ist der Gehirnschlag (Apoplexie) und die Dämonen, die im Tunnel umgehen, sind die aus dem Blut des Uranus geborenen Furien. Uranus wurde für die Verbrechen gegen die „verwandtschaftlichen Bande" kastriert. Die Furien (oder Erinnyen) werden in der griechischen Mythologie als geflügelte Frauen dargestellt, die von Schlangen umgeben sind; dadurch zeigt sich ihre Affinität zum lunaren Kraftstrom.

Uranus ist der Planet, der Daath zu geschrieben wird, mit dessen Symbolik der Rückkehr an die Quelle des Nicht-Seins, daher das Verbrechen des Inzests, das mit diesem Tunnel assoziiert wird.

Die relevanten Zeilen aus dem *Liber CCXXXI* lauten:

Verwandelt erschien die heilige Jungfrau als ein flüssiges Feuer; sie machte aus
ihrer Schönheit einen Donnerschlag.

Der Donnerschlag verkörpert die Swastika, eine wirbelnde oder spiralförmige
Kraft, die die Welt, die „vom Bösen zerstört" wurde, wieder herstellt. In diesem Tunnel tritt „das Böse" (oder das Chaos) in einem rohen Zustand aus dem
Tor des Abyss in der Form eines Blitzschlags (BRQ) hervor. In einem Artikel
mit der Überschrift *Life, Death and Antimatter* (Leben, Tod und Anti-Materie)[1]
erscheint das folgende:

Anti-Materie scheint häufig oder möglicherweise sogar immer in die Welt der
physischen Materie durch Spiralen einzudringen, besonders geometrische Spiralen, in deren Zentrum offensichtlich die Schwelle zwischen Zeit und Anti-
Zeit existiert. *Energie scheint sich über diese Schwelle in beide Richtungen zu bewegen.*[2]

Später wird im gleichen Artikel die Behauptung aufgestellt, dass „der menschliche Körper aus drei Hauptspiralen gebildet wird, die sich am zerebralen
Aquädukt und der vierten Herzkammer orientieren." Wenn der Leser Bezug
auf *Cults of the Shadow* (Kapitel 1 und 4) nimmt, wird er sehen, dass die Kraft,
auf die sich die Bemerkungen beziehen, in Relation stehen zu der *Kala*, die den
Tunnel von Tzuflifu auflädt.

Der sich auf diese *Kala* beziehende afrikanische Pantheon enthüllt die ursprüngliche Basis der o.g. Formel. Pfad 28 ist unter dem Einfluss von Aries
(beherrscht vom Mars), der vom feurigen Aspekt von Chango und dem Gott
Ogoun mit seinen flammenden Wurfpfeilen repräsentiert wird oder von *manamana* (wörtlich „Ketten aus Feuer", d. h. Gewitterblitzen). Wie zuvor schon
erklärt, beziehen sich der martiale Symbolismus der starken Hitze und die su-
per-opulente Energie auf die weibliche Kraft, die ihren Höhepunkt im Tunnel
von Qulielfi erreicht (siehe das nächste Kapitel).

---

[1] Der Artikel von Henry Conway erschien in *Frontiers of Consciousness*, The Julian Press
Inc., New York, 1974.

[2] Kursivschreibung vom aktuellen Autoren. Vgl. Daath als das Tor des Abyss.

19. Qulielfi

Tunnel 29 ist unter dem Einfluss des Mondes und wird von Hexen heimgesucht, die durch die Hekt, die frosch-köpfige Göttin und Herrin der Transformation verkörpert werden.

Qulielfi ist die Hüterin; ihre Zahl ist die 266 und ihr Name sollte in der Tonlage B intoniert werden. Ihre Sigille sollte in Silber gezogen werden – wie Schneckenschleim – auf einem kreisrunden Stein. Die Sigille zeigt 22 umgekehrte Mondsicheln, denn Qulielfi repräsentiert den Abschluss der *Qliphoth* der 12 Tierkreiszeichen. Die drei zentralen Mondsicheln krönen ein blindes Auge, das nach unten strahlt. Diese Symbolik bezieht sich auf die drei lebensfähigen Tage des fünftägigen lunaren Flusses, wenn der Phallus ein blindes Auge auf das Auge des Mondes richtet, während dieses sein *Lösemittel* der Astralkreation ausscheidet. Daher die magische Macht, die dieser 29. *Kala* zugeschrieben wird, nämlich generell das Erschaffen von Illusionen und Behexungen. Wie es geschrieben steht: „Es sind die Exkremente Choronzons, von denen man das Material für die Schaffung eines Gottes nimmt.“[1]

Der Name des Tarottrumpfes, der dem Pfad 29 zugeschrieben wird, ist *Der Mond*, dessen alternativer Name „Der Herrscher von Ebbe und Flut" lautet. Der magische Spiegel ist der einzige Gegenstand, der von der Ausrüstung im lunaren Tempel anwesend ist, wenn Qulielfi evoziert wird. Der Spiegel deutet auf den dämmerungsaktiven Bewusstseinszustand hin, der für einige Regionen der Astralebene charakteristisch ist. In diesem Zustand werden erfolgreiche Astralarbeiten durchgeführt, denn im Grenzgebiet zwischen Schlaf und Wachsein gibt es die „auf der Lauer Liegenden"[2], jene Elementalwesen, die bei der Vergegenständlichung der eigenen Träume assistieren.[3]

---

[1] Siehe *The Vision and the Voice* (Liber 418), Equinox I, v.

[2] Die „auf der Lauer Liegenden" werden von Lovecraft erwähnt in Verbindung mit dem fiktiven *Necronomicon*, in einer Passage, die sich auch auf Chorazin bezieht. (Siehe

Das geheime Symbol dieses Tunnels ist die träumende Frau, die in ihrem Dämmerzustand die manuelle Magick durchführt, die unter dem Symbol des VIII°⁻ des O.T.O. verborgen ist. Die Zahl von Qulielfi bestätigt diese Symbolik, denn 266 ist SVR mit der Bedeutung von „Eintopf", „ein Gefäß" oder „eine Vase", eine Glyphe der Vulva in ihrer passiven und einsamen Phase.

Aber die Formel für diesen Tunnel umfasst auch ein anderes Element, das keineswegs passiv ist. Es steht unter dem Zeichen des Frosches, dem Verwandler aus den Wassern. Dieses Totem verkörpert die Evolution des Bewusstseins von einem amphibischen Zustand zu einem Zustand des Lebens auf dem Lande. Der Frosch ist ein Springer oder Hüpfer, was eine spezielle Formel in Verbindung mit der „anderen Seite" des Lebensbaumes impliziert. Im Kult der Schwarzen Schlange wird auf diese Formel Bezug genommen durch die *Voltigeure*, die Springer oder Hüpfer. Michael Bertiaux macht Andeutungen auf den „Pfad der *Voltigeure*" in Verbindung mit dem Voodoo „*Vever* der Marassas oder Zwillinge".[4] Das *Vever* zeigt die drei Säulen des Baumes repräsentiert durch den Zentralpfosten im Zelt oder der Hütte des Hougan. Bertiaux hat diese drei Säulen mit dem *Stab* des Guède Nibho[5] überkreuzt, um den Weg der *Voltigeure* „ebenso wie den Pfad der geheimen Schulen der Voodou-Initiation" zu zeigen. Weiterhin erklärt er „Hinter jeder Sephiroth gibt es einen geheimen Pfad … Pfade, die von sehr spezialisierten Magiern und ihren Lehrlingen innerhalb verschiedener Geheimsekten entwickelt wurden, die vollständig auf magischen Entdeckungen und Einsichten basieren und durch Initiationen auf jedem der geheimen Pfade kommuniziert werden.[6]

Das Tor der Verderbnis von H. P. Lovecraft). Dies ist die Stadt von Babalon, so wie Choronzon als die Stadt des Tieres bezeichnet werden kann. Der Tunnel von Qulielfi führt in die Stadt von Chorazin und die auf der Lauer Liegenden sind der *qliphothische* Bannring ohne die Stadt. Die auf der Lauer Liegenden können mit den *Ghagiel* (den Behinderern) gleichgesetzt werden, die im *Liber 777* als Qliphoth-Orden (Spalte viii) assoziiert mit Masloth oder der Sphäre der Fixsterne aufgelistet werden.

[3] In Crowleys Kult des Tieres der *wahre Wille*.

[4] Siehe *Cults of the Shadow*, Seite 171.

[5] Das Voodoo-Äquivalent zu Saturn.

[6] Schulungspapiere der *Monastery of the Seven Rays*, von Michael Bertiaux (4. Jahreskurs).

Charles Stansfeld Jones (Frater Achad), der von Yesod nach Binah „sprang" durch das, was er als „eine ungewöhnliche Methode"[7] bezeichnete, hatte Zugriff auf die geheimen Pfade, auf die Bertiaux anspielte. Die tiefere Bedeutung von Achads magischem Sprung von Yesod nach Binah ist in der Formel der Springer zusammengefasst, wie sie für den Tunnel von Qulielfi gilt.

Frater Achad erlangte eine profunde Einsicht in die Natur des Abyss durch seine Initiation in die rückseitigen Pfade des Baumes. Es war Achad, der den Anbruch des Äons der Maat[8] mit ihrer Formel der Tochter verkündete als Ausgleich zum gegenwärtigen Äon des Horus, das durch Ra-Hoor-Khuit verkörpert wird, das Äon des Sohnes. Ma-Ion[9] ist das Äon der M.A.A.T., „das durch den Meister des Tempels des A.·.A.·. interpretiert wird".[10] Achad wurde zu einem Meister des Tempels, als er von Yesod nach Binah sprang. Er bemerkt, dass „dies mit dem Bund mit ST oder Seth zu tun hatte, der durch Aleister Crowley ausgerufen worden war."[11]

Ma-Ion weist durch Metathese auf Mo oder Mv Ayon[12] hin, auf das Michael Bertiaux in seinen Schulungspapieren für den 4. Jahreskurs hindeutet.[13] Achad näherte sich dieser dunklen Doktrin sehr stark an, als er das *Liber Al* im Licht seines plötzlichen Aufstiegs in den Grad der M.A.A.T. untersuchte.

---

[7] Siehe *Cults of the Shadow*, Kapitel 8.

[8] Siehe *Cults of the Shadow*, Kapitel 8.

[9] Dies war Frater Achads Name für das Äon der Maat.

[10] *Liber CCCLXX*, Siehe *Magick*, Seite 496.

[11] Unveröffentlichte Briefe von Frater Achad. Erste Serie, Seite 56.

[12] Die „dunkle Doktrin".

[13] In einem ergänzenden Papier von Michael Bertiaux, herausgegeben 1975, erscheint diese illuminierende Aussage: Willenskraft – magischer und völlig irrationaler Wille – d. h. frei von „rationaler und statischer Repression" – ist die Pforte ins Universum „B". Daher sind der magische Wille und der wahre Wille identisch, und wenn der eine die „Pforte ins Universum B" ist, dann ist es der andere auch. Es wird noch deutlich werden, dass diese Gleichung wichtige und weitreichende Auswirkungen hat, denn Magick ist die Apotheose des Irrationalen und – als solches – in deren profundesten Sinne der Schlüssel zur dunklen Doktrin (Mo Ayin).

[14] Unveröffentlichte Briefe von Frater Achad; 1. Serie, Seite 65.

Statt die Doktrin im Licht der geheimen Gnosis von Daath zu interpretieren, erlaubte er seinem persönlichen Hass auf Crowley seine Vision zu verzerren, wie durch die folgenden Kommentare zu den Schlüsselcharakteren des *Das Buch des Gesetzes* bewiesen wird:

Die so genannte Göttin Nuit ist, wenn ihr wahrer Wert verstanden wird, das ätherische Reich der Natur, die unterste Ebene des Universums, ohne eine Spur von Bewusstsein und hauptsächlich charakterisiert durch Raum, der sich als Unendlichkeit maskiert und als die Königin des Himmels.

Ra-Hoor-Khuit, das Kind der falschen Einheit der menschlichen Seele und der Leere ist in Wirklichkeit der Zeitgeist, dessen Gegenteil der Geist der ewigen Wahrheit ist – der fortwährend verleugnet und verfälscht dargestellt wird unter der Maskerade des Herrn des Universums – Gott.

Der Witz auf Kosten der Menschheit – falls man das so nennen will – ist, dass Nuit (durch das Mittel der „Stimme" und der „Persönlichkeit", die ihr durch Aiwass und 666 verliehen wurde) den Prozess der Auflösung mit einem Zuckerguss überzieht, indem sie den Menschen zuschreit: „Kommt zu mir!" Dadurch lockt sie die Menschen nicht in das höchste, wie man erwarten sollte, sondern in das niederste und negativste Reich des Universums, an den Rand des schwarzen Abyss [die Universum-B-Phase der Gleichung von Bertiaux].

‚Hadit' auf der anderen Seite in der Maskerade als der Herr und Spender des Lebens (Wissen von dem zugegeben wird, dass es mit dem Tod zu tun hat [Daath, wie in Teil I erklärt wurde]) liefert die negativen Ideen, die, falls sie akzeptiert und danach gehandelt wird, der Seele zu einem Prozess der Selbst-Zerstörung und der endgültigen Auflösung verhelfen.

‚Ra-Hoor-Khuit', im Abyss erwartet die Opfer dieses Prozesses mit seiner versprochenen Rache die, in der Zwischenzeit, gegen alle jene „Hunde der Vernunft" ausgestoßen wird, die sich der realen Wahrheit zuwenden könnten oder die daran denken, die Illusionen und die Fehler dieses System des „Neuen Äons" bloßzustellen.[14]

Dennoch ist genau dies der Pfad, den das Neue Äon vorzubereiten gekommen ist, der Pfad, der seine Apotheose im Äon der Ma-Ion[15] haben wird, wenn *Ma Ayon* oder die dunkle Doktrin (von Daath) die Formel der Errungenschaft wird.

Mo Ayon oder Aion = 891, was die Zahl von *Uranos* (Himmel) ist. Der Planet Uranus wird Daath zugeschrieben, als sollte die Identität des Himmels mit dem Ort des Abyss auf der Nachtseite von Eden erklärt werden. 8 + 9 + 1 = XVIII, *Cheth*, das große Werk symbolisiert durch den Gral der Babalon.[16] Die Zahl XVIII reduziert sich auf 9, die zum lunaren Kraftstrom und zu Yesod gehört, dem Ort des Geheim-Ions, das Achad nicht zu finden in der Lage war.[17] Yesod ist das Äquivalent von Daath auf einer dichteren Bewusstseinsebene. Es handelt sich um das Zentrum der psychosexuellen Dynamiken, die mit der Magick des O.T.O. verbunden sind. Aber die erstaunlichste Gematria von *Mo aion* wird erlangt, wenn sie als *Mu Aion*, 177, genommen wird, dann ergibt sich die Zahl von *Gan Eden*, dem Garten Eden, dem „verlorenen" Paradies. *Mv* = 46; *Aion* = 131 ergibt zusammen 177. Die Wichtigkeit dieser Zahlen ist bereits dargelegt worden. Die 131 ist die Zahl von Samael (d. h. Satan), dem Hüter der Schwelle und von Pan, Baphomet und Mako (Seth), dem Sohn der Typhon. Eliphas Levi beschreibt die Zahl 46 (Mv) als „den Schlüssel der Mysterien". *Mv* ist Samen; vom ägyptischen Wort *mai* männlicher Same. Es ist auch das Wort für „Wasser", der ersten Essenz der Vorfahren, die in erster Linie weiblich war. 131 (Satan) addiert mit 535 (*Kteis*) ergibt 666, die Zahl des großen Tieres aus der Stadt des Choronzon, die im Abyss liegt. Daher entstammt die dunkle Doktrin Daaths dem Äon der Maat, deren Mysterium – wie Frater Achad erkannt hatte – „mit dem Bund mit Seth zu tun hat".

So mag nun verstanden werden, in welchem Sinne der Tunnel von Qulielfi mit dem magischen Spiegel gleichgesetzt ist, dem „Dämmerlicht des Ortes", denn der Mond, der diesen Tunnel illuminiert, ist der von Daath, nicht der von Yesod. Daher können wir im *Liber CCXXXI* lesen:

---

[15] D. h. der Tochter; der *Rücken* des Baumes.

[16] Siehe die Anmerkungen zum Tunnel 18.

[17] Siehe *Cults of the Shadow*, Kapitel 8.

Durch ihre Zauber erweckte sie den Skarabäus, Lord Kheph-Ra, so dass die Wasser geteilt und die Illusion der Türme zerstört wurden.

Kheph-Ra ist wörtlich die Rückseite von Ra (die Sonne), d. h. der Mond. Die Wasser beziehen sich auf *Mv*, die Wasser des Abyss. Die Türme sind jene der dunklen oder schwarzen Brüder. Dies deutet auf ein Mysterium hin, das die wahre Bedeutung von schwarzer Magie betrifft, denn die dunkle Doktrin ist die der dunklen Brüder, die auf der Erde (d.h. dieser Seite des Lebensbaumes) als Schwarzmagier erscheinen. Crowley, so scheint es, war sich dieser Bedeutung nicht bewusst, ansonsten hätte er sich auf Austin Spare nicht so abwertend als „schwarzen Magier" bezogen, was Spare ganz sicherlich im eben erklärten Sinne war, denn er war ein Initiierter in die dunkle Doktrin.

Frater Achad näherte sich sehr stark einem Verständnis des Mysteriums wahrer schwarzer Magie an, aber wie so viele Okkultisten vor und nach ihm war er geblendet, weil er annahm, dass das Universum B „böse" sei, während es statt dessen – wie Satan – lediglich der Feind des Sinnes für Individualität ist, die im Menschen durch illusorisches egobezogenes Bewusstsein erzeugt wird. Im Universum „B" findet die Auflösung … in den Küssen der Nu (d.h. den Wassern des Abyss) statt, die Hadit im *AL*, II, 44 verspricht.[18] Dies erklärt auch die Natur der *Qliphoth*, den *Nashimiron* oder „bösartigen Frauen", von denen gesagt wird, dass sie im Tunnel Qulielfis umgehen.

Die Symbolik des Springers, der durch Hekt, die froschköpfige Göttin der Voltigeure der rückwärtigen Pfade verkörpert wird, wird durch die Zuschreibung der Mangrove zu dieser 29. Kala bestärkt. Die Mangrove ist ein Sumpfbaum, der von Fröschen und anderen Mitgliedern der Familie der Frosch-Lurche heimgesucht wird. Lovecraft hat auf diese Kreaturen angespielt als diejenigen, die sich in der Nähe der Großen Alten oder deren Dienerkreaturen versammeln. Ihr Quaken kündigt das Erscheinen der Kräfte des „Bösen" aus Universum „B" an, was – präziser gesprochen – die wahre Kraft der Dunkelheit oder des Nicht-Seins ist. Die Mangrove ist daher als der Baum des Todes typisch für die „andere Seite" des Lebensbaumes.

---

[18] Beachte die Zahl dieses Absatzes 44, was die Zahl von Blut (DM) ist.

20. Raflifu

Der 30. Tunnel steht unter der Ägide von Raflifu, dessen Name honigsüß in der Tonlage D vibriert werden sollte. Seine Sigille sollte in strahlendem Rot auf eine bernsteinfarbene Scheibe gemalt werden.

Die *Kala*, die durch diesen Tunnel gefiltert wird, ist von solarer Natur. In der infernalen Röhre von Raflifu wird diese geschwärzt, wie ein tiefer Schatten, der im hellen Sonnenlicht geworfen wird.

Die Zahl von Raflifu ist 406 und das ist auch die des Buchstaben *Tau* voll ausgeschrieben oder „erweitert". Das mystische Tau oder Kreuzzeichen wurde zu einem Emblem des Totengottes, weil das Kreuz das Überwechseln vom Sein ins Nicht-Sein symbolisiert. Es ist das spezielle Emblem von Shaitan, der chaldäischen Form von Seth. Die Identität von Osiris, dem Gott der Toten, und Seth, der schwarzen Sonne, bekommt im *Tau*-Symbol Substanz verliehen. 406 ist die Zahl des hebräischen Wortes AThH mit der Bedeutung von „Du" wie in „*Tu was Du willst*" im Kult von Thelema. Das „Tu was Du willst" ist eine Ermahnung an die Sonne oder den Geist in der Schwärze von Amenta, d. h. im Unterbewusstsein. Es ist die Invokation des wahren Willens und der Spontanität, die den höchsten Bewusstseinszustand darstellt, der von Wei Wu Wei als „nicht-willensmäßiges Leben" beschrieben wird.[1]

AThH (*Ateh*) ist ein Aspekt der dreifachen Gottheit AHA, die sich aus Ani (I), Hua (He) und Ateh (Thou) zusammensetzt, drei Facetten einer Gottheit, die in drei Personen und auf drei verschiedene Weisen verehrt wurde: 1) mit abgewandtem Gesicht, 2) mit Niederwerfungen und 3) mit Identifikation. Die Initialen AHA ergeben zusammen 7, die Zahl der stellaren Göttin, deren Symbol – in diesem Kontext – die Glyphe einer sexuellen Formel ist, die aus drei

---

[1] Siehe *Alles andere heisst Gebundensein* und andere Werke von Wei Wu Wei.

Aspekten besteht 1) p.v.n.[2] (mit abgewandtem Gesicht); 2) Cunnilingus (mit Niederwerfung) und 3) normaler Geschlechtsverkehr (mit Identifikation).

Das oben Dargestellte wird kabbalistisch durch die Tatsache bekräftigt, dass die Zahl von Raflifu das Ergebnis aus der Addition der Zahlenreihe von 1 – 28 ist, die ihn mit dem lunaren Zyklus in Verbindung bringt.

406 ist die Zahl von QVSh mit der Bedeutung „ein Bogen" vom ägyptischen Wort *Kesr*, „ein Pfeil", das Symbol von Sothis, dem Sterns des Seth, der wieder den XI° des O.T.O. anzeigt. Der Bogen und der Pfeil sind unter den magischen Waffen, die dieser *Kala* zugeschrieben werden. 460 ist auch die Zahl von ShVQ, was „verwässert" oder „überfließen" bedeutet, vom ägyptischen *shekh* „flüssig" und ShQV „trinken" und vom ägyptischen *sheku* „trinken". ThV (auch 406) bedeutet „Verlangen" und MOTzVR bedeutet „cohibitio", „zurückhalten" oder „zügeln", was eine Form des Karezza nahe legt, die ebenfalls zu diesem Tunnel gehört. Diese Ideen weisen auch auf ein Trankopfer hin und die sexuelle Natur dieses angebotenen Trankes wird durch den korrespondierenden Text im *Liber CCXXXI* bestätigt:

> Dann erschien die Sonne unverhüllt von Wolken, und der Mund von Asi war auf dem Mund von Asar.

Dies bezieht sich auf die Zwillinge Seth und Horus, die die schwarze Sonne (Osiris oder Shaitan), den Gott der Kreuzwege, umarmen und damit eins werden.

Die Sigille von Raflifu zeigt den gehörnten Dreizack der Typhon (oder des Choronzon) auf beiden Seiten flankiert von einem Axt- oder *Neter*-Zeichen und gekrönt mit einer schwarzen Sonne in den Armen einer Mondsichel. Der gehörnte Dreizack ist die dreifältige Gottheit, deren Formel weiter oben erklärt wurde. Die Axt ist ein Zeichen der Gottheit. Es ist ein Instrument der Entzweischneidung und daher der Göttin, der Entzweigespaltenen, die *neter* ist, d. h. sie ist weder männlich noch weiblich, sondern neter (= ein Neutrum),

---

[2] Für Details p. v. n. (*per vas nefandum*) betreffend, die den Gebrauch des XI° des O.T.O. umfassen und damit auch das Auge des Seth, siehe *Aleister Crowley & the Hidden God*, Seiten 107 und 108.

denn in einem mystischen Sinne ist sie sowohl männlich als auch weiblich und das ist unaussprechlich.[3] Das Axtzeichen wird durch die arabische Figur der Sieben repräsentiert. Ihr planetares Medium ist die Venus, einer deren Namen AHA ist und deren Zahl auch Sieben ist.

Der Leopard ist das heilige Tier dieses Tunnels. Die Schwärze und das Gold seiner Flecken symbolisieren die Sonne in der Dunkelheit von Amenta oder, in magischen Begriffen, das sexuelle Gold, das das Unterbewusstsein mit seinen Lichtblitzen erleuchtet. Der Habicht ist der Vogel der Sonne, golden in den oberen Lüften, wo er Horus verkörpert, und schwarz im Abyss, wo er Seth verkörpert.

Das magische *Siddhi*, das mit dem 30. Pfad verbunden ist, ist die Kraft, Reichtum zu erlangen (Gold) und die Bereitung der roten Tinktur. Dieser Symbolismus kombiniert solare und lunare Elemente in einer alchemistischen Glyphe.

Die Krankheit, die für diese Kala der solaren Energie typisch ist, ist die Erschöpfung. Der Gestank der Sümpfe und der Marschen ist symbolisch für die „kranke" Sonne in Amenta.[4] Die *Qliphoth*, die in diesem Tunnel spuken, tun dies in Form von Irrlichtern oder Sumpfgasen, die den merkwürdigen phosphoreszierenden Leuchterscheinungen ähneln, die von Sensitiven über den Gräbern der Toten gesehen werden.

---

[3] Siehe Teil I, Kapitel 2.

[4] Zur Bedeutung der „kranken" Sonne: die Sonne in ihrer weiblichen Phase; siehe die Arbeiten von Gerald Massey.

21 Shalicu

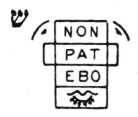

Der 31. Tunnel ist unter der Herrschaft von Shalicu, dessen Name in der Tonlage C in einem zischendelnden und sinistren Flüstern vibriert werden sollte. Seine Sigille sollte in Zinnoberrot auf einen smaragdgrünen Grund geschrieben werden.

Die dreifache Flammenzunge (*Shin*) wird diesem Pfad 31 zugeschrieben und diese wird im Abyss reflektiert in Form des umgekehrten Dreizack Chozzars (eine Form von Choronzon und ein Emblem atlantischer Magie).

Dies ist der Pfad der Evokation und der Pyromantie *via* der geheimen Feuerzunge, die sich im Tunnel von Shalicu in Form von Choronzon manifestiert. Wie im Grimoire geschrieben steht:

Dann wurde auch die Pyramide gebaut, auf dass die Initiation vollständig sei.[1]

Die Zahl von Shalicu ist 500, was die Zahl von ShR ist mit der Bedeutung von „Prinz", SORAH und „Prinzipal" vom ägyptischen *Ser* „Chef" oder „Kopf", daher das englische „Sir". Shalicu ist der Prinz der Qliphoth in seiner Form als Erz-Dämone Choronzon, der in den Tunneln herrscht und der die geheimste *Kala* befördert, die bekannt ist als *Das Äon*. Diese Kala fließt von der Kraftzone Merkurs zur Erde. Deshalb ist dieser Tunnel von oberster Wichtigkeit, weil er die choronzonischen Vibrationen von Daath *via* Merkur zur Erde erweitert.

ThNN „erweitern" hat auch die Zahl 500. Diese Zuschreibung wird bekräftigt durch ThNIM (auch äquivalent zu 500), mit der Bedeutung von „wilde Wüstentiere". ThNIM ist dem ägyptischen Wort *tenemi* sehr ähnlich, was „zum Zurückschrecken veranlassen" bedeutet. Die Bewohner dieses Tunnels sind

---

[1] *Liber CCXXXI.*

die gierigen Tiere aus der Wüste des Seth und sie schlagen alle Anstrengungen zurück, Zugriff auf den Pfeiler von Daath zu nehmen.

500 ist auch das Wort von MThNI, „die Lenden", was Affinitäten zum Sanskrit-Wort *Maithuna* mit der Bedeutung von „Vereinigung" und „Geschlechtsverkehr" hat.

Das Feuer auf diesem Pfad ist das Feuer des Seth, das die sexuelle Hitze ist, die von den Tieren verkörpert wird, die auf der Schwelle von Daath vor dem Schleier des Abyss lauern. Der Scheiterhaufern oder die Pyramide und das Feuer sind identisch, daher die Pyramide als ein Symbol von Seth und des Sterns Sothis.

Die Götter, die der 31. *Kala* zuschrieben werden, sind Vulkan und Pluto; Zwillingsaspekte des Hades (sein feuriger und sein dunkler Aspekt). Pluto ist eine Form von Zerberus oder dem hundeköpfigen Tier, das die Pforten des Abyss bewacht.

Die Sigille von Shalicu zeigt das Grab von Christian Rosencreutz, oder präziser, eine Plakette, die die Tatsache des Todes, des Gerichts und der Wiederauferstehung ankündigt. Diese umfassen die dreifache Formel der Abyssüberquerung *via* der Kreuzigung oder der Passage vom Leben in den Tod. Die Idee des Gerichts, das in den altäonischen Kulten impliziert war, bezeichnet die Reinigung und die Verfeinerung des groben Körpers (die Mumie) und ihre Vorbereitung für das Übersetzen nach Amenta. Dies wird vorskizziert in der alchemistischen Form des schwarzen Drachens, der die Erscheinung der ersten Materie (Sein) symbolisiert in ihrem korrupten oder unregeneriertem Zustand (Ego) vor ihrer Projektion als die endgültige *Kala* (Medizin).

In den Mysterien des Golden Dawn wurde diese Formel durch die Rituale des $0° = 0^\square$ und $5° = 6^\square$ zum Ausdruck gebracht; die erste Vorskizze – vom Standpunkt der Erdbewohner (Malkuth) – für das endgültige Nicht-Sein, das durch die Kraftzonen von Hod (Merkur) nach Malkuth (Erde) voranschreitet.

Das magische *Siddhi* des Pfades 31 ist die Verwandlung, die Unsichtbarkeit und das Verschwinden (engl. *Dis-appearance* als Gegensatz zu *appearance* = Erscheinung); das Verschwinden der Welt der Erscheinungen (d.h. die Noumenalisierung des Phänomenologischen, was in den Begriffen der objektiven Existenz erklärt die Verwandlung des groben Körpers in ätherische Essenz bedeutet).

Die typische Krankheit, die dem Pfad 31 zugeschrieben wird, ist Fieber, denn es wird mit Hitze oder Feuer assoziiert, die im Tunnel von Shalicu als Tod und/oder völliger Wahnsinn kulminieren.

Der afrikanische Pantheon, der mit dieser *Kala* verwandt ist, beinhaltet die feurigen Aspekte von Gottheiten wie Manamana (Blitze); Orunapadi, der Schmelzofen, der dem christlichen Konzept der Hölle gleicht und Egungun, das jüngste Gericht. Es ist interessant festzustellen, dass *Das jüngste Gericht* eine der Bezeichnungen war, die dem Tarottrumpf verliehen wurde, der die Toten zeigt, wie sie aus ihren Gräbern auferstehen. Die Symbolik dieses Trumpfes, revidiert in Übereinstimmung mit der Doktrin des neuen Äons, trägt nun den Titel *Das Äon* und es ist in der Form des Kindes, dass der wiederauferstandene Geist aus der Dunkelheit von Amenta aufsteigt. Das große Mysterium ist jedoch, dass dieses Kind weiblich ist, die Tochter, nicht der Sohn. Sie wirft einen Schatten in der Gestalt eines legendären Vogels voraus, TzITzISH, der den gefiederten oder flügge gewordenen Vogel (d. h. die geschlechtsreife Frau) bezeichnet, den Vogel der kabbalistischen Legende. Seine Zahl ist 500. Er ist das oberste Symbol des Äons der Maat, wie es in der dunklen Doktrin von *Ma Ayon* vorgezeichnet wird.

Bezüglich dieser Doktrin, die von allerhöchster Wichtigkeit ist, beobachtet Michael Bertiaux:

> In der druidischen Metaphysik, die sehr viel älter ist als die keltische Religion … wird das Studium von Universum „A" (das bekannte Universum) als „Ontologie" bezeichnet, oder als die Wissenschaft vom Sein, während das Studium von Universum „B" (das Meon oder das unbekannte Universum) nur als „Meontologie" oder als das Studium des Nicht-Seins bezeichnet werden könnte. Jedoch haben sie (d. h. die Druiden) dieses Konzept *nicht allzu gut entwickelt, aus Angst, die Wesen dieser anderen Universen zu kontaktieren.*[2]

Nach der alten okkulten Lehre gibt es nur eine Methode, um in die Mysterien des Meons einzudringen, und das ist durch die Umkehrung der magischen Invokationen, die man normalerweise in Zusammenhang mit Universum „A"

---

[2] Kursivschrift durch den gegenwärtigen Autoren.

verwenden würde. Frater Achad hat diese Formel der Umkehrung in jüngster Zeit in einem kabbalistischen Sinne verwendet und sie hat ihn in die Lage versetzt, viele Mysterien im *Das Buch des Gesetzes* aufzuklären. Sie lieferte den magischen Schlüssel, nach dem Aleister Crowley vergeblich gesucht hatte, dennoch hatte Crowley die korrekte Formel intuitiv erfasst, als er erklärte: „Ich sehe Magick als damit befasst an, jede existierende Ordnung *umzukehren.*"[3]

Michael Bertiaux hat diese Idee noch eine Stufe weitergeführt als Crowley und Achad. Bertiaux schlägt vor, „dass Choronzon als eine der Annäherungen an Universum ‚B' betrachtet werden kann".

Es mag tatsächlich durch diesen Tunnel auf die „andere Seite" des Baumes geschehen sein, dass Crowley die Elemente des „Bösen" erlangte, die sein Werk im Außen ruinierten und die seine Bücher für jene abstoßend machten, die diese eigentümliche Verbindung zwischen den beiden Universum nicht verstanden. Bertiaux erklärt diesen Umstand ganz klar:

> Das Böse existiert nicht in Universum „A", und in Universum „B" existiert es auch nicht. Wenn es jedoch eine Beziehung zwischen den beiden Universen gibt, dann besteht die Möglichkeit, dass das Böse in die Welt kommt, in das Universum „A". Das ist der Grund, warum Magier, die daran arbeiten, mit Universum „B" in Kontakt zu kommen, manchmal in eine Situation geraten, in der sie den Eindruck vermitteln, sie seien „Schwarzmagier" oder sie seien „gefährlich teuflisch" oder „pervers und unnatürlich".

Bertiaux fährt fort, indem er erklärt, dass die

> „bösen Qualitäten Choronzons einzig in der Tatsache begründet liegen, dass er *zwischen* den beiden Universen „A" und „B" als magischer Hüter existiert …"[4]

---

[3] *The Magical Record of the Beast 666*, Seite 248. Das oberste Symbol der Umkehrung ist Typhon, die Göttin, die den rückwärtsgerichteten oder rückseitigen Weg repräsentiert. Siehe *Das Siriusrätsel* (Temple) Seite 71.

[4] Kursivschreibung durch den gegenwärtigen Autoren. Michael Bertiaux, 3. Jahreskurs (*Monastery of the Seven Rays*).

Der 31. Pfad ist geteilt zwischen den Kräften des Feuers und des Geistes; und der 32. und letzte Pfad ist geteilt zwischen den Kräften der Erde und des Saturn.

Im 31. Tunnel fassen die Kräfte des Feuers und des Geistes die Formel der Feuerschlange zusammen, bei der es sich um Geist/Materie im Makrokosmos und Choronzon/Frau im Mikrokosmos handelt. Mit anderen Worten: die essentiellen Kräfte der Dunkelheit (Materie) werden im Makrokosmos durch das Element des Geistes aktiviert und im Mikrokosmos manifestieren sie sich in der Frau, die die Feuerschlange verkörpert.[5] Die Mechanismen dieser Formel habe ich in meiner *Typhonian Trilogy* erklärt.[6]

Dieser 31. *Kala* sind der rote Klatschmohn, der Hibiskus und die China-Rose zugeschrieben; denn diese Blumen sind symbolisch für die Scharlach-Frau – Babalon – die die kosmischen Energien der Feuerschlange inkarniert. Sie werden durch den Feuer-Opal symbolisiert, der als Edelstein von ihrer Vulva und durch die Pyramide des Seth die kosmisch-phallische Flamme verströmt, die ihn mit ihrer dreifachen Flammenzunge vollständig verzehrt.

---

[5] D. h. die initiierte Priesterin des Tieres, Shugal-Choronzon.

[6] Siehe auch Crowleys Erklärung der Formel LAShTAL (*Magick*, Seite 415 und 416).

22. *Thantifaxath*

Der 32. Tunnel steht unter der Ägide von Thantifaxath, dessen Zahl die 1040 ist und dessen Name in der Tonlage His so vibriert werden sollte, als würde er aus den Hohlräumen chthonischer Tiefen widerhallen. Seine Sigille sollte auf ein schwarzes Rechteck mit blauem Schimmer gemalt werden.

1040 ist die Zahl von Tenemos (dem Bezirk eines Tempels) und von Choros, der nach *The Canon* (Seite 195) „ein Tanz war, mit dem die frühesten Verehrer die Gottheit invozierten, indem sie sich mit gemessenen Schritten um den Altar bewegten."

In dieser *Kala* ist das gesamte Spektrum an makro- und mikrokosmischen *Kalas* enthalten. Sechzehn *Kalas* sind dem Makrokosmos zugeschrieben, sechzehn dem Mikrokosmos. Die 32. *Kala* ist in einem Sinne die zweite sechzehnte und als solche gehört sie zur Erde, verkörpert durch den Altar. Die Sigille von Thantifaxath formt daher die Erde oder die Basis der gesamten *Kala*-Serie und die Anode und die Kathode sind mit dem *Tau*[1] verbunden oder geerdet, das seinen Ursprung im Unterbewusstsein hat, daher:

Die Sigille beinhaltet die geomantische Figur Acquisitio, die der Zahl Neun zugeschrieben wird und die in diesem Beispiel durch den feurigen Schützen informiert wird – daher die elektrische Natur von Thantifaxath und seine Erdung in den geheimen chthonischen Zellen. Diese werden durch die Kräfte der Beschränkung und der Gefangensetzung verkörpert, die durch Saturn symbolisiert werden.

---

[1] D. h. der phallische Kraftstrom.

Die magischen *Siddhis* dieser Kala umfassen Arbeiten der Verwünschungen und des Todes, und die Sichel des Saturn – Dem Großen der Nacht der Zeit – ist das höchste Emblem dieses Tunnels, der das Ressort von Ghoulen und von Larven aus der Grube ist, die vom gespenstischen Schein von Totenkerzen erleuchtet wird.

Esche und Zypresse, Nachtschattengewächse, die Ulme und der Eibenbaum sind die Bäume der Dunkelheit, in deren Schatten der Tunnel in den tiefsten Zellen der Erde verschwindet. Dennoch hat dieser Tunnel Affinitäten mit dem Ozean des Raumes durch seine Assoziation mit Seth, dem Kind der Göttin der sieben Sterne, deren planetares Medium der Saturn ist.

Sebek, das Krokodil, ist das zoomorphische Emblem dieses Tunnels und Mako – ein Name des Seth als Sohn der Typhon und der Kräfte der Dunkelheit – ist die geheime Gottheit dieser untersten Zelle. Der Gott Terminus gehört ebenfalls hierher, denn dieser Außenposten des kosmischen Systems ist tatsächlich das Ende der kosmischen Vibrationen, die von diesem Punkt an zu ihrer Quelle in den Sternen zurückkehren.

Im afrikanischen Komplex der Kräfte sind mit der 32. *Kala* Ogboni und die Egungun assoziiert, die die gefürchtetsten okkulten Organisationen in ganz Afrika verkörpern. Auch ist es hier, in den Tiefen der Erde oder im entferntesten Abgrund des schwarzen Raumes, wo der Odun oder der afrikanische Sabbat mit den urzeitlichen Riten der Älteren Götter gefeiert wird, die dem Großen der Nacht der Zeit dienen. Die Zangbeto oder Menschen der Nacht, die von der anderen Seite der See kamen,[2] suchen ebenfalls diese Kraftzone der Endgültigkeit und des Todes heim.

Die für diese *Kala* typische Krankheit ist die Arteriosklerose, das Verhärten der kleinen Arterien und der anschließenden Senilität und dem Einsetzen der endgültigen *Starre*.

Die Arbeiten dieses Tunnels beinhalten das Gefangensetzen oder das „Fesseln als Leichnam" in den Banden der Ewigkeit. Dies ist der Ursprung einer tödlichen Form von Zauberei, die darin besteht, Seelen durch eine merkwürdige Methode in einem Raum gefangen zu setzen, die von Michael Bertiaux

---

[2] D. h. aus den Tiefen des Raumes jenseits von Saturn; Saturn ist die große See.

beschrieben wurde. Die vorgesehenen Opfer dieser besonderen Form von Angriff werden – symbolisch[3] – in einer diamantenförmigen Figur platziert:

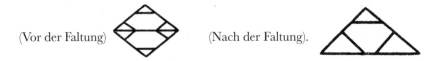

(Vor der Faltung)   (Nach der Faltung).

Um ihre Gefangenschaft noch zu intensivieren, kann der Diamant zu einem Dreieck gefaltet werden, so dass zwei Personen darum kämpfen müssen, jeden der drei verbleibenden Winkel dieser Form einzunehmen, denn jede hat nur genug magischen Raum für eine Person. Dies wird ihnen einen objektiven Konflikt bereiten, indem sie darum kämpfen, den gleichen psychischen und mentalen *situs* zu besetzen … Durch diese Methode sind schon viele Feinde an okkulter Erstickung gestorben, denn sie sind von der kosmischen Vitalität abgeschnitten durch die magischen Wände des aller innersten Raumes.[4]

Der 32. Pfad übermittelt die Astralenergien von Yesod an die Sphäre von Malkuth und bewirkt damit die abschließende „Erdung" *aller Kalas* und Einflüsse, die durch die Tunnel vom Pluto (Kether) auf die Erde (Malkuth) strömen. Aber bei diesem äußersten und endgültigsten Erdung des kosmischen Kraftstroms tritt eine plötzliche Umkehrung auf, und dies ist die Formel des Magick, denn der Kraftstrom, der sich selbst in Malkuth[5] geerdet hat, dreht sich nun um und strebt wieder auf dem Baum noch oben, um sich in der Quelle aufzulösen in den transkosmischen Energiezentren, die durch Kether repräsentiert werden.

---

[3] D. h. in Form von Sigillen. Siehe *Images and Oracles of Austin Osman Spare* für eine Methode der Sigillenkosntruktion.

[4] Michael Bertiaux, *Monastery of the Seven Rays*, Schulungspapiere, 4. Jahreskurs. Solche Formen magischer Gefangenschaft könnten der Grund sein für das häufige karmische Wiederauftreten von Asthma und verwandter respiratorischer Krankheiten, die so viele Okkultisten betreffen.

[5] Malkuth ist *Die Braut* der kreativen Kraft in Kether.

Und so „ist Malkuth in Kether und Kether ist in Malkuth, aber auf eine andere Weise". Die Braut wird in den letzten Zeilen des *Liber CCXXXI* mit den Worten gefeiert:

Und im Herzen der Sphinx[6] tanzte der Lord Adonai[7] in seinen Girlanden aus Rosen und Perlen und machte das Zusammentreffen der Dinge erfreulich, ja, machte das Zusammentreffen der Dinge erfreulich.

---

[6] Das Mysterium der Identität von Kether und Malkuth, oder, in östlichen Begriffen, von Nirvana und Sangsar.

[7] Der Heilige Schutzengels jedes Individuums. Crowley identifizierte Adonai mit der Schlange Apep (Liber LXB, v. 57).

Glossar

(Anmerkung: Viele der folgenden Begriffe werden mit einer spezifischen Referenz auf die Typhonische Tradition definiert.)

Af.: Afrikanischer Begriff
AÄg.: Alt-Ägyptisch
Gr.: Griechisch
Gn.: Gnostisch
Heb.: Hebräisch und/oder Chaldäisch
Skt.: Sanskrit
Voo.: Voodoo

A.'.A.'. (Argenteum Astrum) Die Lehren des A.'.A.'. oder Silbernen Sterns stammen von außerirdischen Quellen, nämlich Sothis (Sirius), dem Stern des Seth. Siehe *Sothis*.

A'abirion (Heb.): „Die Tonbefleckten", Ein Orden der *Qliphoth* (s. d.), der dem 22. Tunnel zugeschrieben wird.

A'ano'nin (Hebr.): Hüter des 26. Tunnels.

Aba-it (AÄg); Eine Biene. Ein Symbol der Sekhet (s. d.).

Abrahadabra (Gn.): Der oberste Zauber oder die Formel des *großen Werkes* (s. d.), wie sie durch Crowley wieder hergestellt wurde. Seine Zahl ist die 418.

Abyss: Der große Abgrund oder die Leere, die eine *solution de continuité* konstituiert zwischen der phänomenologischen Welt der Manifestation und ihrer noumenalen Quelle, d. h. der Nicht-Manifestation.

Adam (Heb.): Mann. Das Wort bedeutet „rote Erde oder Substanz", Blut bildet die Basis der Manifestation und daher der Inkarnation.

Adimiron (Hebr.): „Die Blutigen". Ein Orden der Qliphoth (s. d.), der zum 16. Tunnel gehört.

Ado (Af.): Die „Stadt der Prostitution", die in der Nähe von Badagry (West-Afrika) lag. Heilig der ursprünglichen Göttin Odudua (s. d.).

Adonai (Heb.): Herr. Manchmal verwendet für den Heiligen Schutzengel. Crowley identifiziert Adonai mit der Apap-Schlange (s. d.).

Afefe (Af.): Gott des Windes oder des Geistes. Später Apap oder Apophis (s. d.).

Agapé (Gr.): Liebe. Das Wort aufaddiert ist 93. Es ist eines der Schlüsselworte des gegenwärtigen Äons. Siehe *Aiwass* und *Thelema.*

Aidoneus (Gr.): Eine Form von *Adonai* (s. d.). Aidoneus ist auch eine Form von Ad oder Had (vgl. Hades), der chaldäischen Form des Seth, Herr des Abyss oder der Unterwelt.

Aidowedo (Af.): die Göttin des Regenbogens. Siehe *Qesheth.*

Ain (Heb.): Nichts. Die Leere. In einem symbolischen Sinne das Auge der Leere, denn Ain oder Ayin bedeutet „ein Auge".

Ain Soph Aur (Hebr.): Grenzenloses Licht. Die Leere jenseits des bekannten Universums, das vom Baum des Lebens repräsentiert wird, von dem Kether der am weiteste entfernte Außenposten ist und durch *Ain Soph Aur* charakterisiert wird.

Aiwass (auch *Aiwaz*). Die außerirdische Wesenheit, die *Das Buch des Gesetztes* (AL) 1904 in Kairo an Crowley übermittelt hat. Ein vollständiger Bericht über diese Transaktion erscheint in *The Confessions of Aleister Crowley* und anderen seiner Schriften. Die Zahl von Aiwass ist 418, die Zahl des großen Werkes, während Aiwaz 93 ist oder dreimal 31, die Schlüsselzahl des *Das Buch des Gesetzes.* (Siehe *Magical and Philosophical Commentaries on The Book of the Law.*)

Ajna-Chakra (Skt.): Das okkulte Zentrum magischer Macht, das in der Region der Zirbeldrüse angesiedelt und manchmal auch als „drittes Auge" bekannt ist. Es gibt eine magische Affinität zwischen dem *Ajna*-Auge, dem *Ayin*-Auge und dem *Yoni*-Auge. Ajna ist der Sitz magischer Vision, okkulter Zeugungskraft und Ekstase.

Akasha (Skt.): Geist. Symbolisiert durch ein schwarzes Ei.

AL (Heb.): Gott, der bestimmte Artikel.

AL: Abkürzung für den Titel *Liber AL vel Legis* (*Das Buch des Gesetztes*) von Aiwass an Crowley kommuniziert. s. d.

Aleph (Hebr.) Die Zahl Eins und der erste Buchstabe des hebräischen Alphabets. Seine Form ähnelt einer Swastika.

Alim (Hebr.) Die Elementargötter.

Amenta (AÄg.): Das versteckte (*Amen*) Land (*ta*). Wohnstatt der Mitternachtssonne, Khephra s. d. Im Mikrokosmos symbolisiert Amenta das Unterbewusstsein oder den träumenden Geist.

Aprodias (Hebr.): Hüter des 1. Tunnels.

Anansi (Af.) siehe *Once*.

Aossic: Name einer der Großen Alten; eine außerirdische Wesenheit, die zusammen mit Aiwass eine Verbindung mit weltlichem Bewusstsein durch den O.T.O. (s. d.) unterhält. Es ist der magische Name für den gegenwärtigen Kopf des Ordens. Siehe Teil 2, Kapitel 3 dieses Buches.

Apap (oder *Apep*) (AÄg.): Der Gott Seth in seiner ophidianischen Form. Seine Sigille wird auf Seite 169 vorgestellt. Die griechische Version von Apap ist Apophis. Sie leitet sich vom früheren Afefe (s. d.) ab.

Assiah (Hebr.): Die materielle Welt.

Ataviqier: Ein Begriff, der im Kult der Schwarzen Schlange verwendet wird, um eine Formel zu bezeichnen, die ähnlich ist zu Austin Spares *Wiederbelebung von Atavismen*. (Siehe *Wiederbelebung der Magick*).

Atmadarshan (Skt.): Vision (Darshan) des Realen (Atma, das wahre Selbst im Unterschied zum Ego.)

Atum (AÄg.): Die rote oder untergehende Sonne. Ein Symbol solar-phallischer Energie, die die Dunkelheit von Amenta illuminiert (s. d.).

Aub (Hebr.): siehe *Ob*.

Aud (Hebr.): siehe *Od*.

Atziluth (Hebr.): Die archetypische oder spirituelle Welt.

Ayin (Hebr.): Ein Auge. *Ayin* ist die Zahl 70 und bezeichnet das „geheime" Auge des Seth. Es ist ein geladener Begriff im drakonischen Kult.

Aza (Gn.): „Die böse Mutter aller Dämonen."

Azoth: Ein alchemistischer Begriff für *die* Flüssigkeit. Die kombinierten Essenzen der vollständig polarisierten Kraftzonen in den menschlichen männlichen und weiblichen Organismen.

Ba (AÄg.): Seele oder Geist.

Babalon (Hebr.): Der Titel der Scharlach-Frau oder der geweihten Priesterin, die in den Riten drakonischer Magick verwendet wird. Ihre Zahl ist die 156, die auch die Zahl der Schreine in der Stadt der Pyramiden (s. d.)

ist. Babalon bedeutet wörtlich die Pforte der Sonne oder solar-phallischen Kraft. Aber Babalon ist nicht nur das Medium der solaren Kraft, sondern sie inspiriert auch diese Energie. Auf dem Höhepunkt des Ritus wird sie orakelträchtig und ausgestattet mit magischen *Siddhis* (Kräften).

Baphomet (Gn): Der Octinomos oder achtfältige Name der Kraft der Magick, die Crowley als äußerer Kopf des O.T.O. (s. d.) angenommen hat. Baphomet wurde von den Templern in Form eines Kopfes verehrt. Dass er einen weiblichen Ursprung hatte, wird von Gerald Massey gezeigt, der schrieb: „*Mete* war der *Baphomet* oder die Mutter des Atems." (*Nat. Gen.* II. 14). Nach Von Hammer lautet die Glaubensformel, die auf einem Kelch eingeschrieben war, der den Templern gehörte, wie folgt: „Lass *Mete* exaltiert sein, die alle Dinge zu sprießen und zu knospen veranlasst, sie ist unsere Wurzel, sie ist eins und sieben", d. h. sie ist Octinomos, der achtfältige Name.

Barachtial (Hebr.): Hüter des 12. Tunnels.

Bath Kol (Hebr.): „Tochter der Simme", Ein magischer Modus orakelhafter Aussprüche, die einen lunaren Kraftstrom beinhalten.

Baum des Lebens: Die zehn kosmischen Kraftzonen und die zweiundzwanzig Pfade, die den Baum des Lebens ausmachen (siehe Diagramm). Das komplexe System der *Kalas*, das diesen Pfaden zugeschrieben wird, wurde ausführlich in der Typhonian Trilogy behandelt.

Baum des Todes: Der rückseitige Baum des Lebens mit seinen Tunneln des Seth, zu denen Daath das Tor ist.

Behemiron (Hebr.): „Die Tierhaften". Ein Orden der Qliphoth (s. d.), der zum 28. Tunnel gehört.

Beth (Hebr.): Die Zahl Zwei. Sie ist ähnlich unserem englischen Wort „both" (beide). Sie bedeutet ein „Haus" und ist typisch für die Gebärmutter, die den frühesten Teiler in Zwei darstellt.

Bhakta (Skt.): Geweihter. Einer, der dem Pfad der Hingebung an eine bestimmte Gottheit oder ein bestimmtes Ideal folgt.

Binah (Hebr.): Die dritte kosmische Kraftzone oder *Sephira*. Sie wird dem Saturn zugeschrieben, dem planetaren Repräsentanten von Seth. Sie ist auch bekannt als die Stadt der Pyramiden (s. d.) und ist das Heim der Babalon, deren 156 Schreine die Stadt bilden. *Binah* bedeutet „Verstehen",

denn dies ist die erste Kraftzone jenseits des Abyss und der erste Ort auf
dem Baum, an dem wirkliches Verstehen dämmern kann.

Brahmarandhra-Chakra (Skt.): Die achte oder höchste mikrokosmische Kraftzone, die in der Region der Schädelnaht angesiedelt ist und in Bildern von
Buddha durch den Haarschopf verkörpert wird.

Bultu (Af.): Hyäne, Siehe *Bultungin.*

Bultungin (Af.): „Ich verwandle mich in eine Hyäne." Das Wort der Macht, das
von Anhängern des Kultes der Gespensterhyäne verwendet wurde. Siehe
Kabultiloa.

Carfax (Voo.): Der Gott der Kreuzung oder der Kreuzwege. Eine Form von Baron Samedhi oder Baron Cimitíere, Herr der Unterwelt und der Toten.
Im Kult Chronzons: der Herr von Daath (d. h. des Todes).

Carrefour, Maitre (Voo.): siehe *Carfax*

Chakras (Skt.): Ein Lotus oder ein Rad. Wirbelnde Energieballungen in der
subtilen Anatomie des Menschen, die magische und mystische Kräfte
(*Siddhis*) konzentrieren, wenn sie durch die Feuerschlange (s. d.) in ihrem
dynamischen Aspekte angeregt und in Bewegung gesetzt werden.

Champana (Af.): Gott der Geschlechtskrankheiten. Ein qliphothischer Reflex
der 14. *Kala.*

Chandrakala (Skt.): Wörtlich „Mond-Saft" oder Mondmedizin. Oberstes alche-
mistisches Metall oder Medizin, das mit dem lunaren Kraftstrom in seiner vollsten Manifestation identifiziert wird.

Chaos (Gn.): Seine Zahl ist die 156, die es mit Babalon identifiziert (s. d.), die
die eines Hälfte des Tieres (*Therion*) 666 ist. Siehe *Choronzon* und *Shugal.*
Chaos ist die oberste Substanz der Anti-Materie.

Characith (Hebr.): Hüter des 18. Tunnels.

Cheth (Heb.): Die Zahl Acht. Cheth bedeutet ein „Zaun", eine „Mauer" oder
ein „Schleier" d. h. der Schleier der Jungfrau. Siehe *Koth* und auch *Paro-*
keth.

Chit (Skt.): Bewusstsein.

Chittam (Skt.): Geistessubstanz.

Chit-jada-ganthi (Skt.): Der subtile Knoten oder Komplex, an dem sich die Empfindungsfähigkeit mit Nicht-Empfindungsfähigkeit identifiziert und daher
eine eigenständige Entität oder ein bewusstes Subjekt zu erzeugen scheint,

das die „Welt" als ihr Objekt hat. *Chit-jada-granthi* ist daher der Punkt, an dem die Illusion eines Egos oder eines getrennten Selbsts erscheint.

Chokmah (Heb.): Die zweite kosmische Kraftzone. Die Wohnstätte des Magus, so wie Binah die Wohnstätte der Priesterin ist. Chokmah ist die Kraftzone, die mit „verbotenem" oder mit „verborgenem" Wissen assoziiert wird, was die Bedeutung des Wortes Chokmah ist.

Choronzon: Eine Hälfte oder ein Aspekt des Tieres 666, der Hüters der Schwelle zum unbekannten Universum oder Universum „B". Die Zahl von Choronzon ist 333. Sie ist daher die weibliche Hälfte des Tieres, dessen andere Hälfte der Heuler in der Wüste, *Shugal* (s. d.) ist. Choronzon ist wahrscheinlich eine korrumpierte Form von Chozzar (s. d.).

Chozzar: Wörtlich „ein Schwein". Das Schwein ist eines der typhonischen Teratome oder Symbole des Seth. Das Symbol Chozzars ähnelt der dreizackigen Gabel des Neptun, welches der Name ist, unter dem Chozzar den Uninitiierten bekannt ist. Er war, nach Blavatsky, der Gott der atlantischen Magie.

Coph Nia: Ein Ausdruck, der im AL verwendet wird. Er bezeichnet das geheime oder umgekehrte Auge (*Nia*) der Tochter (*Coph*). Siehe *Koph*.

Couleuvre Noire, La: Die Schwarze Schlange ist der Name eines modernen Voodoo-Kultes, der mit dem ophidianischen Kraftstrom arbeitet und von Michael Bertiaux geleitet wird. Siehe *Cults of the Shadow*.

Couleuvre Rouge, La.: Die Rote oder Scharlachrote Schlange ist eine Form der Feuerschlange (s. d.).

Cynocephalus: Der hundeköpfige Affe oder der heilige Pavian des alten Ägypten. Siehe *Kaf-Affe*.

Daath (Heb.): Die elfte kosmische Kraftzone, manchmal die „falsche" *Sephira* genannt. Daath ist das Tor in die „andere" Welt – Universum „B" – bewacht vom Tier 666 (Shugal-Choronzon), daher seine Assoziationen mit dem Tod als Formel des Übergangs von der phänomenologischen Welt der Erscheinungen zu ihrer Quelle im Noumenon; die Abwesenheit des Offensichtlichen und die Gegenwart des Realen.

Dagdagdiel (Heb.): Die Hüterin des 14. Tunnels.

Dagdagiron (Heb.): Die „Fischartigen". Ein Orden der Qliphoth (s. d.), der zum 26. Tunnel gehört.

Daleth (Heb.): Die Zahl Vier. Dieser Buchstabe wird der Venus zugeschrieben als die Tür (*Daleth* bedeutet „eine Tür") allen manifestierten Lebens.

Dangbe (Af.): Ein Schlangengott und daher ein Symbol des ophidianischen Kraftstroms.

Darshan (Skt.): Vision im Sinne einer direkten oder unmittelbaren Wahrnehmung der noumenalen Basis aller Phänomene.

Dogon: Ein afrikanischer Stamm, bei dem kürzlich entdeckt wurde, dass er direkte „Lehrübermittlungen" vom Stern des Seth (Sirius) unterhält, die inzwischen einen Zeitraum von mehr als 10.000 Jahre überspannen (siehe Robert Temples *Das Siriusrätsel*).

Drache: Der stellare Repräsentant von Chozzar (s. d.).

Drakonische Tradition: Der choronzonische Kult oder der Kult des Tieres, der seinen Ursprung in den ophidianischen Mysterien Inner-Afrikas hat und der in Ägypten als der stellare Mythos oder die typhonische Tradition blühte.

dunkle Doktrin, Die: Siehe *Mo Ayon*.

Echu: (auch Legbar s. d.): Der Fetisch des „knotigen Stocks", d. h. des Phallus. Echu ist der „Zurückgewiesene"; d. h. zurückgewiesen von den Nicht-Initiierten, die unfähig sind, den Symbolismus des kreativen Kraftstroms zu verstehen. Siehe *Shu*.

Edom (Hebr.): Die hebräische Version von *Tum* oder *Atum*, die rote oder untergehende Sonne symbolisch für die phallische Kraft, die die Unterwelt Amenta (das Unterbewusstsein) erleuchtet. Die 11 Herzöge von Edom beziehen sich auf die Reflexionen der kosmischen Kraftzonen, einschließlich Daaths, im Unterbewusstsein der Menschheit. Siehe *Esau*.

Egungun (Af.): Wörtlich „die Knochen der Toten".

Elixir Rubeus: Die Ausdünstung der Babalon, der Scharlach-Frau, die das Lösemittel des lunaren Kraftstroms ist. Siehe Crowleys *Magical Record* für Berichte über Arbeiten, die diese *Kala* beinhalten, die er als *El. Rub.* abkürzte.

Esau (Heb.): ein anderer Name für Edom. Esau bedeutet „rot". Nach Kuhn „zeigt die Überlieferung, dass man sich Esau als den solaren Habicht vorstellte, der Blut symbolisiert." Die Könige von Edom waren daher die Könige des Roten Landes oder des Ortes des Blutes, daher ihre As-

soziation mit der Idee von „unausgeglichener Kraft", typisch für die Qliphoth.

Fafnir, der Wurm: Das nordische Äquivalent des afrikanischen *Afefe* (s. d.) der
die ägyptische Apap oder Apophis wurde, die ophidianische Form des
Seth.

Feuerschlange: Die *Kundalini*. Die ursprüngliche *Shakti* oder Kraft, die normalerweise im Nicht-Initiierten schlafend vorliegt. Sie ist in und durch die
Scharlach- (oder Feuer-)Frau verkörpert, die die solar-phallische Kraft
des Magus erweckt und ihn dadurch mit kreativer Energie inspiriert.

Frosch: Das oberste Totem oder der Zootypus des Springers der rückwärtigen
Pfade oder der Tunnel des Lebensbaumes. Siehe *Hekate, Hekt* und *Voltigeure*.

Gamaliel (Heb.): Ein Orden der Qliphoth, der mit Yesod in Verbindung steht,
der Kraftzone der Sexualmagick. Seine Formel ist die der „obszönen
Frau", deren zoomorphisches Symbol der Esel ist, dessen Verehrung die
Templer angeklagt waren.

Gan Eden: Der Garten Eden, der das Feld des Zusammenspiels von polarisierten kosmischen und mikrokosmischen Kräften ist, interpretiert in den
Begriffen der magischen (d. h. sexuellen) Energie. Die Zahl von Gan
Eden ist 177, die auch die von *Mu Aion* (s. d.) ist, die „dunkle Doktrin",
die die „andere Seite" des Baums betrifft.

Ganin-Gub: Eine Schlange, die den Hottentotten heilig ist. Sie ist eine der Zootypen, die von den Heimsuchern des 17. Tunnel des Seth angenommen
wird. Sie nimmt auch die Form des *Bultu* oder der Gespensterhyäne an.

Gargophias (Heb.): die Hüterin des 13. Tunnels.

Gematria (Heb.): Ein kabbalistisches System der Interpretation, wobei Worte,
die den gleichen nummerischen Wert wie andere Worte haben, mit diesen als essentiell identisch betrachtet werden.

Ghagiel (Heb.): „Die Behinderer Gottes". Ein Orden der Qliphoth, der den
Masloth oder dem Tierkreis zugeschrieben wird.

Gimel (Heb.): Die Zahl 3. Gimel bedeutet ein „Kamel". Nimm die Ähnlichkeit
mit dem englischen Wort „camel" wahr. Diese Kreatur ist bekannt als
das „Schiff der Wüste", ein passendes Symbol für die Priesterin des Silbernen Sterns (Seth), die *in sich selbst* das Gefährt des Übergangs durch
die Wüste des Seth liefert, die jenseits von Daath liegt.

Granthi (Skt.): „Knoten" oder „Komplex". Siehe *Chit-jada-ganthi*.

Große Werk, Das: Ein alchemistischer Begriff, der häufig von Crowley verwendet
wurde, um die Vereinigung des Mikrokosmos und des Makrokosmos (der
Fünf und der Sechs), des Pentagramms und das Hexagramms in der elf-
fältigen Formel des *Abrahadabra* (s. d.) zu bezeichnen, von dem das Herz
oder die Essenz Had (d. h. Seth) ist. Siehe *Aleister Crowley & the Hidden God*
zur vollständigen Interpretation dieses Begriffes.

Guéde-Nibho (Voo.): Ein Begriff, der im Kult der Schwarzen Schlange verwendet wird, um die dualen Polaritäten *Ob* und *Od* (s. d.) zu bezeichnen.

Hadit (AÄg.): „Die Manifestation von Nuit" (AL, I., i.) in dem Sinne, dass das
Kind (*Har, Horus*) die Manifestation der Mutter ist. Hadit ist die Sonne,
die die Dunkelheit illuminiert, so wie der Sohn das versteckte Potential
der Mutter illuminiert oder erfüllt, denn ohne ihn kann SIE nicht sein.

Har (AÄg.): Kind. Der *Har* (griechisch Horus) ist der Sohn der Mutter (Typhon) und ist daher identisch mit Seth. Siehe *Hadit*.

Harpokrates (Gr.): Die griechische Form von Hoor-paar-Kraat, der Gott der
Stille, das Kind (*Har*), das stille ist, in dem Sinne, dass es latent in der
Gebärmutter seiner Mutter vorliegt, erfüllt jedoch mit der Potentialität
ihres Seins.

Hathor (AÄg.): Wörtlich die Gebärmutter (*hat*) des Kindes (*hor*). Hathor wurde
als Göttin der Liebe und der sexuellen Freuden populär.

Hé (Heb.): Die Zahl Fünf und daher die Zahl der Frau *par excellence*. Von den
beiden *Hé* des *Tetragrammaton* (s. d.) IHVH, repräsentiert das erste die
Mutter und das zweite die Tochter.

Hekate (Gr.): Die griechische Form der ägyptischen Hekt, der froschköpfigen
Göttin. Sie ist eine der wichtigsten Figuren des drakonischen Kultes, da
sie symbolisch ist für den Verwandler von der wässrigen oder astralen
Existenz zu einem irdischen oder fassbaren Sein. Sie ist auch ein Symbol
für die Springer, die auf den Pfaden der rückwärtigen Seite des Baumes
„springen" (siehe *Voltigeure*). Hekate ist äquivalent zur Zahl 100, die *Qoph*
(s. d.), die Glyphe der Sexualmagick, und *Koph*, die Tochter des „geheimen" Auges" (siehe *Coph Nia*) ist.

Hemethterith (Heb.): die Hüterin des 15. Tunnels.

Heru-ra-ha (AÄg.): Das gekrönte oder das siegreiche Kind in seiner dualen Form als Ra-Hoor-Khuit (Horus) und Hoor-paar-Kraat (Seth).

Hes (AÄg.): Isis. Ihr Name bedeutet „Sitz", die ursprüngliche Grundlage oder das Fundament, das die Gebärmutter der Mutter ist.

Herzöge von Edom: Siehe Edom.

Hod (Hebr.): Der Name der achten kosmischen Kraftzone oder *Sephira*, die Merkur zugeschrieben wird. Sie ist in erster Linie die Zone der mentalen Magick.

Hoor-paar-Kraat (AÄg.): Der Gott Seth, die abgewandte oder andere Seite von Horus oder Ra-Hoor-Khuit. (s. d.).

Horus: Der generelle Name oder Bezeichnung für das solar-phallische Kind, das das Symbol der Manifestation ist. Seth ist die Umkehrung dieses Konzeptes; er repräsentiert den rückwärts gerichteten Pfad oder den Weg zurück in die Nicht-Manifestation.

Horus, das Äon des: Eine Periode von annähernd 2000 Jahren, während der der Planet Erde vorherrschend unter der Ägide der Energien stehen wird, die von Horus verkörpert werden, dem Gott der Manifestation und der gegenwärtigen Periode des Materialismus mit seiner Tendenz der vollständigen Materialisation. Crowley verkündete die Ankunft des Äons des Horus 1904, als er *Das Buch des Gesetzes* (AL) von Aiwass „empfing", der sich selbst als den „Minister von Hoor-paar-Kraat" beschrieb und der sich dadurch auf der Erde manifestierte.

Hriliu (Gn.): Metaphysische Ekstase. Im Mikrokosmos ist sie durch den sexuellen Orgasmus symbolisiert. *Hriliu* ist die „Stimme der Taube" – das Emblem der Typhon und des venusischen Elementes in der Menschheit.

Ife (Af.): Die ursprüngliche afrikanische Göttin. Die Eva der Hebräer.

Ile (Af.): Die Erde

IPSOS: Das Wort der Göttin Maat. Siehe *Liber Pennae Praenumbra*, übermittelt *via* Gary Straw und Margaret Cook.

Isis: Die griechische Form der ägyptischen Göttin *Hes*, die die Basis oder das Fundament des Lebens symbolisiert.

Iyemoja (Af.): Wörtlich „Die Mutter der Fische", d. h. die Quelle des generativen Kraftstroms, der Fisch steht symbolisch für das sexuelle Prinzip in seiner weiblichen Form.

Jada (Skt.): Träge, unbeweglich. Normalerweise auf den Körper angewandt, der durch das Bewusstsein belebt wird und ohne es lediglich *jada* wäre.

Jagrat (Skt.): Der Zustand des Wachbewusstseins oder des alltäglichen Bewusstseins. Siehe *Svapna* und *Sushupti*.

Juggernaut: Eine indische Version des Yog-Nuit, die Kraft, die die phänomenologische Existenz auflöst und sie in die Nicht-Manifestation zurückführt.

Jungfräulichkeit, magische: Siehe Teil 2, Kapitel 3. Von einer für magische Riten ausgewählten Frau wird gesagt, dass sie eine Jungfrau im Traumzustand oder in der orakelhaften Phase des Ritus sei. Sie ist die „Unerweckte" oder in einem magischen Schlaf (s. d.) befindliche.

Ka (AÄg.): Der Schatten oder das astrale Doppel.

Kabultiloa: Das afrikanische Kultzentrum des *Bultu* (s. d.) oder der Gespensterhyäne. Der Name bedeutet wörtlich „Der Schatten (*Ka*) des Schemen oder des Geistes (*Loa*) der Hyäne (*Bultu*). Siehe Teil II, Kapitel 7.

Kaf-Affe: Der Cynocephalus oder heilige Pavian. Einer der frühesten Zootypen des lunaren Kraftstroms, denn durch seine periodischen Emissionen wurde das erste Mal die Zeit gemessen. Später wurde er mit Thoth assoziiert, dem Mondgott und Gott der Magick und der Schreibkunst, denn der Kaf-Affe war der lebende Prototyp des Wortes, das der menschlichen Sprache vorausging. Der Symbolismus des Kaf-Affen ist hoch geladen und sehr komplex, er wird ausführlich in der Typhonian Trilogy behandelt.

Kala (Skt.): Essenzen, Prinzipien, Elemente, Blumen, Parfüme, Düfte, Medizin, Metalle und Farben. Das Wort hat alle diese Bedeutungen und noch viele mehr. In den Tantras sind die *Kalas* die Unterteiler des Zeit und sie haben eine ganz besondere Bedeutung, weil sie mit der Doktrin der vaginalen Vibrationen oder Ausdünstungen der Frau verbunden sind, die in heiligen Riten verwendet werden. Sie sind in der Kabbala und dem Tarot durch die magischen Glyphen repräsentiert, die zu erklären die Absicht meiner Bücher ist. Siehe die Typhonian Trilogy.

Kalachakra (Skt.): Das Rad oder Chakra, das das Oberste oder *Mahakala* destilliert, manchmal das *Chandrakala* oder die Mond-Medizin genannt.

Kali: Die schwarze Göttin der Zeit (*Kala*). Unser Wort Kalender stammt von ihrem Namen her. Sie ist schwarz, weil die Zeit die phänomenologische Existenz zurück in die Nicht-Manifestation auflöst.

Kalianischer Kraftstrom: Ein Begriff, der geprägt wurde, um die Funktionen der Charakteristiken der *Kali* (s. d.) zu benennen.

Kam (AÄg.): Schwarz. Sein Zootypus ist das Krokodil, ein Symbol von Mako (einer Form des Seth), dem Sohn der Typhon.

Kaph: Der elfte Buchstabe des hebräischen Alphabets. Es ist ein geladener Begriff im drakonischen Kult, wo er synonym ist mit *Coph (Nia), Kaf (Affe)* und *Qoph* (Mond); all diese Begriffe siehe im Glossar.

Karezza: Eine sexual-magische Methode, wodurch Energie durch erotische Stimulation aufgebaut, zurückgehalten und dann auf okkulte Ziele geleitet wird. Diese Methode wurde im Westen von Thomas Lake Harris (1823 – 1906) befürwortet, der sie von bestimmten tantrischen Techniken adaptierte.

Kartikeya (Skt.): Die Hindu-Version des früheren ägyptischen Har, Khar oder Khart, das Kind, das vom Feuer geboren wurde und manchmal mit dem Planeten Mars (Horus) gleichgesetzt wird. Sein Medium ist der Pfau, der ein Symbol des Shaitan oder des Seth ist.

Kaula Marg (Skt.): Der Pfad oder Weg jener, die die *Kalas* im *Kalachakra* oder Kaula-Kreis invozieren.

Kether (Hebr.): Die erste kosmische Kraftzone und die Krone des Lebensbaumes, durch die die Einflüsse aus *Ain* oder der Leere strömen, d. h. dem „anderen" Universum, das sich jenseits oder außerhalb des bekannten befindet.

Khabs (AÄg.): Ein Stern.

Khem (AÄg.): Das gleiche Wort wie *Kam* (s. d.). Khem ist ein Name, der auf Ägypten als schwarzes oder rotes Land angewandt wird, und die anthropomorphische Repräsentation dieses Konzeptes war ithyphallisch. In erster Linie wurde der schwarze oder rote Nilschlamm, der im wörtlichen Sinne Ägypten formte, symbolisch mit der roten *Kala* der weiblichen Flüssigkeit der Manifestation identifiziert.

Khpepr-ta (AÄg.): Der froschköpfige Gott der Erde, d. h. nach der Verwandlung von der aquatischen (d. h. astralen) Existenz. Ein Symbol magischer Verwandlung und Vergegenständlichung.

Khepsh (AÄg.): Der Oberschenkel der Göttin astronomisch repräsentiert durch die Gestirnkonstellation *Ursa Major*, der große Bär / Träger, und irdisch durch die weiblichen Fortpflanzungsorgane. Siehe *Sefekh*.

Khonsu (auch *Khunsu*) (AÄg.): Wörtlich „Der Reisende am Nachthimmel" (d. h. der Mond). Er wird assoziiert mit dem Schwein des Chozzar (s. d.) und ist der ursprüngliche Guéde oder Ghede der Voodoo-Kulte.

Khu (AÄg.): Der ursprüngliche Haarzopf oder der Schwanz der Göttin war der Sitz magischer Macht, dessen spätere stilisierte Form *Khu* war.

Kia: Das „atmosphärische Ich" oder der kosmische Geist. Ein Begriff im *Zos Kia Kult*. Sein Symbol ist das *Ayin* oder Auge und es ist das Zentrum der magischen Sehkraft.

Koph: Die Tochter. Siehe auch *Kaf-Affe*, *Kaph* und *Qoph*.

Koth: Die Hohle (d. h. die Vulva).

Kotha!: „Du Hohle!" Eine Invokation der ursprünglichen Göttin, die in einem antiken gnostisch-koptischen Grimoire erscheint, das Crowley restaurierte und als *Liber Samekh* noch einmal präsentierte. Siehe *Magick*, Seite 358.

Krebs (Tierkreiszeichen): Die Krabbe. Das Tierkreiszeichen benennt – im drakonischen Kult – den dunklen oder seitlichen Pfad. Es ist eine Glyphe des großen Werkes (s. d.).

Kronos (Gr.): Eine Form des Saturn und daher eine Verkörperung der Idee der Zeit. Der Name wird manchmal Chronos geschrieben und wird in Worten wie Chronologie weitergetragen.

Kronotypen: Ein von Gerald Massey verwendeter Begriff, um die astronomischen Hüter der Zeit zu bezeichnen, entweder Sterne oder Planeten. Siehe Teil 1, Kapitel *Vorahnung von Maat*.

Kundalini (Skt.): Die magische Macht im Menschen, die durch eine Schlange symbolisiert wird, die in dreieinhalb Windungen schlafend an der Basis der Wirbelsäule im Bereich des *Muladhara-Chakas* liegt. Initiierte wissen, in wem sie als die Göttin der Feuerschlange aktiviert werden kann.

Kurgasiax (Hebr.): Hüter des 21. Tunnels.

Lafcusiax (Hebr.): die Hüterin des 22. Tunnels.

Lalita (Skt.): Der sexuelle Aspekt der *Shakti* oder Kraft. Das ursprüngliche Symbol dieses Konzeptes war keine Frau sondern die Sau, im alten Ägypten als Rerit bekannt war. Die große Sau oder Säerin wurde die Lalita der Inder und die Lilith der chaldäischen Lehre, in der sie als die Königin der Nacht erscheint und als der Prototyp des Sukkubus oder sexuellen Vampirs.

Lam: Eine außerirdische Wesenheit, mit der Crowley 1919 Kontakt hergestellt hat und die in den letzten Jahren von Soror Tanith vom O.T.O. kontaktiert wurde und von Michael Bertiaux vom Kult der Schwarzen Schlange (*Couleuvre Noire*, *La*). Eine Reproduktion von Crowleys Porträt von Lam erschien in *Wiederbelebung der Magick*.

Lamed (Heb.): Die Zahl 30. Der vollständige lunare Kreislauf besteht aus zwei Lunationen von jeweils 15 Tagen. Lamed wird der Venus aufgrund der sexuellen Natur des lunaren Kraftstroms zugeschrieben.

Langage (Voo.): Eine heilige Zunge oder Sprache.

Legba (Voo.): richtiger Al-egba, die phallische Gottheit des Voodoo-Pantheons äquivalent zum Konzept des Pan. Legba ist auch bekannt als *Ongogo Ogo*, „der Genius des knotigen Stabes" (d. h. des Phallus) und Eshu (vgl. *Shu*) „der Böse". Siehe *Echu*.

Leviathan (Hebr.): Die alte Schlange, die auf immer versucht, in das Paradies einzudringen. Im *Sepher Yetzirah* wird Leviathan mit *Theli*, dem Drachen, identifiziert. MacGregor Mathers schlägt das Wort Than, die Wurzel von Schlange oder Drache, auch als die Wurzel von Leviathan vor (siehe *Kabbalah Unveiled*).

Lilith (Heb.): Adams erste Frau war das astrale Abbild der Begierde, die eine Art von *Succuba* wurde. Sie repräsentiert die Visionen der unerfüllten Begierden reflektiert in das Bewusstsein als lebhaftes und wollüstiges Abbild, das sich später fleischlich als Eva (Frau) manifestierte. Siehe *Lalita*.

Linga (Skt.): Der Phallus. Seine Verbindung mit dem Wort oder Logos ist in Worten impliziert wie lingual, im englischen Wort language = Sprache usw.

Löwe: Die astrologische Glyphe des Tierkreiszeichens Löwe ist in der Form des Schwanzes einer Löwin. Der Schwanz oder der Haarzopf war das ursprüngliche Symbol magischer Kraft (siehe *Khepsh*, *Khu*) und diese Kraft wurde als weiblich angesehen. Die späteren Kulte schrieben dieser Kraft jedoch einen solar-phallischen Ursprung zu und die Löwin wurde in einen Löwen verwandelt.

LVX (Gn.): Das Licht des Bewusstseins. Sein Gegenstück ist *Nox* (s. d.).

Lycanthropique, Mystère: Ein Begriff, der im Kult der Schwarzen Schlange verwendet wird, um eine Form von Zauberei zu bezeichnen, die den Gebrauch des VIII°⁺ O.T.O. beinhaltet (siehe Teil 2, Kapitel 9).

Mahapralaya (Skt): Wörtlich „große Auflösung". Die Periode der Rast oder des Rückzugs in die Nicht-Manifestation, die auftritt, nachdem die Projektion der phänomenologischen Existenz sieben Zyklen oder Äonen durchlaufen hat.

Mahapurusha (Skt.): Eine riesige Form strahlend vor Licht. Eine *Deva* oder ein Scheinender.

Ma-Ion: Ein Begriff, den Frater Achad prägte, um das Äon der Maat zu bezeichnen. Siehe *Cults of the Shadow*, Kapitel 8.

Ma-Kheru (AÄg): „Die wahre Stimme". Ein Begriff, der die Funktion des Gottes Hormakhu bezeichnet, der die präzise Artikulation des Wortes oder Logos repräsentiert, die sich in der Pubertät manifestiert. Die wahre Stimme ist daher kreativer Natur und das Medium des Wortes der Macht.

Mako: Der Sohn der Typhon (und daher eine Form des Seth), verkörpert durch das Krokodil. Siehe *Kam*.

Malkunofat (Heb.): Hüter des 23. Tunnels.

Malkuth (Heb.): „Die Braut". Die zehnte Kraftzone, verkörpert durch die Tochter. Siehe *Koth*; Malkuth oder Malkoth ist die Kraftzone, die mit der völligen Manifestation von Materie verbunden ist.

Manamana (Af.): Blitze.

Marassas (Voo.): Die Zwillinge. Das Tierkreiszeichen Zwilling ist die astrologische Glyphe dieses Konzeptes, die von größter Bedeutung für den drakonischen Kult ist. Die Zwillinge oder Liebenden verkörpern den vollständig polarisierten Aspekt der *Shakti* (Kraft). Daher werden sie durch das Schwert repräsentiert. Siehe *Zain*.

Masloth (Heb.): Die Sphäre der Fixsterne. Ein Name, der der zweiten kosmischen Kraftzone, Chokmah, verliehen wurde, dem Reich des Magus.

Meon: Ein Begriff, der von den Anhängern des Kultes der Schwarzen Schlange verwendet wird, um das „andere" oder das „unbekannte Universum", d. h. Universum „B" zu bezeichnen.

Metatron (Heb.): Der Engel von *Briah* (s. d.).

Mirroir Fantastique: Eine Reflexion von Universum „A" (d. h. dem bekannten Universum) in Begriffen des Meon (s. d.).

Mo Ayon: Ein Begriff, der von Mitgliedern des Kultes der Schwarzen Schlange verwendet wird, um die dunkle Doktrin zu bezeichnen oder die Doktrin von der dunklen Seite des Baumes.

Mu Aion: Eine Schreibvariante von *Mo Ayon* (s. d.). Seine Zahl ist 177, die des *Gan Eden* (des Garten Edens) und zeigt damit den Bezug der dunklen Doktrin mit der Nachtseite Edens an (siehe Teil 2, Kapitel 19).

Mu: Der Schrei des Aasgeiers. Seine Zahl, die 46, ist der Schlüssel der Mysterien (siehe Teil 1, Kapitel *Des Aasgeiers Mund*).

Mudra (Skt.): Geste, auch ein Siegel, im Sinne einer magischen Bewegung oder Geste der Hand, die Kraft in spezifischen Zentren des Körpers konzentriert.

Muladhara-Chakra (Skt.): Wörtlich Wurzelchakra. Die Kraftzone an der Basis der Wirbelsäule, die Heimstatt der Feuerschlange (s. d.).

Narcissus: Die Mythe von Narcissus hat eine besondere Referenz zur Formel des VIII° O.T.O. (siehe Teil 2, Kapitel 9).

Nashimiron (Heb.): „Die Schlangenhaften", ein Orden der Qliphoth, der zum 25. Tunnel gehört.

Nechastheron (Heb.): „Die Messingschlangen". Ein Orden der Qliphoth, der zum 24. Tunnel gehört.

Nephilim (Heb.): Riesen, die Gefallenen, Fehlgeburten. Sie wurden durch den Affen dargestellt. In einem mystischen Sinne sind sie die *Mahapurusas* (s. d.), die durch das Fenster im Raum „hindurch gefallen" sind, das durch Daath verkörpert wird und das die typhonischen Teratomas ausspie, wie von Berosus in seinem Schöpfungsbericht beschrieben wird (siehe Teil 1, die Kapitel *Der göttliche Affe* und *Der negative Weg*).

Neptun: Siehe *Chozzar*, auch *Nodens*.

Neter (AÄg.): Das Neter-Zeichen oder die Axt ist ein Symbol der Heiligkeit als Zerteiler in zwei. Als solches war es ursprünglich ein Symbol der Mutter und ihrem Kind, letzteres war *Neter* oder *neutral*, weil es *weder* männlich noch weiblich war, sondern das Potential von *beidem* in sich trug. Die Axt als Figur der Sieben ist auch ein Symbol von Seth, dessen Name Sieben bedeutet. Die Figur der Sieben wurde auch der Venus zugeschrieben, der planetaren Repräsentantin der ursprünglichen Mutter, deren ursprüngliche Form die Oberschenkelkonstellation im „Himmel" war und die Gebärmutter der Frau auf der Erde.

Netzach (Heb.): Die siebte kosmische Machtzone oder *Sephira*, der die Göttin Venus zugeschrieben wird.

Niantiel (Heb.): Hüter des 24. Tunnels.

Nibho (Voo.): Herr.

Nirvana (Skt.): Das voneinander abhängige Gegenstück zu *Samsara* (s. d.). Wenn die phänomenologische Welt durch den und im Geist des Initiierten aufgelöst wird, dann ist das Resultat *Nirvana*.

Nodens: Eine Form des Neptun als Gott der Tiefe, d. h. *Amenta* (s. d.). Nodens ist eine Form von Chozzar, dessen Symbol der Dreizack oder das Feuer mit den drei Zungen von *Shin* (oder *Sin*) ist, dem Buchstaben des Seth.

NOX (Gn.): Nacht. Ein Name der Nuit und der Schlüssel des Abyss. Eine Formel der Auflösung, die das Zeichen des Tieres trägt. Siehe Crowleys Kommentar zum *Liber VII*, veröffentlicht im Magazin *Mezla* (Nr. 4).

Nu-Isis: Der Aspekt der Nuit oder Nox (s. d.), der die Dunkelheit von der transplutonischen Machtzone ausstrahlt, die dem Seth oder Shaitan heilig ist. Siehe *Aleister Crowley & the Hidden God*, Kapitel 10.

Nuit: „Unendlicher Raum und dessen unendliche Sterne." (engl. *Infinite Space and the Infinite Stars thereof*). Nuits Definition von sich selbst im Liber AL (Kapitel 1, Absatz 22). Wie zu sehen ist, enthält diese Definition versteckt den Namen ISIS.

Ob (Voo.): Eine Schlange. Die Wurzel des Wortes *Obeah*, der ophidianische Kraftstrom. Seine Zahl, die Neun, identifiziert ihn mit der lunaren Kraftzone, Yesod, und der Magick der Yeziden.

Obeah (Voo.). Siehe *Ob*. Die Spinne ist der höchste Zootypus dieses Kultes.

Ochosé (Af.): Wörtlich „Der Jäger im Mondlicht", der diese Gottheit mit *Khonsu* identifiziert.

Octinomos (Gn.): Der achtfältige Name und daher die *Höhe* oder der Gipfel der Errungenschaft. Nach Crowley war Baphomet der achtfältige Name und der Gipfel oder der Kopf des Tieres wurde von den Templern verehrt. Daher hat Crowley den Namen Baphomet angenommen, als er die Führung des O.T.O. übernahm.

Od (Voo.): Das magische Licht. *Od* ist die positive Form von *Ob* (s. d.). Seine Zahl, 11, identifiziert es mit dem Licht von Daath (oder Tod) und daher mit der Formel der Magick oder der „Energie, die zur Veränderung tendiert".

Odn (Heb.): Eden. Das Feld elektro-magnetischer Kraft, das der Spielplatz der Feuerschlange ist (s. d.).

Odudua (Af.): Das afrikanische Original der *Od-* oder odischen Kraft. Sie ist die ursprüngliche Göttin des afrikanischen Pantheons. Ihr Kultzentrum lag in *Ado* (s. d.) in der Nähe von Badagry, West Afrika. Auf dem Baum des Lebens ist Odudua gleich Binah, die Kraftzone assoziiert mit der Scharlach-Frau Babalon.

Odun (Af.): Das afrikanische Original des Hexensabbats. *Odun* bedeutet „das Jahr" und symbolisiert die Vollendung eines Zeitkreislaufs. Es ist somit die Glyphe des Vollmonds und der *Göttin Fünfzehn*.

Ogboni (Af.): Das geheime Untergrundnetzwerk der *Kalas*, die durch die Tunnel des Seth repräsentiert werden.

Ogoun (Af.): Das afrikanische Original der fünften kosmischen Kraftzone, die durch den Planeten Mars repräsentiert wird. Die afrikanische Version von Horus.

Ombos: Das antike Kultzentrum des Seth im südlichen Ägypten; Sitze des Schreins von Sevekh-Ra, der krokodil- oder drachenköpfige Gottheit der dunklen Dynastien (Siehe *Wiederbelebung der Magick*, Kapitel 3).

Once (auch Anansi) (Af.): Die Spinne. Höchstes Symbol des Obeah-Kultes.

Ophidianischer Kraftstrom: Die drakonische Tradition des Apap oder Apophis, die urzeitliche Schlange, typisch für die Göttin in ihrem dualen Aspekt, nämlich *la Couleuvre Noire* und *la Couleuvre Rouge*, oder Apophis und die Feuerschlange.

Ordo Templi Orienties (O.T.O.): Der Orden des Tempels des Ostens. Im Makrokosmos ist der Osten der Ort der aufgehenden Sonne. Dies wird im Mikrokosmos durch den aufsteigenden Phallus repräsentiert, ein Symbol der Sexualmagick, wie sie von den Initiierten dieses Ordens praktiziert wird (siehe Teil 2, Kapitel 6; siehe auch *Wiederbelebung der Magick*, für historische Fakten, die den O.T.O. betreffen).

Orungan (Af.): Das afrikanische Original des heiligen Geistes; *Geist* oder Windböe; der Atem des Geistes, der schwanger macht und dadurch heiligt. Siehe *Ruach*.

O.T.O.: Siehe *Ordo Templi Orientis*.

Pan: Der griechische Gott, dessen zoomorphes Symbol der Ziegenbock ist und dessen heilige Zahl *Ayin* ist (s. d.). In einem kosmischen Sinne ist Pan das Alles.

Parfaxitas (Heb.): Hüter des 27. Tunnels.

Paroketh, der Schleier (Heb.): Auf dem Baum des Lebens ist Paroketh der Schleier zwischen der höheren und den unteren Triaden. Siehe *Cheth* und *Koth*.

Pé (Heb.): Die Zahl Achtzig, die dem Turm (im Tarot) zugeschrieben wird. Pé bedeutet ein „Mund". Der Mund und der Turm sind zwei der Hauptsymbole, die mit dem Kult der Maat verbunden sind (Siehe *Liber Pennae Praenumbra*.)

Petro-Riten (Voo.): Das Voodoo-Äquivalent zu den linkshändigen Tantras.

Pfau: Heilig den Yeziden und dem Kult des Shaitan. Der Schweif mit den vielen Augen ist symbolisch für die Fähigkeit der Astralvision und der Traumkontrolle, die durch die in Trance befindliche Priesterin während der heiligen Riten ins Spiel gebracht wird. (Siehe *Aleister Crowley & the Hidden God*, Kapitel 7).

Pluto: Der Planet, dessen Totem der Hund ist, der Führer der Toten in die Unterwelt oder in die Welt jenseits des Universums. Pluto wird Kether zugeschrieben, dem äußersten (und durch Reflexion auch dem innersten) Pfeiler des Baumes.

Qatesh: Die nackte Göttin, die Blumen und eine Schlange trägt (siehe *Kalas*). Sie reitet auf einem Löwen. Qatesh ist eine asiatische Version der Babalon, die auf einem Tier reitet. Auf einer ägyptischen *Stélé* wird Qatesh Kent oder Kunt genannt. Die Löwen- und die Schlangensymbolik zeigen sie als die Verkörperung der Formel „Liebe unter Willen" an.

Qadosh (Heb.): Heilig, ursprünglich, vorzeitlich. Eine Form des Namens Qatesh (s. d.), was die sexuelle Natur der frühesten Mysterien erklärt.

Qesheth (Heb.): Ein Regenbogen. Siehe *Aleister Crowley & the Hidden God*, Kapitel 7 für eine vollständige Erklärung dieses Symbols. Der Regenbogen wird mit der alchemistischen Formel der Regeneration durch Verwesung assoziiert.

Qliphoth (Heb.): Die Pluralform von *Qlipha* mit der Bedeutung von „eine Hure" oder „eine merkwürdige Frau", Begriffe, die „Andersartigkeit" bezeichnen. Die schattigen Welten der Schalen oder Reflektionen. Jede *Sephira* auf dem *Baum des Lebens* hat eine korrespondierende Qlipha, die die Reflexion der Energie darstellt, die sie repräsentiert. Diese rückwärtigen Kraftzonen – oder *Qliphoth* – formen den *Baum des Todes*.

Qoph (Heb.): Die Zahl 100, die auch die der Hekate (s. d.), der Göttin der Zauberei, ist. Qoph ist auch die Tochter Koph (s. d.), die im AL erwähnt wird, deren geheimes „Auge" (*Nia*) das Tor ins Universum „B" ist. *Qoph* bedeutet „die Rückseite des Kopfes" (Cerebellum), wo „die kreativen oder reproduktiven Kräfte in erster Linie angesiedelt sind" (Magick, Seite 183).

Raflifu (Heb.): Hüter des 30. Tunnels.

Ra-Hoor-Khuit (AÄg.): Der Gott Horus als das Kind des Lichtes, dessen Schatten sein dunkler Zwilling Seth (s. d.) ist.

Regenbogen: siehe *Qesheth*.

Rerit (AÄg.): Siehe *Lalita*, *Lilith*.

RPSTOVAL: ein Monogramm aus 8 Buchstaben, das im *Liber AL* erscheint (siehe Teil 1, Kapitel *Des Aasgeiers Mund*).

Ruach (Heb.): Geist. Die ägyptische Wurzel von Ruach ist *Ru*, der hervorbringende Mund oder die Gebärmutter, wodurch gezeigt wird, dass die Natur des Geistes ursprünglich als weiblich angesehen wurde, und Wasser oder Blut zugeschrieben wird. In späteren Zeiten wurde *Ruach* eine maskuline Konnotation verliehen und der Luft als Wind oder Atem des kreativen Geistes zugeschrieben, daher der Windstoß oder der Geist, der zum heiligen Geist wird. Diese wird durch die Taube symbolisiert, das Tier der Luft. In noch späteren Phasen dieses Symbolismus wird *Ruach* mit der Vernunft identifiziert.

Sahasrara-Chakra (Skt.) Der 1000-blättrige Lotus, der der achte und daher der Höchste in Begriffen der Exaltation und der Stärke der mikrokosmischen Kraftzonen ist. Es überschattet den Menschen in dem Sinne, wie das *Ain* die kosmischen Kraftzonen auf dem Baum des Lebens überschattet.

Saksaksalim (Heb.): Hüter des 25. Tunnels.

Samadhi (Skt.): Wörtlich „Zusammen mit dem Herrn". Ein Zustand des gedankenfreien Bewusstseins, das durch Glückseligkeit charakterisiert ist. Es gibt verschiedene Formen und Grade des Samadhi, die höchste davon ist *Sa haja-Nirvikalpa-Samadhi*, ein Zustand reinen Bewusstseins befreit von jeglichem Subjekt (Ego) und damit auch ohne irgendein Objekt.

Samael (Heb.): Ein Prinz der Qliphoth (s. d.), dessen Frau Lilith, die Ältere
   (s. d.) ist. Die Zahl von Samael ist 131, was ihn kabbalistisch mit Pan
   gleichsetzt.

Samedhi, Baron (Voo.): Eine Form des *Baron Cimitiére*, dem Herrn der Toten.
   Er ist identisch mit Carfax, Carrefour, Kalfu, Karfu etc., dem Herrn
   der Kreuzwege, daher der Herr von Daath, dem Ort des Kreuzes/des
   Überwechselns.

Samsara (Skt.): Das voneinander abhängige Gegenstück zu Nirvana (s. d.).
   Wenn Gedanken im Bewusstsein aufsteigen, wie beim Aufwachen nach
   dem Schlafen, dann steigt auch das phänomenologische Universum auf
   und mit ihm die Idee eines „Ichs" oder eines Betrachters. Diese beiden,
   das Selbst (Subjekt) und das Universum (Objekt) steigen zusammen
   auf und gehen zusammen unter. Sie bilden *Samsara* und haben keine
   Existenz abgesehen vom Bewusstsein, in dem sie aufsteigen. Wenn das
   Subjekt und das Objekt im *Samadhi* (s. d.) aufgelöst werden, dann wird
   Samsara zu *Nirvana*. Wenn beide transzendiert werden, dann wird höchste
   Erleuchtung (d. h. Buddhaschaft) erreicht.

Satan: Der Gegenspieler, der Feind oder der Rückwärtige und daher die Reflexion oder das Doppel, das der Teufel ist, in Sinne der Antithese zum
   Sein. Siehe *Shaitan* und *Seth*.

Saturn: Das planetare Medium des Seth (s. d.). Saturn wird der dritten kosmischen Kraftzone zugeschrieben, die als *Binah* (s. d.) und die *Stadt der
   Pyramiden* (s. d.) bekannt ist, die Wohnstätte der Babalon (s. d.).

Scharlach-Frau: Ein Name, der einer bestimmten Klasse von Frau verliehen wird,
   die aufgrund ihrer Fähigkeit auserwählt wurde, die vaginalen Vibrationen der Babalon (s. d.) zu übermitteln. Sie wird Scharlach genannt, weil
   rot die Farbe oder die *Kala* (s. d.) des lunaren Kraftstroms in seiner martialischen Phase ist (Siehe *Aleister Crowley & the Hidden God*, Kapitel 10).

Schwarze Schlange: Siehe *Couleuvre Noire, La.*

Sekhet (AÄg.): Die wilde löwenköpfige Göttin des Südens. Ihre wilden Qualitäten verkörpern sexuelle Hitze und das Feuer des fermentierten Getränks.
   Ihr Gegenstück im Norden ist die sanfte Bâst oder Pasht, die lunare kat-
   zenköpfige Gottheit der Nachtkühle, so wie *Sekhet* solar und von der sengenden Hitze des Tages ist. Vom Namen *Sekhet* stammt das indische Wort

Shakti ab, das Kraft bedeutet, mit spezieller Referenz auf die magische Kraft der Schöpfung, wie sie durch die Feuerschlange (s. d.) verkörpert wird.

Sekhet-Aahru (AÄg.): Das Feld oder die Zone der Sekhet (s. d.) (Siehe *Das Buch der Toten*).

Sephira (Heb.): Zahl, Wort, Emanation. Der Name, der den kosmischen Machtzonen als Emanationen der Zahlen von 0 – 10 gegeben wurde, aus dem unendlichen *Ain* des Nichts (engl. *No-Thing*) und der Nicht-Zahl (engl. *No-Number*).

Sephiroth (Heb.): Siehe *Sephira*. Es gibt 10 *Sephiroth* und sie bilden die kosmischen Emanationen der Kraft, schematisiert als *Baum des Lebens*. Siehe Diagramm des Baumes.

Sept (Heb.): Ein Name des Seth und des Sothis. Sept ist die Zahl Sieben und daher identifizierbar mit der ursprünglichen Göttin der sieben Sterne, die *als ihr Kind* Seth (s. d.) *symbolisiert wurde*.

Serau (Heb.): Die „haarigen Gottheiten" (d. h. Satyre, Panikdämonen) des alten Ägypten.

Serk (AÄg.): Die skorpionköpfige Göttin, deren Namen identisch wurde mit dem Kreis, denn der erste magische Kreis war das weibliche Fortpflanzungsorgan, über das Serk den Vorsitz hatte.

Seth: Der Prototyp von Shaitan oder Satan, Gott des Südens, dessen Stern der Sothis ist. Seth oder Sut (Soot) bedeutet „schwarz", was die Hauptfarbe (oder *Kala*) des Seth ist. Schwarz zeigt die dunklen Mysterien dieses Gottes an, die ursprünglich in der Unterwelt oder der „anderen" Welt in *Amenta* (s. d.) ausgeübt wurden. Seth, als Herr über Amenta oder das verborgene Land (d. h. die Hölle), ist eine Miniatur des Unterbewusstseins und daher des wahren Willens oder der verborgenen Sonne, der *Sohn* hinter der *Sonne* symbolisiert durch den Stern des Seth (d. h. Sothis).

Shaitan: Die chaldäische Form von Seth (s. d.). Der Gott der Yeziden, dessen stellarer Repräsentant – Sothis – das Ansteigen des Nils verkündete. Shaitan, als der Stern des Seth, repräsentiert daher eine Wasserflut (Blut), die den ophidischen Kraftstrom in seiner femininen oder ursprünglichen Form repräsentiert.

Shakti (Skt.): Macht, besonders magische Macht. Siehe *Sekhet*.

Shalchbiron (Heb.): „Die Flammenden". Ein Orden der *Qliphoth* (s. d.), assoziiert mit dem 19. Tunnel.

Shalicu (Heb.): Hüter des 31. Tunnels.

Shekinah (Heb.): Die kabbalistische Version der *Shakti* (s. d.). Die weibliche Verkörperung der Macht.

Shichirion (Heb.): „Die Schwarzen". Ein Orden der *Qliphoth* (s. d.) dem 18. Tunnel zugeschrieben.

Shin (heb.): Der Buchstabe und die Zahl des Geistes – 300. Die dreifache Feuerzunge, die ein spezielles Emblem des Seth (Shaitan) in seiner Rolle als Gott der Tiefe (siehe *Nodens, Neptun*) ist. Der Dreizack des Seth oder der Typhon ist ebenfalls das Emblem von Chozzar (siehe Choronzon), der Gott der dunklen atlantischen Zauberei, der in das gegenwärtige Äon als der Gott des Todes (Daath) und des Abyss hineingetragen wurde.

Sin: Siehe *Shin*. „Das Wort Sins ist Einschränkung." Dies bedeutet dass *Shin*, als der lunare Kraftstrom (der Mond-Gott Sin) die Antithese zu *Shin* ist, der kreative Geist oder die Feuerschlange und als solche ein Schlüssel zum Universum „B". Dies mag bedeuten, dass Einschränkung (im Sinne von *Karezza* s. d.) eine dynamische Formel sein könnte.

Shu (AÄg.): Indem der Sonnengott Atum einen magisch geleiteten Akt der Masturbation vollzog, erschuf er die Zwillinge Shu und Tefnut. Shu ist Feuer oder Hitze; Tefnut ist Feuchtigkeit. (Siehe *The Hieratic Papyrus of Nesi Amsu*, übersetzt von E. A. Wallis Budge, 1891). Shu ist eine weiter entwickelte Form des afrikanischen Echu oder Eshu (s. d.).

Shugal (Heb.): Der Wüstenfuchs symbolisch für Seth, die männliche Hälfte des Tieres 666 (die Zahl von Shugal ist 333). Siehe *Choronzon*.

Sirius: Siehe *Sothis*.

Schlaf, Magischer: Bezüglich der Natur des magischen Schlafes siehe Teil 2, Kapitel 3.

Smen (AÄg.): Das *Smen*, *Sperma* oder *Samen* war ursprünglich das befruchtende Blut, das als weiblich angesehen wurde, bevor dem kreativen Geist Maskulinität zugeschrieben wurde. Daher war *Am-Smen* der Ort der Reinigung und der Vorbereitung. Siehe Teil 1, Kapitel 6.

Sothis: Der Stern des Seth, von dem die außerirdische Übermittlung des ophidianischen Kraftstroms stammt. Sothis ist ein Zwillings-Stern und als solcher ist er eine perfekte Glyphe der Zwillinge (Seth-Horus). Sirius „A" ist sichtbar; der andere Sirius, Sirius „B" ist unsichtbar. Sie repräsentieren Universum „A" und „B".

Srividya (Skt.): Das geheime Wissen oder die Wissenschaft (der *Kalas* s. d.)

Stadt der Pyramiden: Eine Bezeichnung von Binah, der dritten Sephira, die nach Berichten die Wohnstatt der Babalon ist, aus deren 156 Schreinen die Stadt besteht.

Sushupti (Skt.): Traumloser Schlaf. Einer der drei Bewusstseinszustände. Siehe *Jagrat* und *Svapna*.

Svadisthana-Chakra (Skt.): Die mikrokosmische Kraftzone in der Region des Solar-Plexus in der feinstofflichen Anatomie des Menschen.

Svapna (Skt.): Der Traumzustand des Bewusstseins. Eine der drei Bewusstseinszustände. Siehe *Jagrat* und *Sushupti*.

Tan (Hebr.): auch *Than*. Die Wurzel des Wortes Leviathan (s. d.), die alte Schlange, die auf immer danach strebt, in Eden einzudringen.

Tanith (AÄg.): Die weibliche Endsilbe *(ith)*, die an *Tan* oder *Than* angehängt wird, bezeichnet den drakonischen Kraftstrom und die magische Formel von Babalon.

Tarot: Das antike ägyptische Buch des Thoth. Es umfasst 78 symbolische Designs, in denen die geheimen Formeln der magischen Initiation verborgen liegen. 78 ist die Zahl von MEZLA, „dem Einfluss von oben oder von *jenseits*". Zweiundzwanzig dieser Glyphen behandeln spezifische große Arkana oder Mysterien und deren Qliphoth, wie sie in diesem Buch beschrieben werden.

Tefnut (AÄg.): Siehe *Shu*.

Temphioth (Heb.): Hüter des 19. Tunnels.

Teth (Heb.): „Eine Löwenschlange". *Teth* ist die Zahl 9 und die Löwen-Schlange ist ein Symbol des Spermien-Kultes; sie ist daher die geheime Ziffer des IX^{o+} des O.T.O. (siehe Teil 2, Kapitel 9).

Tetragrammaton (Heb.): Der heilige Name Gottes aus vier Buchstaben bestehend – IHVH – allgemein bekannt als Jehovah. Seine Zahl ist die 26, was die Summe der *Sephiroth* der mittleren Säule des Lebensbaumes ist (siehe Diagramm). Seine tarotische Zuschreibung ist die *Des Teufels*, was in Beziehung steht zum 26. Pfad unter der Ägide des Steinbock (einem Symbol von Babalon, der Scharlach-Frau s. d.). Das Tetragrammaton enthält die hoch-komplexe Doktrin, die *Yod* und *Hé* (männlich und weiblich) betrifft und ihre Einheit (symbolisiert durch den Sohn, *Vau*) was in der Produktion oder der Manifestation des *Hé* am Ende resultiert: die Tochter. (Siehe *Coph Nia, Koph, Qoph* usw.).

Thantifaxath (Heb.): Hüter des 32. und letzten Tunnels.

Thelema (Gr.): Der magische oder „wahre" Wille, der unter dem psycho-sexuellen Komplex des tiefsten menschlichen Bewusstseins verhüllt ist. Die Absicht der Magick ist es, den wahren Willen zu entschleiern und das geheime Licht zu enthüllen. Zu diesem Zweck wird die Formel der Liebe (*Agapé* s. d.) verwendet.

Theli (Heb.): Drachen.

Thoth: Der ägyptische Gott der Magick, dessen Medium der Kaf-Affe ist (s. d.). In einem okkulten Sinne ist Thoth synonym mit Daath (s. d.).

Tiphareth (Heb.): Die sechste und zentrale kosmische Kraftzone auf dem Lebensbaum repräsentiert als die *Sephira*, die „Schönheit" (Tiphareth) genannt wird. Sie wird als die Sonne angenommen.

Todeshaltung: Ein Begriff, der im *Zos Kia Kult* verwendet wird, um die Gottform oder das *Mudra* Daaths anzuzeigen, durch das die Welt der Erscheinungen aufhört und seine noumenale Quelle enthüllt wird.

Tuat (AÄg.): Die Passage oder der Tunnel, der nach Amenta (die Unterwelt) führt. Manchmal bekannt als der Duat. Es ist das ägyptische Original des Wortes Daath (s. d.).

Tum (AÄg.): Der Abend oder die untergehende Sonne assoziiert mit dem Westen und mit der Unterwelt von Amenta (s. d.).

Turiya (Skt.): Reines undifferenziertes Bewusstsein, das von absolut allen Gedankenkonstrukten frei ist. Es ist die eine konstante Realität und die einzige Realität, die den drei Bewusstseinszuständen bekannt als *Jagrat* (s. d.), *Svapna* (s. d.) und *Sushupti* (s. d.) zugrund liegt.

Typhon: Die Mutter des Seth und das oberste Symbol des drakonischen Kultes, in dem die urzeitliche Göttin als *Shakti* (Kraft) verehrt wird.

Tzalalimiron (Heb): „Die Verwandler". Ein Orden der *Qliphoth* (s. d.), dem 17. Tunnel zugeschrieben.

Tzaphirion (Heb.): „Die Kratzer". Ein Orden der *Qliphoth* (s. d.), dem 20. Tunnel zugeschrieben.

Tzuflifu (Heb.): Hüter des 28. Tunnels.

Upadhi (Skt.): Das Überstülpen eines illusionären Konzeptes über die Realität (reines Bewusstsein) von dem angenommen wird, dass es real ist (z. B. das „Selbst", die „Anderen", die Welt der Namen und Formen). Wenn dieses *Upadhi* aufgelöst wird, dann tritt Erleuchtung ein.

Uranus: Der planetare Repräsentant von Daath. Uranus zeigt die plötzliche und explosive Natur der Formel der Magick (oder des Wandels) an, assoziiert mit der elften kosmischen Kraftzone.

Ur-Hekau: „Der Mächtige der Verzauberungen". Die große magische Macht repräsentiert durch den Oberschenkel der Göttin (siehe *Khepsh*). Die große magische Macht (*Khu*) residiert im Haarzopf oder im Schwanz (d. h. die Vagina) der Typhon. *Hekau* verbindet diese Kraft mit *hekt* (s. d.) oder Hekate, dem lunaren ophidianischen Kraftstrom, repräsentiert durch Zootypen wie den Frosch, den Hasen, die Eidechse, den Affen, die Hyäne und andere Typen mit einem periodischen Wechsel (Magick) oder Erneuerung.

Uriens (Heb.): Hüter des 16. Tunnels (vlg. *Oriens*).

Vahana (Skt.): Vehikel, Medium, Lösemittel.

Vama (Skt.): Frau, Links.

Vamachara (Skt.): Wörtlich *Der Weg der Frau* oder *der Weg der linken Hand*. Der tantrische oder magische Gebrauch der weiblichen *Kalas* (s. d.) im drakonischen Kult.

Vama Marg (Skt.): Siehe *Vamachara*.

Vampir-Vortex: Eine spezifische Formel nekromantischer Magick, wodurch die Seele oder das Astraldoppel einer rituell geweihten und erschlagenen Priesterin dem Willen des Magiers dienstbar gemacht wird.

Vau (heb.): Die Zahl Sechs (oder Sex). Der Prozess der sexuellen Einheit verkörpert durch den Sohn oder das Kind aus dieser Einheit. *Vau* bedeutet ein „Nagel", typisch für den Phallus.

Vever (Voo.): Das Voodoo-Äquivalent zu einem *Yantra* (s. d.).

Ville-aux-Champs (Voo.): Der Name des wahren Shamballah, der Stadt, die den Riten der Babalon, der Odudua, Tanith usw. geweiht ist.

Viparita Karani (Skt): Die völlige Umkehrung der Sinne. Siehe *Viparita Maithuna*.

Viparita Maithuna (Skt): Wörtlich „Der auf den Kopf gestellte sexuelle Verkehr". Eine Form magischer Vereinigung, die die völlige Umkehrung des Bewusstseinsflusses von der objektiven Erfahrung zu einem subjektiven Gewahrsein beinhaltet und darüber hinaus zu reinem undifferenziertem Bewusstsein. Die zoomorphischen Totems dieser Umkehrung des Bewusstseins beinhalten Tiere wie die Fledermaus (die mit dem Kopf nach unten schläft) und die Hyäne (und andere rückwärts harnende Tiere). In *Das Buch Thoth* wird diese Formel durch den Gehängten repräsentiert, der mit dem Kopf nach unten gekreuzigt ist und so das Symbol des Kreuzes oder des Übersetzens in „andere" (d. h. rückwärtige) Dimensionen formt.

Visuddha-Chakra (Skt.): Die mikrokosmische Kraftzone, angesiedelt in der Region der Kehle (dem Zentrum des magischen Wortes) in der okkulten menschlichen Anatomie. Diese Zone ist Bedeutsamerweise durch einen 16-blättrigen Lotus repräsentiert, der die 8 Kraftzonen des männlichen in seiner Partnerin oder *Shakti* verdoppelt oder reflektiert verkörpert.

Voltigeure (Voo.): Ein Begriff, der von den Anhängern des Kultes der Schwarzen Schlange verwendet wird, um die Springer oder die Hüpfer auf den Pfaden auf der „anderen Seite" des Baumes zu bezeichnen. Siehe *Hekate, Hekt*.

Waage (Tierkreiszeichen): Das astrologische Zeichen der Waage hat die Form des doppelten Horizontes mit der aufgehenden oder untergehenden Sonnenscheibe, abhängig davon, ob das Frühlings- oder das Herbstäquinox gemeint ist. Der Buchstabe *Lamed* (s. d.) wird der Wage zugeschrieben. Die Venus ist ihr planetarer Repräsentant und ein Hinweis auf die Natur der Formel, wobei zwei Polaritäten (d. h. zwei Horizonte) perfekt ausbalanciert werden.

Wanga (Voo.): „Das Werk des Schwertes". (AL, II 37). Das Schwert ist ein Symbol des weiblichen als Entzweiteilerin oder Entzweischneiderin. Siehe *Zain*.

Wassermann: Das 11. Zeichen des Tierkreises symbolisiert die Zwillingsströme der polarisierten Lebensflüssigkeiten. Es wird vom Saturn beherrscht, dem planetaren Repräsentanten von Shaitan oder Seth, dessen Einfluss in der irdischen Sphäre *via Aiwass* reflektiert wird.

Yantra (Skt.): Ein geometrisches Muster oder Design, das Vibrationen oder Klangwellen (Mantra) darstellt, die die Formel einer Gottheit oder eine magischen Kraft konstituieren.

Yesod (Heb.): „Grundlage" oder „Fundament". Die neunte kosmische Kraftzone. Sie konzentriert das lunare Licht als die vergegenständlichende Kraft des ophidianischen Kraftstroms. Dies ist das Kultzentrum der Yeziden, die die Formel des Seth oder des Shaitan verwenden. Siehe *Aleister Crowley & the Hidden God*.

Yetzirah (Heb.): Die astrale Welt oder die Welt de Formgebung.

Yezidi: Die Geweihten des Yezid, der die Kraft (*Shakti*) von Yesod im Kult des Shaitan oder des Seth konzentrierte, von dem Aiwass 93 (s. d.) der Übermittler ist.

Yod (Heb.): Die Zahl Zehn. Sie bedeutet die völlige, die komplette Serie von Kraftzonen von Malkuth bis Kether. Zehn ist die *eine Zahl vor der elften*, die völligen Wandel bewirkt. Sie wird durch das Feuer im Makrokosmos symbolisiert und durch das solarphallische Feuer (oder das Spermium) im Mikrokosmos. *Yod* bedeutet eine „Hand" und verkörpert daher den Ausüber des Willen (Thelema s. d.).

Yog-Sothoth: Ein Name, der in den Fiktionen von H. P. Lovekraft auftaucht. Es ist ein Amalgam der Gott-Namen Thoth und Seth, das *Yog* oder die Einheit ist deren Synonymität.

Zain (Heb.): Die Zahl Sieben. Die höchste Zahl der drakonischen Tradition, die durch die Zwillinge Seth-Horus (Tierkreiszeichen Zwilling) und durch die Schlange (Z) und das Auge (*Ain*) symbolisiert wird. Das Wort Zain bedeutet „ein Schwert" und ist eine Glyphe der Göttin als die Teilerin in Zwei und des Auges der Schlange, das der Tochter zugeschrieben wird (siehe *Coph Nia*). *Zain* ist auch das Symbol der sexual-magischen Polarität und wird den Zwillingen oder den Liebenden im Tarot des Tierkreises zugeschrieben. Der Buchstabe *Zain*, voll ausgeschrieben ist gleich 67, was die Gebärmutter der Mutter (Binah = 67) bezeichnet, die die Zwillinge enthält, d. h. Seth-Horus. Nimmt man den letzten Buchstaben von *Zain* (d. h. das „n") mit seinem vollen Wert, dann ergibt das Wort 717, was eines weniger ist als 718, eine höchst bedeutungsvolle Zahl des Kultes von Thelema, denn es ist die Zahl der *Stélé* der Offenbarung und die

„Abscheulichkeit der Vereinsamung", die damit verbunden ist. Siehe die Typhonian Trilogy. Das Ganze dieses Symbolismus sollte in Verbindung mit dem 17. Tunnel studiert werden.

Zamradiel (Heb.): Hüter des 17. Tunnels.

Zombeéisme, Mystére du (Voo): Ein Begriff, der im Kult der Schwarzen Schlange verwendet wird, um eine Form der Nekromantie zu bezeichnen, die in der Produktion von einem Zombie resultiert (s. d.).

Zombie (Voo.): Eine Kreatur, weder lebendig noch tot, die ihres Intelligenz-Prinzips (Seele) entleert wurde, und deren Körper von fremden Kräften oder vom Willen des Magiers in Besitz genommen wird, der das Wesen erschaffen hat.

Zos: Ein Begriff, der im Zos-Kia-Kult (s. d.) verwendet wird, um den „Körper, der als Ganzes betrachtet wird" zu bezeichnen, d. h. das vollständige Feld der Bewusstheit. Siehe *Images and Oracles of Austin Osman Spare*.

Zos-Kia-Kult: Der Kult des Zos (s. d.) und des Kia (s. d.), erschaffen von Austin Osman Spare.

Zwillinge (Tierkreiszeichen): Der stellare Repräsentant des erotisch-libidinösen Kraftstroms, der durch die Liebenden oder die Zwillinge repräsentiert wird.

Bibliographie

Bagchi, Prabodh C.: *Studies in the Tantras*, Calcutta University Press, 1939.

Baudin, Rev. P.: *Fetichism and Fetich Worshippers*, Benziger Bros., New York, 1885.

Begley, Rev. Walter.: *Biblia Cabalistica*, David Nutt, London, 1903.

Bertiaux, Michael P.: *Grade Papers of the Monastery of the Seven Rays* (1970-76), P.O. Box 1554, Chicago, Illinois 60690.

Blavatsky, Helena P.: *Die Geheimlehre*, 4 Bd., Esoterische Philosophie, 1999; *Discussions on the Stanzas of the Secret Doctrine* published in *Transactions of the Balavatsky Lodge of the Theosophical Society*, L.A., California, 1923.

Capra, Fritjof: *Das Tao der Physik*, Scherz Verlag, 2000.

Cavendish, Richard: *The Power of Evil*, Routlodge, 1975.

Churchward, Albert: *The Origin and Evolution of Religion*, Allen and Unwin, 1924.

Cincinnati Journal of Ceremonial Magick, The. Volume 1 (1976) contains *The Book of Maat (Liber Pennae Praenumbra)* received by Gary Straw and Margaret Cook, Conquering Child Publishing Co., P.O. Box 1343, Cincinnati, Ohio, 45201.

Conway, Henry: *Life, Dath and Antimatter*, article published in *Frontiers of Consciousness* (ed. John White), The Julian Press, New York, 1974.

Crowley, Aleister: *Liber AL vel Legis (Das Buch des Gesetztes)*, Kersken-Canbaz, 1988; *Das Buch der Lügen (Liber 333)*, Kersken-Canbaz,1987; *Das Buch Toth, Königsfurt Urania*, 2005; *Confession of Aleister Crowley* (Ed. Symonds and Grant), Jonathan Cape, 1969; *Cephaleodium Working* (Siehe *Mezla* Nr. 5); *Liber 777 und andere kabbalistische Schriften*, Kersken-Canbaz, 1985; *Liber CCXXXI Philosophical Commentaries on the Book of the Law* (Ed. Symonds and Grant), 93 Publishing, Montreal 1974; *Magical Record of the Beast 666, The* (Ed. Symonds and Grant), 93 Publishing, Montreal 1972; *Magick* (Ed. Symonds and Grant), Routledge 1973; Samuel Weiser, New York, 1975.

Dali, Salvador: *The Secret Life of Salvador Dali*, Dial Press, New York, 1942; *The Unspeakable Confessions of Salvador Dali*, W. H. Allen, 1975.

Fuller, J. F.C.: *The Secret Wisdom of the Qabalah*, Rider, n.d..

Grant, Steffi and Kenneth: *Carfax Monographs* (Nos. I-X), Carfax, London, 1959-1963.

Grant, Kenneth: *Wiederbelebung der Magick*, Verlag Rita Ruther, 1997; *Aleister Crowley & the Hidden God*, Frederick Muller, 1973; Samuel Weiser, New York, 1974; Ubaldini Editore, Rome, 1975; *Cults of the Shadow* Frederick Muller, 1975; Samuel Weiser, New York, 1976; Ubaldini Editore, Rome, 1978; die eben genannten Titel gehören zur Typhonischen Trilogie Grants, *Images and Oracles of Austin Osmand Spare*, Frederick Muller, 1975.

Gray, Terence (Wei Wu Wei): *Alles andere heisst Gebundensein*, 1992; *Ask the Awakened*, RKP, 1963.

Halevy, Z. b. S.: *Adam and the Kabbalistic Tree*, Rider, 1974.

Hislop, Rev. Alexander: *Von Bablyon nach Rom*, CLV, 1999.

Jonas, Hans: *Gnosis - Die Botschaft des fremden Gottes*, Verlag der Weltreligionen, 2008.

Kuhn, Alvin Boyd: *The Lost Light*, Academy Press, New Jersey, 1940.

Lenormant, Francois: *Die Magie der Chaldaer*, Sändig Reprint, 1878.

Levi, Eliphas: *Transzendentale Magie*, Ludwig Verlag, München, 2000.

Lovecraft, H. P.: *Der Fall Charles Dexter Ward*, Suhrkamp, 2005; *Das Tor des Verderbens* (gemeinsam mit August Derleth), Suhrkamp, 1997.

Lovecraft, H. P. und Conover, Willis: *Lovecraft at Last*, Carrollton-Clark, Arlington, Virginia 1975.

Machen, Arthur: *Die weissen Gestalten*, Piper Verlag, 1993.

Massey, Gerald: *A Book of the Beginnings*, Williams and Norgate, 1881; *The Natural Genesis*, Williams and Norgate, 1883; *Ancient Egypt, the Light of the World*, T. Fisher Unwin, 1907; *Lectures* (reprint), Samuel Weiser, New York, 1974.

Mathers, MacGregor, S.L.: *The Kabbalah Unveiled*, RKP, 1970.

Mehta, Vithaldas Nathabhai: *Sri Haranath, His Play and Precepts*, Bombay, 1954.

Randolph, P.B.: *Eulis*, Toledo, Ohio, 1896.

Rangaswamy, M.A.D.: *The Religion and Philosophy of Tevaram*, University of Madras, 1958.

Rohmer, Sax: *Vampirflügel*, Rijke & Stock, Berlin, 1930.

Rohmer, Elizabeth Sax (and Cay Van Ash): *Master of Villainy*; a biography of

Sax Rohmer, Bowling Green University Press, Ohio, 1972.

Rothovius, Andrew: *Lovecraft and the New England Megaliths*, published in *The Dark Brotherhood*, Arkham House, Wisconsin, 1966.

Scholem, Gershom: *Zur Kabbala und ihrer Symbolik*, Suhrkamp, 1995.

Sothis: A Magazine of the New Aeon, edited by Jan Bailey, David Hall and Michael Magee, 346 London Road , St. Albans, Herts.

Spare, Austin Osman: *Das Buch der ekstatischen Freude*, Kersken-Canbaz, 1995.

Stirling, William: *The Canon* (An Exposition of the Pagan Mystery perpetuated in the Cabala as the Rule of all the Arts), Elkin Mathews, 1897.

Talyor, John: *Black Holes*, Fontana/Collins, 1974.

Temple, Robert K.G.: *Das Siriusrätsel*, Ullstein, 1996.

Waite, A. E.: *The Book of Ceremonial Magic*, University Books, New York, 1961.

Wei Wu Wei: Siehe *Gray, Terence*.

Woodroffe, Sir John: *Karpuradistotra* (Hymn to Kali), Luzac, 1953, *Shakti und Shakta* , Barth, 1987.

Index

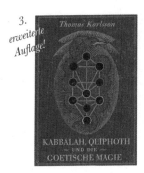

Thomas Karlsson

Kabbalah, Qliphoth und die Goetische Magie

224 Seiten, 20 Bilder + über 130 Sigille,

DIN A5, Gebunden

ISBN 978-3-939459-10-1

€ 22,00

Das Hauptthema dieses Buches ist die Erforschung der Qliphoth und der dunklen Mysterien. Das Buch beschreibt den „Lebensbaum", die 10 Sephiroth und die 22 Pfade, die mit verschiedenen Aspekten der menschlichen Psyche korrespondieren. Als erstes Buch seiner Art stellt *Kabbalah, Qliphoth und die Goetische Magie* auch die dunkle Seite der Kabbalah vor, den „Baum des Wissens", die 10 Qliphoth und die 22 Tunnel, die die Nachtseite der Existenz durchlaufen.

Die dargestellten Theorien werden mit Praktiken und Beispielen für Rituale verknüpft; Meditationen und magische Übungen finden sich ebenso wie okkulte Korrespondenzen. Mit mehr als 130 dämonische Sigillen!

Frater Eremor

Im Kraftstrom des Satan - Set

Der Pfad der dunklen Einweihung

320 Seiten, zahlreiche Abbildungen,

DIN A5, Gebunden

ISBN 978-3-939459-17-0

€ 25,00

Ohne die Okkultisten übliche nebulöse Geheimniskrämerei stellt der Autor klare Methoden zur dunklen Einweihung in die uralten Mysterien des Satan-Set vor. In diesem einzigartigen Arbeitsbuch zum magisch-rituellen Gebrauch wird erstmals mit verbreiteten Vorurteilen über schwarze Sexualmagie und Satanismus aufgeräumt. Zahlreiche Rituale öffnen im Zusammenspiel mit einer umfassenden Darstellung satanischer Philosophie und seltenen ägyptischen Quellentexten weit die Pforten der Nacht.

Die lang erwartete Wiederveröffentlichung des Klassikers erscheint im Frühjahr 2009 in einer erweiterten und überarbeiteten Auflage!

Frank Lerch
IO ERBETH - Mythos und Magie des ägyptischen Gottes Seth. Band I
208 Seiten, 20 Abbildungen, DIN A5, Broschur
ISBN 978-3-939459-14-9
€ 18,00

Die Gestalt des Seth in der ägyptischen Mythologie und Religion ist vielfältig und geheimnisvoll. Sie entzieht sich einer eindeutigen Bestimmung, hat im Laufe der Jahrtausende starke Veränderungen erfahren und immer wieder die Phantasie von Forschern und Laien angeregt.

IO ERBETH - Band I untersucht und offenbart die wesentlichen mythologischen Motive und Handlungen des Seth im Glauben der alten Ägypter. Es folgt seinen Spuren von frühesten Formen der Anbetung 3700 v. Chr. bis zu seiner Verdammung aus dem Kreis der Götter in der Spätzeit.

Dieses Buch widmet sich dem Neter Seth in seiner authentischen und ursprünglichen Fülle und Varianz.

Asenath Mason
Necronomicon Gnosis
Eine praktische Einführung
208 Seiten, 21 s/w-Abbildungen, DIN A5, Gebunden
ISBN 978-3-939459-08-8
€ 20,00

Das Wissen über das *Necronomicon* basiert nicht auf einer historischen oder mythologischen Tradition, sondern auf Träumen, Visionen, vagen Eindrücken und subtilen Übermittlungen aus dem Jenseits, die sensible Individuen erreichen und jene, die aktiv auf einen Empfang hinarbeiten.

Das Buch stellt magische Konzepte und Techniken vor, die im Rahmen der *Necronomicon-Gnosis* Verwendung finden: Pakte und Zeremonien, Astralreisen, Traummagie, Skrying und das Reisen durch Tore in interstellare Dimensionen, Evokation, Invokation, Sexualmagie, Gestaltwandlung, Nekromantie und vieles mehr.

Frater Eremor &
Holger Kliemannel (Hrsg.)

Shekinah

*Schriftenreihe für Schamanismus,
Okkultismus, Parapsychologie und Magie*

100 Seiten, viele Abbildungen, DIN A5, Broschur
Ausgabe 1: ISBN 978-3-939459-11-8 (21.12.2007)
Ausgabe 2: ISBN 978-3-939459-12-5 (20.03.2008)
Ausgabe 3: ISBN 978-3-939459-13-2 (21.06.2008)
Ausgabe 4: ISBN 978-3-939459-16-3 (20.09.2008)
Ausgabe 5: ISBN 978-3-939459-18-7 (21.12.2008)
Ausgabe 6: ISBN 978-3-939459-20-0 (20.03.2009)
jeweils € 10,00

Shekinah ist ein esoterisches Magazin im praktischen Buchformat und erscheint viermal im Jahr, regelmäßig zu den Sonnenfesten.

Die Themenvielfalt reicht von Schamanismus über Okkultismus und Parapsychologie bis hin zu Magie und Heidentum. Neben Beiträgen von namenhaften Autoren gibt es in jeder Ausgabe eine Fortführung der Comic-Serie „Der Magus" von Voenix, Buch- und Musikrezensionen so wie Rituale. Theorie und Praxis werden hier vereint. Lesen Sie u. a. folgende Beiträge:

Das Fest Luzifers von Frater Eremor • *Luzides Träumen* von Holger Kliemannel • *Magie als Grenzwissenschaft* von Frater Fäustchen • *Saljar Heljar* von Christiane Kliemannel • *In Nomine Luciferi* von Frater LaShTal-NHSH 3.8.4 • *Ein schwangeres Nichts* von Frater Pandagaz247 • *Meister und Schüler* von Frater Mordor • *Luziferische Gnosis* von Asenath Mason • *Astrale Grundlagen* von Helge Lange • *Vipassana - Mal anders* von Romero E. Sotes • *Inferno Erde* von Thomas Lückewerth • *Im Schatten des Krafttieres* von Grauwolf • *Astralreisen in die Sphären der Dunkelheit* von Thomas Karlsson • *Unerwarteter Besuch aus dem Dunkel* von Clemens Zerling • *Samael - Zweifel und Unglaube auf dem Linkshändigen Pfad* von Dr. phil. Alberto Brandi • *Über die Geburtshelfer des Teufels* von C. Stettler • *Die Schwarze Messe* von Equiamicus *und viele weitere Themen.*